Vida y Pensamiento de México

JUAN RULFO: DEL PÁRAMO A LA ESPERANZA

YVETTE JIMÉNEZ DE BÁEZ

JUAN RULFO:
DEL PÁRAMO A LA ESPERANZA

Una lectura crítica de su obra

60 ANIVERSARIO

FONDO DE CULTURA ECONÓMICA

MÉXICO

Primera edición (El Colegio de México/FCE), 1990
Segunda edición (FCE),   1994

D. R. ©1990, EL COLEGIO DE MÉXICO, A. C.
Camino al Ajusco, 20; 01000, México, D. F.

D. R. © 1990, 1994, FONDO DE CULTURA ECONÓMICA, S. A. DE C. V.
Carretera Picacho-Ajusco, 227; 14200 México, D. F.

ISBN 968-16-4488-3 (segunda edición)
ISBN 968-16-3557-4 (primera edición)

Impreso en México

A MANERA DE PRÓLOGO

Ahora tu libro va debajo de los más extraños brazos
y se halla en todas las mentes.
[...] Mañana lo va a estar también y pasado
mañana, y todos los días y los
siglos venideros.

Augusto Monterroso, "Los libros tienen su propia suerte", *La palabra mágica*, 1983

Sin duda la obra de Juan Rulfo ha alcanzado la universalidad de las formas,
en la medida en que sintetiza una visión interior del hombre de su tiempo
—incluso de su región— y la visión externa que proviene de su apertura a
otras formaciones culturales y literarias que, a su vez, interpretan otros espacios y otras voces.

Con la mirada y el oído atentos y sensibles a los signos de la historia,
Rulfo elabora una interpretación simbólica del mundo en la que actualiza
modelos colectivos, los transforma e incorpora a su imaginario y funda, a
partir de ellos, su escritura.

La lectura crítica reproduciría, análogamente, este proceso. El crítico
interpreta los textos e instituye un sentido que lo involucra como un sujeto
en determinada situación (situación que no corresponde a la de la obra, sino
de manera muy variable, lo cual habrá que tomar en cuenta en el análisis).
Sin embargo, su discurso se distingue del literario. No busca sustituir la obra
ni juzgarla —aunque puede hacerlo—, y de hecho inicia ya su valoración
al distinguirla de la serie cultural. Más bien el crítico cumple una función
mediadora entre el texto literario y otros lectores. Distingue los pliegues del
lenguaje, y muestra el entramado textual. Dentro de esta perspectiva amplia
precisaré los límites de mi lectura crítica.

Al escribir este libro he querido comunicar a otros una experiencia de
lectura que considero significativa. Había leído múltiples veces *El Llano en
llamas*, *Pedro Páramo* y *El gallo de oro*. Cada lectura supuso siempre la
riqueza de un nuevo detalle; el encuentro de un matiz que más de una vez
me hizo reiniciar la lectura de todo el texto.

El diálogo con algunos trabajos críticos fue también —sigue siéndo-
lo— iluminador. Frecuentemente, sin embargo, la nueva lectura parecía
interponerse entre la propuesta textual y la interpretación que ésta iba

despertando en mí. Necesitaba pasar, del deseo de la lectura, al acto de escritura.

Siguió el análisis y el desciframiento de los símbolos. No obstante, en la redacción final de las partes opté por presentar mi trabajo crítico como un diálogo con la obra, sin cesuras, ni formalizaciones enmascaradoras. Subyacen unos principios teóricos que considero indispensables, y orientan mi lectura crítica:

1. La certeza de que todo texto literario propone un proyecto de escritura que no niega, ni la pluralidad de sus estratos, ni la riqueza virtual de su lenguaje y de sus impresiones en el lector.

2. El hecho de que cada texto es reelaboración de otros textos y discursos, en función de un principio estructurante que organiza el nuevo sentido. La escritura parte de una visión del mundo que la sostiene e informa. Interpreta las relaciones diversas de los hombres entre sí y con su contexto histórico, social y cultural. Lo que importa es la concreción particular, en el lenguaje, de esa visión del mundo que se actualiza y objetiva en cada acto de escritura.

3. La idea de que el proceso de simbolización es fundante en los textos literarios.

Este último principio es decisivo en la obra de Rulfo. No es posible ahondar en su interpretación, si no se toma en cuenta el nivel simbólico de la escritura. Su ausencia en muchos de los textos críticos —aunque acertados en algunos aspectos— reduce notablemente las posibilidades de aproximación a los cuentos y a la novela.

Hablé antes de una experiencia significativa. Diré, también, placentera. La lectura abrió dimensiones insospechadas de las palabras; iluminó las grandes unidades del discurso y, al mismo tiempo, me hizo detener frecuentemente en el matiz característico de algún detalle casi imperceptible, revelador de un nuevo modo de ver; de un vuelco de la significación que parecía ya apresada minutos antes. Este placer es sólo comparable al encuentro armonioso —no obstante las contradicciones y los contrapuntos estructurales y lingüísticos— de los diversos asedios al texto, cuando éstos se confirman entre sí, y dan a las pistas de lectura la certeza del hallazgo. El sentido se revela entonces como el informador de los fragmentos, de los silencios y cesuras.

He querido mantener el trazo de este hecho en mi lectura crítica. Esto supone la reiterada referencia a la lectura interpretativa básica, a partir de la cual se iluminan y se integran los diversos análisis parciales del texto, en una hermenéutica de la escritura que vuelve sobre sí mismo sólo para revelar gradualmente aproximaciones, nuevos aspectos de las redes de significación que constituyen la totalidad de la obra, sin pretender agotarla.

El libro se presenta en dos partes. En la primera, *Voz y palabra*, rescato el testimonio oral de Juan Rulfo. Basado en entrevistas y declaraciones del autor, "Palabra hablada, palabra escrita" muestra principalmente sus puntos de vista sobre el proceso literario y la historia, y opiniones suyas sobre su propia obra.

Rescatar ese discurso equivale a reconocer la importancia de la palabra hablada en sí misma, y poder contrastarla con la palabra escrita, a la que se alude frecuentemente, y que se analiza en la segunda parte del libro. Ambas modalidades son manifestaciones de un mismo centro de expresión, pero no son necesariamente coincidentes, y pueden llegar a oponerse entre sí. Bien porque en esa instancia primera se resuelven las contradicciones, o bien porque se expresa "una contradicción fundamental u originaria",[1] la figura del autor y la obra se enriquecen, sin confundirse, con la presencia de ambos discursos. Pero, además, el autor tiene una función social que condiciona el estatuto sociocultural de su obra, y se manifiesta, en buena medida, en la palabra hablada que lo caracteriza.

La segunda parte, *De los símbolos literarios a la historia*, consta de cuatro capítulos. En el primero propongo unas "Lecturas de *El Llano en llamas*" en que busco las figuraciones y modelos dominantes, y marco el pasaje de los cuentos a la novela. El segundo, "Estructura, símbolo y sentido en *Pedro Páramo*", es una lectura crítica que marca el sentido a partir de la disposición textual básica de la novela; revela su carácter simbólico, y muestra la presencia de los cuentos en el nuevo texto. Un tercer capítulo estudia las "Relaciones entre los textos y personajes". La obra se concibe como un crisol de múltiples discursos que se entrecruzan en el espacio textual, en función de los personajes y del principio estructurante que rige la escritura. "De la historia al sentido y *El gallo de oro*", el cuarto capítulo, comenta el concepto de la historia implícito en los cuentos y la novela; marca la presencia de otros textos de índole histórica que amplían la significación, y propone una interpretación de *El gallo de oro* que lo identifica como una sátira política. Después se esbozan unas conclusiones para explicar los componentes de la visión del mundo, sobre todo en términos de marcas fundamentales del discurso cultural e histórico hispanoamericano y contemporáneo.

La idea de hacer este libro surgió en el Proyecto sobre narrativa mexicana contemporánea que coordiné durante varios años en el Centro de Estudios Lingüísticos y Literarios de El Colegio de México. De una muestra repre-

---

[1] *Cf.* Michel Foucault, *¿Qué es un autor?*, trad. de Corina Iturbe, Universidad Autónoma de Tlaxcala, México, 1985, pp. 20, 26 (Col. Textos Mínimos) [1ª ed. en francés, 1969].

sentativa de la escritura dominante de la época, se completaron los estudios sobre la obra de José Revueltas (Edith Negrín), Juan José Arreola (Sara Poot Herrera), Carlos Fuentes (Georgina García Gutiérrez), Jorge Ibargüengoitia (Ana Rosa Domenella), Rosario Castellanos (Aralia López González), Salvador Elizondo (Luz Elena Gutiérrez de Velasco) y José Emilio Pacheco (Yvette Jiménez de Báez, Diana Morán y Edith Negrín) que fue nuestro primer libro.

En el proyecto nos propusimos ensayar diversos acercamientos a la obra de estos autores, de tal modo que se facilitara la inscripción socio-histórica de los textos, a partir de un análisis integral e inmanente. Dentro de este objetivo general, he concentrado mi análisis de la narrativa de Juan Rulfo en la lectura simbólica de los textos y en la intertextualidad, si bien trato otros aspectos como apunté antes.

Finalmente, quiero agradecer la actitud receptiva y la acogida que he tenido en Clara Aparicio de Rulfo y en cada uno de sus hijos Claudia, Juan Francisco, Juan Pablo y Juan Carlos. Ellos me permitieron visitar varias veces la biblioteca del autor, consultar sus libros y compartir una grata familiaridad que agradezco profundamente, y que motiva muchas de las páginas que siguen.

Gracias también a mi esposo José Báez Esponda, y a mis hijos Yvette, Jorge y Margarita. Su comprensión y paciencia acompañan siempre mis trabajos. Margarita, especialmente esta vez, ha sido una amiga y una interlocutora sensible y alerta a la riqueza sugerente de los textos de Rulfo. Sé también que ellos le han abierto un sentido del hecho literario que afirma su vocación en este campo. Además, sin su colaboración técnica con la computadora, estas páginas hubieran tardado mucho más en editarse.

PRIMERA PARTE
VOZ Y PALABRA

PALABRA HABLADA, PALABRA ESCRITA

La voz a ti debida

PEDRO SALINAS

DE LA VOZ A LA ENTREVISTA

SE HA comentado y se ha escrito mucho sobre los silencios de Juan Rulfo. También sobre su estilo entrecortado y lacónico, aunque a veces —pocas— solía ser el estupendo conversador que registran algunos testimonios. Por ejemplo, Fernando Benítez, en un tiempo su interlocutor de múltiples noches,[1] y otros, en cierto modo anónimos, con los que pudo comunicarse de manera más libre, lejos del acoso persistente de entrevistadores, lectores y estudiosos.

En contraste, la crítica reitera, a su vez, la oralidad de su escritura. Las múltiples voces de sus personajes y del contexto, la sonoridad de los pasajes que contrapuntea significativamente el silencio; la voz y la música popular, como centro del tiempo futuro, son matices que conforman esa riqueza oral de los textos.

Si, como bien dice José Emilio Pacheco, "la extrema parquedad de Rulfo hace cada línea un tesoro digno de conservarse",[2] tanto más cabe decirlo de su palabra oral. Después de su muerte el hecho cobra mayor significación, pues sólo nos queda la memoria y la virtualidad de su discurso en los actos sucesivos de su lectura y audición.

Por eso me ha interesado acercarme a la palabra hablada de Juan Rulfo y destacar las conversaciones y entrevistas. He reunido un *corpus* suficientemente extenso, que tiene importancia como género[3] y expresión del yo

---

[1] Es conocida la entrevista "Conversaciones con Juan Rulfo" que Benítez publicó en *Sábado*, suplemento cultural de *Unomásuno*, núm. 142 (1980), pp. 3-4. En ella comenta: "Algunos de los mejores momentos de esos doce años los he pasado charlando con él después de media noche [...]. Yo he vivido siempre entre libros y conozco mi país y su historia, pero estando con él siento que me lleva de la mano y recorro caminos no explorados" (p. 3). También en *Juan Rulfo. Homenaje Nacional*, México, Instituto Nacional de Bellas Artes / Secretaría de Educación Pública, 1980, p. 12.

[2] José Emilio Pacheco, sobre Jorge Ruffinelli (ed.), Juan Rulfo, *Obras completas* (Biblioteca Ayacucho, Caracas, 1977), en *Proceso*, núm. 59 (1977), p. 56.

[3] En la literatura contemporánea hispanoamericana —y no menos en la europea— las biografías, los testimonios, las crónicas y las entrevistas van conformando un estilo que, a

que permanece tras la obra, y que para Barthes es el objetivo legítimo de una entrevista. Su recepción, debidamente orientada, podrá además contribuir a la interpretación de los textos literarios.

Los lectores y críticos suelen olvidar este discurso oral conservado en transcripciones y grabaciones, salvo citas esporádicas y textos como la *Autobiografía armada* de Reina Roffé o el prólogo de Felipe Garrido a una de las ediciones de *El Llano en llamas* y *Pedro Páramo*.[4]

Dada la tendencia a mitificar la imagen de Rulfo como escritor huidizo e impenetrable, conviene acercarse a lo que realmente ocurre en ese discurso.[5] De momento, me limitaré a destacar algunos de sus motivos recurrentes, sobre todo los que se refieren al proceso de la escritura y de la creación literaria. Intento rastrear el sentido de sus silencios, y soslayo un poco, por ahora, lo anecdótico, lo autobiográfico. Al hacerlo, no pretendo erigir la palabra hablada en criterio de "verdad". Busco sólo aprehender lo que el autor *quiso decir* de sí mismo y de la creación literaria y, en la medida de lo posible, vincular los rasgos de su palabra oral con su escritura.

"Palabra hablada", es decir, *voz*. Ésta, como los gestos, complementa lo

partir de la historia cotidiana, busca un diálogo más directo con el otro para que afloren los fantasmas y convicciones del yo que normalmente no surgen sino de manera indirecta en la literatura convencional; que quiere dar a la palabra hablada permanencia, y a la escritura el riesgo de lo azaroso y espontáneo.

[4] Como lo indica el título, el texto de Reina Roffé organiza una biografía de Rulfo con referencias a su vida y a su obra, armada en su totalidad —de manera libre— con citas de entrevistas y conversaciones suyas. Al final, la autora remite a sus fuentes de modo general. En el texto unas citas se intercalan con otras y los retoques y apuntes de Reina Roffé no se distinguen de las palabras de Rulfo. El efecto es creativo y revelador. No obstante, se trata de una selección relativamente breve, que no pretende agotar, ni mostrar con absoluta fidelidad y autonomía los textos del autor ("Juan Rulfo: Autobiografía armada", en *Latinoamericana*, Buenos Aires, I, 1972, núm. 1, pp. 73-88). Se publicó como libro en Ediciones Corregidor, Argentina, 1973. En 1992 lo reeditó la Editorial Montesinos en Barcelona, con un breve prólogo y bibliografía.

Entre otros críticos que han utilizado con sensibilidad y eficacia algunos comentarios de Rulfo publicados en sus entrevistas, destaco el prólogo de Felipe Garrido a *Pedro Páramo*, *El Llano en llamas*, México, Promexa, 1979, pp. vii-xxviii. También un artículo de Luis Harss que se apoya reiteradas veces en citas de ese discurso hablado, y logra crear una atmósfera convincente y emotiva de la vida del autor ("Juan Rulfo, o 'La pena sin nombre'", en Centro de Investigaciones Literarias, Casa de las Américas [comp.], *Recopilación de textos sobre Juan Rulfo*, La Habana, Casa de las Américas, 1969, pp. 9-39).

[5] La entrevista, tan frecuente hoy, es un género poco estudiado, de difícil valoración. Como en las encuestas, el que pregunta debe ser sensible y conocedor del tema y de las expectativas de ese diálogo monologante que desea provocar. Deberá asumir la "otredad" de tal modo que se establezca el terreno común necesario, el ambiente propicio a la elicitación de la palabra. El lector buscará entre líneas, cotejará comentarios y partirá —en el caso de un escritor que habla de su producción— de la lectura atenta de su obra.

que se expresa y lo que se comunica mediante el lenguaje, e implica la actitud del sujeto ante lo que dice. El juego del gesto y la palabra se reproduce también en los cuentos y en la novela. Como tener *voz* o no tenerla se convierte en los textos rulfianos en un modelador de los personajes.[6]

Con el escritor ocurre algo análogo. Debido seguramente a la parquedad de su lenguaje y a la expresividad de sus gestos, en las entrevistas son frecuentes los comentarios alusivos a su voz, y a esos pequeños hábitos que se vuelven "jeroglíficos visibles de la dinámica oculta de las relaciones humanas".[7] Esto es así desde los primeros diálogos, como lo ha sabido captar el ojo avizor y sensible de Elena Poniatowska:

> Para eso de las entrevistas Rulfo es como los arrayanes y naranjos que se dan en Comala ["agrios", acaba de afirmar él]. Cuando le hice la primera pregunta en enero de 1954, me quedé media hora esperando la respuesta. Me miraba lastimosamente como miran esos perros a quienes se les saca una espina de la pata. Y al fin comencé a oír la voz de los que cultivan un pedazo de tierra seco y ardiente como un comal, áspero y duro como un pellejo de vaca.[8]

Veintiséis años después, Elena advierte la necesidad de ahondar y tender un puente que conjure la distancia. Es menos metafórica ahora la descripción del habla, tierna y terrible al mismo tiempo:

> Más que hablar, rumia su incesante monólogo en voz baja, masticando bien las palabras para impedir que salgan. Sin embargo, a veces salen. Y entonces, Rulfo revive entre nosotros el procedimiento de ponerse a decir ingenuamente atrocidades, como un niño que repitiera las historias de una nodriza malvada.[9]

A la tendencia monologante se suma el ritmo lento de las frases que unas veces denota desgano, y otras contrapuntea y equilibra el pensamiento ágil que teme desbordarse:[10]

---

[6] En efecto, los personajes de *El Llano en llamas*, por ejemplo, han sustituido la palabra hablada por un lenguaje gestual, cercano también al silencio, desde "Nos han dado la tierra", segundo cuento conocido del autor (que él valora como el primero), en el que ya aparecen los rasgos característicos de su escritura y de su mundo (*cf. Personajes, infra*). El primer cuento publicado, "La vida no es muy seria en sus cosas" (*América*, 30 de junio de 1945, pp. 35-36) está narrado todo por un narrador omnisciente, dueño casi absoluto de la voz, lo cual no se repetirá prácticamente en los demás cuentos.

[7] H. M. Kallen, cit. por Lisa Block de Behar, *Una retórica del silencio. Funciones del lector y los procedimientos de la lectura literaria*, México, Siglo XXI, 1984, p. 154.

[8] Elena Poniatowska, "¡Ay vida, no me mereces! Juan Rulfo, tú pon cara de disimulo", en *Juan Rulfo. Homenaje Nacional*, ed. cit., p. 50.

[9] *Ibid.*, p. 49.

[10] Del primer caso, valga el ejemplo de una entrevista que le hizo Juan Cruz en un

De lento y pausado hablar, piensa mucho más de lo que habla y a más acelerado ritmo. Rulfo deja caer las palabras (de menores [a] francamente mayores), cada una cargada de intención...

El escritor toma todo el café del mundo, fuma con parsimonia, lee desdeñoso cada palabra de un texto a discutir, y emite juicios que hay que recordar siempre.

En una atmósfera evidentemente familiar e íntima para el autor, el amigo entonces, Fernando Benítez, logra también un diálogo cercano al "yo". No obstante, y precisamente por su cercanía, se subraya al mismo tiempo la conciencia de una distancia dolorosa e insalvable:

Muchas veces me he preguntado si verdaderamente lo conozco. Siempre deja una sensación de tristeza, de lejanía, de que está en otro mundo a pesar de que habla con naturalidad absoluta, empleando el lenguaje refinado y popular de sus personajes, un lenguaje que él mismo se ha inventado y que no encontré en ningún otro escritor.[11]

María Teresa Gómez Gleason es más precisa en los rasgos del habla del escritor —sus actitudes, sus juegos entre verdad y mentira, entre el humor concentrado y la ironía— y, finalmente, sus gestos y su apariencia:

Cuando platica, dice mentiras tan atroces que hacen reír, y luego las desmiente con desenfado. No sé si estará contando un hecho real o inventando una historia. En ocasiones, sus palabras, como puntas de flecha, van a dar en el blanco, salpicadas de ironía y hasta de humor, aunque siempre regateando la risa; la mirada envuelta en humo de cigarrillo eterno, gris lunado el cabello ondulante que se adivina suave como de niño, y los dedos largos jugueteando nerviosamente en sus manos; entra y sale del tiempo, juega con los vivos y los muertos; parece él mismo sacado de las dantescas Luvina o Comala.[12]

Sólo quiero citar un ejemplo más. Es la imagen que nos queda de la que es, tal vez, su ¿penúltima? entrevista:[13]

---

congreso de escritores en Las Canarias. Se publicó en el diario español *El País* y en el suplemento cultural de *Últimas Noticias* (Caracas), 16 de septiembre de 1979, pp. 10-11, 12; *Thesis* (Filosofía y Letras, UNAM), núm. 5 (1980), pp. 46-50. Esta última publicación es más precisa. El segundo es un comentario de Manuel Roberto Montenegro, "Juan Rulfo de carne y alma", en *Diorama de la Cultura*, suplemento cultural de *Excélsior*, 3 de octubre de 1976, p. 5.

[11] *Ibid.*, p. 3.

[12] "Juan Rulfo y el mundo de su próxima novela, *La cordillera*", en Centro de Investigaciones Literarias, Casa de las Américas, (ed.), *Recopilación de textos sobre Juan Rulfo*, La Habana, Casa de las Américas, 1969, p. 152 (Valoración Múltiple).

[13] Ernesto González Bermejo, "La literatura, una mentira que dice la verdad", Primera

Tono bajo de voz, lacónico y preciso como lo que escribe; un cuerpo menudo, de apariencia frágil; un traje sencillo, camisa abotonada, sin corbata; bebe agua mineral; fuma sin apuro. Tiene toda la fuerza concentrada en los ojos, unos ojos indagadores aunque discretos, que se pueden dejar llevar por la ternura o decidirse por la determinación.

SOBRE LITERATURA

Escritor y escritura

Rulfo insiste en la necesidad de alcanzar la "muerte del autor", para objetivar el mundo de ficción en sus textos. Puso un empeño especial en lograrlo, ya que lo consideraba indicativo de que el texto estaba concluido, pues había ganado suficiente autonomía:

...dejé de escribirla [la novela] cuando sentí que había eliminado... todas las explicaciones, las divagaciones... Yo no he querido incluir ninguna idea mía. No quise interferir. Si te fijas, tanto en los cuentos como en la novela, el autor se eliminó. Creo que cuando logré eso, dejé de trabajar en la novela y también en esos cuentos.[14]

Lo que importa no es el autor, sino los personajes, dirá unos meses después.[15] Y en efecto, aun cuando habla un narrador en tercera persona en sus cuentos su punto de vista apenas rebasa el de sus personajes. Así también el narrador objetivo a quien cede la narración Juan Preciado, el narrador en primera persona de *Pedro Páramo*.[16]

Si bien la obra se da por terminada cuando se oculta el autor, Rulfo reconoce que *lo imaginado* y *lo pensado* rebasan siempre lo que se objetiva en el texto, lo cual conlleva un remanente de insatisfacción:

No sé si algún escritor se ha sentido satisfecho con lo que hizo, o si esa satisfacción duró mucho tiempo. Creo que muchas cosas se quedan siempre en el tintero. Nunca se logra todo aquello que el pensamiento ha creado.[17]

parte, en "La Cultura al Día", *Excélsior*, 11 de enero de 1986, p. 1. También en Alejandro Sandoval *et al.*, *"Los murmullos". Antología periodística en torno a la muerte de Juan Rulfo*, México, Delegación Cuauhtémoc, 1986, p. 90.

[14] Eric Nepomuceno, "Conversaciones con un gigante silencioso", en *Sábado*, suplemento cultural de *Unomásuno*, 19 de junio de 1983, p. 3.

[15] *Cf.* "La literatura latinoamericana es universal cuando es auténtica", en *El Día*, 24 de octubre de 1982.

[16] Con el enunciado de los dos narradores principales se entrecruzan las voces de otros personajes (p. ej. las de Susana San Juan, Pedro Páramo, Gerardo, el padre Rentería, Dorotea).

[17] "La literatura latinoamericana es universal cuando es auténtica", en *op. cit.*

Naturalmente, el principio de *adecuación* será un criterio valorativo determinante para el autor: "Yo creo que buena literatura es aquella que tú consideras que dio lo que tú querías que diera. Es decir, que has hecho lo que querías hacer."[18] Su valoración de *El Llano en llamas*, en términos de este principio de adecuación, es lúcida y veraz, tal como la recoge Reina Roffé:

> Pero los cuentos son casi espontáneos o naturales. Si no están desarrollados como están imaginados —cosa difícil, siempre— más o menos se puede decir, de la versión final, que eso era lo que yo quería decir. No hay ambigüedad en ninguna de las historias. A excepción de una que otra que tal vez no tenga importancia.[19]

Esta adecuación entre la intención que rige la obra y la obra misma, se liga con el principio de *autenticidad* que se irá perfilando en otros aspectos de su discurso, vinculado invariablemente a la universalidad virtual de los textos.[20]

Las citas anteriores aluden al *pensamiento* y a la *imaginación* en la génesis de la escritura. Rulfo asume ambos, pero privilegia evidentemente la imaginación y la intuición: "El escritor debe ser el menos intelectual de los pensadores", afirma en "El desafío de la creación".[21]

En unas declaraciones al diario *Liberation* de París, el autor alude de diversos modos a la necesidad interior que lo impulsa a escribir, acorde con los principios de adecuación y autenticidad (conciencia íntima), como leyes primeras del proceso literario:

> Ignoro la razón que me empuja a escribir. Simplemente siento *la necesidad* de hacerlo, como si quisiera comunicar algo que he vivido o *que he creído vivir en sueños*. Sólo sé que utilizo más la imaginación que los hechos reales, pues considero que la realidad tiene límites propios que la mantienen alejada del estilo literario.[22]

Al asociar este impulso con la idea de "vivir en sueños", tema recurrente en Rulfo, el escritor parte de una experiencia que relacionamos con la sensibilidad romántica. Soñar es un estado que le permite —gracias a la imaginación— bordear los límites del inconsciente y de las grandes revelaciones de

---

[18] *Id., loc. cit.*
[19] *Op. cit.*, pp. 80-81.
[20] *Ibid.*
[21] *Unomásuno*, 19 de octubre de 1979, p. 20.
[22] *Apud La Jornada*, 8 de enero de 1985.

los fines últimos. Es evidente de qué manera, por ejemplo, se da en su escritura la identidad entre sueño interior y sueño colectivo para formar un nuevo mundo. De ahí esa capacidad para ¿transformar?, ¿percibir? los trazos de los más antiguos mitos y renovarlos en el presente de la escritura y ante el lector. Lo novedoso en Rulfo es que el soñador en él está íntimamente identificado con el historiador. La imaginación individual importa más en tanto ilumina la imaginación colectiva. Algo similar ocurre con *Cuentos de un soñador* de Lord Dunsany, tan cercano a Rulfo, y tanto más marcado por la subjetividad.[23]

Relacionada con el sueño, la locura es en Rulfo, como en los románticos, "un sueño que se eterniza: desde antes de la muerte al alma ha conquistado su independencia, ha dejado de sentir que en la tierra pertenecía a su cuerpo".[24] Es lo que ocurre con Susana San Juan en *Pedro Páramo.*

Las ideas del sueño, de la adecuación y de la autenticidad van indisolublemente unidas al sentido de *soledad.* Por eso no me sorprende que Rulfo hable del acto de escribir como "un trabajo solitario, una necesidad [primaria] en la que no se piensa para quién se escribe".[25] Y esa soledad, unida al sueño, se vincula también con la infancia. No la infancia anecdótica, sino la infancia como esa dimensión de nosotros mismos que hace afirmar a Bachelard: "Mientras soñaba en su soledad el niño conocía una existencia sin límites. Su ensoñación no es simplemente una ensoñación de huida. Es una ensoñación de expresión."[26]

En una de las cartas a su esposa Clara aparece un fragmento que habla con ternura y buen humor acerca de ese niño soñador que fue y es en el presente de la enunciación, Juan Rulfo:

[Ahí] tienes que había una vez un muchacho más loco, que toda la vida se la había pasado sueñe y sueñe. Y sus sueños eran, como todos los sueños, puras cosas imaginarias [...]

Una vez vinieron Los Reyes Magos y le trajeron un libro lleno de monitos [...] Desde entonces no tuvo otro quehacer que estarse leyendo aquella clase de libros donde él encontraba *un relato parecido al de sus sueños.*

[23] Lord Dunsany (Edward John Moreton Drax Plunkett), *Cuentos de un soñador*, Madrid, Revista de Occidente, 1924, 201 pp.

[24] Albert Beguin, al hablar de la "Simbólica del sueño" de Schubert (*El alma romántica y el sueño*, trad. de Mario Monteforte Toledo, revisada por Antonio y Margit Alatorre, México, Fondo de Cultura Económica, 1954, p. 158 [1ª ed., 1939]).

[25] Mónica Canedo Belmonte *et al.*, "Monólogo del insumiso. 'Hace tiempo que estoy muerto', dice Juan Rulfo", en *Comunicación* (Ciencias de la Comunidad, Universidad Nacional Autónoma de México, I [1980]), núm. 1, p. 7.

[26] Gaston Bachelard, *La poética de la ensoñación*, trad. de Ida Vitale, México, Fondo de Cultura Económica, 1982 (Col. Breviarios, 330), p. 151 [1ª ed., 1960].

Se volvió muy flojo. Porque a todos los que les gusta leer mucho, de tanto estar sentados, les da flojera hacer cualquier otra cosa. Y tú sabes que el estarse sentado y quieto le llena a uno la cabeza de pensamientos. Y esos pensamientos viven y toman formas extrañas y se enredan de tal modo que, al cabo del tiempo, a la gente que eso le ocurre se vuelve loca.

Aquí tienes un ejemplo: Yo.[27]

Más soñador en el sentido profundo del término, que intelectual, y vinculado a la historia, el escritor es, para Rulfo, un ser comprometido. El tema es muy importante en el ámbito crítico y teórico de su tiempo, a partir de la concepción sartreana del compromiso del escritor, en especial del prosista. En México las opiniones parecen dividirse entre la política oficial que promueve una literatura de signo "realista" y carácter nacional, y la de ciertos sectores de críticos y literatos que tienden a una literatura de signo estetizante que algunos asocian con un carácter universal. Se trata de un problema complejo y contradictorio, lejos del maniqueísmo superficial con que ha sido tratado. Para entender el punto de vista de Rulfo hay que tomar en cuenta varios matices.

Ya en 1975 el autor postula: "La *cultura* es el gran compromiso del escritor, la *verdad* es el gran compromiso del periodista."[28] Se trata de una falsa oposición (*cf. infra, Historia y ficción*), ya que la verdad periodística supone para Rulfo sólo la fidelidad a unos hechos objetivos, mientras considera que el arte y la cultura tienden al conocimiento de una realidad más profunda que cabe identificar con el sentido. Por eso reclama para el escritor "toda la libertad posible" por encima de sectarismos, pero nunca por encima de la historia, como se verá después:

> El escritor necesita tener toda la libertad posible. Su compromiso con ciertas ideas [lo] puede tener como hombre, pues somos seres políticos, pero no como escritor. Los que se comprometen como escritores llegan al panfleto. El compromiso del escritor es con el arte, con la cultura.[29]

Pero de hecho, este principio de autenticidad y libertad del escritor lo prepara para aprehender la historia. La literatura se concibe entonces como producto de una insatisfacción ante el estado de cosas:

[27] Juan Rulfo, "A manera de presentación", *Obras*, México, Fondo de Cultura Económica, 1987, p. 11. También en *La Jornada Semanal*, suplemento cultural de *La Jornada*, núm. 121 (1987), p. 4.

[28] Carlos Morales, "1975: Entrevista a Juan Rulfo" (Costa Rica), en *El Búho*, suplemento cultural de *Excélsior*, 19 de enero de 1975.

[29] Armando Ponce, "Juan Rulfo: 'Mi generación no me comprendió'", en *Proceso*, núm. 204 (1980), p. 46. También en Varios, *Rulfo en "Proceso"*, México, Revista *Proceso*, 1981, p. 52 [con algunos cambios menores].

Yo creo que la insatisfacción es la que lanza al escritor hacia algo. En México la mejor literatura se dio en la época que no se sabía hacia dónde iba el país, dominado por una crisis social, económica, y donde el subdesarrollo era algo tremendo. Le hablo de la época de Cárdenas y de la posterior.[30]

Frente a la generación de escritores de 1968 asume, sin embargo, una actitud crítica negativa: "Fue, dice, una generación que estaba dolida y sin embargo, no produjo la novela que era necesaria."[31] Su rechazo es sobre todo a la literatura de la onda, que le parece poco auténtica y transitoria. En cambio, la literatura de carácter testimonial y la crónica no le merecen un juicio severo. Más bien le resultan conflictivas, por que las percibe como diferentes a su escritura.

A manera de ejemplo de una literatura contestataria que emerge en medio de un gobierno militar, Rulfo destaca el caso de la brasileña. Para él la literatura en esa situación florece "Como florece la música. La poesía la hacen canción".[32]

Si bien el autor parte de un conocimiento intuitivo y de una "simbólica del sueño" y de la imaginación, privilegia, al mismo tiempo, el oficio de escritor como un camino para alcanzar la originalidad. De manera muy particular destaca la lectura. Por eso cuando en 1980 un grupo de estudiantes le pregunta ¿qué es ser escritor?, contesta: "¿Ser escritor? Un entretenimiento que implica práctica y disciplina. Hay que cultivarse, leer, estudiar hasta encontrar su propia obra."[33]

El autor tiene conciencia de que hay zonas del proceso de creación que escapan al pensamiento racional, analítico, y no dejará de apuntarlo como el límite de sus posibles "explicaciones". Es la zona que deja a la intuición, equivalente a un estado prelógico, o sencillamente distinto, en que el texto lo posee y se le entrega al mismo tiempo.

Junto a afirmaciones que aluden a este estado de preñez del texto, Rulfo describe el acto material y cotidiano de la escritura. Es el hombre meticuloso y ordenado el que se revela entonces. Imagen que se corrobora en el recuerdo del amigo, el crítico y maestro Antonio Alatorre, con quien colabora en la revista *Pan* fundada por el primero y Juan José Arreola.[34] Se

---

[30] Juan E. González, "Entrevista con Juan Rulfo", en *Sábado*, suplemento cultural de *Unomásuno*, núm. 98 (1979), p. 5. También en *Revista de Occidente* (Madrid), núm. 9 (1981). Citaré por la primera.

[31] *Id., loc. cit.*

[32] Armando Ponce, *op. cit.*

[33] Mónica Canedo Belmonte *et al., op. cit., id.* Más adelante comentaré el doble acto de leer y escribir.

[34] Dice Alatorre: "En la biblioteca-dormitorio de Rulfo reinaban el orden y la pulcritud.

trata además del gusto por reproducir en la memoria el acto de escribir, la función de escriba del escritor, tema tan frecuente en la literatura de los últimos años:

> En mayo de 1954 compré un cuaderno escolar y apunté el primer capítulo de una novela que, durante muchos años, había ido tomando forma en mi cabeza. Sentí, por fin, haber encontrado el tono y la atmósfera tan buscada para el libro que pensé tanto tiempo. Ignoro todavía de dónde salieron las intuiciones a las que debo *Pedro Páramo*. Fue como si alguien me lo dictara. De pronto, a media calle, se me ocurría una idea y la anotaba en papelitos verdes y azules.
>   Al llegar a casa después de mi trabajo... pasaba mis apuntes al cuaderno. Escribía a mano, con pluma fuente Sheaffers y en tinta verde [antes lo hacía a lápiz]. Dejaba párrafos a la mitad, de modo que pudiera dejar un rescoldo o encontrar el hilo pendiente del pensamiento al día siguiente. En cuatro meses, de abril a agosto de 1954, reuní trescientas páginas. Conforme pasaba a máquina el original, destruía las hojas manuscritas.
>   Llegué a hacer otras tres versiones que consistieron en reducir a la mitad aquellas trescientas páginas. Eliminé toda divagación y borré completamente las intromisiones del autor. Arnaldo Orfila me urgía a entregarle el libro. Yo estaba confuso e indeciso [...].
>   Cuando escribía en mi departamento de Nazas 45, en un edificio donde habitaba también el pintor Coronel y la poetisa Eunice Odio, no me imaginaba que treinta años después el producto de mis obsesiones sería leído incluso en turco, en griego, en chino y en ucraniano.

El comentario inmediato nos devuelve a esa zona intangible del proceso de la escritura. El escritor se declara objeto sensible y vicario de algo que lo rebasa: "El mérito no es mío. Cuando escribí *Pedro Páramo* sólo pensé en salir de una gran ansiedad. Porque para escribir se sufre en serio."[35]

Y es que el ritual de la escritura es únicamente el introito de un proceso angustioso ante la página en blanco. Rulfo lo describe como *un acto* que genera la escritura, de la cual surgen los personajes.

Recuerdo, en una de las paredes, una buena copia de Gauguin. Recuerdo una preciosa foto de Dorothy McGuire, con su cristal y su marco. Y recuerdo los muchos libros, bien cuidados, bien acomodados en la estantería [...]. Además, Rulfo poseía tocadiscos, lujo que ni Arreola ni yo hubiéramos soñado." "Presentación" a la edición facsímil de la revista *Pan* (1945-1946), en el volumen *Eos (1943). Pan (1945-1946)*, México, Fondo de Cultura Económica, 1985, nota 17, p. 234.

[35] A este estado de ánimo contribuye la incomprensión de muchos de sus compañeros en el Centro Mexicano de Escritores con valiosas excepciones como las de Francisco Monterde y Juan José Arreola, rechazo que él trata de "explicar" por la mezcla de realidad e irrealidad que es *Pedro Páramo* ("Juan Rulfo. Cómo escribí *Pedro Páramo*", en *Domingo*, suplemento cultural de *El Nuevo Día*, Puerto Rico, 21 de abril de 1985, pp. 6, 8. También como "*Pedro Páramo*, treinta años después", en *Libros de México*, núm. 1, 1985, pp. 17-18, y *El Día*, 10 de enero de 1986, p. 10; Alejandro Sandoval *et al., op. cit.*, pp. 69-71).

En este momento el autor procura establecer una distancia del texto. A juzgar por el comentario, el acto parecería un tanto azaroso por la libertad que el escritor exige en el momento exacto de la escritura:

Nunca hago un plan, sino que simplemente me pongo a escribir. Puedo escribir cinco o seis páginas, donde no estoy diciendo nada y, de pronto, aparece el personaje y esas cinco páginas anteriores van a parar al cesto. Escribir me produce una angustia tremenda. El papel en blanco es una cosa terrible. Lo lleno lo más pronto posible. Cuando se han llenado varias hojas, las que siguen ya parecen menos blancas y comienza la alegría, el hermoso momento de escribir.[36]

Pero inmediatamente después se marcan los parámetros claros de esa libertad:

Claro que comienzo por *índices preestablecidos*, porque una de mis preocupaciones es que la novela, o lo que resulte, debe tener características propias, auténticas, para que cobre universalidad (*id.*).

Leer y escribir

La lectura y la escritura son dos manifestaciones de un mismo principio: Todo texto se funda en un acto de lectura, de diálogo con la historia y con otros textos. El escritor se forja también en la lectura que es, a su vez, un proceso inacabable.

Ambos conceptos están presentes en Rulfo, quien declara a José Emilio Pacheco, con una gran sencillez: "Mis amigos preguntan por qué no escribo en vez de leer. He llegado a la conclusión de que existen demasiadas lecturas. Además *quiero aprender a escribir leyendo.*"[37]

En esta medida, el escritor es un lector que logra concretar sus actos de

---

[36] Juan E. González, *op. cit.*, p. 5.

[37] José Emilio Pacheco, "Juan Rulfo en 1959", en *México en la Cultura*, suplemento cultural de *Novedades*, 20 de julio de 1959, p. 44. La crítica suele silenciar o desconocer al lector Juan Rulfo. He tenido el privilegio de visitar su biblioteca, varias veces, por gentileza de su familia. Sé, además, que ha donado muchos libros a su lugar de origen. Rulfo leía con voracidad, como aconseja Bachelard (*op. cit.*, pp. 47-48). Leyó sobre todo novelas (inglesas, irlandesas, suizas, norteamericanas, mexicanas, latinoamericanas, etcétera); libros de historia (sobre todo crónicas y memoriales de la historia americana y local); geografía (sobre los caminos de México); arte —pintura, música, fotografía, escultura—; mitología, psicoanálisis, etcétera. Fue celoso de sus libros que trató con una pulcritud y cuidado extraordinarios. Me inclino a pensar que probablemente leía en francés y algo de inglés, aunque casi todas las novelas las leyó en traducciones. Confío en que más tarde se pueda hacer un estudio cuidadoso de sus libros y lecturas.

lectura en un objeto autónomo de ficción. No sorprende que su consejo a los jóvenes con vocación literaria sea: "... Leer, leer, leer."[38]

Además, la *necesidad* que subyace a todo texto, según Rulfo, es una urgencia de lector. Cada libro deriva de la lectura su finalidad y su diferencia. La libertad de creación encuentra en ella su objetivo: "Escribí *Pedro Páramo* porque quería leerlo", dice en 1979, en un congreso de escritores en Las Canarias.[39]

Quien así se define como lector, y reconoce la importancia de la lectura para encontrarse a sí mismo y al otro, no concibe el discurso literario como un espacio cerrado y absoluto. Sabe que la palabra poética es efectiva precisamente porque sintetiza (es decir, da con lo sustantivo) y no tiende a explicar; sugiere e invita al acto de lectura; crea un espacio para el encuentro y el diálogo, a partir de la forma objetivada. Rulfo pule y poda su discurso escrito hasta lograr esta finalidad. La idea lo obsesiona, y la reitera una y otra vez en sus entrevistas:

> Había leído mucha literatura española y descubrí que el escritor llenaba los espacios desiertos con divagaciones y elucubraciones. Yo antes había hecho lo mismo y pensé que lo que contaban eran los hechos y no las intervenciones del autor, sus ensayos, su forma de pensar, y me reduje a eliminar el ensayo y a limitarme a los hechos, y para eso busqué a personajes muertos que no están dentro del tiempo ni el espacio. Suprimí las ideas con que el autor llena los vacíos y·evité la adjetivación entonces de moda. Se creía que adornaba el estilo, y sólo destruía la sustancia esencial de la obra; es decir, lo sustantivo. *Pedro Páramo* es un ejercicio de eliminación [...]. La práctica del cuento me disciplinó, me hizo ver la necesidad de que el autor desapareciera y dejara a sus personajes hablar libremente, lo que provocó, en apariencia, una falta de estructura. Sí, hay en *Pedro Páramo* una estructura, pero es una estructura construida de silencios, de hilos colgantes, de escenas cortadas, pues todo ocurre en un tiempo simultáneo que es un no-tiempo. También perseguía el fin de dejarle al lector la oportunidad

---

[38] Juan Cervera, "Entrevista con Juan Rulfo", en *La Gaceta*, Fondo de Cultura Económica, XV, núm. 8 (1968), p. 11.

[39] Juan Cruz, *op. cit.* Con Fernando Benítez es mucho más explícito ese mismo año: "—Se me ocurrió todo eso porque entonces leía demasiado y con frecuencia no tenía el estado de ánimo para disfrutar plenamente mis lecturas, incluso tratándose de escritores que me gustan mucho. Yo quería leer algo diferente, algo que no estaba escrito y no lo encontraba. Desde luego no es porque no existiera una inmensa literatura, sino porque para mí, sólo existía esa obra inexistente y pensé que tal vez la única forma de leer era que yo mismo la escribiera. Tú te pones a leer y no hallas lo que buscas. Entonces tienes que inventar tu propio libro. Desecho, desecho siempre, y no encuentro lo que quiero. A veces me agoto inútilmente" (Fernando Benítez, "Conversaciones con Juan Rulfo", ed. cit., p. 4. También en *Juan Rulfo. Homenaje Nacional,* ed. cit.; pp. 14-15).

de colaborar con el autor y que llenara él mismo esos vacíos. En el mundo de los muertos el autor no podía intervenir.[40]

La intuición, génesis del proceso creativo

Como vimos, cuando Rulfo habla del proceso creativo, considera que la intuición es el móvil de su escritura ("Ignoro todavía de dónde salieron las intuiciones a las que debo *Pedro Páramo*. Fue como si alguien me lo dictara"[41]). También reconoce un ámbito de la génesis textual que rebasa los límites del pensamiento discursivo. No obstante, pensamiento e intuición no se oponen. Más bien se integran. Pero además, porque el acto de creación es intuitivo en su origen, en la escritura de Rulfo predominan la imagen y la visión, como veremos más adelante.

Me parece que esta síntesis se logra de manera especial en el personaje simbólico de Susana San Juan. Ella llega a integrar en sí misma los opuestos en su paso de la locura a la muerte, que la liga, como el sueño de los románticos, a la eternidad.[42]

A la intuición le acompaña la técnica; el trabajo se ejecuta a partir de la aprehensión sensible y directa del sentido de las relaciones entre unos hechos:

Hay el trabajo [...] puede decirse mecánico, de carpintería, y hay también la intuición, que toma mucha parte en eso... quizá no haya *deliberadamente* una intención, sino que más bien *es la intuición quien lo lleva a uno a seguir al personaje.*[43]

La intuición moldea la forma, y el escritor se ejercita en un trabajo del lenguaje que le permita mostrar el "mundo" intuido e imaginado: "traté

[40] Fernando Benítez, *ibid.*, *id.* En 1975 Rulfo afirma, al ser entrevistado en Costa Rica: "Dejé todo sintetizado y por eso algunas cosas quedaron colgando, pero siempre quedó lo que sugería, algo que el lector tiene que completar. Es un libro que exige gran participación del lector; sin ella, el libro pierde mucho" (Carlos Morales, *op. cit.*, p. 1). En 1979 declara lo mismo a Juan E. González: "[...] Originalmente había muchas divagaciones [...]. Caí en un error, el más común en todos los escritores: creerme ensayista. Había volcado toda una necesidad de opinar y, naturalmente, la novela tenía esas divagaciones, intromisiones y explicaciones aberrantes [...]. Hice de *Pedro Páramo* ciento cincuenta páginas, teniendo en cuenta al lector como coautor" (Juan E. González, *op. cit.*, 1979, p. 4).

[41] Juan Rulfo, "*Pedro Páramo*, treinta años después", ed. cit. *Cf.* nota 29.

[42] *Cf.* el fragmento 42, p. 97 de la novela: "*Siento* el lugar en que estoy y *pienso.*"

[43] María Helena Ascanio (ed.), "Juan Rulfo examina su narrativa", en *Escritura* (Venezuela), núm. 2 (1976), p. 313.

efectivamente de ejercitar un estilo, de hacer una especie de experimento; tratar de evitar la retórica, matar el adjetivo".[44]

No obstante, para Rulfo la intuición es sobre todo sensible y la técnica estará siempre subordinada al sentimiento: "Al escribir debe haber una dosis de sentimiento; se puede ser muy técnico, pero si no se siente, todo lo que se escriba (en literatura) queda reducido a la nada."[45]

Asoma ya en estas afirmaciones el rechazo que tiene al predominio de la técnica con el consecuente olvido del hombre y del sentimiento. Esto le hizo subrayar la identidad entre la bondad de una obra y su autenticidad. Entre una estética y una ética humanística:

> El escritor no debe desvelarse por tener un oficio. El oficio es para los carpinteros. Si el escritor lo adquiere, ganará en artesanía, lo que pierde en autenticidad... Pero si la obra es buena cada quien puede escribir como quiera y cuanto quiera.[46]

A veces la afirmación es tajante y subjetivamente extrema; no hay duda de que privilegia el sentimiento y las vivencias:

> Técnica no tengo ninguna. Simplemente hablo de mi gente, mis sueños y mi tierra. Mi gente habla así, y yo los entiendo; supongo que otros me entenderán a mí en la misma forma. No hay ninguna técnica. Sólo se trata de decir lo que se siente y lo que se vive.[47]

Para Rulfo *Pedro Páramo* satisface las expectativas de equilibrio entre ambos polos —como lo confirma el análisis de la obra—, pero declara enfáticamente su preferencia: "*Pedro Páramo* nació del corazón y del cerebro. ¡Oh qué diablos sé yo de dónde! Pero *ese es un texto de un hombre, no de un escritor. Y yo prefiero los textos humanos, no los que vienen de la literatura de oficio.*"[48]

La imaginación, centro de la escritura

La imaginación, gracias a la memoria, combina elementos presentados sensiblemente, a partir de la intuición y de acuerdo con el filtro receptor del

---

[44] *Id., loc. cit.*

[45] Manuel Roberto Montenegro, *op. cit.*, p. 5.

[46] José Emilio Pacheco, *op. cit.*, 1959, *id.*

[47] Enrique Vázquez, "Una entrevista con Juan Rulfo", en *Somos* (Buenos Aires), 24 de diciembre de 1976.

[48] Eduardo Estrada, "No la incendié, simplemente tiré a la basura mi novela *La cordillera*", en *Excélsior*, entrevista con Juan Rulfo en Venecia, 13 de junio de 1978, p. 213.

artista (su punto de vista, su visión del mundo). Cuando es productiva, la imaginación acota y sintetiza lo que la intuición aprehende en un acto espontáneo, previo a la posibilidad del conocimiento.

En este sentido hay una perfecta adecuación entre lo que dice Rulfo de su propia obra de ficción y lo que de hecho ocurre en sus textos: "Elegí la ficción porque creo que en un escritor lo importante es su poder imaginativo. La fuerza de la imaginación es tan poderosa que puede condicionar los hechos reales."[49] Normalmente la imaginación opera como una "suave fuerza" constante. El artista, en este caso Rulfo, puede vivirla con gran intensidad, como lo indica la cita anterior. De ella derivan, de acuerdo con Sartre, posibilidades de acción que podrán ejercerse, tanto sobre el mundo y el hombre que se nos revelan en los textos, como sobre el lector que los descifra y reproduce.

Un mundo literario, así nacido de la intuición y de la imaginación —sin que esto niegue el pensamiento, pero lo subordina— es fundamentalmente un ámbito de objetivaciones sensibles que nos muestran una imagen del hombre y su particular modo de estar en el mundo. Hablando de otros novelistas afirma Rulfo:

> Hay novelistas que leemos por *las sensaciones* que nos dejan. En apariencia sus libros no contienen ningún ensayo filosófico —en lo que se distinguen de Thomas Mann o de Aldous Huxley— *pero nos dan una imagen cabal del ser humano.*[50]

Lo mismo afirmará de sí mismo. El anecdotario de la infancia, como tal, no importa. Prevalece su esencia y su sentido en el haz de sensaciones que la memoria guarda celosamente:

> Conservé intacto en la memoria el medio en que vivía. La atmósfera en que se desarrolló mi infancia, el aire, la luz, el color del cielo, el sabor de la tierra, eso yo mantuve [...] lo que la memoria me devuelve son esas sensaciones.[51]

No hay duda que todo lector de *El Llano en llamas* y de *Pedro Páramo* reconocería la validez de estas afirmaciones como lo ha hecho Octavio Paz, al hablar con Enrique Vázquez después que éste había entrevistado a Rulfo:

> Todo el secreto, todo el misterio de Rulfo... es que nos da una imagen y no una descripción de nuestros paisajes. Rulfo *crea* nuestra propia realidad y nuestro entorno; no los recrea (*op. cit.*).

---

[49] José Emilio Pacheco, *op. cit.*, 1959, *id.*
[50] *Id., loc. cit.*
[51] Eric Nepomuceno, *op. cit.*, p. 3.

Es evidente que el autor no rechaza la realidad. El mundo de ficción no niega la realidad que toca. Antes bien, la trasciende al aprehenderla. Es la manera como el arte se acerca a la "verdad", creándola, objetivando el sentido. El escritor intenta explicar este hecho:

> La realidad está allí. Yo la conozco [...] pero para escribir, necesito imaginarla. Replanteármela, sirviéndome de la imaginación. Entonces la mayoría de las veces, cuando la describo, es a través de lo imaginario y termina por no parecerse en absoluto a la realidad.[52]

De este modo, en el mundo de ficción, la imaginación y la realidad se identifican:

> —¿No cree, como Pirandello, que la imaginación es lo más real?
> —... Si. La imaginación es al mismo tiempo lo más real y lo más absurdo de la realidad. Todo es realidad.[53]

La imaginación parece implicar el logro de una trascendencia de los hechos, de una síntesis que los proyecta. Rulfo lo expresa como un "ver hacia adentro" que se opone al "ver hacia afuera" del periodista: "El periodista está narrando —dice— y el literato está imaginando."[54]

Literatura como exorcismo y catarsis

En la medida en que la literatura logra que se adecúen la expresión y la intuición, objetivando los fantasmas y recuerdos del imaginario individual, tiene una función liberadora. Así también con la infancia; tiempo ambiguo en que se elabora ese imaginario del escritor (cf. notas 15 y 16):

> La infancia se nos arraiga hasta el final. En mí todavía pesa mucho. Los recuerdos son los que me funcionan. No lo visto, sino el ambiente [...] Estás apoyado en otras personas para vivir, tienes un apoyo económico. Esto te obliga a observar, a ver, a sentir. Y a lo largo de los años surgen aquellas cosas, ¿no? Son recuerdos, en realidad; pero ni siquiera: es la atmósfera, el ambiente.[55]

Y nosotros lectores pensamos que *el recuerdo*, en efecto, es un detonador en casi todos sus cuentos y en la novela. También que la infancia se asocia

---

[52] Juan E. González, *op. cit.*, p. 4.
[53] Carlos Morales, *op. cit.*
[54] Armando Ponce, *op. cit.* Lo mismo declara en Juan Cruz, *op. cit.*
[55] *Id.*, *op. cit.*, en *Proceso*, p. 46. También en Varios, *Rulfo en "Proceso"*, ed. cit., p. 47.

con lo paradisiaco y que sus personajes parecen brotar de un ambiente y una atmósfera que son determinantes.

Pero en Rulfo parecería que el conjuro no fue suficiente. Como que el recuerdo se regodeó en el pasado, y no abrió caminos amplios hacia el porvenir.

A la pregunta, "¿La literatura ha sido para usted una tabla de salvación?", contesta:

—Sí. Yo soy un hombre triste por naturaleza. Pero yo no sabía a qué se debía esa tristeza. Ese querer aislarse de la vida, ¿por qué? Eran consecuencias de aquellos tiempos, venían como las enfermedades, como los polvos de aquellos lodos, y aparecieron tardíamente, pero aparecieron.[56]

La catarsis liberadora de la soledad y la incomunicación motivan claramente su escritura desde la redacción de su primera novela (*El hijo del desaliento*), con la cual nunca estuvo de acuerdo:

Era una novela un poco convencional, un tanto hipersensible... Pero el hecho de que escribiera se debía precisamente a eso: parece que quería desahogarme por medio de la soledad en que había vivido, no en la ciudad de México, pero desde hace muchos años, desde que estuve en el orfanatorio.[57]

La función liberadora de la literatura es, sin embargo, más amplia, pues parte de una relación intrínseca y múltiple con el mundo, con la historia.

Literatura y mundo

Para Juan Rulfo un libro es un puente efectivo hacia el hombre que somos y hacia los otros. En este paso hay una clara conciencia que va de lo particular a lo universal, o más bien, que descubre lo universal que hay en cada hombre concreto, en cada pueblo. Es esta certeza la que valida y explica su visión del mundo, tanto la que se manifiesta en su palabra hablada, como en sus personajes literarios:

La literatura no es, como creen algunos, un elemento de distracción. En ella hay que buscar la certeza de un mundo que las restricciones nos han vedado. El conocimiento de la humanidad puede obtenerse gracias a los libros; mediante ellos es posible saber cómo viven y actúan otros seres humanos que al fin y al cabo tienen los mismos goces y sufrimientos que nosotros.[58]

[56] *Id.*, *op. cit.*, p. 52.
[57] Reina Roffé, *op. cit.*, pp. 79-80.
[58] José Emilio Pacheco, *op. cit.*, 1959, *id.*

En la medida en que el escritor logra este grado de autenticidad, esta adecuación intuitiva entre lenguaje y mundo —a través de sus personajes y de un ambiente que en lo particular lleva implícito su carácter universal— la obra objetiva un saber del hombre y del mundo. Así entendido el carácter epistemológico de la literatura, según Rulfo, hace inoperantes, por mecanicistas, aquellos planteamientos que parecen exigir, desde fuera, un mensaje al texto:

> Hay que temerle a las novelas que *se empeñan* en darnos un mensaje. "Mensaje" ha llegado a ser una palabra enfadosa. Toda obra que tiene un *punto de vista* nos lo comunica. *Porque toda obra es el total de la vida de un ser humano.*[59]

Esta sustitución de mensaje por *punto de vista* objetivado me parece un acierto. Establece precisamente la diferencia entre una ideología externa al texto y una *perspectiva*, una visión del mundo dominante, objetivada en la particularidad lingüística del mundo de ficción.

Rulfo es exigente con el escritor y consigo mismo. No se puede hablar de lo que no se conoce en la dimensión que el autor pretende. Se precisa una identificación, un saber desde dentro del otro, para que el texto literario cobre la dimensión que él espera en tanto artista y en tanto hombre. Quizá por eso le fue difícil aceptar otros textos suyos que no pudieran expresar el grado de penetración que *El Llano en llamas* y *Pedro Páramo* alcanzan en la *conciencia íntima y colectiva*.

Ningún acopio de *saber externo* es suficiente. Por eso, nunca pretendió objetivar el mundo indígena desde dentro, a pesar de la información que seguramente acumuló en su trabajo del Instituto Nacional Indigenista:

> No, yo no tengo ningún personaje indígena, ni he escrito sobre los indios jamás.[60]

> Es muy difícil [...] escribir con personajes indígenas puesto que uno no sabe qué piensan, cómo piensan ni por qué actúan de determinada manera.[61]

Sin embargo, sí utiliza elementos recogidos en las crónicas locales de la Colonia. Por ejemplo, la idea del éxodo del pueblo diezmado que aparece significativamente en el primer cuento publicado de Rulfo, "Nos han dado la tierra", cabe asociarla al gran éxodo de los pocos sobrevivientes del

---

[59] *Id., loc. cit.*
[60] María Helena Ascanio (ed.), *op. cit.*, pp. 309-310.
[61] *Ibid.*, p. 311.

pueblo otomí de Amula que desapareció —víctima de temblores y pestes— en el siglo XVI. Un pequeño grupo funda el pueblo de San Gabriel, Jalisco, en 1576, de tanta importancia en la vida y en la obra del escritor, como se verá en el último capítulo de este libro.[62] El éxodo histórico adquiere, como toda historia del origen, carácter simbólico. Éste se refuerza al asociarlo con el éxodo bíblico del pueblo escogido.

La realidad de su escritura se sustenta también en el hecho histórico de que los fenómenos naturales (pestes, temblores) y una segunda colonización de españoles en el siglo XIX, prácticamente erradicaron la población indígena de la región jalisciense de donde procede el autor. Es pues zona mestiza y criolla, factor que suelen ignorar y soslayar muchos lectores —y aun críticos de la obra de Rulfo.[63] El discurso histórico así lo confirma; pero además el escritor lo ha dicho claramente en sus entrevistas. A veces lo calla por discreción; se percibe el titubeo ante el encuestador, y opta por no ponerlo en evidencia; deja caer el tema o comenta una vaguedad. Vale por eso la pena detenernos en su comentario a Joseph Sommers en 1973:

Yo soy de una zona donde la conquista española fue demasiado ruda. Los conquistadores ahí no dejaron ser viviente. Entraron a saco, destruyeron la población indígena, y se establecieron. Toda la región fue colonizada nuevamente por agricultores españoles.[64]

[62] *Cf.* Enrique Trujillo González, *San Gabriel y su historia a través del tiempo,* Jalisco, Talleres Kerigma, 1976, pp. 135-137.

[63] Después de entregar para su publicación la versión breve de mi texto "Destrucción de los mitos, ¿posibilidad de la Historia? *El Llano en llamas* de Juan Rulfo", que apareció en las *Actas del IX Congreso de la Asociación Internacional de Hispanistas* (Berlín, 1986), ed. de Sebastian Neumesteir, Vervuert Verlag. Francfort del Meno, 1989, p. 586, leí la sugerente "Presentación" de Antonio Alatorre a la edición facsímil de *Pan* (1945-1946), ed. cit. Ambos coincidimos en señalar este mismo hecho (*cf.* n. 22 de la "Presentación" y n. 4 de la ponencia). Hugo Gutiérrez Vega también lo hace. Distingue entre el "criollismo" de los alteños y el "mestizaje" de los abajeños, y señala las interrelaciones entre ambas zonas, sobre todo al término de la guerra cristera. Coincido además con su interpretación de que Rulfo "reúne en su persona y en su palabra a las dos regiones" ("Las palabras, los *murmullos,* el silencio", en *La Cultura en México,* suplemento cultural de *Siempre!,* núm. 1709, 1986, p. 36). Obviamente, lo han constatado además los historiadores (*cf.* p. ej., Andrés Fábregas, "Los Altos de Jalisco: características generales", en José Díaz y Román Rodríguez, *El movimiento cristero. Sociedad y conflicto en los Altos de Jalisco,* estudio introductorio de..., México, Centro de Investigaciones Sociales/Instituto Nacional de Antropología e Historia, Nueva Imagen, 1979, p. 18 *et passim).* Sobre la segunda colonización de la zona por españoles perseguidos, cercana ya la Guerra de Independencia, *cf.* Trujillo González, *op. cit.,* pp. 232-233.

[64] "Juan Rulfo. Entrevista", en *Hispamérica,* II (1973), núms. 4, 5, p. 107. *Cf.* también

Es obvio que esto, y el mestizaje que de ello se deriva, es lo tematizable, lo que incide en su visión del mundo. Rulfo lo admite en sus entrevistas, sobre todo en la presencia de ciertos elementos de sincretismo religioso. Particularmente, destaca la fuerza que ejerce el mundo de los muertos en el de los vivos. El autor alude reiteradas veces a las ánimas en pena que pueblan la superficie de la tierra en *Pedro Páramo* como encarnación de la culpa colectiva. Pienso, como lo señalé en un artículo anterior, que el mundo de los muertos está además presente de un modo más profundo. Por un lado, el trasmundo está aquí en la tierra, tanto para los que todavía vagan por la superficie, como para los que han merecido ya la sepultura. Por otro, y quizá esto es lo principal, en estos últimos reside la "verdad"; son ellos los detentadores del sentido. Es un hecho al que se refiere también, con variantes, Mauricio Magdaleno en *El resplandor* (1937).[65]

Sin duda, el sincretismo religioso es parte de nuestro mestizaje hispanoamericano. En algún momento Rulfo llega a establecer la raíz diferenciadora de su obra en este sincretismo religioso y, sobre todo, en el cultural. Lo hace, por ejemplo, al hablar de su relación con Juan José Arreola, en una mesa redonda en París, que compartió con su coterráneo y con Héctor Azar:

> ... yo busqué, como dijo cierto compañero [¿Benítez?] el sincretismo entre lo español y lo indígena. Eso que él llama la raíz del mestizo no es sino el sincretismo en que nos dejó España, que nos dejó a medias entre el cristianismo y la otra religión. Así como quedamos a medias en la religión, también nos quedamos en la cultura y Juan José Arreola buscó la cultura europea mientras yo apenas intenté querer alcanzar la cultura mexicana. Por eso hay una especie de diferencia en los estilos y aun en los temas.[66]

Conciencia histórica; conciencia íntima

Si escribir presupone un modo de saber, Rulfo reconoce que sus textos se relacionan con lo que resta de sus vivencias, decantado en su interior: la memoria después del olvido; lo que nos constituye.

"Los muertos no tienen tiempo ni espacio", en *La Cultura en México*, suplemento cultural de *Siempre!*, núm. 601 (1973), pp. VI-VII.

[65] *Cf.* capítulo I de la Segunda parte de este libro.

[66] *Diorama de la Cultura*, suplemento cultural de *Excélsior*, 28 de junio de 1981, p. 9. Frecuentemente Rulfo eludía las discusiones con respuestas sutilmente irónicas; bromas y ocultamientos no siempre obvios para el interlocutor ajeno; pequeñas piezas de lenguaje para "iniciados". Con Juan José Arreola, en particular, callaba o cedía; ocultaba; le dejaba conscientemente el espacio principal. En este caso exagera la dicotomía entre la obra de Arreola y la suya, ya que obviamente su obra se relaciona también con la literatura europea (la inglesa y la irlandesa por ejemplo), así como la de Arreola se relaciona también con la mexicana.

Recuerdos *simplemente*, no los hay, lo único que hice fue ubicarme en esa región [...] porque la conozco y porque la infancia es lo que más influye en el hombre... es una de las cosas que menos se olvida, que más persiste en la memoria de cualquier hombre.[67]

La afirmación remite a una mentalidad que busca lo esencial; lo que subyace a los hechos y los proyecta, principio en el que habré de insistir, porque al hacerlo, uno va captando la razón por la cual esos textos alcanzan lo universal, que nunca es abstracto, y nacen con el prestigio de lo clásico.

Así, por ejemplo, Rulfo sabe que *el padre* es la ley que opera en sí mismo, y se manifiesta a su vez en el caciquismo regional, estatal, nacional, de América y del mundo. La *conciencia histórica* se hace una con la *conciencia íntima*.

De nuevo, el escritor bordea el tema con la discreción que lo caracteriza. El encuestador le pregunta si *Pedro Páramo* representa una "cosmovisión de México y del mundo", y él comenta:

—Si eso lo tiene, será porque se habrá abierto camino hacia terrenos de universalidad. Yo, en principio, quise presentar un cacique que es una característica de México. Porque allá existe un caciquismo tanto de tipo regional como estatal [...]. La estabilidad política del país tiene mucho que ver con el caciquismo, pues cada cacique domina cierta región que el Estado deja en sus manos. Será el cacique quien dará las órdenes y el que habrá de regir en la región. Esto abunda —y más en tiempos pasados.[68]

Su pensamiento es coherente, totalizador. Lo que es válido para sí mismo y para su obra, lo es también para la literatura mexicana que concibe con una dimensión supranacional, latinoamericana. De ella señala que

es inseparable de la del resto de América Latina incluyendo —no olvidar, muy importante— la brasileña, porque la idea de lo real maravilloso de que se habla por referencia a Alejo Carpentier ya estaba en Antonio de Andrade (*Macumaína*) que convierte a sus personajes en monstruos inconcebibles, y en sus discípulos Graciliano Ramos y Melo Neto, el de *Cangaceiros*... [Y el realismo mágico con que se condecora a Miguel Ángel Asturias] ya está en João Guimãraes Rosa y en la más maravillosa obra que se ha escrito en América del Sur *Grande Sertao, veredas*.

Todos los países de América Latina, pese a sus diferencias idiomáticas y a sus divisiones geográficas, conforman una sola cultura con una raíz común. Quiero insistir: los brasileños Guimãraes, Dalton Trevisano, Dorado, Fonseca forman parte, en primera línea, de la América mágica.[69]

---

[67] Juan Cruz, *op. cit.*
[68] Juan E. González, *op. cit.*, p. 4.
[69] Ernesto González Bermejo, "No se puede hablar de literatura mexicana, ésta es parte

Al hablar de lo que distingue a la literatura de nuestros países de la europea y la norteamericana, Rulfo no lo hace en términos jerárquicos, sino a base de lo que cada una aporta como actitud del hombre ante la historia. Por eso, una vez más, los vínculos no son externos: "no es sólo el paisaje o la ciudad lo que caracteriza o distingue a estas literaturas; son *el lenguaje y la forma* lo que las hace coincidir". Forma y lenguaje que presentan "*un terreno nuevo, un paisaje nuevo y un hombre renacido*".

Es este efecto de transformación del hombre y de la realidad lo que importa. Por eso afirma que "el escritor latinoamericano no es mimético". Con los problemas comunes a otros hombres, éste ha hecho de su escritura un acto de liberación, en la medida de las potencialidades reales de su propio discurso. Sin enajenarse de la historia, produce a partir de ella su arte. Según Rulfo:

> Nuestra literatura ha sido acogida en otras latitudes favorablemente, no porque sea exótica o pintoresca, sino porque la fundamenta un hombre que enfrenta problemas y angustias comunes a los demás, y porque *ese hombre desesperado no se resigna a las dificultades*, sino que *conjuga realidad e individuo y lo transforma en arte*.[70]

Este modo de presentar la relación entre personaje y contexto en el arte, para Rulfo —y es claro que piensa en su obra— no es gratuito. Comprometerse con la cultura, como ha dicho antes, implica necesariamente una respuesta a la historia. La cultura es resultado de una acción específica del hombre en la historia, insustituible, porque es distinta de unos a otros. Por eso "mostrar", en términos literarios, supone algo de lo que otros consideran "denunciar". En este sentido no hay literatura inocente, como no puede haber lector inocente. Por algo Rulfo alude a esta naturaleza de su obra precisamente cuando se le atribuye una actitud fatalista:

> Intento mostrar una realidad que conozco y que quisiera que otros conocieran. Decir: "Esto es lo que sucede y lo que está sucediendo" y "No nos hagamos ilusiones. Vamos a ponerle el remedio si acaso es una cosa fatal". Pero en realidad, no tiendo al fatalismo. No creo ser fatalista. Simplemente conozco una realidad que quiero que otros conozcan.[71]

---

de lo que se escribe en América Latina: Rulfo" (París, Jornadas de Cultura Mexicana, 20 de junio de 1981), en *Unomásuno*, 21 de junio de 1981, p. 18.

[70] "Juan Rulfo concede —¡por fin!— una entrevista", en *Revista de la Semana, El Universal*, 6 de diciembre de 1970, p. 10.

[71] Reina Roffé, *op. cit.*, p. 85.

La ficción y su relación con la historia

Estamos ya en el centro mismo de la relación entre historia y ficción, tal como se la plantea Rulfo para quien, no hay duda, la literatura es "una mentira para decir la verdad". La ficción es entonces ese híbrido que nos recuerda *Verdad y mentira*, el libro de Alfonso Reyes:

> —¿Cree que la literatura es una mentira para decir la verdad?
> —Lo ha dicho muy bien y estoy absolutamente de acuerdo. Hay que ser mentirosos para hacer literatura. Ahora bien: hay una diferencia entre la mentira y la falsedad. Cuando se falsean los hechos, se nota inmediatamente lo artificioso de la situación. En cambio, cuando se están contando mentiras, se está recreando una realidad a base de mentiras. Se reinventa el mismo pueblo que aún existe.[72]

Rulfo intuye que entre su vida y su obra puede haber alguna relación más allá de los hechos biográficos, que tenga que ver con el sentido subyacente, profundo de la obra, como ya comenté antes. Sus palabras son ahora más precisas:

> No utilizo nunca la *autobiografía directa*... Es simplemente porque los personajes conocidos no me dan la realidad que necesito, y que me dan los personajes imaginados...
> *Tal vez en lo profundo haya algo que no esté planteado en forma clara en la superficie de la novela.*
> Yo tuve una infancia muy dura, muy difícil. Una familia que se desintegró muy fácilmente en un lugar que fue totalmente destruido. Desde mi padre y mi madre, inclusive todos los hermanos de mi padre fueron asesinados. Entonces viví en una zona de devastación. No sólo de devastación humana, sino de devastación geográfica. Nunca encontré... la lógica de todo eso. No se puede atribuir a la revolución. Fue más bien una cosa atávica, una cosa de destino, una cosa ilógica. Hasta hoy no he encontrado el punto de apoyo que me demuestre por qué en esta familia mía sucedieron en esta forma, y tan sistemáticamente, esa serie de asesinatos y de crueldades.[73]

Por eso su literatura es no sólo la expresión de una inminencia, sino también una búsqueda, un deseo (*cf.* "Macario"; Pedro Páramo).

Pienso que esta búsqueda se concreta, indudablemente, en los niveles simbólicos del texto. Con gran maestría, ya apuntada en los comienzos de este trabajo, la conciencia íntima se funde con la colectiva. La intensidad

---

[72] Juan E. González, *op. cit.*, p. 5.
[73] Joseph Sommers, *op. cit.*, p. 105.

reiterada de la tragedia social revela, en las recurrencias simbólicas de la ficción, una conciencia que es también individual.

Matizándola de diversos modos, Rulfo vuelve sobre esta distinción entre narrar o escribir sobre el suceder *externo* de los hechos —lo cual daría una modalidad del realismo que él no podría suscribir— y un realismo que muestra el reverso del tejido de la historia, sus núcleos de significación.

Me interesa destacar la importancia intrínseca que tiene para el escritor la situación de injusticia social prevaleciente en nuestros países. Si bien declara: "Yo no reflejo los problemas de mi país, aunque sí toco los temas sociales, el tema del campesino, del fanatismo, de la superstición, un poco de la magia y de la mitología y del sincretismo religioso", sí considera que los problemas socioeconómicos son de tal magnitud que pretender evadirlos en la escritura equivaldría a enajenarse, tanto de la realidad histórica, como de la literaria:

> Los problemas sociales en toda América Latina siguen siendo fundamentales. Mientras no se resuelva el problema social o económico, no se resolverá nunca el problema político. Somos países con problemas sociales terribles, de contrastes tremendos entre la gran riqueza y la gran pobreza. Entonces, escribir una novela que no tenga aspecto social es salirse un poco de la realidad... o de la creación literaria.[74]

Pero aún más; Rulfo percibe que a veces la literatura es capaz de penetrar en el sentido de la historia con mayor acierto que el propio discurso histórico y mostrar la "verdadera historia".[75] Un caso claro para él es la novela de la Revolución, ciclo que reivindica por su importancia para entender la historia de ese periodo, y para la novela mexicana contemporánea:

> Yo conocí la historia a través de la narrativa. Ahí comprendí qué había sido la revolución. No me tocó vivirla. Reconozco que fueron esos autores, hoy subestimados, que realmente abrieron el ciclo de la novela mexicana.[76]

El autor asume, desde su juventud, esta postura ante la novela de la Revolución. De hecho sus dos libros podrían verse, desde esta perspectiva, como la síntesis (intuitiva y sensible) que elabora el sujeto lector. No hay duda que ese sujeto, a su vez, ha sufrido los efectos del movimiento

---

[74] Juan Cruz, *op. cit.*

[75] Así lo declara en la entrevista que le hace Armando Ponce (citada antes): "es que la verdadera historia de la Revolución Mexicana está en la literatura. Los historiadores son muy parciales. Los escritores no tenían un compromiso histórico [sectarista, se entiende]".

[76] Joseph Sommers, *op. cit.*, p. 104.

revolucionario en su familia y en sí mismo, ya que de niño vive la guerra cristera que fue determinante en la zona donde se criaba. Aunque no podía comprender el movimiento, había absorbido unas imágenes, una perplejidad, ¿un rencor?, una atmósfera y un tono que resurgen de algún modo en la vida y la escritura posteriores. Son estas huellas e impresiones las que se decantan en el interior y conforman su imaginario.

Pero además es claro que su afirmación es una respuesta a la crítica dominante, sobre todo académica (con excepciones valiosas como la de Francisco Monterde). Recuérdese el reconocimiento tardío y polémico que se hace de *Los de abajo* de Mariano Azuela en 1925, y la tendencia, que aún persiste, a rechazar el tipo de realismo testimonial de ese ciclo. Rulfo adopta una postura de equilibrio, pero toma partido. Escribe en diálogo con la novela de la Revolución, para sobrepasarla; privilegia unos textos evidentemente de los mejores,[77] y publica en la revista *América* de la Secretaría de Educación Pública. Esta revista es, en parte, vocero de la política cultural oficial, que apoyaba una literatura nacionalista y revolucionaria, pero no caía en dogmatismos, y estaba abierta a otras tendencias con una óptica latinoamericana, como lo sugiere su nombre.[78] Al mismo tiempo, Rulfo colabora en *Pan* (1945-1946), la revista de acento más cosmopolita, no obstante su brevedad y origen regional, fundada por Antonio Alatorre y Juan José Arreola en Guadalajara. Allí publica "Nos han dado la tierra" (meses después también aparece en *América*) y "Macario". En ambas revistas llega a formar parte del equipo de redacción. Más tarde publicará en la *Revista Mexicana de Literatura* y en *Metáfora*.

Otro aspecto de esta relación entre historia y ficción, al que alude Rulfo reiteradas veces, es el del *realismo mágico*, que entiende como "la literatura que mezcla la realidad con el mito" y culmina en *Cien años de soledad*. Asumir el mito es, en estas novelas, un modo de penetrar en la historia y esclarecerla. El mito no oscurece. Más bien nos lleva a la historia por el camino de lo simbólico y ritual.

Pero el mejor ejemplo que aduce el autor es *Pedro Páramo*. Ante la

---

[77] En la entrevista de Sommers, citada antes, Rulfo menciona a Rafael F. Muñoz [sobre todo su obra *Se llevaron el cañón para Bachimba* y su novela sobre Santa Anna], Mariano Azuela, Martín Luis Guzmán y Gregorio López y Fuentes de quien destaca *Campamento*. Cuando en 1959 lo entrevistó José Emilio Pacheco (*op. cit.*), Rulfo especifica la importancia que la narrativa de la Revolución ha tenido en sus libros, y menciona a los autores de algunos cuentos que considera entre los mejores del periodo (*cf. Cultura y texto, infra*).

[78] De hecho se publican en ella textos de autores, con diversas tendencias y de todos los géneros literarios. Entre otros, José Revueltas, Carlos Pellicer, Rosario Castellanos, Rodolfo Usigli, José Gorostiza, Sergio Magaña, Augusto Monterroso, Emilio Carballido, Jaime Sabines, Ernesto Mejía Sánchez y Juan José Arreola.

pregunta de Sommers,[79] sobre si el texto puede considerarse una "novela de negación", la respuesta de Rulfo es categórica. La novela precisamente "satiriza" un sistema inoperante de falsos valores. Han pasado a nivel implícito los valores cristianos y se han sustituido por una fe fanática, y la mercantilización de los rituales y de las prácticas, como en "Talpa" y "Anacleto Morones" (sobre este punto volveré después).

Se entiende ahora lo que el autor llega a afirmar hablando de *La cordillera*, la novela prometida que dijo haber destruido, pero de cuyo tema y tratamiento solía hablar. Su objetivo al hacerla era: "Jugar con hechos ciertos y ficticios hasta saber si lo ficticio desvirtúa la historia, o al revés. Yo tengo el pálpito de que la ficción va a ganar, por más real."[80]

Cultura y texto

Vimos antes cómo la obra literaria se funda, para Rulfo, en un acto de lectura guiado por la intuición y la imaginación. También cómo historia y ficción se entreveran en el texto. Estos elementos todos se conjugan en el imaginario del autor, en la medida en que éste lee y asume otros discursos culturales.

En varias entrevistas Rulfo habla de sus autores y libros favoritos, hace comentarios críticos y alude a un cambio de mentalidad en su generación que los aleja de la literatura mexicana y de la española, para acercarlos a otros autores sobre todo europeos. Sin embargo, en su caso particular, pone especial énfasis en autores europeos, pero también en los novelistas de la Revolución y otros escritores mexicanos.

Esta actitud de equilibrio es notable pues precisamente entonces, según él mismo comenta, se leía muy poco a los escritores mexicanos, inclusive a los más conocidos (Vasconcelos, Martín Luis Guzmán, Mariano Azuela...):

Casi no tenía ningún valor la literatura mexicana. Se consideraba, por ejemplo, a la novela de la Revolución como el reportaje de ciertos hechos. Se editaron mucho —eso en proporción, ¿no?— pero no se leían. La tendencia era leer literatura de otros países. En las escuelas, la literatura española.

No se trata de que niegue la necesidad de abrirse a perspectivas amplias, supranacionales,[81] sino que reconoce la necesidad de poseer una raíz clara

---

[79] Joseph Sommers, *op. cit.*, pp. 106-107.

[80] Reina Roffé, *op. cit.*, p. 88.

[81] "Libremente —admite— se leía la literatura rusa, literatura que [...] se traducía [y] se editaba en España, pero no española. Al mismo tiempo [...] se editaba la literatura norteamericana. Se conocía a Dos Passos, a Sinclair Lewis, a Elmer Rice y a Hemingway [...]" (Harss,

en la cual afirmarse. Este principio repercute tanto en su obra como en su vida:[82] "Sabía que ése era el retraso de la literatura latinoamericana: el que estábamos absorbiendo una literatura que era ajena a nuestro carácter, a nuestro modo de ser."[83]

Pero es José Emilio Pacheco quien logra, en 1959, las mejores declaraciones del escritor sobre este punto. En apretada síntesis —la entrevista es de una página impresa— se integran cuatro tendencias principales de las lecturas que Rulfo reconoce como determinantes en su literatura. No se trata de una explicitación de sus fuentes exactas. El escritor juega frecuentemente con la referencia a obras y autores, pero da pistas que el lector deberá descubrir, de regreso de una lectura cuidadosa de sus textos.

a. Los autores nórdicos. "Encontré en ellos —dice— los ambientes de mi fe literaria." De Halldor Laxness recuerda que reconstruye la epopeya islandesa. A Knut Hamsum lo lee siempre "antes de tomar la pluma [...]. Su lectura me baja a la tierra, me vuelve al origen".

Años más tarde confesará a Joseph Sommers que acudía a estos autores y a otros (Boyersen, Jens Peter Jacobsen, Selma Lagerlöff), "quizá por cierta tendencia a buscar precisamente algo nublado, algo matizado, no tan duro y tan cortante como era el ambiente en que uno vivía [...]. Me daban una impresión más justa, o mejor, más optimista que el mundo un poco más áspero como era el nuestro".[84]

La apreciación me parece certera. Cuando leí, pensando en Rulfo, algunos textos de Hamsum, por ejemplo, percibía que la relación era por contraste. Que aun cuando se planteaban problemas sociales agudos, la atmósfera de aquella vida campesina era elemental, serena. La muerte no era tan plural, ni tan violenta, ni la tierra tan inhóspita y agresiva como en los textos rulfianos.

Tengo la impresión, por algunas declaraciones suyas, que *La cordillera* buscaba presentar un mundo más próximo al de estos autores, por su atmósfera y ambiente.

b. Literatura norteamericana. De la generación de novelistas norteame-

---

op. cit., p. 36). Reina Roffé añade: "Además hace tiempo que me he dado cuenta de que España no tenía ninguna cultura que dar a América. Por eso tuve alguna vez la teoría de que la literatura nacía en Escandinavia, en la parte norte de Europa, y luego bajaba al centro, de donde se desplazaba hacia otros sitios" (*op. cit.*, pp. 78-79).

[82] Recuérdese la frase, tantas veces citada, de su cuento "¡Diles que no me maten!": "Es algo difícil crecer sabiendo que la cosa de donde podemos agarrarnos para enraizar está muerta. Con nosotros, eso pasó" (*El Llano en llamas*, 2ª ed., México, Fondo de Cultura Económica, 1955, p. 91 [1ª ed., 1953].

[83] Reina Roffé, *op. cit.*, p. 78.

[84] *Op. cit.*, p. 103.

ricanos de esos años, Rulfo reconoce que la suya aprendió con ellos a ahondar más en la "angustia del alma", en el "ser humano". También adopta su localismo, a partir del cual "crea una dimensión que deshace las fronteras del tiempo, el idioma, las costumbres", y se universaliza. Este último rasgo sabemos que es fundador en la obra del escritor mexicano.

c. Giono, Miller e Ivanov. Independientemente de sus nacionalidades, estos autores ejemplifican lo que Rulfo llama la *actitud edípica*, característica innegable de su obra. Son escritores que representan la inconformidad con un pasado y con buena parte de la "humanidad" contemporánea.

d. Literatura mexicana. En las mejores obras mexicanas, el autor reconoce también un localismo que supera las barreras nacionales. Entre otros, destaca cuentos de Jorge Ferretis, Gregorio López y Fuentes, Juan de la Cabada, José Revueltas, Edmundo Valadés, José Vasconcelos, Ricardo Cortés Tamayo, Cipriano Campos Alatorre, José Alvarado, Gastón García Cantú, Rafael F. Muñoz, Luis Córdoba, Juan José Arreola, Julio Torri, Carlos Fuentes, Efrén Hernández (*cf.* nota 31).

e. A estas cuatro tendencias de lecturas habría que añadir su predilección por *Las crónicas de los siglos XVI-XVIII.* Rulfo era un fervoroso lector de crónicas. Si bien parece que las iba a utilizar más directamente en *La cordillera*, no hay duda que esta preferencia tiene mucho que ver con el tipo de lenguaje que buscaba y prefirió para sus personajes, y con muchos de sus motivos y símbolos. De ellas destaca tres aspectos: *a)* Que "están escritas en un estilo muy sencillo, muy fresco, muy espontáneo".[85] "Se trata de un lenguaje arcaizante en España, pero no para los campesinos de Jalisco."[86] *b)* Que producen placer, aparte de enseñar historia, porque, según Rulfo, los cronistas "escribieron de una forma muy espontánea, sin saber que los iban a leer nunca. Simplemente hacían la crónica de su obra", y *c)* Porque constituyen "lo más valioso de nuestra literatura antigua", y de ellos "arranca lo que hoy se llama lo real maravilloso".[87]

Además, el lector de crónicas nace de una necesidad más amplia de conocer la historia de nuestros países. Por eso dice en su última entrevista:

[Las tardes] las dedico a leer, especialmente historia, mucha historia. Y a los cronistas. Necesito conocer lo nuestro [...]. Por ejemplo, la revolución nicaragüense. Hay tantos viajes, tanto que conocer, cuando se siente que la muerte está a la vuelta de la esquina.[88]

[85] Fernando Benítez, *op. cit.*, p. 4.
[86] Juan Cruz, *op. cit.*
[87] Fernando Benítez, *op. cit.*, *id.*
[88] Juan Rulfo, "Una última mirada", en *Suplemento Dominical, El Mundo* (Puerto Rico), 23 de marzo de 1986, p. 38.

Sin duda, Rulfo simpatizaba con la revolución nicaragüense porque vinculaba un proceso revolucionario y una búsqueda de liberación de signo cristiano en muchos de sus seguidores.

f. Otros códigos artísticos. También se interesaba por otros códigos artísticos: el cinematográfico y el fotográfico; el pictórico y el musical. Rulfo insistió varias veces en las diferencias entre la literatura y estos códigos. Intuía que no se puede hablar de una transposición directa entre ellos, sino que en el discurso literario la mediación es el trabajo del escritor con el código lingüístico. A partir de ahí se pueden establecer múltiples y enriquecedoras relaciones. En especial, lo sabemos, trabajó con los códigos cinematográfico y fotográfico,[89] y es indudable la imbricación de ambos en el discurso literario:

Del pictórico, admite su predilección por Orozco:

En realidad más bien es a Orozco al que yo admiro. Ni Rivera ni Siqueiros me dicen nada. Orozco, sí. Orozco lo siento. Además Orozco es también de la zona, de la región de donde soy, y le admiro mucho, sobre todo sus frescos de Guadalajara... Lo que ha hecho Orozco tiene una fuerza que no tienen los demás pintores ni Rivera, ni Siqueiros. *Tiene fuerza dinámica, intuitiva, en muchos aspectos* [...] *auténtica.*

Música y literatura se funden en su sensibilidad. Rulfo se detiene un poco a detallar el ritual cotidiano relacionado con ambas, al hablar con Fernando Benítez:[90]

—Antes no salías de las librerías, pero ahora no sales de las discotecas.

—La música va en compañía de la literatura.

—Te pareces a Fuentes y a Monsiváis.

—Oigo cuatro o cinco horas diarias de música y al mismo tiempo leo sentado en un sillón. Cuando era joven leía dos novelas diarias, ahora sólo leo una novela o una crónica. Asocio la lectura a la música.

—¿Tienes preferencias?

—Me gusta particularmente la música de la Edad Media, del Renacimiento y del Barroco. Comparto en ese sentido los gustos de Juan José Bremer. Algo de romanticismo, lo imprescindible. Escucho a Orlando de Lassus, a Perotinus Magnus, a Charpentier, a los venecianos, me gustan también los cantos gregorianos, las misas, los réquiems y desde luego Vivaldi, Monteverdi, Gabrielli, Gesualdo. Casi tengo tantos discos y casetes (*sic*) como libros.

---

[89] *Cf.* la hermosa colección de fotografías publicada en *Juan Rulfo. Homenaje Nacional,* ed. cit., pp. 1-100.

[90] *Id., loc. cit.*

Dos años después, en otra entrevista, aclara que no puede combinar el oír música y escribir:

—¿La música alguna vez te dio pistas o caminos para escribir?
—No. Son mundos separados, desvinculados. La música es una especie de sedante. Música y literatura me sacan de este mundo, pero a la vez son mundos que no se tocan, no se juntan nunca.
—Cuando escribes, ¿oyes música?
—No. No puedo hacer esas dos cosas al mismo tiempo. Me distraigo mucho. Leer, escribir o escuchar música pide aislamiento. Y claro, silencio total. Para oír música no puedo siquiera pensar en algo más.[91]

Se trata de dos actividades que le satisfacen con igual intensidad, pero que, al mismo tiempo, le exigen una atención exclusiva. Es claro por lo que dice, y por lo que sabemos de su escritura, que son dos caminos por los que logra una experiencia trascendente y liberadora. Y quizá con la música lo alcanza de modo más directo y menos doloroso, lo cual explicaría que la música parece ser un arte al que se entregó cada vez más, sin pasar, probablemente, por las etapas de aridez que seguramente vivió con la escritura. Por lo menos, no en la misma medida:

—Siempre me hablas de la música renacentista. Es lo que más escuchas, ¿verdad?
—Claro. La música medieval, la música barroca... Oigo también mucha música religiosa. La música sacra tiene una profundidad enorme: cuanto más la oyes, más te sumerges en ella. Tienen algo más allá de lo místico los cantos sacros. Es una música para las divinidades, ¿no?
—¿Y la música de los trovadores?
—Me gusta muchísimo. Los trovadores me devuelven a una cierta edad del mundo: imagino cómo eran aquellos tiempos, aquellas noches donde todo lo que se oía eran los travadores. Me trasladan a otra dimensión... los trovadores me llevan al camino de Santiago... Sus instrumentos eran pobres; pero a mí, desde chico, me gustó el toque de la chirimía, del tambor... la chirimía, esa especie de flauta con su sonido agudo, tan especial... Me impresiona mucho esa clase de sonido, de tonalidad.[92]

El lector de "Macario" no puede evitar la asociación entre este gusto manifiesto y el de Macario, quien se libera de su ambiente opresor con la imaginación, en los momentos en que oye a lo lejos el sonido primordial del "tambor que anda con la chirimía, cuando viene la chirimía a la función del Señor" (p. 10).

[91] Eric Nepomuceno, *op. cit.*, p. 2.
[92] *Id.*

Es que si bien le es difícil al autor combinar el acto de oír música con el de escribir, le es natural, en cambio, que ciertos rasgos de la música intervengan en su mundo de ficción (el ritmo en contrapunto, el canto popular asociado al tiempo futuro, etcétera).

Cada texto partirá de este acervo de materiales y sensaciones combinándolo y transformándolo de manera distinta. Queden, por ahora, marcadas con las palabras del propio Rulfo, unas obsesiones, unas tendencias dominantes que van conformando su mentalidad, un filtro sensible a ciertos tonos y gestos de la vida que a él le interesan. Como ocurre con la infancia y otros elementos, el olvido decanta y la memoria retiene lo pertinente para su visión: "El único mérito mío acaso sea el haber olvidado cómo escriben estos escritores. Me parece que ahí está el secreto."[93]

RULFO, LECTOR DE RULFO[94]

Para Juan Rulfo, en 1976[95] la novela tiene un futuro abierto que parece no tener fin. Al mismo tiempo piensa que el cuento y la narración breve son los géneros que definirán al escritor latinoamericano, como ya ocurre en Brasil. Y, aunque le gusta la poesía, declara que es un género muy difícil que no pretende cultivar.

De México prefiere al poeta Jaime Sabines. Las razones que da para esta preferencia revelan varios aspectos de su estética:

Su poesía tiene mucha fuerza, va directamente a las cosas, es hasta cierto punto descarnada. No me gusta la poesía abstracta, ni la concreta. Para mí es lo que me gusta: que me cuenten algo; es que creo en la historia: igual en la novela, en el cuento. Novela, como su nombre lo dice, es novedad.[96]

Es decir, destaca la palabra-objeto propia de la poesía, y señala su preferencia por la historia, por la noticia que se cuenta. Es natural, pues, que privilegie esta poesía con rasgos de prosa como la de Sabines, así como fue un buen lector de Pablo Neruda.

---

[93] Recuadro en *La Gaceta. Nueva Época*, Fondo de Cultura Económica, núm. 190 (1986), página 10.

[94] En sus respuestas, Rulfo suele dar pistas al lector que sólo después de una lectura detenida podemos reconocer como tales. No explica, o lo hace muy breve o simplemente. Más bien destaca detalles, insinúa otros. Son claves que el lector debe ampliar y explicar. Pero, si seguimos su pista, sorprende la coherencia significativa. Precisar estos múltiples detalles ha servido para verificar mi lectura.

[95] Maria Helena Ascanio (ed.), *op. cit.*

[96] Armando Ponce, *op. cit.*, p. 46.

Años más tarde, a fines de 1979, dirá que prefiere las novelas cortas y comenta que el cuento es más difícil que la novela: "Hay que sintetizar, hay que frenarse. *En eso, el oficio del cuentista se parece al del buen poeta.*"[97] Sus selecciones corresponden a los rasgos de su propia escritura. La prosa de Rulfo, por su extraordinaria capacidad de síntesis (lograda a base de una plural condensación de significaciones) y su dominio de la historia que pretende mostrar, tiene una gran calidad poética. Es notoria en cuentos como "Macario", pero sobre todo en *Pedro Páramo.* De ahí que pueda reducir al mínimo los elementos, mantener la integridad del texto y alcanzar niveles simbólicos que contribuyen a la universalidad de la escritura.

Sin embargo, es claro que el autor escribe los cuentos como un medio de ejercitar la prosa para redactar la novela. El hecho no interfiere con el valor literario de los cuentos. Pero sí es evidente que son superiores aquéllos que responden mejor a su búsqueda, tanto en lo formal como en el fragmento de visión del mundo que comunican: "Debido al fracaso de mi novela [*El hijo del desaliento*] escribí cuentos tratando de buscar una forma para *Pedro Páramo* a quien llevaba en la cabeza desde 1939."[98]

El proceso de escritura de los cuentos precedió y acompañó el de la novela como si el escritor necesitara no sólo ejercitarse en el oficio, sino liberar aspectos de la historia en su dimensión discursiva para alcanzar la síntesis simbólica buscada en la novela. *Pedro Páramo*, nos dice,

> fue una historia paralela. No pude escribir directamente ese libro, sino que, mientras lo pensaba, iba escribiendo los relatos de *El Llano en llamas* para habituarme. Luego, años después, ya apareció *Pedro Páramo.*[99]

Rulfo destaca el carácter monologante de los cuentos, evidente en "Luvina" y "Macario"; menos obvio en "El Llano en llamas", lo cual hace comentar al autor: "En realidad todos son monólogos, excepción de 'El Llano en llamas'... También es un monólogo, ¿no? Me gustan los monólogos."[100] En efecto, se trata de un enunciado en primera persona plural, atravesado por múltiples enunciados dialogados que dramatizan la historia, sin que cambie el sujeto de la enunciación principal.

[97] Juan Rulfo, "El desafío de la creación", en *Revista de la Universidad de México*, octubre-noviembre 1980, pp. 15-17, 20. Transcripción de una plática suya en el ciclo El desafío de la creación, Escuela de Diseño de la Universidad Nacional Autónoma de México, 18 de noviembre de 1979. Participaron Arturo Azuela, Eraclio Zepeda y Florencio Sánchez Cámara.

[98] Fernando Benítez, *op. cit.*, p. 4.

[99] Juan Cruz, *op. cit.* También Miguel Reyes Razo, "Juan Rulfo: 'He vuelto a escribir'", en *El Universal*, 11 de febrero de 1977, p. 6.

[100] María Helena Ascanio (ed.), *op. cit.*, p. 308.

Apuntes sobre algunos cuentos

Es frecuente que en las entrevistas le pregunten al autor de "*El Llano en llamas*", *y otros cuentos*, por aquellos cuentos que son de su preferencia. A veces elude la respuesta, pero en dos ocasiones escoge "¡Diles que no me maten!", al que añade en otra entrevista "Luvina" y "No oyes ladrar los perros".[101] Se entiende la selección. Son los tres cuentos que tratan directamente el problema del binomio padre-hijo característico de un orden patriarcal. En "¡Diles que no me maten!" se reitera la pérdida del asidero necesario para el mundo del hijo, por encima incluso de las diferencias estructurales. La orfandad, tanto de hecho, como funcional (el padre asesinado o muerto en vida) obstaculiza insalvablemente la posibilidad de la integración social necesaria para que se establezca un nuevo orden. "Luvina" indica la disfunción del mundo patriarcal y marca el inicio del cambio a un nuevo orden social, gracias a la mediación de la madre (binomio madre-hijos).[102] "No oyes ladrar los perros" definitivamente clausura la posibilidad de futuro del binomio padre-hijo, y niega las posibilidades de una comunicación o de una acción eficaz que los envuelva a ambos.

Un año después hablará de "Talpa" como otro de sus cuentos favoritos. En este relato Rulfo ironiza la mercantilización de las prácticas religiosas populares. La censura es evidente, en tanto centra el cuento en torno a un incesto que corresponde a la negación del orden social. El acto es doblemente negador, pues se basa en una serie de tradiciones y rituales que efectivamente se practican en Jalisco, y que seguramente vivió Rulfo: Se busca depurar los símbolos y valores ahora ocultos tras las prácticas enajenantes. El comentario lo hace Rulfo en una conferencia que matizó con un tono de humor irónico que no oculta:

Más o menos quise hacer cierta ironía en la cuestión esta de los milagros [...]. Por eso escribí "Talpa" [...]. No sólo se trata de atacar el fanatismo y la ignorancia de las gentes. Es una Virgen milagrosa que hay allá. Tenemos muchas. El fanatismo es terrible y naturalmente que es falta de cultura [...]. Quise tratar este tema pero no diciendo directamente las cosas [...], no en un plano didáctico, sino presentando una historia, haciendo una historia con esta gente que va a Talpa a buscar el milagro. Es un cuento [...] y me gusta por eso. También

---

[101] En 1968 le preguntó Juan Cervera (*op. cit.*, p. 10): "—De cuanto ha escrito, ¿qué es lo que piensa y siente es mejor, o le gusta a usted más? —Hay un cuento titulado '¡Diles que no me maten!' Ese cuento." En 1975 dice sobre sus cuentos preferidos: "'Luvina' es de mis preferidos; también está 'No oyes ladrar los perros' y '¡Diles que no me maten!' Muy pocos me satisfacen" (Carlos Morales, en Costa Rica, *op. cit.*).

[102] *Cf.* Segunda parte, capítulo I, apartado "Del cuento a la novela", pp. 94-96.

me gusta porque tiene ciertas cosas que me evocan algunos detalles de la infancia. Las danzas, por ejemplo. El repique de las campanas que cada vez lo sigo... A mí las esquilas, las campanas, me dan mucha alegría [...]. Ahora, la historia del hombre que comete un acto incestuoso con la esposa de su hermano, pues... es para ponerle un poco de picante a la historia ¿no?, y al mismo tiempo para más o menos decir que los milagros no existen, claro que sin decirlo directamente.[103]

"Nos han dado la tierra": Rulfo se refiere varias veces a este cuento, en sus entrevistas, como su primer cuento. De hecho es el segundo publicado. El primero fue "La vida no es muy seria en sus cosas", pero es evidente que este último cuento no le satisfizo (volveré después sobre ese punto). Ya señalé su asociación con el origen histórico de San Gabriel y la concepción cristiana del éxodo del pueblo elegido. El cuento alude en el presente, según Rulfo, a la injusta repartición de la tierra después de la Revolución. El autor reitera que la tierra fue a dar a manos de los nuevos sectores proletarizados y profesionales, y los hijos de los dueños de la tierra se convierten en burócratas. La inversión de funciones provoca, en parte, el abandono de la tierra y la pauperización creciente de los campesinos:

> La repartición arbitraria de la tierra en la época posrevolucionaria dio origen a "Nos han dado la tierra" que fue mi primer cuento; se refiere a la injusta distribución de la tierra que fue a dar a manos extrañas: a carpinteros, dentistas, doctores. Nunca la recibieron los verdaderos peones, que consideraban un robo pedir la tierra de sus patrones, ya que había una relación de cariño y respeto hacia ellos, y algunos campesinos eran medieros.[104]

Por otro lado, el cuento le sirve de laboratorio para elaborar el tono y el lenguaje propicios para la novela. Y en efecto, "Nos han dado la tierra" tiene la particularidad del lenguaje, la atmósfera y la creación de símbolos y motivos centrales a toda la obra de Rulfo. Es precisamente el lenguaje el que sugiere el nexo con el origen de la comunidad y elabora la historia hasta el presente.

Si la primera novela (*El hijo del desaliento*), parece haber estado llena de "retórica", ahora afirma:

> escribí en una forma más simple, con personajes más sencillos. Claro que fui a dar al otro lado, hasta la simplez total. Pero es que usé personajes como el campesino de Jalisco, que habla un lenguaje castellano del siglo XVI. Su

---

[103] María Helena Ascanio (ed.), *op. cit.*, pp. 312-313.
[104] Mónica Canedo Belmonte *et al.*, *op. cit.*, p. 7.

vocabulario es muy escueto. Casi no habla, más bien [...]. Quería no hablar como se escribe, sino escribir como se habla. Buscar personajes a los que pudiera darles tratamiento más simple. Ese... ese de "Nos han dado la tierra". Llegar al tratamiento que me he asignado. No es una cuestión de palabras. Siempre sobran, en realidad.[105]

La sencillez extrema es sólo propia de los diálogos. El lenguaje logra en la narración el equilibrio entre lo general y lo particular que lo abre virtualmente a todo lector. Pero está también el ejercicio de la función poética que abre complejos estratos de significación.

"Macario": Rulfo muestra un cierto disgusto con "Macario", cuya causa no puede precisarse del todo en las entrevistas. Pienso que pueden influir en esta actitud suya la insistencia de los críticos en ver en sus textos rasgos faulknerianos a partir de este cuento. Él, que no negó la relación con otras lecturas, insistió en que para la fecha en que escribió el cuento no había leído todavía a Faulkner, y es muy probable que así fuera.[106] También señaló que pudo estar al comienzo o al final del texto, hecho que se explica por su carácter simbólico.[107]

Pero quizá hay una razón de mayor peso para la reacción del autor. "Macario" limita la función del hijo —dentro de una tríada hipostasiada— a ser recipiente de su mundo y simple reflejo. No es ésta ciertamente la función dominante que Rulfo tiene reservada al hijo en los cuentos y, sobre todo, en *Pedro Páramo*.

"No oyes ladrar los perros": En "No oyes ladrar los perros" la madre, asociada a la luna por el recuerdo, no puede detener ni la muerte del hijo ni la ruptura de la relación padre-hijo. Rulfo alude sutilmente a este encuentro de los tres componentes de la tríada familiar:

Una luna grande, roja. Permanece allí, en las planicies. Y crece siempre, ésa es la verdad [...]. Y la luna es como si fuera una especie de horizonte. Y pensé luego que este hombre recogía a su hijo herido para llevarlo a otro pueblo, y se topaba de pronto con la luna de frente. Y allí, pues, el hombre zarandeaba zarandeaba al muchacho, lo sopesaba, lo golpeaba.[108]

"Luvina": En un informe de actividades para el Centro Mexicano de Escritores,[109] Rulfo habla de la primera redacción de "Luvina", cuento

---

[105] Reina Roffé, *op. cit.*, p. 80.

[106] Asocio el cuento más bien con "El hijo tonto" de José Revueltas. *Cf.* Segunda parte, capítulo I, apartado "Figuraciones de la historia en los cuentos", pp. 71-94, y capítulo III de este libro.

[107] Reina Roffé, *op. cit.*, p. 81.

[108] *Ibid.*

[109] El informe está dirigido a la directora Margaret Shedd; cubre sus actividades del mes

fundamental para el pasaje a *Pedro Páramo*.[110] El autor da una versión del narrador que permite pensar en ciertos rasgos autobiográficos. Sin embargo, es evidente que después transforma el cuento en este sentido, y lo reduce. El texto del informe dice así:

> Terminé de escribir el cuento titulado "Loobina" ...habiendo alcanzado una extensión de veinte cuartillas.
>
> Como antes había indicado, trata de la descripción de un pueblo de la Sierra de Juárez,[111] hecha por un profesor rural a un recaudador de ventas del Estado. Aunque aparentemente se desarrolla por medio de una conversación entre las dos personas, es, en general, un monólogo, ya que el profesor, como se verá al final, no existe. El recaudador se concreta a oír, mientras el profesor relata sus experiencias en el pueblo de Loobina, así como algunos rasgos de su vida personal, todo enmarcado en un cuadro de desilu[sión], interrumpidas de vez en cuando para beber, pues el profesor ha terminado por ser un borracho característico de los pueblos olvidados.
>
> Finaliza el relato con la clave del cuento: el profesor representa la conciencia del recaudador quien va por primera vez a Loobina y, por consiguiente, obra como muchos hemos obrado en estos casos: imagina el lugar a su manera, ya que lo desconocido, en ocasiones, violenta la imaginación y crea figuras y situaciones que podrán no existir jamás.
>
> Espero haber logrado esta intención en el relato de Loobina [...].

En la versión publicada, el interlocutor es un nuevo maestro rural, lo cual refuerza la verosimilitud del enunciado del narrador, a diferencia de la primera versión que la cuestiona, en la medida en que se niega la presencia "real" del interlocutor. El contrapunto se crea con el enunciado de tercera persona de un narrador que sabe más que el narrador-protagonista.

"Paso del Norte": El escritor no se responsabiliza de haber retirado "Paso

de diciembre y lo envía el 15 de enero de 1953. Es evidente que "Luvina" es el último cuento que escribe de los que se incluyeron en *El Llano en llamas*.

[110] *Cf.* Segunda parte, capítulo I, apartado "Del cuento a la novela", pp. 94-96.

[111] En efecto, existe en Oaxaca el pueblo Luvina (San Juan Bautista), caracterizado por su extrema pobreza y formas de vida primitivas. En mi artículo "Historia y sentido en la obra de Juan Rulfo" (*Juan Rulfo. Toda la obra*, coord. por Claude Fell, UNESCO, CSIC-España, Ministerio de Relaciones Exteriores-Argentina, CnPq-Brasil, Presidencia de la República-Colombia, RNCA-México, Madrid, 1991, pp. 586-608. Archivos, 17), publicado después de la primera impresión de este libro, consigno (notas 27 y 28) que Rulfo conoció de primera mano, y apoyó la publicación del libro de Rosendo Pérez García, *La Sierra de Juárez* (Comisión del Papaloapan-Gobierno del Estado de Oaxaca, México, 1956; t. I, 381 pp.; t. II, 350 pp.), donde se describen las condiciones de San Juan Luvina, pueblo sujeto a la pérdida de la tierra, el éxodo, la mortalidad y el fracaso rotundo del sistema educativo. En el zapoteco actual el nombre es *looubina* ("cara de la pobreza"), lo cual está más próximo a esta primera forma de nombrarlo Rulfo: "Loobina."

del Norte" de algunas ediciones y atribuye el hecho al criterio del editor. Rulfo trata aquí el problema del bracerismo y, muy claramente, el de la relación precaria y negativa entre padre e hijo que al final se reproduce entre la tercera y la cuarta generación. El autor, para quien *salir* y *volver* funciona como una alternativa liberadora (*cf. Pedro Páramo*), ensaya con el cuento la falsa salida que supone la emigración a Estados Unidos. Es precisamente este factor de carácter político el que lo reconcilia, en parte, con el relato, que en cambio le parece poco logrado desde el punto de vista de la estructura:

> Era un cuento muy malo. Yo no sentí que lo quitaran. Tenía dos pasos, dos saltos un poco difíciles de unir: el momento en que se va el hombre a buscar trabajo de bracero en los Estados Unidos y cuando regresa. Hay un intermedio allí que no está bien logrado, que no está ni siquiera logrado. Por eso es que yo no insistí en que lo volvieran a poner. Me hubiera gustado poder escribir ese cuento, trabajarlo un poco más y concretarlo, sí, porque es el único cuento antiimperialista que yo tengo, ¿no? Tengo pensado escribir más cosas así. A ver si en las próximas sí me lanzo duro contra los gringos.[112]

¿Se trata realmente de una estructura fallida o, más bien, Rulfo ensayó en este cuento los cortes entre fragmentos característicos de la novela? No hay que olvidar que el autor se propuso en *Pedro Páramo* elaborar fragmentos totales. Lo cierto es que las escenas paralelas, con sus cambios, no se prestan a confusión en el cuento, a pesar del corte abrupto. Cinematográficamente el problema se resolvería fácilmente con técnicas adecuadas; en la escritura el cambio final se marca con el enunciado inicial dirigido al padre: "*Padre*, nos mataron" (p. 147). El padre sustituye al enganchador de la frontera y liga el enunciado directamente con el primer enunciado del cuento ("Me voy lejos, *padre*, por eso vengo a darle el aviso", p. 141).

Comentarios de "Pedro Páramo"

En *Pedro Páramo* la ruptura del tiempo y el espacio y el paralelismo sin transición de los fragmentos se transforman en la estructura misma de la novela que se adelanta técnicamente a otras más recientes. Las secuencias se fragmentan en un nuevo orden que rompe la linealidad de la narración, y crea, por la técnica paralelística, una estructura de espacios y tiempos ambiguos que los personajes no siempre comparten, pero sí el lector con quien se crea una complicidad. El futuro, si bien no ocupa el primer plano,

---

[112] María Helena Ascanio (ed.), *op. cit.*, p. 309.

orienta la escritura y hace del pasado y del presente tiempos simultáneos que facilitan la aparición del sentido.

Rulfo explicita su voluntad de depurar la escritura de toda reflexión subjetiva del autor, en un afán de lograr la objetividad de su mundo. No obstante, el punto de vista del autor está implícito en el tono y la atmósfera logradas (recuérdese su comentario sobre "Luvina"). Pero el autor es fiel a una voluntad de *mostrar* más que de reflexionar ensayísticamente sobre los hechos, a diferencia por ejemplo, de Mauricio Magdaleno, no obstante la cercanía entre la obra de Rulfo y *El resplandor* de Magdaleno. Fiel a su estética, se depura también la adjetivación y, consecuentemente, se refuerza el peso sustantivo de las palabras. El comentario sobre este punto le sirve, al mismo tiempo, para censurar la literatura española:

Había leído mucha literatura española y descubrí que el escritor llenaba los espacios desiertos con divagaciones y elucubraciones. Yo antes había hecho lo mismo y pensé que lo que contaba eran los hechos y no las intervenciones del autor, sus ensayos, su forma de pensar, y me reduje a eliminar el ensayo y a limitarme a los hechos, y para eso busqué a personajes muertos que no están dentro del tiempo ni el espacio. Suprimí las ideas con que el autor llena los vacíos y corté la adjetivación entonces de moda. Se creía que adornaba el estilo, y sólo destruía la sustancia esencial de la obra, es decir, lo sustantivo.[113]

Los cortes explicativos condicionan el circuito de comunicación entre texto y lector. El acto de lectura se subraya como un proceso participativo. La economía textual debe ser la suficiente para apelar al lector e involucrarlo en el desciframiento de los códigos. El texto propone lo que al lector toca interpretar, completar, recrear: "Perseguía el fin de dejarle al lector la oportunidad de colaborar con el autor y que llenara él mismo esos vacíos."[114]

La misma idea se repite en las entrevistas:

Dejé todo sintetizado y por eso algunas cosas quedaron colgando, pero siempre quedó lo que sugería, algo que el lector tiene que completar. Es un libro que exige una gran participación del lector; sin ella, el libro pierde mucho.[115]

Sólo aparentemente se diluye la estructura. Lo cierto es que sus lineamientos básicos exigen una descodificación que los lectores de *Pedro Páramo* no perciben, por lo general. Posiblemente se reproduce en el acto de lectura

---

[113] Fernando Benítez, *op. cit.*, p. 4.

[114] *Id., loc. cit.*

[115] Carlos Morales, *op. cit.* También Gerardo Bolaños, "Juan Rulfo dice que 'realmente es una miseria lo que ha publicado'", *El Sol de México*, 27 de febrero de 1975, p. 2.

la idea de la ausencia de una estructura, o de un punto hacia el cual confluya todo, que la crítica suele reiterar sin someter a un juicio riguroso. Sorprenden los cambios temporales, espaciales, y de las voces de los narradores y de los personajes que es necesario aceptar, en principio, como el proyecto que la escritura pone en acto:

> La práctica del cuento me disciplinó, me hizo ver la necesidad de que el autor desapareciera y dejara a sus personajes hablar libremente, lo que provocó, en apariencia, una falta de estructura. Sí, hay en *Pedro Páramo* una estructura, pero es una estructura construida de silencios, de hilos colgantes, de escenas cortadas, pues todo ocurre en un tiempo simultáneo que es un no-tiempo.[116]

"Pedro Páramo" y la recepción crítica

Rulfo reitera una y otra vez esta idea de que *Pedro Páramo* es un ejercicio de eliminación[117] que lo lleva a recortar a la mitad la primera redacción de unas trescientas páginas. Pero tiene plena conciencia de que ha cuidado la estructura. No lo entendieron así muchos de sus primeros lectores. La experiencia debió ser desconcertante e incluso desoladora. Tanto más cuanto se mantiene como una actitud bastante generalizada entre los críticos hasta hoy:

> Arnaldo Orfila me urgía a entregarle el libro. Yo estaba confuso e indeciso. En las sesiones del Centro, Arreola, Chumacero, la señora Shedd y Xirau me decían: "Vas muy bien." Miguel Guardia encontraba en el manuscrito sólo un montón de escenas deshilvanadas. Ricardo Garibay, siempre vehemente, golpeaba la mesa para insistir en que mi libro era una porquería.
> Coincidieron con él algunos jóvenes escritores [...]. Por ejemplo, el poeta guatemalteco Otto Raúl González me aconsejó leer novelas antes de sentarme a escribir una. Leer novelas es lo que había hecho toda mi vida. Otros encontraban mis páginas "muy faulknerianas", pero en aquel entonces yo aún no leía a Faulkner.
> [...]
> En la *Revista de la Universidad* el propio Alí Chumacero comentó que a *Pedro Páramo* le faltaba un núcleo al que concurrieran todas las escenas. Pensé que era algo injusto, pues lo primero que trabajé fue la estructura, y le dije a mi querido amigo Alí: "Eres el jefe de producción del Fondo y escribes que el libro no es bueno." Alí me contestó: "No te preocupes, de todos modos no se

---

[116] *Id., loc. cit.*
[117] Juan E. González, *op. cit.*, pp. 4-5.

venderá." Y así fue: unos mil ejemplares tardaron en venderse cuatro años. El resto se agotó regalándolo a quienes me lo pedían.[118]

Y en efecto, el análisis revela una estructura pensada en detalle, con una clara entreveración de la disposición formal de las partes y el nivel simbólico de la escritura (*cf.* Segunda parte, Capítulo segundo). Sin embargo, "no es una novela de lectura fácil". Rulfo intentó "sugerir ciertos aspectos, no darlos" y "cerrar los capítulos de una manera total".[119]

A juzgar por los comentarios del escritor en el primer informe como becario del Centro Mexicano de Escritores, en 1953, la novela fue redactada fragmentariamente, pero con los primeros fragmentos se habían fijado las bases de la escritura. El proceso de redacción fue además corto (unos cuatro meses), lo cual confirma que era un texto que ya había madurado internamente:

> Durante el periodo comprendido entre el 15 de agosto y el 15 de septiembre he escrito varios fragmentos de la novela, a la que pienso denominar "Los desiertos de la tierra"; estos fragmentos escritos hasta la fecha aunque no guardan un orden evolutivo, fijan determinadas bases en que se irá fundamentando el desarrollo de la novela; algunos de estos fragmentos tienen una extensión hasta de cuatro cuartillas, pero como es lógico no siguen un orden determinado. Considero que en cambio me servirán de punto de partida para varios de los capítulos.

El 1 de noviembre de ese mismo año ha "realizado ya los primeros capítulos de la novela"; tiene "formados varios fragmentos de partes que irán en los capítulos subsecuentes" y, sobre todo:

> Lo importante en sí, es que al fin he logrado dar con el tratamiento en que se irá realizando el trabajo.
> He presentado a lectura en el Centro, un ejemplo que, aunque fragmentariamente, interpretaba el ambiente y las características de uno de los personajes.

Los personajes que son, antes que nada, palabra; pero palabra que se enraiza en la historia y en ella cobra sentido. Por eso, con toda la fuerza de concreción que tienen, como dice el propio Rulfo, "las gentes de *Pedro Páramo* no tienen cara y sólo por sus palabras se adivina lo que fueron".[120]

---

[118] Juan Rulfo, "*Pedro Páramo*, treinta años después", ed. cit. También aparece como Juan Rulfo, "Cómo escribí *Pedro Páramo*".

[119] Joseph Sommers, *op. cit.*, p. 104. Para el análisis de la estructura, *cf.* Segunda parte, capítulo II de este trabajo.

[120] Fernando Benítez, *op. cit.*, p. 4. Rulfo parte de la historia, y su mundo de ficción remite a ella gracias a la función literaria del lenguaje.

Es evidente que una estructura, así trabajada, no puede improvisarse. Rulfo despliega ante el lector un juego de fragmentos y secuencias tempo-espaciales que sólo éste puede descodificar en su totalidad. Ningún personaje podrá tener la visión totalizadora. Aun el narrador en tercera persona de la segunda parte tiene una visión parcial de lo narrado. Su enunciado no rebasa su conciencia posible, y está repetidas veces fragmentado por los enunciados de otros personajes.

Se ha comentado sobre la injerencia del escritor Juan José Arreola en la ordenación de las partes de la novela, a partir de las declaraciones del propio Arreola. Escritor sensible, preciso en el estilo, dotado de una asombrosa memoria, siguió de cerca el proceso de escritura de la novela en las reuniones del Centro Mexicano de Escritores y en las lecturas frecuentes que hizo de los manuscritos de Rulfo.[121] Debió ser relativamente fácil captar la estructura de *Pedro Páramo* implícita en los fragmentos redactados y explícita en las intenciones del autor y en los comentarios que seguramente suscitaba su lectura. De no ser así, no hubiesen podido darse los hechos como los narra el propio Arreola:

> Un sábado en la tarde lo hice decidir a Juan, y el domingo se determinó el asunto de acomodar las secciones de *Pedro Páramo* y el lunes se fue a la imprenta en el Fondo de Cultura Económica. Los dos solos, en la calle de Nazas, a cuadra y media del Fondo. De sábado a lunes salió *Pedro Páramo* por fin porque de otra manera no iba a salir nunca. Lo que yo me atribuyo, y es la historia verdadera, es que logré hacerle decidir a Juan que *Pedro Páramo* se publicara como era, fragmentariamente. Y sobre una mesa enorme entre los dos nos pusimos a acomodar los montones de cuartillas.[122]

Mucho de la falsa polémica entre ambos escritores se debe a un contraste extremo de caracteres. Mientras Arreola se adueña del discurso, Rulfo elude en varias ocasiones el enfrentamiento que además otros se empeñan en promover. Sin embargo, en una entrevista con un grupo de jóvenes, a la pregunta de si Juan José Arreola había hecho correcciones en los originales, contestó molesto, "casi sin pensar":

> No es cierto. Arreola y yo estuvimos en el Centro Mexicano de Escritores, y él se enteró de *Pedro Páramo*; sobre la marcha leyó el manuscrito. Es más, ni

---

[121] El propio Arreola comenta: "He tenido la fortuna, accidental e incidental, de ser primer lector de cuentos y de manuscritos y de borradores de Juan Rulfo" ("¿Te acuerdas de Rulfo, Juan José Arreola?", en *Proceso*, 27 de enero de 1986, p. 45). En la misma entrevista reconoce que "ya Juan Rulfo tenía en la cabeza *Pedro Páramo* junto con los dos únicos cuentos, "Nos han dado la tierra" y "Macario" (*ibid.*, pp. 46-47).

[122] *Ibid., id.*

siquiera cumplió con su cometido de presentar lo que estaba trabajando, que en ese entonces era un libro que después publicó: *La feria*.[123]

Y efectivamente, *La feria*, publicada en 1963, tiene múltiples relaciones con *Pedro Páramo*, sobre todo de carácter estructural. Entre los cuentos de Rulfo y los de Arreola no existen los mismos nexos. Si bien Arreola empieza a publicar un poco antes, ambos alcanzan la universalidad a partir de las concreciones específicas de sus textos, pero proceden de actitudes y rejillas diversas ante el mundo y la escritura. Pienso, sin embargo, que *La feria* se asocia al proyecto que propone la novela de Juan Rulfo, en un juego intertextual que reúne y distingue ambos discursos.

En contraste con las opiniones negativas en torno al libro —que en mucho revelaban la incomprensión de un texto que transgredía la escritura dominante en ese momento en México —Carlos Fuentes escribe, recién publicada la novela, un entusiasta e inteligente artículo en francés[124] en el cual reconoce que *Pedro Páramo* "renueva y fecunda la novela mexicana" después de *El águila y la serpiente* de Martín Luis Guzmán y *Los de abajo* de Mariano Azuela.

Fuentes destaca cómo Juan Rulfo muestra en su novela que toda "gran visión de la realidad" se finca en la imaginación y no en la memoria fotográfica. Esto coloca a Rulfo, según Fuentes, en la línea de un Orozco o un Tamayo en pintura, y de Octavio Paz en poesía. Todos ellos incorporan a sus obras "las tonalidades del paisaje del México interior". Habría que añadir que el propio Fuentes ha publicado en 1954 su primer libro de cuentos, *Los días enmascarados*, que se ajusta a esta interpretación, y que autores como Agustín Yáñez en *Al filo del agua*, de 1947, y *El resplandor* de Mauricio Magdaleno, escrito en 1936, ya han incorporado nuevas técnicas en su novela que muestran diversas modalidades de ese México interior, si bien no con la intensidad y capacidad de síntesis que lo hace Rulfo.

Carlos Fuentes marca también la presencia de la literatura inglesa en la novela, mediante el tratamiento análogo de la naturaleza que se encuentra en *Pedro Páramo* y la novela de D. H. Lawrence, *La serpiente emplumada*, obra de 1926 que se publica por primera vez en español en 1940. A partir de esta comparación —que analizaré más detenidamente en el Capítulo

---

[123] Mónica Canedo Belmonte *et al.*, *op. cit.*, p. 7.

[124] Carlos Fuentes, "Pedro Páramo", en *L'esprit des lettres* (Rhone), 6 (nov.-dic., 1955), pp. 74-76, trad. de Joseph Sommers, en *apud., id.*, ed., *La narrativa de Juan Rulfo. Interpretaciones críticas*, México, Secretaría de Educación Pública, 1974, pp. 57-59 [Sep-Setentas, 164]. Sobre este punto, *cf.* también la nota 35 de esta Primera parte.

tercero de la Segunda parte de este libro—, Fuentes establece la relación entre los textos literarios y el problema de la identidad nacional, sin duda presente en ambas novelas:

> Esta naturaleza representa un conflicto: es el de la gran dualidad mexicana, el país que se crea y se sueña en la luz, y que se debate en el llano de polvo seco y de rocas ardientes.[125]

Concluye el artículo, breve y atinado, con una observación sobre el lenguaje que Fuentes relaciona con la revelación de la interioridad nacional, y que supone una de las transformaciones más innovadoras de *Pedro Páramo*, comparable a la de Federico García Lorca en España:

> Y su lenguaje, por primera vez en nuestras novelas, es el que el pueblo siente y piensa, y no una reproducción de lo que se habla [...] revolución semejante a la de García Lorca en las letras españolas. Ambas llegan a una forma artística en que el lenguaje popular expresa los conflictos que una reproducción fiel y sin discernimiento hubiera pasado por alto. Ambos, por medio de la imaginación poética, hacen el lenguaje popular transmisible y por eso utilizable y perdurable en la literatura.[126]

El lenguaje, la atmósfera y otros rasgos de la escritura

En lucha contra el barroquismo y la artificiosidad, Rulfo utiliza el lenguaje que ya había fraguado al escribir "Nos han dado la tierra". Un "lenguaje hablado"[127] por las "gentes de esos lugares". Según afirma el escritor:

> Son palabras que los diccionarios llamarían "arcaísmos". Ellos hablan el lenguaje del siglo XVI. De todas maneras no he retratado ese lenguaje. Lo he traspuesto, inventando a veces. Más bien diría que traté de recuperarlo, pero esto no es original, es nada más que lo que hacen ellos.[128]

Cuando Rulfo habla con Joseph Sommers narra la génesis de la escritura de *Pedro Páramo* y la importancia de la oralidad, que es una de las características más importantes de la novela:

---

[125] *Ibid.*, p. 58.
[126] *Id.*, p. 59. O, como ha dicho Manuel Durán, la obra de Juan Rulfo muestra una visión claramente mítica, expresada en un lenguaje esencialmente cotidiano ("La obra de Juan Rulfo vista a través de Mircea Eliade", en *Los mundos de Juan Rulfo, INTI, Revista de Literatura Hispánica*, núms. 13-14, 1981, p. 28).
[127] Reina Roffé, *op. cit.*, p. 84.
[128] Juan E. González, *op. cit.*, p. 5.

Pues en primer lugar, fue una búsqueda de estilo. Tenía yo los personajes y el ambiente. Estaba familiarizado con esa región del país donde había pasado la infancia, y tenía muy ahondadas esas situaciones. Pero no encontraba un modo de expresarlas. Entonces simplemente lo intenté hacer con el lenguaje que yo había oído de mi gente, de la gente de mi pueblo. Había hecho otros intentos —de tipo lingüístico— que habían fracasado porque me resultaban un poco académicos y más o menos falsos. Eran incomprensibles en el contexto del ambiente donde yo me había desarrollado. Entonces el sistema aplicado, finalmente, primero en los cuentos, después en la novela, fue utilizar el lenguaje del pueblo, el lenguaje hablado que yo había oído a mis mayores, y que sigue vivo hasta hoy.[129]

Varios elementos confluyen en la escritura de *Pedro Páramo*:[130] la "estructura especial" que le permitió a Rulfo "decir lo que quería"; el encuentro con los pueblos fantasmas abandonados por la guerra y el bracerismo; la necesidad de "romper con el tiempo y el espacio", mediante el trabajo con personajes muertos; las reminiscencias del lenguaje que en él han quedado y la práctica con la escritura de los cuentos que le permite establecer el contacto entre la idea y la realidad:

Sí, "Luvina" creo que es el vínculo, el nexo... esa atmósfera me dio, poco a poco, casi con exactitud, el ambiente en que se iba a desarrollar la novela.[131]

Rulfo alude repetidas veces al reencuentro con los pueblos abandonados y yermos como uno de los móviles principales de la novela. La referencia es imprecisa por lo general: "una serie de pueblos fantasmas", "el pueblo donde vivía, 30 años después" (¿San Gabriel?) que "puede ser Tuxcacuesco o puede ser otro".[132]

Lo que destaca son las sensaciones que despierta esa atmósfera fantasmal, que incluso le sugieren el nombre de Pedro Páramo; un nombre verosímil utilizado metafóricamente:

Y hubo una cosa que me dio la clave [...] para desenhebrar ese hilo aún enlanado. Fue cuando regresé al pueblo donde vivía, 30 años después, y lo encontré deshabitado... La gente se había ido, así. Pero a alguien se le ocurrió sembrar de casuarinas las calles del pueblo. Y a mí me tocó estar allí una noche, y es un

---

[129] *Ibid.*, p. 104.

[130] *Cf.* Ernesto Parra, "Juan Rulfo, retrato de un ex-novelista", en *El viejo topo* (Barcelona), núm. 39 (1979), pp. 53-57, y Fernando Benítez, *op. cit.*, p. 4.

[131] Juan E. González, *op. cit.*, p. 4.

[132] Ernesto Parra, *ibid.*, *id.*; Reina Roffé, *op. cit.*, pp. 81-82; Fernando Benítez, *op. cit.*, página 4.

pueblo donde sopla mucho el viento, está al pie de la Sierra Madre. Y en las noches las casuarinas mugen, aúllan. Y el viento. Entonces comprendí yo esa soledad de Comala... El nombre no existe, no. El pueblo de Comala es un pueblo progresista, fértil. Pero la derivación de comal —comal es un recipiente de barro...donde se calientan tortillas—, y el calor que hay en ese pueblo, es lo que me dio la idea del nombre.[133]

Otras veces subraya la soledad imperante, y habla del lenguaje y los personajes que elabora en el recuerdo y la imaginación:

El pueblo donde yo descubrí la soledad, porque todos se van de braceros, se llama Tuxcacuesco,[134] pero puede ser Tuxcacuesco o puede ser otro. Mira, antes de escribir *Pedro Páramo* tenía la idea, la forma, el estilo, pero me faltaba la ubicación y quizá inconscientemente retenía el habla de esos lugares. Mi lenguaje no es un lenguaje exacto, la gente es hermética, no habla. He llegado a mi pueblo y la gente platica en las banquetas pero, si tú te acercas, se callan. Para ellos eres un extraño y hablan de lluvias, de que ha durado mucho la sequía... Tal vez oí su lenguaje cuando era chico pero después lo olvidé, y tuve que imaginar cómo era por intuición. Di con un realismo que no existe, con un hecho que nunca ocurrió y con gentes que nunca existieron.[135]

A juzgar por los comentarios en las entrevistas y en un informe al Centro Mexicano de Escritores, Juan Rulfo cambió el nombre de la novela por lo menos cuatro veces, que registramos en el siguiente orden, de acuerdo con las fechas de los documentos: *Los desiertos de la tierra, Los murmullos, Una estrella junto a la luna*, y, finalmente, *Pedro Páramo*.[136] Todos son adecuados, pero destacan aspectos diversos de la novela. El primero, *Los desiertos de la tierra*, tiene un claro trazo de los *Cuentos de un soñador* de Lord Dunsany. En tanto título sugiere la apertura del texto a todo el orbe, como de hecho ocurre en "La locura de Andelsprutz" y "El hombre de

---

[133] Reina Roffé, *op. cit.*, pp. 81-82.

[134] Una de las cuatro cabeceras de la provincia de Amula en la Colonia. Se llama así, porque antiguamente adoraban a una piedra que tenían, sobre la cual, según la tradición, se puso un pájaro o tusle. De aquí se derivó el nombre de Tuscagüesco, según la *Relación breve y sumaria de la visita hecha por el Licenciado D. Lorenzo Lebrón de Quiñones a las provincias de Colima, Amula y Zapotlán / Tuspa / Tamazula. Inicióla el 24 de octubre de 1551 para concluirla en septiembre de 1554.* Cit. por Enrique Trujillo González, *op. cit.*, pp. 101 y 107.

[135] Fernando Benítez, *op. cit.*, p. 4.

[136] El título de *Los desiertos de la tierra* lo menciona Rulfo en el primer informe como becario del Centro Mexicano de Escritores en ¿septiembre? de 1953. *Los murmullos* y *Una estrella junto a la luna* aparecen en una entrevista que concedió a *Domingo*, suplemento cultural de *El Nuevo Día* (Puerto Rico), 21 de abril de 1985, pp. 6, 8. También se publicó en *Libros de México*, núm. 1 (1985), pp. 17-18.

Haschisch" del autor irlandés,[137] y se relaciona directamente con el motivo de los pueblos y ciudades devastadas por razones estructurales históricas y sociales, que ya señalé antes como uno de los detonadores principales de la novela.

Los murmullos centra el interés en lo que queda de la gente del lugar en esa gran metáfora de la muerte y la vida que es Comala y el submundo en el texto de Rulfo. Es la voz colectiva de la culpa y la queja que invade el espacio y el tiempo en el mundo de *Pedro Páramo*.

Textualmente sacado de *Jinetes hacia el mar* de John Millington Synge, *Una estrella junto a la luna* se asocia al mundo de Juan Preciado y de la madre o guía (Dolores, la mediadora, Susana San Juan, la gran Madre que orienta a los personajes y determina la llegada del mundo de Juan):

> ¡Ese viento está levantando el mar, y *había una estrella junto a la luna*, y la luna saliendo anochecido! [...] ¿qué son mil caballos contra un hijo, cuando queda un hijo solo?[138]

El propio Rulfo sólo dice que finalmente se llamó *Pedro Páramo*.[139] Al hacerlo, se subraya la condena al principio histórico que Pedro Páramo representa, y lleva al lector a fijarse en el final de la novela que supone la destrucción absoluta de ese mundo, como se verá en el análisis. (Sin embargo, en la distribución textual la novela privilegia el mundo de Juan.)

Curiosamente el orden de los títulos corresponde al orden de la historia; cabe pues pensar que Rulfo lo fue variando conforme avanzaba en su desarrollo.

Los personajes y la escritura

El autor habla frecuentemente de la atmósfera, el tono y el tratamiento que transforma los materiales, el lenguaje y los personajes de sus obras.

Son las nociones que le importa destacar en la elaboración de los textos. Para referirse a la creación del mundo de ficción habla también de la

---

[137] Lord Dunsany (Edward John Moreton Drax Plunket), *Cuentos de un soñador*, ed. cit., pp. 114-132.

[138] Rulfo conoció la obra de Synge de 1904 en la trad. de Juan Ramón Jiménez y Zenobia Camprubí de Jiménez (Madrid, Imprenta Fortanet, 1920, p. 23, Col. El Jirasol y la Espada, 1).

[139] *Cf.* también "El desafío de la creación", ed. cit., p. 20. Son tres los pasos a seguir, según Rulfo: "El primero, crear el personaje; el segundo crear el ambiente donde se va a mover, y el tercero cómo va a hablar ese personaje, cómo se va a expresar."

imaginación, la intuición y el sueño, nociones que no suponen una negación de la historia, como señalé al comienzo, sino que más bien la incluyen.

Es decir, Rulfo reconoce que la literatura crea su propio mundo; su "metáfora" del tiempo en un espacio totalizador claramente enraizado en la historia.

Dentro de ese espacio y, acorde con la voluntad explícita de limitar la presencia del autor al mínimo posible, el personaje surge de la materialidad misma de la escritura entendida como acto. El autor pone los parámetros; "índices preestablecidos" de significación que sirven de rejilla selectiva y condicionan las personas. Después afirma: "Simplemente me pongo a escribir y, de pronto, aparece el personaje."[140]

Este procedimiento contribuye a ese perfil de los personajes rulfianos que derivan su fuerza de su relación con el contexto y con los otros personajes; de su carácter simbólico y del lenguaje oral y gestual. Entre los personajes y el contexto se crea una relación simbólica difícil de deslindar. La escritura busca constantemente el origen del cambio de un estado a otro de los personajes y de su entorno. Por eso insiste obsesivamente en contraponer el *antes* y el *ahora* en tensión dinámica.

El escritor elaborará el ambiente y el lenguaje adecuados a la historia para que el personaje tenga la coherencia suficiente y se independice:

> Primero tengo que imaginarlo, luego gestar sus características. Después vendrá la búsqueda de cómo habrá de expresarse. Cuando todo esto haya concluido y no existan contradicciones, lo ubico en una determinada región... y lo dejo en libertad. A partir de ese momento sólo me dedico a observarlo, a seguirlo. Tiene vida propia, y mi tarea se simplifica.[141]

De acuerdo con esta concepción es natural que Rulfo, para quien además la autenticidad es requisito indispensable de la creación, exija un conocimiento interno de la mentalidad posible de los personajes; un modo de marcar la otredad que los haga autónomos y verosímiles y no simples proyecciones del autor. Es la razón principal que aduce para no crear personajes indígenas.

A la economía de las formas, el autor añade la economía del lenguaje, adecuada a la situación de los personajes y a su función en el relato. La mayoría de los personajes marginales son lacónicos y tienen un lenguaje gestual. Este tipo de personaje, por lo general no domina la escena como individuo, sino como parte de la colectividad o del grupo. Rulfo habla con sencillez sobre este punto marcando una vez más el detalle pertinente,

---

[140] Juan E. González, *op. cit.*, p. 5.
[141] *Ibid.*, p. 106. *Cf.* Eric Nepomuceno, *op. cit.*, p. 3; Joseph Sommers, *op. cit.*, p. 105.

aunque inicialmente hace concesiones a la crítica en ese afán suyo de no polemizar:

> A mí me han llamado un escritor... rural. Sí, rural porque escogí para esto, personajes muy sencillos, de vocabulario muy pequeño, muy reducido, para que se me facilitara la forma y no complicarme con personajes que hablaran con palabras difíciles. Por eso es que *en la mayor parte de las historias... están intencionalmente escogidos personajes campesinos o pueblerinos, que tienen un vocabulario muy reducido.*[142]

Cuando el personaje se acerca a la omnisciencia, se mueve en los extremos. O tiene carácter protagónico, o bien guarda un silencio voluntario casi total, en tanto acumula el saber de su contexto o protege su mundo interior (Susana San Juan en vida, Pedro Páramo en su declive); o bien es dueño del enunciado y su discurso es un monólogo (p. ej. el narrador personaje de "Nos han dado la tierra"; el viejo maestro en "Luvina"; Susana San Juan y Juan Preciado en el submundo).

Del lado de la historia personal y colectiva

En la elaboración de muchos de los personajes hay una clara dimensión histórica o incluso autobiográfica. Sin embargo, Rulfo comenta que en el nivel discursivo no suele incorporar sus experiencias personales, pero admite la posibilidad de que en el nivel profundo de la escritura sí estén funcionando sus vivencias traumatizantes de la infancia, como ya señalé al comienzo de este capítulo.[143]

No hay duda, en cambio, de que el medio en que vivía ha dejado una huella decisiva en sus personajes. La que me parece más importante es la de la tierra, en la medida en que el propio Rulfo reconoce la intensidad de las sensaciones telúricas en su memoria, claramente determinantes para la creación de Susana San Juan. Una vez más destaca los detalles que son clave para descifrar su mundo de ficción. A la pregunta de si escribe sobre su infancia responde:

> —No, no creo que valga la pena. Hay quien hace eso bien. Yo, no. Sin embargo, conservé intacto en la memoria el medio en que vivía. La atmósfera en que se desarrolló mi infancia, el aire, la luz, el color del cielo, el sabor de la tierra, eso

---

[142] María Helena Ascanio (ed.), *op. cit.*, p. 313.
[143] María Teresa Gómez Gleason, "Juan Rulfo y el mundo de su próxima novela, *La cordillera*", en *Recopilación de textos sobre Juan Rulfo*, ed. cit., p. 150.

yo mantuve... quizá por eso seré tan arraigado a la tierra... la tierra fue fundamental en mi infancia... lo que la memoria me devuelve son esas sensaciones,
¿entiendes?... esas sensaciones... la memoria no me devuelve hechos.

Si en la novela se nos dice desde el comienzo que Pedro Páramo es "un
rencor vivo", en la memoria de los demás y para sí mismo, al identificar
ambas reacciones (la del *yo* y la de los *otros*) Rulfo sustantiva un rasgo
colectivo de raíces históricas; también lo hace al caracterizar al personaje
por su sentido de dominio absoluto de las propiedades. El autor comenta así
las actitudes criollas de padres e hijos en las nuevas tierras:

> Toda la región fue colonizada nuevamente por agricultores españoles. [Esto
> trajo como consecuencia] esa actitud criolla que hasta cierto punto es reaccio-
> naria, conservadora de sus intereses creados. Son intereses que ellos considera-
> ban inalienables. Era lo que ellos cobraban por haber participado en la conquista
> y en la población de la región. Entonces los hijos de los pobladores, sus
> descendientes, siempre se consideraron dueños absolutos. Se oponían a cual-
> quier fuerza que pareciera amenazar su propiedad. De ahí la atmósfera de
> terquedad, de resentimiento acumulado desde siglos atrás, que es un poco el aire
> que respira el personaje Pedro Páramo desde su niñez.[144]

Pedro Páramo representa el orden prevaleciente. Asume el pasado y el
presente de la historia, de tal suerte que su destino es el de su pueblo por
efecto de ese poder totalizador: "Me cruzaré de brazos y Comala se morirá
de hambre" (fragmento 65, p. 149). En torno a su figura, el pueblo, según
Rulfo, "es un pueblo muerto y es un personaje. La atmósfera, la luz, las
paredes, las voces que se escuchan, forman parte de este personaje".[145]
Para el autor el pueblo cumple además una función protagónica. Es el
que crea la atmósfera y el ambiente dominantes. Al concebirlo así, se vale
de elementos que conforman una visión sincrética desde un punto de vista
religioso y contribuyen a borrar las fronteras entre la vida y la muerte:

> El personaje central es el pueblo... algunos críticos toman como personaje
> central a Pedro Páramo. En realidad es el pueblo. Es un pueblo muerto donde
> no viven más que ánimas, donde todos los personajes están muertos, y aún quien
> narra está muerto. Entonces no hay un límite entre el espacio y el tiempo. Los
> muertos no tienen tiempo ni espacio. No se mueven en el tiempo ni en el espacio.
> Entonces así como aparecen, se desvanecen. Y dentro de este confuso mundo,
> se supone que los únicos que regresan a la tierra (es una creencia muy popular)
> son las ánimas —las ánimas de aquellos muertos que murieron en pecado. Y

---

[144] Joseph Sommers, *op. cit.*, p. 107.
[145] Juan E. González, *op. cit.*, p. 4.

como era un pueblo en que casi todos morían en pecado, pues regresaban en su mayor parte. Habitaban nuevamente el pueblo, pero eran ánimas, no eran seres vivos.[146]

Es un pueblo-atmósfera sustentado por las ánimas, los murmullos, las voces y el páramo de la tierra que ha perdido su integridad.

En ningún caso de la creación de los personajes, se trata de una transposición puntual de la realidad. Se crea más bien un nuevo orden en el que coexisten elementos del mundo real y del imaginario, sin que se puedan marcar fronteras claras entre ambos.[147]

"Así nació" Pedro Páramo. Rulfo afirma que

> No se trata de un personaje ni real, ni existente. [De haber sido real] *Pedro Páramo* no estaría escrita... no puedo trabajar en base a personajes ni a situaciones reales.

Más bien no puede ir de lo "testimonial a lo imaginario", sino de lo imaginario a lo testimonial.[148] Y en ese ir a la inversa, *Pedro Páramo* resulta ser más bien símbolo de una pluralidad dinámica de significaciones. Todas juntas constituyen el núcleo de ese mundo regido por la ley de un poder absoluto que, al mismo tiempo, se explica no como un individualismo arbitrario, sino como el resultado de unas condiciones estructurales y familiares conocidas por el autor que han dejado en él sensaciones imborrables que marcan su imaginario.

El escritor no alcanza a racionalizar el proceso. Éste corresponde a niveles del subconsciente que no pretende o más bien no quiere explicitar:

—¿El nacimiento de Pedro Páramo careció de racionalización?
—Absolutamente, es algo exactamente irracional. Además lo recalco que me es muy difícil decir cómo nació. Fue una cosa instintiva y producto puramente de la imaginación. Adquirió vida propia hasta que logró separarse del autor y formar su propio camino... Lo único que hice fue seguirlo. En ningún momento lo forcé... No intervine yo...
—¿Cree que su magia se deba a eso?
—No cabe dudas (*sic*).[149]

Años antes Rulfo había dicho a Reina Roffé: "Imaginé el personaje, lo vi. Después al imaginar el tratamiento, lógicamente me encontré con un pueblo

---

[146] Joseph Sommers, *op. cit.*, p. 105.
[147] *Cf.* n. 52.
[148] *Id.*, p. 106.
[149] *Id., loc. cit.*

muerto. Y claro, los muertos no viven en el espacio ni en el tiempo."[150] Es decir, el poder absoluto sólo puede proyectarse en la muerte, lo cual equivale a la negación de la historia que es proceso y devenir.

En el personaje confluyen la tipicidad de los "hacendados medianos" de Jalisco y de los "caciques tremendos" del país de todos los tiempos, no obstante su localización en una zona y en cierto modo un tiempo específicos. El trabajo sobre el lenguaje alcanza la forma sensible, personal y contradictoria que hace verosímil al personaje:

Pedro Páramo no sé de dónde salió; yo nunca conocí una persona así. Yo no lo considero de fácil clasificación. Creo que es el cacique. Abundan, abundaron los caciques en México. Pero las actitudes que él tomó, sus actos, son milagritos que uno le cuelga. Digo; yo no sé si hubo un cacique que hizo su propia revolución para defenderse de la revolución. Pero se le puede clasificar en otros aspectos: no es generoso, por ejemplo. Es más bien malvado. *Forma, con los otros, parte de una conciencia, de un modo de pensar, de una mentalidad que tal vez existe.*[151]

La condena del quehacer de Pedro Páramo no implica, como en la novela toda, una óptica deshumanizante. El punto de vista de Rulfo es, como el de toda óptica consciente, doloroso, porque percibe la dimensión trágica del personaje:

—"En la cárcel de Celaya / estuve preso y sin delito / por una infeliz pitaya / que picó un pajarito; / mentira no le hice nada, / ya tenía su agujerito."
—Juan, ¿por qué cantas eso?
—Por infeliz.
—Infeliz la pitaya ¿no Juan?
—También yo.
—Infeliz Pedro Páramo ¿no Juan?
—Ése sí fue un desgraciado.[152]

Más tarde negará que esa mentalidad de la que ha hablado antes corresponda exactamente a "lo mexicano" en general. Tampoco pretende tener clara conciencia de las razones que explican el carácter universal de su obra:

Yo no escribí con la finalidad de llegar a trascender el ámbito en que estaba hecha, sino que ésta tuvo la suerte de correr, de correr mucho, y de llegar a traducirse a varios idiomas... Tampoco fue mía la idea de imponer ningún tipo

[150] Reina Roffé, *op. cit.*, p. 83.
[151] *Id.*, pp. 83-84.
[152] Elena Poniatowska, en *Juan Rulfo. Homenaje Nacional*, ed. cit., p. 49.

de aspecto de lo mexicano, porque no representa ninguna característica lo mexicano, en absoluto. Lo mexicano son muchos Méxicos. No hay una cosa determinada que pueda permitirnos decir: "Así es México. No, no es México. Ninguna de las cosas es México. Es una parte de México. Es uno de los tantos Méxicos."[153]

De hecho Rulfo cuestiona el concepto mismo de *lo mexicano* por abstracto e inadecuado para referirse a la vasta realidad histórica y cultural del país.

Cuando el autor habla de Susana San Juan dice también, como del pueblo, que "fue siempre el personaje central":

> *Susana San Juan era una cosa ideal,* una mujer idealizada a tal grado, que lo que no encontraba yo era quién la idealizaba. Entonces supuse, o supe, que en ese pueblo estaba enterrada Susana San Juan... Susana San Juan tampoco sé de dónde salió. Tal vez sea una novia que imaginé alguna vez. *Y construí PEDRO PÁRAMO alrededor de ella y alrededor del pueblo. Más bien alrededor del pueblo.*[154]

Una vez más Rulfo distrae a su interlocutor, pero apunta a las claves. La ambivalencia es sólo aparente. Si Susana está llamada a ser "principio telúrico" (*cf.* Segunda parte, capítulos segundo y tercero), ella es la antípoda de Pedro Páramo; él es la negación de la vida del pueblo; ella, en su integridad, su posibilidad de salvación. De esta manera se crea la unidad de la tierra que recupera su principio genésico.

El carácter simbólico —como el de Pedro y el pueblo— del personaje es sugerido por Rulfo en la conocida y reveladora entrevista de María Helena Ascanio en Venezuela.[155]

—¿Podría hablarnos un poco de Susana San Juan?
—*Eso no es un personaje...*
—¿No es un personaje?
—Digo que no es un personaje que pueda yo ahorita ubicar. Me dicen que hable de Susana San Juan [...]. Pues, ¡ya se murió Susana San Juan!... *En esa novela hay muchos nombres que son símbolos.*

Juan Preciado; el personaje omitido

Tanto en su palabra escrita como en la oral, Rulfo destaca, con gran economía discursiva, los detalles significativos. Como los silencios de sus

---

[153] Juan Cruz, *op. cit.*
[154] Reina Roffé, *op. cit.*, p. 84.
[155] María Helena Ascanio (ed.), *op. cit.*, p. 307.

personajes, su enunciado oral está también marcado por silencios que comunican tanto o más que lo manifestado. En el caso de los personajes es notable la omisión, hasta donde he podido constatar, de Juan Preciado. De acuerdo con la lectura que propongo de la novela, en términos del sentido, el mundo de Juan Preciado implica la posibilidad de futuro. Su acción libera la historia desde el centro mismo en que se sustenta el mundo de Pedro Páramo. Rulfo lo marca, al omitirlo; pero también reta al lector que deberá entender los indicios textuales.

La eticidad de la escritura y visión del mundo

Sin duda la novela de Juan Rulfo —también sus cuentos— responde a una ética humanística que parte de la negación del pasado histórico, que ha revertido sobre el presente de manera devastadora. La liberación del hombre y de su entorno se manifiesta explícitamente como el objetivo buscado. Hay pues una integración del sentimiento y de la razón en la génesis misma de la obra, que el autor asume abiertamente:

> *Pedro Páramo* nació del corazón y del cerebro. ¡O qué diablos sé yo de dónde!, pero ese es un texto de un hombre, no de un escritor. Y yo prefiero los textos humanos, no los que vienen de la literatura de oficio.[156]

Esta ética de la escritura se manifiesta en la visión del mundo que subyace a los textos. En general, la crítica sobre *Pedro Páramo* reproduce la idea de que la visión de caída, con diversos tonos y matices, es la prevaleciente. Para una visión integral de la propuesta rulfiana es necesario tomar en consideración el contrapunto característico del ritmo central de la obra que se encuentra también en sus diversos estratos. Una vez más hay que prestar atención a lo omitido y deseado: la visión positiva implícita que la focalización negativa del primer plano puede sofocar, para un lector poco atento a la dinámica textual. La negatividad denuncia el sistema de valores ponderado. Rulfo lo ejemplifica claramente con el problema de la fe y la esperanza "deshabitadas", pero presentes, tanto en el ámbito de la propia familia, como en el de sus personajes de ficción:

> —¿Es *Pedro Páramo* novela de negación?
> —*No, en lo absoluto.* Simplemente se niegan algunos valores que tradicionalmente se han considerado válidos. En la novela están satirizados. Para mí,

---

[156] Eduardo Estrada, *op. cit.*

en lo personal, estos valores no lo son. Por ejemplo, en la cuestión de la creencia, de la fe. Yo fui criado en un ambiente de fe, pero sé que la fe allí ha sido trastocada a tal grado que aparentemente se niega que estos hombres crean, que tengan fe en algo. Pero en realidad precisamente porque tienen fe en algo, por eso han llegado a ese estado. Me refiero a un estado casi negativo. Su fe ha sido destruida. Ellos creyeron alguna vez en algo. Los personajes de *Pedro Páramo*, aunque siguen siendo creyentes, en realidad su fe está deshabitada. No tienen un asidero, una cosa de donde aferrarse. Tal vez en este sentido se estima que la novela es negativa... en estos casos la fe fanática produce precisamente la anti-fe, la negación de la fe.

Debo hacer una advertencia. Yo procedo de una región donde se produjo más que ...la revolución mexicana, la conocida —se produjo asimismo la revolución cristera. En ésta los hombres combatieron unos en contra de otros sin tener fe en la causa que estaban peleando. Creían combatir por su fe..., pero en realidad..., esos hombres eran los más carentes de cristianismo.[157]

Simbolismo y mito

En las entrevistas Rulfo ha negado la validez de las lecturas de su obra que se basan en una interpretación mitológica excesiva:

—¿Qué opina sobre las interpretaciones mitológicas que algún crítico ha hecho de su novela?

—Bueno, hay un señor, un paraguayo que hizo un libro y encontró una serie de mitologías, relacionadas hasta con Dante, con el Infierno de Dante. Le fue remal haciendo esta tesis y yo creo que no tiene razón en lo que dice: se le pasó la mano. Hay algunos mitos, sí, pero no tantos como para hablar de la mitología romana y de Ulises, ni nada de eso.[158]

El análisis que hago de la novela (Segunda parte, Capítulo segundo) apoya este comentario y confirma que incluso cuando el texto alude a algún mito clásico recala en sus versiones más primitivas (p. ej. el de Adonis, como se verá después). Sin embargo, el libro es rico en la simbología cristiana que elabora; en los grandes mitos de la tierra que pone en movimiento, y en el carácter simbólico de muchas de sus formas y motivos.

El rasgo sincrético de valores y creencias, unido a esta riqueza simbólica, alude a una realidad colectiva que el texto asume y busca equilibrar mediante los procesos liberadores que los personajes promueven de un

---

[157] Joseph Sommers, *op. cit.*, pp. 106-107.
[158] María Helena Ascanio (ed.), *op. cit.*, p. 315.

modo u otro. Muy importante en este sentido es el sincretismo religioso-temporal entre la cultura indígena y la española. Así explica Rulfo la influencia de lo indígena en los pasajes del submundo en la novela que, sin embargo, adquieren otras dimensiones significativas, como se verá:

—En realidad en mi obra... literaria hay una mezcla de tiempo indígena y tiempo español. Un sincretismo... El hombre no muere definitivamente sino que sigue vagando: El alma del hombre ¿no? El cuerpo entra al inframundo, como le llaman ellos. Para ellos no existe el cielo, sólo el infierno. Pero es preferible el infierno en otra vida, que el infierno en esta vida.[159]

En la entrevista de María Helena Ascanio en Caracas que he citado varias veces,[160] se percibe que Rulfo estuvo contento y comunicativo. Es una entrevista en la cual se puso a hacer cuentos en ese sin decir diciendo que lo caracteriza. Me llamaron la atención dos "historias de indios" que hace el autor al público. Una sobre las cruces y su simbología (como puertas y ventanas al mundo), y otra sobre Cristo. Creo que son dos narraciones clave, pues la Cruz y el Cristo son símbolos dominantes en la novela. Son además los dos motivos que efectivamente se encuentran en el origen histórico de los pueblos de Jalisco donde el autor sitúa su novela y sus cuentos (sobre esto volveremos después, al final del último capítulo).

Juan Rulfo quiso alcanzar con su escritura el máximo de condensación del sentido, con la máxima sencillez de la forma. El hecho corresponde a una óptica particular. La que busca el sentido en los detalles cotidianos que de ese modo se elevan a la categoría de símbolos:

Tuve que *inventar situaciones*, porque no podía siquiera tomar algunas cosas de la realidad que me pudieran ayudar como apoyo. Por eso *en algunas partes he usado símbolos... Muchos personajes tienen nombres simbólicos.*[161]

En efecto, un cuidadoso estudio de los nombres —sobre todo en *Pedro Páramo*— es imprescindible para que se despejen estratos del texto que de otra suerte seguramente pasarían desapercibidos para el lector. De ahí que en el proceso de la escritura Rulfo cambie frecuentemente el nombre de los personajes, como hizo con el título de la novela. Busca el que mejor se ajuste a la creación de la atmósfera que tanto le preocupa y, sobre todo, el que mejor contribuya a elaborar el símbolo de su imaginario ("El nombre de la

---

[159] Ángel Beccassino, "Juan Rulfo" en *Magazin Dominical,* suplemento cultural de *El Espectador* (Colombia), 11 de agosto de 1985, p. 6.

[160] María Helena Ascanio (ed.), *op. cit.*, pp. 310, 311-312.

[161] Juan E. González, *op. cit.*, p. 5.

protagonista ha sido cambiado al de Susana San Juan, y el del personaje principal al de Pedro Páramo", escribe en un informe al Centro Mexicano de Escritores de 1953).

Dueño de su mundo, Rulfo nombra a los entes de ficción conforme a sus rasgos y a su función en el relato. Casi todos tienen nombres simbólicos, por lo general breves, que implican además, frecuentemente, una total adecuación entre su significante sonoro y su sentido (Pedro Páramo, Susana San Juan).

Con sentido de humor y coherente con sus modos de hablar, el escritor ironiza sobre su propio nombre:

Me llamo Juan Nepomuceno Carlos Pérez Rulfo Vizcaíno. Me apilaron todo los nombres de mis antepasados paternos y maternos, como si fuera el vástago de un racimo de plátanos, y aunque sienta preferencia por el verbo arracimar, me hubiera gustado un nombre más sencillo.[162]

Y se autonombra, para siempre, JUAN RULFO, como sus hijos Juan Preciado (el de la ficción), Juan Francisco, Juan Pablo y Juan Carlos (los de la vida).

---

[162] Reina Roffé, *op. cit.*, p. 73.

SEGUNDA PARTE

DE LOS SÍMBOLOS
LITERARIOS A LA HISTORIA

I. LECTURAS DE "EL LLANO EN LLAMAS"

Figuraciones de la historia en los cuentos[1]

Múltiples son los hilos de relación entre *El Llano en llamas* (1953)[2] y la narrativa de la Revolución Mexicana. El modelo más representativo del ciclo, *Los de abajo* (1915) de Mariano Azuela,[3] opera como el detonador de la visión histórica prevaleciente en el texto de Rulfo. Sólo que éste no se detiene tanto en el desarrollo de la gesta revolucionaria, cuanto en los símbolos de su sentido (familia rota, casa en llamas, tierra desolada y sedienta, la culpa cainítica y el éxodo que implica, la muerte como una fuerza ciega, etcétera). No importan por eso, ni la anécdota, ni el episodio por sí mismos. El texto acude a ellos para objetivar los principios gestores de ese mundo y de los hombres y su sistema de interrelaciones. De ahí la clara intención poética de los cuentos. Los puntos de contacto entre uno y otro texto parecen concentrarse en el primer capítulo de *Los de abajo*, de suyo el más simbólico de la novela, y la última parte.

Por ahora baste destacar, sin pretender agotar su análisis, la presencia y función de una imagen dominante y algunos de los elementos que la complementan. La imagen y sus transformaciones parecen ser el símbolo matriz de los cuentos y lo son también de *Pedro Páramo*.

Ya a partir del título, *El Llano en llamas* se vincula con la narrativa revolucionaria. Con "grandes llamaradas" que destruyen la casa del protagonista, cierra el capítulo inicial de *Los de abajo*. Se escinde el núcleo

---

[1] Una versión breve de esta primera parte del capítulo se presentó como ponencia, y fue publicada con el título, "Destrucción de los mitos, ¿posibilidad de la historia? *El Llano en llamas* de Juan Rulfo", en *Actas del IX Congreso de la Asociación Internacional de Hispanistas* (Berlín, 18-23 de agosto de 1986), ed. cit., pp. 577-590. En versión más amplia apareció en *La Torre. Revista de la Universidad de Puerto Rico, Nueva Época*, II (1988), núm. 5, pp. 139-159.

[2] Utilizo la segunda edición del libro, *El Llano en llamas y otros cuentos,* ed. cit. De ahora en adelante, citaré la obra indicando sólo las páginas donde se encuentra el pasaje citado. Las cursivas son mías, excepto cuando se indique lo contrario.

[3] Mariano Azuela, *Los de abajo*, en *Obras completas*, t. 1, 1ª reimpresión, México, Fondo de Cultura Económica, 1976, pp. 320-405 [La novela se publicó por entregas en un periódico de El Paso, Texas, en 1915]. Por ahora me interesa aludir principalmente a algunas de las relaciones de la obra de Rulfo con la propia literatura mexicana que son fundamentales para su mundo de ficción y su visión del mundo. Posteriormente tomaré en cuenta el modo cómo se organizan y transforman en sus textos éstas y otras tendencias discursivas.

familiar ("Salieron juntos, ella con el niño en los brazos. Ya a la puerta se apartaron en opuesta dirección").[4] Demetrio Macías —antes esposo y padre, ahora caudillo revolucionario— va a la lucha con el acicate de una imagen grabada en su retina: "En cada risco y en cada chaparro, Demetrio seguía mirando la silueta dolorida de una mujer, con su niño en los brazos."[5]

La tríada familiar, alterada por el desastre, se concentra en la imagen materna "dolorida", en espera de la reanudación del vínculo escindido. El resultado de la gesta revolucionaria se marca simbólicamente en términos de la posibilidad o la negación de poder restaurar el vínculo filial y fraterno.

En Los de abajo la venganza sustituye al perdón:

Don Mónico, confuso, aturdido, se echa a sus pies, le abraza las rodillas, le besa los pies: —¡Mi mujer!... ¡Mis hijos!... ¡Amigo Don Demetrio! Demetrio, con mano trémula, vuelve el revólver a la cintura.

Una silueta dolorida ha pasado por su memoria.

Una mujer con su hijo en los brazos, atravesando por las rocas de la sierra a media noche y a la luz de la luna... Una casa ardiendo... [...] dos horas después la plazuela se ennegrecía de humo y de la casa de don Mónico se alzaban enormes lenguas de fuego.[6]

Con este acto se confirma el modelo cainítico y la "condenación" del pueblo al éxodo, camino de la muerte: "Su marcha por los cañones era ahora la marcha de un ciego sin lazarillo; se sentía ya la amargura del éxodo."[7] Sin embargo, la historia no se clausura. Queda, expectante, la madre con el hijo, en quien se reproduce la imagen del padre. Como si Azuela marcara la ruptura de una estructura patriarcal, signada por la ausencia de su elemento caracterizador, sin que llegue a darse todavía un nuevo modelo. De modo análogo, la búsqueda y el deseo serán los modeladores de la conducta de los personajes rulfianos, como se destacará en los apuntes críticos que siguen.

El Llano en llamas nos lleva también a otro texto más cercano en el tiempo y en el modo como especifica su visión del mundo: El resplandor de Mauricio Magdaleno, escrito en 1936 y publicado en 1937. El nexo es inmediato y complejo. A la hora del desastre colectivo en El resplandor, el viejo Bonifacio testimonia antes de morir, mediante un fluir de la conciencia que recuerda motivos y otros monólogos rulfianos:

[4] Ibid., p. 322.
[5] Id., loc. cit.
[6] Id., pp. 383-384.
[7] Id., p. 412.

Llamas llamas de pira *llamas* consumiendo el cuerpo el tremendo *cuerpo del ahorcado* que no acaba de morir Diosito Diosito Diosito [...] aquí *dejas a un hijo* que sabrá lo que nos hiciste Saturnino *llamas llamas* [...] Diosito Diosito Diosito *cuántos muertos* uno dos tres cuatro cinco seis siete ocho nueve diez once doce trece conmigo [...] cuántas llamas trece llamas la *Piedra del Diablo está reseca* [...] los indios no dejaremos de sufrir nunca Dios ayúdame [...] *llamas llamas noche y llamas*.[8]

Ha quedado aludido otro núcleo importante de significación: el sustrato religioso que subyace en la conciencia de estos pueblos y que la narrativa de la Revolución, y la de Rulfo en particular, asumen cuestionándolo, transformándolo y remitiendo a él para entender la historia.

Está sugerido, además, que los miembros del grupo familiar y los de la colectividad en *Los de abajo* y *El resplandor* son personajes de contornos míticos, pues se destacan en ellos, casi exclusivamente, los vínculos de solidaridad o su negación. Predomina lo segundo, lo cual provoca el caos, la muerte y la pérdida de identidad.[9]

Desde otro punto de vista, el título se homologa con la frase sustantiva del pasaje de *El resplandor* —"llamas llamas"— gracias a la economía poética de la narrativa de Rulfo. Estamos ante un verso pentasílabo trocaico que logra plenamente la identidad metafórica entre los sustantivos que lo componen. La sinalefa y los acentos refuerzan la equivalencia entre los términos:

El llano en llamas (llano = llamas)

La imagen, de carácter simbólico, se desglosa en los cuentos. Cada uno es autónomo y, al mismo tiempo, aporta un matiz característico de ese incendiado y contradictorio espacio histórico vuelto discurso.

La cercanía de los dos libros es indiscutible. Lo importante es mostrar las transformaciones que se operan en *El Llano en llamas*, ya que su autonomía

---

[8] Mauricio Magdaleno, *El resplandor*, México, Espasa-Calpe, 1950, pp. 252-253. [1ª ed., 1936.] Obsesiva, la escritura añade que le da el tiro de gracia "Lucas Llamas" quien ayuda a Gabino Rendón —este último con una "llama de locura en los ojos"— a quemar el caserío indígena (*ibid.*, p. 253). La reiteración metafórica —"llamas llamas"— no es exclusiva de este pasaje. Al comienzo del libro aparece una frase premonitoria mucho más sintética, puntualmente fiel al pasaje citado: "Llamas llamas del amanecer y un clarín o un gallo gallos que cantaban su fin gallos precursores" (*id.*, p. 78).

[9] Para Ernst Cassirer (*El mito del Estado*, México, Fondo de Cultura Económica, 1946, p. 49), la función social del mito "es satisfacer el profundo y ardiente deseo que sienten los individuos de identificarse con la vida de la comunidad y con la vida de la naturaleza". El vínculo es emotivo. Lo que importa es "la intensidad y la hondura con que se experimentan las relaciones humanas" (*ibid.*, p. 50).

precisamente se funda en su sistema de diferencias respecto a este texto anterior, determinado por el nuevo sentido. Un ejemplo decisivo es el trabajo que se ejerce sobre el lenguaje; su estilo. En ambos hay una gran intensidad de expresión manifestada de manera especial en el lirismo de los momentos de mayor carga afectiva y dramatismo. Ya en Magdaleno hay uso de técnicas narrativas modernas como el monólogo interior (en tanto fluir de la conciencia); las retrospectivas y los juegos de planos. No obstante, el estilo de Rulfo parece que lleva al máximo las posibilidades de la función poética en prosa. La economía verbal y la precisión del discurso provienen de una objetivación óptima del lenguaje y de la intención narrativa. Éstas reducen al máximo la información que suelen darnos las reflexiones y descripciones de un narrador tendiente a la omnisciencia como Magdaleno. Rulfo trabaja, más sostenidamente, con imágenes y símbolos. Su lenguaje tiende a la metaforización.

Me parece que esta diferencia es fundamental y no depende tanto de la distinción entre cuento y novela. Rulfo mantendrá y afinará estas características en *Pedro Páramo*, precisamente tensando las posibilidades del género.

El título nos lleva también a fijar la atención en el cuento del mismo nombre que ocupa el lugar central del libro. "El Llano en llamas" es el cuento más próximo a los relatos testimoniales de la Revolución, lo cual muestra desde el epígrafe, seleccionado de un corrido popular, y el grito inicial: "¡Viva Petronilo Flores!" El foco de atención sobre la historia se desplaza lo suficiente para dar la perspectiva adecuada al periodo posrevolucionario que le interesa comunicar al autor: a partir del último tramo de la lucha armada —cuando empiezan a revelarse las consecuencias y el sentido del movimiento a la conciencia crítica— y hasta poco después de la guerra cristera.

El principio generalizador del título se especifica en cada rancho del Llano Grande y reproduce el modelo de la casa familiar destruida. También reproduce la idea del caos ideológico reiterado en *Los de abajo* y otros textos, aunque en el libro de Azuela se establece cierto grado de interacción con otros niveles de conciencia. En "El Llano en llamas" el núcleo principal de significación indica dos aspectos que posteriormente serán la clave del mundo de *Pedro Páramo*: La falta absoluta de una conciencia para sí ("Y aunque no tenemos por ahorita ninguna bandera por qué pelear", p. 87), y la mercantilización de la historia ("debemos apurarnos a amontonar dinero", *id.*). Lo que se busca es "el poder" económico frente al gobierno, sin modificar sus tácticas. Es decir, la lucha por la tierra se invierte ("para que cuando vengan las tropas del gobierno vean que somos poderosos", *id.*). Así las cosas, la injusticia social contra la cual se lucha funciona como una fuerza anónima que, paradójicamente, produce placer ("Daba gusto mirar"), porque llena el vacío vital del hombre arrancado de su raíz nutricia (*véase* "Macario"): "Como si *algo nos dijera* que nuestro trabajo era estar allí para acabar con lo que quedara" (p. 85). La fuerza destructiva se revierte sobre el propio hombre que, en su caída, gesta su hambre y su muerte. El contrapunto irónico entre el estado de las cosechas y su destrucción marca la dimensión de la tragedia:

> Era la época en que el maíz ya estaba por pizcarse [...]. Así que se veía muy bonito [...] ver hecho una pura brasa casi todo el Llano en la quemazón aquella (p. 86).

Las consecuencias se explicitan en el texto. Al quedar implícitos, ocultos, los valores positivos de liberación, el miedo homologa los contrarios ("Ahora se veía a leguas que nos tenían miedo. Pero nosotros también les teníamos miedo", p. 87), y se convierte en el promotor de la acción. El hecho engendra más violencia contra el hermano (reproducción del modelo caínítico que los cuentos reiteran una y otra vez). La imagen dominante, mostrada ejemplarmente por la narración, es ahora la de los colgados a la intemperie (esbozada ya en *Los de abajo*),[10] y reiterada en el pasaje de *El resplandor* citado *supra*:

> Era raro que no viéramos colgado de los pies a alguno de los nuestros en cualquier palo de algún camino. Allí duraban hasta que se hacían viejos y se arriscaban como pellejos sin curtir. Los zopilotes se los comían por dentro, sacándoles las tripas, hasta dejar la pura cáscara. Y como los colgaban alto, allá se estaban campaneándose al soplo del aire muchos días, a veces meses, a veces ya nada más las puras tilangas de los pantalones bulléndose con el viento como si alguien las hubiera puesto a secar allí (pp. 95-96).

Culmina así la transformación que ha sufrido la imagen a partir de *Los de abajo* y en muchos de los textos de la Revolución. Se homologa, además, a la de *la tierra* tal y como se nos describe en "Nos han dado la tierra", segundo cuento publicado de Rulfo: "esta costra de tepetate", "este duro pellejo de vaca" (p. 18).

La "marca de Caín", como en el libro del Génesis,[11] produce la escisión

---

[10] Mariano Azuela, *op. cit.*, p. 328.

[11] Si bien "la marca de Caín" y sus consecuencias se presentan con diversas modalidades en las tradiciones de muchos pueblos y culturas, tal como lo indica Sir James George Frazer, *El folklore en el Antiguo Testamento*, México, Fondo de Cultura Económica, 1981, pp. 50-65

de la colectividad y el espacio se angosta hasta no dar cabida al hombre: "De este modo se nos fue acabando la tierra. Casi no nos quedaba ya ni el pedazo [...] para que nos enterraran. Por eso decidimos separarnos los últimos, cada quien arrendando por distinto rumbo" (p. 96).

La tierra se refuerza hacia el futuro como el objeto del deseo no realizado (*cf.* "Nos han dado la tierra"). En cambio, la imagen "dolorida de la mujer, con el niño en brazos" —La Madona de *Los de abajo*— en contrapunto, aparece en este cuento transformada en una posibilidad real de recuperar el vínculo primario afectivo que constituye la tríada familiar. El pasaje recuerda el reencuentro de Demetrio con su mujer y con su hijo en *Los de abajo*, sólo que en el texto de Azuela es ya tarde para los protagonistas. La transformación ideológica es clara. En *Los de abajo* el tiempo ideal de la pareja es anterior al de la lucha armada. No obstante, el hombre y la mujer de "El Llano en llamas" se han unido en un clima de violencia y opresión revolucionarios, pero han ganado la posibilidad de la conversión y del vínculo: "Volvió a decir la mujer, *aquella que ahora es mi mujer*" (p. 98). Estamos ante un pasaje iluminador del sentido, como diría Ángel Rama,[12] en el cual la mujer, madre y mediadora (¿modelo mariano?), presenta el hijo ante el padre —asesino, violador y, hasta ahora, ausente. Ella devuelve al hombre una razón de ser (esposo y padre) y el acto provoca en él un examen retrospectivo de la culpa que lo lleva al arrepentimiento, sintetizado en el gesto del enunciado final: "Yo agaché la cabeza" (*id.*). Sin embargo, el futuro queda marcado con una semilla de contradicción que prevalece en el hijo, como vimos antes en *Los de abajo*. (¿Es tal vez el trazo que deja el sistema de relaciones opresoras de que se parte?)

[1ª ed., 1907-1918], el texto de Rulfo parece apoyarse en el libro del *Génesis* del Antiguo Testamento. Muerto el hermano, Caín deberá vivir errante. "La tierra, contaminada por la sangre y ofendida a causa del crimen, no permitirá que las semillas plantadas por el homicida germinen y den fruto; aún más, que lo rechazará del suelo cultivado que hasta ahora le servía de sustento y lo conducirá al árido yermo para vagar por él hambriento y sin cobijo. La idea de que la tierra es un ser personal que se rebela ante el pecado de sus moradores y los arroja de su seno no es extraña al Antiguo Testamento" (*ibid.*, p. 53).

[12] Ángel Rama, *Transculturación narrativa en América Latina*, México, Siglo XXI, 1981, p. 225, reconoce la presencia de estos pasajes iluminadores del sentido —de manera intensiva y múltiple— que alcanzan muchas veces calidad simbólica o mítica en la narrativa de Arguedas. Aunados a una técnica narrativa tradicional que se rige, en buena medida, por una lógica causal, logran el "equilibrio formal" del texto. En Rulfo —tanto en los cuentos como en la novela— son dos niveles que por lo general no pueden separarse. Si bien un cuento como "El Llano en llamas" accede, más que otros, a las reglas de la causalidad propias de los modelos realistas tradicionales, lo caracterizador de su escritura es que su lenguaje integra esos dos niveles con naturalidad, porque la integración corresponde a su visión de la historia, como se verá *infra* en este trabajo.

No hay duda que la óptica desde donde se nos presenta el episodio es masculina y de signo cristiano. El encuentro muestra lo negado, la visión del mundo integrada a que alude, por negación, el texto. El modelo anhelado se afirma en el plano del discurso mediante el símbolo de la tríada familiar. El hecho es inusitado en toda la obra de Rulfo que privilegia la denuncia de lo negativo. Al subrayar la negatividad de las relaciones presentes, alude a un sentido positivo y superior de vida. Como éste, muchos de los cuentos (por ejemplo, "Macario") y de los pequeños relatos incidentales y cotidianos del libro adquieren características de las parábolas bíblicas y, con ellas, una dimensión simbólica.

La selección del modelo, a su vez, tiene su correlato en la organización social de los Altos de Jalisco, donde la familia y la vida religiosa son determinantes a niveles estructurales. En el ámbito rural la base social es la familia extensa. Las estructuras organizativas se conforman utilizando las reglas del parestesco, con el padre o el más anciano como jefe y autoridad.[13]

Las posibilidades de significación del símbolo escogido son evidentes. Rulfo ha logrado sintetizar estratos muy amplios de sistemas de vida occidentales, con la intrahistoria de su contexto inmediato y de su país en general. Sin embargo, los elementos de su mundo son cotidianos y elementales. Lo es también su voz narrativa dominante, como veremos después.

El autor ha declarado en algunas entrevistas que sólo conoció la Revolución en la literatura. Pero es indudable que además sufrió las consecuencias del movimiento para su familia,[14] y que escribe lo suficientemente a

---

[13] Cf. José Díaz y Román Rodríguez, *El movimiento cristero. Sociedad y conflicto en los Altos de Jalisco,* introd. de Andrés Fábregas, México, Centro de Investigaciones Sociales/Instituto Nacional de Antropología e Historia, Nueva Imagen, 1979, p. 206.

[14] Elena Poniatowska ("Ay, vida, no me mereces: Juan Rulfo, tú pon la cara de disimulo", en *Juan Rulfo. Homenaje Nacional,* ed. cit., p. 51) constata y cita las declaraciones del propio autor: "Mis padres eran hacendados, uno tenía una hacienda: San Pedro Toxin, y otro Apulco, que era donde pasábamos las vacaciones. Apulco está sobre una barranca y San Pedro a las orillas del río Armería [...] Allí se escondían los gavilleros. Porque a mi padre lo mataron unas gavillas de bandoleros que andaban por allí, por asaltarlo nada más. Estaba lleno de bandidos por allí, resabios de gente que se metió a la Revolución y a quienes les quedaron ganas de seguir peleando y saqueando. A nuestra hacienda de San Pedro la quemaron como cuatro veces, cuando todavía vivía mi papá. A mi tío lo asesinaron, a mi abuelo lo colgaron de los dedos gordos y los perdió; era mucha la violencia y todos morían de treinta y tres años. Como Cristo, sí. Así es que soy hijo de gente adinerada que lo perdió todo en la revolución."

A los diez años vive la experiencia de la guerra cristera. Si bien tuvo la oportunidad de leer mucho en la estupenda biblioteca del cura de su pueblo, no podía "salir a la calle porque [le] podía tocar un balazo [...]". Y afirma a continuación: "Yo oía muchos balazos, después de algún combate entre los Federales y los Cristeros había colgados en todos los postes" (*ibid.*, p. 54).

distancia de los hechos como para darnos una visión crítica, tanto del momento histórico específico que le tocó vivir más de cerca, como de todo el periodo revolucionario, sin descartar sus proyecciones en el presente de la enunciación. Su perspectiva rebasa la experiencia autobiográfica, y ahonda en la realidad decantándola de toda ampliación superflua, para entrar en sintonía con las raíces de la tragedia colectiva. Ya antes habíamos relacionado este principio de elaboración textual con la calidad poética de la escritura.

Esta característica de los relatos rulfianos se refuerza por el tono que moldea los materiales. Rulfo trabaja al filo de la angustia, sin eludir ni la ironía, ni el rencor, ni el pesimismo, ni el dolor, ni aun a ratos, la ternura. Todo pasa por el tamiz preciso de su tono denso, grave y nostálgico. No hay estridencias, sino un dolor sordo que sofoca la esperanza.

El modo de manifestarse el estilo contribuye a crear la modalidad de la lengua literaria propia de todos los textos de Rulfo. En ellos se aproxima la lengua coloquial de los personajes (campesinos de los Altos de Jalisco) al código culto del escritor y a los contenidos que éste desea comunicar. El resultado es una escritura que no obstaculiza al lector el acercamiento al texto con el uso excesivo de una lengua coloquial. Al mismo tiempo se tiene la sensación de una oralidad popular que subraya la verosimilitud de los relatos y alcanza la universalidad de los significados y las formas.

El predominio de la oralidad —presente también en la palabra oral y escrita de su coterráneo Juan José Arreola—[15] y la cercanía entre la lengua campesina y la general se explican, en parte, desde una perspectiva sociológica. El campesino de los Altos de Jalisco es por lo general criollo, a diferencia, por ejemplo, de los campesinos de *El resplandor* de Mauricio Magdaleno que son indígenas. Pero, además, la oralidad ha sido en esas tierras el canal educativo más fuerte, pues el sistema de educación formal era muy precario. Así lo afirma Jean Meyer:

> Esta cultura es fundamentalmente oral, desde el catecismo del Padre Ripalda, redactado en forma dialogada y recitado a coro por numerosas generaciones infantiles, hasta las representaciones teatrales profanas y sagradas que se dan en el atrio de las iglesias. Todo pasa por los ojos, por los oídos y por la boca, y se dice que son silenciosos y que se divierten a fuerza de "sentencias, agudezas, refranes, astucias, chistes y estratagemas sutiles e ingeniosos" que causan

[15] Sara Poot Herrera ha señalado certeramente la riqueza de la oralidad en la obra de Juan José Arreola, sobre todo en *La feria*, México, Mortiz, 1963. *Cf.* su tesis doctoral, *El proyecto literario de Juan José Arreola. Un giro en espiral*, México, El Colegio de México, 1986; publicada por la Universidad de Guadalajara, Jalisco, 1992.

asombro y admiración... En los caseríos lejanos de la parroquia se leía de pie, o más bien se formaba círculo en torno de aquel que sabía leer. De ahí una cultura oral y una memoria prodigiosa.[16]

Como todo el libro, *El Llano en llamas* organiza internamente sus partes en términos de su intención. En este sentido ya se han visto las relaciones entre el título y el cuento del mismo nombre que centra todo el volumen en su vértice geográfico inmediato: los Altos de Jalisco.

Quiero ahora fijarme en la distribución primaria del libro,[17] y tomar en cuenta los cambios más significativos que se le han hecho. El primero es la incorporación de "El día del derrumbe" y "La herencia de Matilde Arcángel", que no alteran los lineamientos principales de todo el texto.[18]

En "No oyes ladrar los perros" es evidente el fracaso del binomio padre-hijo, con la consecuente muerte del hijo ya de suyo marcado por la violencia y el crimen contra el mundo paterno. Esta anulación del orden patriarcal será el sentido que orienta la escritura en los últimos cuentos hasta culminar en "Anacleto Morones" como veremos después.

Dentro de esta línea, "El día del derrumbe" sitúa la historia en un presente, que bien puede ser el del enunciado, en que se narra la desgracia de un terremoto que destruye el pueblo de Tuzcacuexco. El foco de atención es la denuncia del orden político. La desgracia colectiva pone en evidencia un sistema político enajenado de su función. Se carnavaliza paradójicamente la desgracia colectiva en una fiesta presidida por la figura y el discurso grotesco del gobernador y un pueblo que convierte su desgracia en pasiva servidumbre.

Una lectura más detenida descubre varios nexos ocultos en el nivel discursivo. El narrador testigo de "El día del derrumbe" es Melitón, el

---

[16] Jean Meyer, *La Cristiada*, trad. de Aurelio Garzón del Camino, t. 3, México, Siglo XXI, 1974, p. 307.

[17] Esta primera edición es la más estable y la que ha llegado a mayor número de lectores. Las variaciones posteriores no la modifican sustancialmente. Incluye quince cuentos distribuidos en dos partes de siete cuentos cada una y "El Llano en llamas" entre ellas, como indiqué *supra*. El primer grupo lo conforman "Macario", "Nos han dado la tierra", "La cuesta de las comadres", "Es que somos muy pobres", "El hombre", "En la madrugada" y "Talpa". Lo sigue "El Llano en llamas" y el segundo grupo de cuentos: "¡Diles que no me maten!", "Luvina", "La noche que lo dejaron solo", "No oyes ladrar los perros", "Paso del Norte" y "Anacleto Morones".

No considero por ahora, en detalle, la *Antología personal* preparada y prologada por Jorge Ruffinelli para la editorial Nueva Imagen, México, 1978. Con nuevo prólogo, se publicó también en Era, México, 1988.

[18] Juan Rulfo, *El Llano en llamas*, ed. especial revisada por..., ilustr. de Juan Pablo Rulfo, México, Fondo de Cultura Económica, 1980, pp. 175-183; 187-197 (Col. Tezontle).

mismo que registra la precisión de los hechos en "Nos han dado la tierra". Este personaje actúa como una memoria colectiva que reproduce lo que acontece sin conciencia crítica. En "Nos han dado la tierra", insiste: "Esta es la tierra que nos han dado [...]. Servirá de algo. Servirá aunque sea para correr yeguas" (pp. 19, 20). Y en "El día del derrumbe": "Me acuerdo muy bien; pero ya lo he repetido tantas veces que hasta resulta enfadoso" (p. 178). Idéntica función tiene la voz del borracho que acompaña el discurso del gobernador: "¡Exacto mi general! [...] ¡Exacto! Usted lo ha dicho" (pp. 180, 181, 182). La parodia pública se amplía con el contrapunto del himno nacional y la canción coreada y repetida por todos "como disco rayado" de "No sabes del alma las horas de luto".

Se alude además directamente al pasado histórico. Tuzcacuexco llegó a ser en el siglo XVIII cabecera de la región, pero va perdiendo importancia en la medida en que San Gabriel asciende, y en efecto, sufrió un grave terremoto en 1806 que prácticamente destruyó el pueblo y dejó en ruinas la iglesia.[19]

En "La herencia de Matilde Arcángel" priva también la ironía, esta vez centrada en el motivo de la tríada familiar, eje de la visión del mundo dominante en toda la obra de Rulfo. El odio del padre al hijo (por la muerte de la madre) deriva en la muerte del padre y permanece en el hijo. La imagen que cierra el cuento entra en serie con la del hijo que lleva a su padre muerto en el burro en "¡Diles que no me maten!" o invierte la de "No oyes ladrar los perros". Muerto el padre o el hijo, se confirma la imposibilidad del binomio que define un mundo patriarcal, y es claro que las relaciones propuestas por la escritura niegan la solidaridad y la vida y se centran en el odio, el rencor y la muerte.

El segundo cambio importante de *El Llano en llamas* es la sustitución de "Macario" por "Nos han dado la tierra" para iniciar el libro. "Macario" desaparece después en dos ediciones intermedias, y se recupera en la edición especial del Fondo de Cultura Económica de 1980, cuidadosamente revisada por el autor. Ahí se incluye después de "Talpa" y antes de "El Llano en llamas".

¿Por qué este peregrinar de "Macario" por el libro? "Macario" se publicó en la revista *Pan* de Guadalajara en noviembre de 1945. Es el tercer cuento conocido de Rulfo.[20] La crítica reitera su filiación faulkneriana, que el autor

---

[19] *Libro de gobierno, Parroquia de Tuxcacuesco*, 1802-1814, cit. por Enrique Trujillo González, *San Gabriel y su historia a través del tiempo*, Talleres Kerigma, ed. cit., p. 166.

[20] Rulfo lo considera más bien su segundo cuento pues solía referirse a "Nos han dado la tierra" como el primero, que fue publicado en julio de 1945 en la revista *Pan* de Guadalajara, dirigida por Antonio Alatorre y Juan José Arreola, y el 31 de agosto en la revista

negó, sin que se detenga —salvo en el caso de James East Irby—[21] a precisar lo que acerca y aleja a Macario y a Benjy, el idiota de *El sonido y la furia*. Tal vez es un Faulkner que en este momento le llega a Rulfo de otro hijo anormal, de edad ambigua (niño en el plano "real"; adulto en el simbólico), más próximo que el modelo norteamericano. Pienso en Jaime, "El hijo tonto" de *Dios en la tierra* (1944) de José Revueltas. La tríada familiar, de contornos míticos, subyace a los dos relatos. Presente está también el sustrato religioso, no como paraíso liberador (que es lo omitido), sino como amenaza permanente de condenación eterna; de muerte sin resurrección.[22]

Irby señala cuatro puntos de relación entre ambos personajes: *1*) su capacidad para ser "observadores fieles" de su mundo trastornado; *2*) el primitivismo de su visión que se adecua a la "narración indirecta y suges-tiva" de los autores; *3*) la alusión "por medio de la yuxtaposición de los hechos inconexos, a una realidad oculta", y *4*) la presentación de un punto de vista que describe y no analiza. Si bien me parecen esclarecedores, son puntos muy generales característicos de la función de este tipo de personajes en la literatura. Me inclino por la relación con el cuento de Revueltas —aunque no podría asegurarlo— pues el libro del escritor mexicano ha dejado otros trazos en la obra de Rulfo, como se verá después. Además Rulfo solía hablar de sus lecturas (aunque tendía a despistar al lector), tanto mexicanas como extranjeras, y no parece haber una razón suficiente para

---

América. Sin embargo, el 30 de junio de ese mismo año, también en la revista *América*, había aparecido "La vida no es muy seria en sus cosas". El cuento sólo reaparece en *Antología personal*, 1ª ed. cit., pp. 153-156. Sobre este punto, *cf.* la sección "Importancia del hijo como esperanza de la historia", pp. 188-200, en el capítulo III de la Segunda parte de este volumen.

[21] James East Irby, *La influencia de Faulkner en cuatro narradores hispanoamericanos: Lino Novás Calvo; Juan Carlos Onetti; José Revueltas y Juan Rulfo*, tesis doctoral presen-tada en la Universidad Autónoma de México, México, 1956, pp. 137-140. Rulfo afirma que cuando escribió *Pedro Páramo* todavía no leía a Faulkner ("*Pedro Páramo*, treinta años después", en *Domingo*, suplemento cultural de *El Nuevo Día*, Puerto Rico, 21 de abril de 1985, pp. 6, 8. También en *Libros de México*, núm. 1, 1985, p. 18; Alejandro Sandoval *et al.*, "*Los murmullos*", *Antología periodística en torno a la muerte de Juan Rulfo*, México, Delegación Cuauhtémoc, 1986; p. 71; *El Día*, 10 de enero de 1986, p. 10).

[22] En el caso de José Revueltas la atmósfera mítica es mucho más evidente. A una "lluvia apocalíptica" (*Dios en la tierra*, México, Era, 1979, p. 96) [1ª ed., 1944], sigue la descripción del núcleo familiar. "Se colaba un viento helado: hacía ondular la llamita de la vela [...] y estrechaba más aún los tres cuerpos del camastro; hombre, mujer e hijo, uniéndolos en un solo abrazo de angustia y frío" (*ibid.*, pp. 96-97). Los nombres parecen aludir a la familia de Nazaret: Jacinto, Mariana, Jaime. Próximo a morir, el hijo transparenta la "noche y la muerte" colectivas: "El niño [...] se puso a sollozar, gimiendo entrecortadamente. Aquel sollozar era en extremo lóbrego. No parecía partir de un niño, sino de una persona adulta [...]. Una persona con calidad extraña, sobrenatural, como si a través del niño gimiese mucha gente más, como si por el niño se dejasen sentir la noche y la muerte" (*id.*, p. 101).

negarla en este caso, pues los niveles posibles de relación no opacan en ningún sentido el valor literario del relato.

Es evidente, sin embargo, que la actitud de Rulfo ante el cuento es ambigua, como lo demuestra su desaparición de algunas ediciones. La ambigüedad podría deberse a esta relación que la crítica persiste en señalar con la obra de Faulkner (sobre todo a partir del libro de Irby), pero creo que tiene que ver más bien con algo que es habitual en Rulfo. No hay duda que el autor de *Pedro Páramo* ensaya sus grandes núcleos de significación y uno de sus objetivos centrales es precisamente la función del hijo en la tríada fundadora. Desde este punto de vista "Macario" le permite manifestar aspectos centrales del ambiente, en su dimensión negativa, pero el personaje no responde a lo que el mundo del hijo representa en la novela (Juan Preciado) e incluso en cuentos como "El Llano en llamas", como ya señalé.

Lo que importa es destacar ahora lo que Macario efectivamente revela de las relaciones que vive. Este personaje menor y marginal, acosado y reprimido, deja ver en su monólogo *el miedo* como eje de la vida. Entre el *vivir* y el *morir*; la *salvación* y la *condena*; la *ternura* y la *agresión* se erige la criatura deseante que no sacia nunca su hambre.[23]

La tríada familiar está totalmente alterada. Muertos los padres, el hijo deviene "ahijado". La nueva tríada delata la transformación enajenada de una estructura patriarcal que niega la pareja del origen. La madrina sustituye las funciones del padre; Felipa, la criada, amamanta y seduce al hijo (grotesco Edipo). Las relaciones de parentesco se degradan y condenan al personaje. Así, la *madrina* establece una relación de dominio y chantaje con Macario, a quien amenaza con la condenación eterna, lo cual implica la imposibilidad de recuperar el vínculo familiar primigenio: "para que me lleven a rastras a *la condenación eterna* [...] sin pasar ni siquiera por el purgatorio, *y yo no podré ver entonces ni a mi papá ni a mi mamá*, que es allí donde están" (p. 14).

La vida se define, en última instancia, como la espera del reencuentro con el origen y la restauración del vínculo familiar. El miedo convierte las condiciones infrahumanas del espacio cotidiano, interior, en que se vive, en algo mejor que la agresión de afuera, y el personaje se encierra, cada vez más, en ese espacio oscuro y precario, condenado a un estatismo que borra

---

[23] En *Al filo del agua* de Agustín Yáñez la locura enajena a los personajes con un mundo afectivo reprimido por la culpa. Uno de los casos más reveladores es el de Luis Gonzaga para quien la medida de su carencia es la magnitud de su hambre: "No pensaba más que en comer; su apetito rayó en la gula desenfrenada" (México, Universidad Nacional Autónoma de México, 1947, p. 330).

todo proyecto de vida (¿censura implícita a la amenaza de una involución ahistórica?). Lo sostiene en el *ahora* y el *aquí* una versión degradada y al mismo tiempo consoladora del nexo materno-filial. Macario *espera* la leche nutriz de Felipa, la madre-amante sustituta que establece con él una relación cómplice, de carácter incestuoso, en términos del problema de la culpa y la expiación. También consuela el golpeteo rítmico, en crescendo, de su cabeza contra el suelo que lo saca de su realidad amenazante. Ritmo interior que el personaje identifica con el tambor de las chirimías (¿reminiscencias del origen?) que se oyen desde la iglesia cuando está "amarrado a la madrina". El efecto del ritmo es liberador, como lo es la función del tambor asociado a rituales de liberación: "Oírlo [...] esperando salir pronto a la calle para ver cómo es que aquel tambor se oye de *tan lejos, hasta lo hondo de la iglesia y por encima de las condenaciones del señor cura*" (p. 11).[24]

El cuento reúne, pues, los principales núcleos de significación que condicionan la vida social y afectiva de los personajes a lo largo del libro. Éstos suelen ser criaturas deseantes, como lo es también Pedro Páramo, en espera constante de Susana San Juan. Centrado en la vida cotidiana de una "familia", "Macario" revela además —por el camino del símbolo— la inversión del modelo positivo (ausente del discurso y siempre añorado), mediante el sistema de relaciones negativas que denuncia y que responde a una visión maniquea de la vida. Mundo invertido que sólo deja abierto el camino infrahumano de la marginalidad y aleja las posibilidades de restaurar el vínculo filial y fraterno. Se desmitifican las concreciones históricas imperantes de la familia, la religión, la casa, el espacio exterior y la solidaridad.

Rulfo comentó alguna vez que el cuento pudo estar al principio o al final del libro.[25] Esto se explica por su carácter simbólico y generalizador. No obstante, su reaparición entre "Talpa" y "El Llano en llamas" no sorprende. El símbolo sintetizador recala y se concreta en el escenario histórico del último cuento mencionado y, en cierto modo, lo justifica. Si, como dice Cassirer,[26] la concepción que el hombre tiene del mundo y de lo divino se manifiesta en sus actos y en sus ritos, "Talpa" relata la mecanización

---

[24] La función de este tambor es exactamente la misma que en "El baile del tambor", relato de Arturo Uslar Pietri (*Treinta hombres y sus sombras*, Buenos Aires, Losada, 1949, pp. 7-15). Hay semejanzas, además, con el título y otros aspectos de los cuentos del escritor venezolano. "Macario", como "Nos han dado la tierra", se publica en 1945 y el libro de Uslar Pietri cuatro años después. Cabe pensar en cierto paralelismo de los contextos sociohistóricos, pero es posible también que los cuentos de Rulfo hayan dejado su huella en *Treinta hombres y sus sombras*.

[25] Reina Roffé, *op. cit.*, p. 81.

[26] Ernst Cassirer, *op. cit.*, p. 32.

grotesca de lo sagrado, en términos de otra relación incestuosa. Ésta es tanto más dramática cuanto se vincula explícitamente con el asesinato de Tanilo, nuevo Abel disminuido por la enfermedad (como Macario por su tara genética) y martirizado por el adulterio incestuoso de su hermano y su mujer.

Los personajes, precarios social y afectivamente, de modo análogo al cuento "El Llano en llamas", parecen movidos por una fuerza superior a ellos mismos (¿acaso las condiciones estructurales de subsistencia, o en el nivel simbólico "la marca de Caín"?). El cuento muestra que el viacrucis del camino a Talpa es un modo de vivir la vida que no redime. Por eso se organiza en una gran retrospectiva que arranca del llanto de Natalia. Llanto que promueve en los personajes la conciencia de la culpa. La mujer, llorando "entre los brazos de su madre" —ambas conforman una nueva Pietá— no logra reconciliar el mundo escindido. El hombre, narrador-personaje, alcanza a "sentir" su condición itinerante a partir de la culpa:

> Y yo comienzo a sentir [...] que estamos aquí de paso [...], y que luego seguiremos caminando. No sé para dónde; pero tendremos que seguir, porque aquí estamos muy cerca del remordimiento y del recuerdo de Tanilo (p. 74).

El *miedo*, como en otros cuentos, amenaza a la pareja ya de suyo vulnerada: "Quizá hasta empecemos a tenernos miedo uno al otro" (*id.*). Con estos antecedentes se abre el espacio textual de "El Llano en llamas", la gran épica frustrada e invertida.

"Nos han dado la tierra" sustituye a "Macario" e inicia el libro en las últimas ediciones. Es, de hecho, el segundo cuento publicado por Rulfo que él valora como si fuera el primero (*véase* n. 20). El título afirma que un ellos da la tierra a un nosotros. El narrador se involucra como parte del nosotros y funciona como la conciencia del grupo, casi sin rebasarla. Es, a lo sumo, la voz de un testigo que se adelanta un poco y guía al lector de manera casi imperceptible. Su punto de vista prevalece, matizado por el punto de vista del *yo* o del *ellos*, alternadamente, aunque este último se da siempre desde la voz narrativa. En varias ocasiones el narrador se oculta y nos deja oír el diálogo entre los personajes. Queda así marcado el punto de vista dominante en todos los cuentos del libro que, con variaciones, no rebasa por lo general la perspectiva de los personajes.

El cuento comienza con un enunciado que contrasta con el título y crea un matiz irónico: "Después de tantas horas de caminar sin encontrar ni una sombra de árbol, ni una semilla de árbol, ni una raíz de nada" (p. 15). Este "camino sin orillas" —como se nos dirá en seguida— y el árbol, que no cobija, que no dará fruto, que no tiene raíz, invierten su sentido vital y sugieren la muerte.

Pero no obstante la intensidad expresiva de estos indicios, todos se ubican en un tiempo anterior que deslinda el adverbio de tiempo inicial. En el ahora del relato se da, por primera vez, en signo de vida: "Se oye el ladrar de los perros."[27]

Si esa tierra se asocia con los espacios de muerte, el hombre, en tanto pueblo, ha creado espacios vitales: "Pero sí, hay algo. Hay un pueblo" (p. 15). Sin embargo, la certeza proviene de una fe que no concreta todavía su objeto: "Pero el pueblo está todavía muy allá. Es el viento el que lo acerca" (*id.*).[28]

Abajo está la tierra deseada: "Del río para allá, por las vegas, donde están esos árboles llamados casuarinas y las paraneras y la tierra buena" (p. 18). Llegar a esta tierra, aunque sea a su polvo, provoca un gozo infantil, primigenio, que la escritura no reprime: "Pero nos gusta llenarnos de polvo. Nos gusta. Después de venir durante once horas pisando la dureza del llano nos sentimos muy a gusto envueltos en aquella cosa que brinca sobre nosotros y sabe a tierra" (p. 21). El momento se describe con una imagen auditiva más intensa que las anteriores. La vida, por un instante, está aquí: "Ahora los ladridos de los perros se oyen *aquí*, junto a nosotros" (*id.*).

El gusto enmascara la verdad sólo por un momento. La situación irónica es que esa "tierra buena" es *de otros*. Lo que importa entonces en el cuento es el camino. Entre el inicio del viaje —que desconocemos, pero asociamos con la pérdida de la tierra— y la llegada al pueblo, se ilumina, gracias al recuerdo, la historia del *nosotros* sometido a un largo proceso de reducción y despojo. Al comienzo lo indica el texto con una gran fuerza expresiva: "Hace rato, como a eso de las once, éramos veintitantos; pero *puñito a puñito* se han ido desperdigando hasta quedar nada más este *nudo* que *somos nosotros*" (pp. 15-16). Desperdigarse "a puñitos", pulveriza. Hacerse "nudo" no es un nexo liberador.[29]

---

[27] *Id.*; véase también "No oyes ladrar los perros". Los perros, como las gallinas, suelen indicar posibilidades de vida en el medio rural o provinciano. Se convierten en un motivo recurrente de los relatos de Rulfo y de otros escritores de su generación. *Véase* por ej. Yáñez, *op. cit.*, p. 271: "—¿Y cómo haríamos para que se callara ese ladradero de perros que llena la noche por todos lados?", y también el comienzo de *Los de abajo* de Mariano Azuela.

[28] La frase se liga, en circunstancias análogas, con la que concluye *Oficio de tinieblas* de Rosario Castellanos (México, Joaquín Mortiz, 1962, p. 368) que se reitera, con variantes, en otras partes del texto: "Faltaba mucho tiempo para que amaneciera."

[29] "El fusilado" de José Vasconcelos (José Mancisidor, ed., *Cuentos Mexicanos de Autores Contemporáneos*, t. 1, México, Nueva España, p. 701) comienza con una frase homóloga: "[...] Al principio éramos un ejército, ahora sumábamos unos cuantos." Ha variado el tono, mucho más neutro en Vasconcelos.

El despojo ha sido múltiple y degradante. La realidad (lo que se tiene; lo cierto) se opone al deseo (lo no realizado, lo negado o consumado) y deriva en pérdida del deseo y frustración. Todo enmarcado en una atmósfera de calor sofocante (como ocurre en *Pedro Páramo*), a la cual se alude inicialmente y adquiere, en el contexto, matices simbólicos. El calor sofocante tiene una connotación dual. Indica la situación límite que exige la necesidad de destruir y llevar a sus últimas consecuencias ese tiempo para que la regeneración sea posible; es la idea ya presente en Heráclito para quien el fuego es, al mismo tiempo, agente de destrucción y renovación.

La condición límite de la vida humana se manifiesta en la *ausencia de comunicación* del propio grupo y con los otros. Al comienzo se afirma: "No decimos lo que pensamos. Hace ya tiempo que se nos acabaron las ganas de hablar" (p. 16). Gradualmente el texto precisará las razones sociohistóricas de ese silencio, en la medida en que se define el *ellos* como el que despoja y mata; el que quita el caballo y la carabina (signos del poder sobre el llano); el que da órdenes y, finalmente, el delegado, el Gobierno que éste representa; el latifundio y los caciques. Ese poder del *ellos*, ni los deja hablar (p. 18), ni los oye (p. 19).

El narrador, coherente con su rechazo de la muerte y la violencia determinantes de una realidad agresiva y aniquiladora, aprueba el desarme de los hombres, aunque la medida implique una pérdida de poder. La pérdida irreparable es la del caballo. Éste es para el hombre de esa tierra, símbolo de su dominio del espacio y medio de vida: "De venir a caballo ya hubiéramos probado el agua verde del río y paseado nuestros estómagos por las calles del pueblo para que se les bajara la comida." Una vez más se contrasta el *antes* próspero con el *ahora* precario (p. 16).

La incomunicación, como en otros cuentos, hace que cobre importancia el lenguaje gestual, aun en las situaciones más sencillas, y que se pierda la conciencia de la presencia del otro: "Yo no me había fijado [...] en Esteban. Ahora que habla me fijo en él" (p. 20). Son los indicios del aislamiento y la degradación de las cualidades humanas del hombre en este medio, que se condensarán en los personajes monologantes de "Luvina" y "Macario".

Criaturas deseantes (Macario, Pedro Páramo), su sed es homologable a la de la tierra que es, al mismo tiempo, el objeto deseado. La escritura se detiene morosa, acorde con la avidez de los ojos que miran caer una gota de agua. La descripción se hace como un gran primer plano cinematográfico que desborda los límites reales, en este caso deformados por la perspectiva del deseo: "Cae una gota de agua, grande, gorda, haciendo un agujero en la tierra y dejando una plasta como la de un salivazo." Inmediatamente entra el enunciado "real", contrastante, que borra la esperanza: "Cae sola. Nosotros esperamos a que sigan cayendo más y las buscamos con los ojos. Pero no hay ninguna más. No llueve [...] Y a la gota *caída por equivocación*, se la come la tierra y la desaparece en su sed" (p. 16). Frente a la esperanza, la posibilidad de satisfacción es casi nula y azarosa.

También se asocia con el aislamiento, la reducción y el carácter deseante del hombre, su sentido itinerante. Es un pueblo impelido a buscar un espacio vital propio. Significativamente sólo hay cobijo para uno a la llegada. Es Esteban. Trae consigo, como única pertenencia, una gallina. El detalle lo define como "hombre del lugar", pues de acuerdo con la historia de la Colonia, en la provincia de Amula —escenario donde puede situarse a nivel del discurso la historia— abundaban las gallinas.[30] La especificación da a la lectura una dimensión local, y, al mismo tiempo, la abre a la humanidad. El nosotros (antes cuatro, ahora tres), debe seguir caminando: "Nosotros seguimos adelante, más adentro del pueblo" (p. 21). (¿Al centro donde más tarde llegará Juan Preciado?)

La relación hombre-naturaleza se altera. La avidez de la tierra pierde toda capacidad de asociación con el carácter propicio a la vida del espíritu que suele tener el desierto. Aquí no hay duda de que la avidez de la tierra se opone a los caminos de la vida: Páramo sin límites donde no llueve nunca, "[...] donde nada se mueve y por donde uno camina como reculando" (p. 19).

Esta última imagen se repite con variaciones en el cuento ("Y a mí se me ocurre que hemos caminado más de lo que llevamos andado", p. 17) y nos retrotrae a la amenaza de una involución histórica sugerida en "Macario". Es la contrapartida de la concepción del hombre como pueblo peregrino que busca un espacio vital esperanzador. La tensión entre ambos polos contribuye a crear, junto con otros elementos, la atmósfera angustiosa que, sin embargo, no cierra definitivamente las salidas. A ratos, parece que nos movemos en el ámbito paradójico de una búsqueda obstinada, a pesar de la desesperanza. La escritura se resiste ante la seducción de un nihilismo existencial, sin asumir plenamente la certeza de liberación de un existencialismo cristiano.

El primero en verbalizar la realidad presente es el narrador-personaje: "Porque a nosotros nos dieron esta costra de tepetate para que la sembráramos" (p. 19). El fraude de la repartición de tierra se subraya irónicamente

---

[30] En la "Descripción de Zapotitlán, Tuxcacuesco y Cusalapa por el Alcalde Mayor Francisco de Agüero" hecha en 1579, declararon dos indios antiguos del lugar en el cap. 27 de la Instrucción, "que hay muchas gallinas de la tierra montosas y se crían en esta dicha probincia gran cantidad de gallinas de Castilla". (Enrique Trujillo González, *op. cit.*, p. 110.) El dato se repite en varios documentos antiguos.

en el último enunciado textual: "La tierra que nos han dado está *allá arriba*" (p. 21).

La oposición entre el *arriba* y el *abajo*, referida a los antagonismos de clase, caracterizadora de la novela azueliana, deja de ser significativa para explicar la historia de opresión. Ésta, en los relatos de Rulfo, amenaza la naturaleza misma del hombre. Se trata de una conducta ética que menoscaba al ser humano y produce relaciones de injusticia y opresión. En "¡Diles que no me maten!" se marca esta situación con una gran fuerza. La pérdida de la raíz sustentante afecta tanto a uno como a otro sector. El símbolo que la escritura privilegia para manifestarlo es la ausencia del padre; es decir, la ausencia de un orden propio del mundo patriarcal. El texto acuña una frase que ha cobrado autonomía para designar la visión del mundo propia de la obra de Rulfo: "Es algo difícil crecer sabiendo que la cosa de donde podemos agarrarnos para enraizar está muerta. Con nosotros, eso pasó" (p. 107). Es el mundo confuso de valores que hereda tanto el hijo del poderoso como el hijo del campesino convertido, en vida, en un padre ausente poseído por el miedo. Pero además este modo invertido de marcar la oposición entre el *arriba* como la tierra estéril, y el *abajo*, como la tierra buena, parece aludir también al hecho histórico de que la Revolución de 1910 fue prácticamente inexistente en los Altos de Jalisco. Los mismos rancheros se refieren a ella como "la revolución de allá abajo". La diferencia se convierte en uno de los detonadores de la Cristiada, de acuerdo con Andrés Fábregas.[31]

Más aún, veremos cómo en *Pedro Páramo* la relación destacará siempre el potencial ascensional de lo bajo. De hecho la posibilidad de futuro supondrá una inversión simbólica en el sentido último de la historia (*cf.* el capítulo siguiente).

En el orden histórico, la tierra es el gran símbolo de todo el ciclo de la narrativa de la Revolución y del periodo posrevolucionario. El acceso o no acceso a ella es el eje que moviliza la historia de estos pueblos. Por ejemplo, el problema de la tenencia de la tierra es central en *El resplandor* de Mauricio Magdaleno, con características semejantes a las de *El Llano en llamas*. En el libro de Magdaleno se trata de la opresión del hacendado (después gobernador) dueño de la hacienda de La Brisa. Nuevo cacique, tanto más irónico cuanto el pueblo otomí (también originario de las tierras de Amula) lo había educado para ser su redentor. El comienzo recuerda el páramo de "Nos han dado la tierra" y de "Luvina" que, como éste, es un

---

[31] Andrés Fábregas, "Los Altos de Jalisco: características generales", en José Díaz y Román Rodríguez, *op. cit.*, p. 51.

desierto de cal: "A las diez de la mañana el páramo se ha calcinado como un tronco reseco, y arde la tierra en una erosión de pedernales, salitre y cal. ¡La tierra estéril [...]! Los hombres resecos, color de tierra árida, se apelotonan" (pp. 11-13). Diez años después de *El Llano en llamas* el pleito por la posesión de la tierra será también determinante en *La feria* (1963) de Juan José Arreola.

En la escritura rulfiana el símbolo colectivo se amplía con el de la mujer-madre, como hemos visto.[32] Ambos símbolos se transforman en el proceso de enajenación a que son sometidos los espacios de la cotidianidad ("Macario") y los de la colectividad ("Nos han dado la tierra").

Esa tierra y ese hombre se presentan en su forma límite en "Luvina" ("Un lugar moribundo donde se han muerto hasta los perros", p. 122, y la muerte es "una esperanza", p. 119). Después de "Luvina" sólo puede venir *Pedro Páramo*, el gran diálogo de los muertos. El hecho lo ha admitido el propio Rulfo quien reconoce que "Luvina", por la creación de la atmósfera, es el nexo con la novela. En *El resplandor* ocurre un proceso similar. Cuando el despojo y la reducción han llegado al límite, la religión deviene "superchería" (*véase* "Talpa" y "Anacleto Morones") y los muertos determinan la vida: "coloquios de muertos, aconsejando no deponer el odio [...]. Se desataban los rezos, en la sombra opaca del páramo y corría por la tierra bárbara y desolada una conmoción de la conciencia colectiva".[33] Sin lugar a dudas estamos en el ámbito de *Pedro Páramo*.

Como los personajes de otros cuentos de *El Llano en llamas*, el narrador-protagonista de "Luvina" está lejos con su recuerdo, pero despojado y reducido ("Allá viví. Allá dejé la vida", p. 114). Sin embargo, hay un resquicio para la esperanza en el espacio por ahora vital, abajo de Luvina, al cual no tiene ya acceso el narrador, pero que reconoce: "Allá afuera seguía oyéndose el batallar del río. El rumor del aire. Los niños jugando. Parecía ser aún temprano, en la noche" (*id.*). Una vez más, *abajo* hay una posibilidad de vida, aunque relativizada ("por ahora"), mientras *arriba* se da el espacio de la muerte.

La escritura sintetiza hasta el símbolo los elementos de ese mundo. Es

---

[32] Después de leer este trabajo, Clara Aparicio de Rulfo me invitó a conocer el cuarto de Juan Rulfo. Quiero que veas, me dijo, que tiene muchas madonas. Y, en efecto, así es. Son varias reproducciones de pinturas de la Virgen y el Niño. Conocía otras descripciones distintas de su cuarto, así que el hecho me confirmó en la certeza de que el escritor dejó varios detalles significativos para la interpretación de su obra. Los que he podido percibir apoyan mi lectura de sus textos. Lo mismo hizo en las entrevistas, de modo tenue o como pequeñas trampas que tendía al lector o al interlocutor.

[33] Mauricio Magdaleno, *El resplandor*, ed. cit., p. 287.

significativo que sea un maestro de escuela el que ha perdido su razón de ser,[34] como también que la madre no pueda dar de comer ni cobijar a sus hijos. Se reproduce la misma imagen de la *Madona* (*ahora* patética), en el ámbito sagrado (*ahora* desacralizado) que le corresponde: "La encontramos [...] sentada mero en medio de aquella iglesia solitaria, con el niño dormido entre las piernas"; allí donde "no había a quién rezarle" (pp. 115-116. Sobre estos puntos volveremos después al analizar el cuento más detenidamente).

"Luvina" aparece en el libro entre dos cuentos que elaboran *la temática del padre* y la relación compleja y ambigua entre padre e hijo: "¡Diles que no me maten!" y "No oyes ladrar los perros". Me limitaré a destacar dos imágenes. El primer cuento finaliza con el hijo que lleva sobre el burro —casi con indiferencia y no sin reproche— el cadáver del padre ajusticiado que sólo muerto e irreconocible puede regresar a casa ("Tu nuera y los nietos [...] creerán que no eres tú", p. 109). Subyace una historia de opresión y de venganza que deja intacta en el presente la estructura de poder (antes el hacendado; ahora el militar) y abiertas las puertas para la venganza última. Matar al padre (símbolo del poder o disminuido por la culpa y las carencias) entorpece el desarrollo de los hijos ("Es algo difícil crecer sabiendo que la cosa de donde podemos agarrarnos para enraizar está muerta", p. 107), y no restituye la comunicación, ni los nexos de solidaridad perdidos entre los dos sectores que representaron los padres, y ahora representan los hijos: el pueblo y la esfera de poder. El cuento muestra las profundas contradicciones y deja la respuesta a cada lector.[35]

"No oyes ladrar los perros" presenta a un padre que lleva a su hijo agonizante a cuestas. Con la muerte del hijo, para Ángel Rama,[36] se cancela

---

[34] Curiosamente, en *El resplandor* la escuela enajena de los suyos al posible líder. Éste reproduce la ideología dominante y opresora en contra del sector marginado de donde salió para educarse. El reparto de tierras prometido deviene nuevo latifundio bajo las órdenes del nuevo cacique, ahora gobernador. La novela se termina con el terror de Lutgarda (la "madre") cuando el gobierno —representado por el maestro rural— escoge al otro hijo para educarlo en la ciudad. Los pueblos "andaban amotinados y juraban que no les arrancarían a Benito" (ed. cit., pp. 288-289).

[35] En "La herencia de Matilde Arcángel" se reproduce el problema en el ámbito familiar y se proyecta al contexto social. La madre muere tratando de proteger a su hijo al caer ambos de un caballo. El padre culpa al hijo de la muerte de la madre y el nexo familiar se ve sustituido por el rencor y el odio. El hijo mata al padre en una gavilla y regresa al pueblo tocando la flauta (¿señal de liberación?) con el cadáver del padre atravesado en su caballo. (El padre se había ido con las tropas del Gobierno; el hijo con el pueblo rebelde. *Cf.* Juan Rulfo, *El Llano en llamas*, ed. especial, revisada por..., México, Fondo de Cultura Económica, 1980, p. 195. Col. Tezontle.)

[36] Ángel Rama "Una primera lectura de 'No oyes ladrar los perros' de Juan Rulfo", en *Revista Universidad de México*, núm. 12 (1975), p. 6.

la posibilidad de proyección de una generación a otra. Considero que se trata de una pérdida simbólica más amplia. Todo el texto gira en torno a una imagen dominante: la figura dual formada por el padre y el hijo. Es decir, claramente la escritura destaca el binomio padre-hijo que constituye el núcleo generador de una sociedad de signo patriarcal. Al morir el hijo (como la muerte de Miguel Páramo en la novela) se imposibilita esa estructura, y se cancela su futuro.

Detrás, como en el cuento anterior, hay un pasado de muertes; incluso el parricidio simbólico (el hijo mata a su padrino). Ni el Eneas, ni el Buen Pastor —a los que alude Rama en su interpretación— pueden actualizarse como salidas transformadoras de la historia, si media la muerte.

La madre, aunque muerta (en "¡Diles que no me maten!" abandona el hogar obligada por las circunstancias), mantiene su función mediadora. Por ella lleva el padre a cuestas a su hijo. Pero no es suficiente para detener la muerte, lo cual sugiere que la solución involucra a todos, o más bien, que el régimen patriarcal ha llegado a su límite.

"Anacleto Morones" concluye *El Llano en llamas*. Es un mundo al revés dueño del espacio. La destrucción de los mitos y símbolos que pudieran ser semillas de vida y de una historia a la altura del hombre. El lenguaje denuncia el caos mediante el diálogo mordaz y liviano de múltiples voces prostituidas.

Los nombres de los personajes, propios de una farsa, indican que el hombre ha llegado a lo grotesco en su proceso degradante: Anacleto Morones y Lucas Lucatero.

Es probable que al escoger el nombre de *Anacleto* para el protagonista, Rulfo tuviera presente, por un lado, a Anacleto González Flores, llamado "el Maestro". Fue uno de los ideólogos más importantes del movimiento cristero en Jalisco, y como líder defendió, consciente y reiteradamente, a la familia "núcleo y base de toda sociedad mayor". Esto explicaría que el texto de Rulfo satirice la promiscua vida sexual del personaje y sus prácticas mercantilistas en el ámbito religioso. Por otro lado, pudo tener presente a Luis Morones, figura que representó a los grupos de presión anticlericales cuando Obregón estuvo próximo a dejar la presidencia. Morones "había tratado de instaurar una Iglesia mexicana cismática, separada de Roma"; había pactado con Calles y, aunque fracasa, su acción promueve la guerra pues el pueblo católico ya desconfiaba del gobierno. Lucas Lucatero recuerda a Lucas Llamas, el asistente de Gabino para acabar con el caserío indígena en *El resplandor*.[37]

---

[37] Sobre Anacleto González Flores, *cf.* José Díaz y Román Rodríguez, *op. cit.*, p. 188.

El orden social prostituido y las relaciones enajenantes que de él se derivan, son evidentes. Acorde con esta visión, pasa a primer plano en el cuento una transformación grotesca de la imagen de las mujeres enlutadas, enigmáticas y complejas en su interior que recorre casi toda la narrativa de la Revolución, a partir de Yáñez (*Al filo del agua*), como símbolo de ese mundo cerrado de los pueblos de provincia.[38] Ya en "Luvina" habían asomado, en contraste con la mujer-madre, reducidas a "las bolas brillantes de sus ojos" (p. 116).

Sin embargo, el discurso se resiste —como los personajes peregrinos— a clausurar las salidas totalmente. La genealogía del mal (¿inversión de las genealogías bíblicas?) pretende instaurar una tríada familiar demoniaca: Lucas Lucatero accede a ser padre putativo del hijo de Anacleto Morones, engendrado en su propia hija, y mantiene con Anacleto una relación filial (es su ayudante y discípulo). El intento es fallido. La hija-madre (caricaturesca visión de la madre evocada y reiterada en los demás cuentos), se va por los caminos con el hijo no nacido y no reaparece. Es el enigma cuya solución queda suspendida en el relato como una amenaza.[39]

La escritura sugiere que el eje simbólico de ese mundo al revés es el incesto, signo de la confusión de relaciones. El hecho es decisivo en términos de *Pedro Páramo*, como veremos después. Además Lucas Lucatero asesina a Anacleto Morones y ha engendrado un aborto en una de las mujeres de Anacleto: "Era una cosa así como un pedazo de cecina" (p. 157). (¿Qué tan próximos estamos a la condena del linaje en *Cien años de soledad*?)

El cuento parece llevar al extremo paródico muchos de los motivos de "Talpa": los rituales mercantilizados de la religiosidad popular y la pareja incestuosa producto del miedo y del crimen entre hermanos.

Todo indica que este mundo está condenado a desaparecer. El bracerismo

---

Para Luis Morones, *cf.* Jean Meyer, *La Cristiada*, trad., de Aurelio Garzón del Camino, t. 1, 7ª ed., México, Siglo XXI, 1980.

[38] Así comienza *Al filo del agua* de Agustín Yáñez (*op. cit.*, p. 3); "Pueblo de mujeres enlutadas. Aquí en la noche, al trajín del amanecer, en todo el santo río de la mañana, bajo la lumbre del sol alto, a las luces de la tarde —fuertes, claras, desvaídas, agónicas—; viejecitas, mujeres maduras, muchachas de lozanía, párvulas; en los atrios de las iglesias, en la soledad callejera, en los interiores de las tiendas y de algunas casas —cuán pocas— furtivamente abiertas".

[39] Un destino más esperanzador parece acompañar al hijo mestizo de Saturnino Herrera, el cacique-gobernador de *El resplandor* de Mauricio Magdaleno, cuyo nacimiento es la escena que finaliza el libro como un símbolo premonitorio. Si bien le antecede el modelo negativo de su padre, le acompaña al mismo tiempo la profecía del viejo Bonifacio, antes de morir: "aquí dejas a un hijo que sabrá lo que nos hiciste Saturnino" (ed. cit., p. 252).

como solución (*véase* "Paso del Norte" y "Luvina") se suma a las múltiples trampas que desgarran la comunidad, según los textos. Por ahora, sólo quedan aquí y allá gérmenes de un mundo futuro que, no obstante, llevará en su síntesis elementos de éste. Estos gérmenes se asocian sobre todo con hijos de la tercera generación (p. ej. el hijo en "El Llano en llamas"; el sobrino en "La noche que lo dejaron solo" y los niños que juegan afuera en "Luvina"), de manera análoga a lo que ocurre en otros textos de la narrativa de ese periodo. También se asocian con ese "pueblo" de "Nos han dado la tierra" que, sin embargo, parece escindido de los sectores rurales y marginados.

Sin lugar a dudas, en Hispanoamérica *El Llano en llamas* pertenece a la estirpe de los libros de Arguedas, de Asturias, de Uslar Pietri, de Alejo Carpentier, de Roa Bastos y de Gabriel García Márquez. Implícitamente todos ellos reivindican una concepción de la historia que integra la presencia fertilizante del mito como sistema creador de imágenes y de símbolos que por analogía interpretan la realidad y la iluminan. Es en este sentido que la literatura define su carácter epistemológico. No se trata de una visión necesariamente enmascaradora de la realidad ligada a la falsa conciencia. El hombre se reconoce y expresa en el lenguaje de sus símbolos y sus ritos, mucho más profundamente que cuando lo hace sólo con el lenguaje de la causalidad y la razón.[40]

Si con el mito se objetiva la vida social del hombre, éste aprende en él "el arte de expresar, lo cual significa organizar sus instintos más hondamente arraigados, sus esperanzas y temores",[41] sobre todo para enfrentar el problema de la muerte, como lo hace Rulfo.

El Llano en llamas incorpora en su imaginario un saber antropológico e histórico; un ¿saber? religioso y unas experiencias personales decisivas en ambas esferas. Detrás de las transformaciones sociohistóricas descubre un sistema de relaciones de poder y opresión que en definitiva acosan al hombre de todas las facciones, aunque el discurso oye, deja hablar y quiere ser la voz de los marginados.

Las relaciones de poder y de opresión se explican principalmente en términos de la *posesión* o *no posesión* de la tierra productiva, como resultado del despojo de una "repartición arbitraria de la tierra". Así explica Rulfo[42] la génesis histórica de "Nos han dado la tierra":

---

[40] Cassirer (*op. cit.*, p. 14) ya había señalado que las formas del pensamiento son las mismas en la ciencia, en el arte y en el mito y la religión. Varía el material que elaboran y el ángulo de la realidad que iluminan.

[41] *Ibid.*, p. 61.

[42] Mónica Canedo Belmonte, *et al.*, *op. cit.*, p. 7. A este reparto anómalo se refiere *La feria* de Juan José Arreola de 1963.

La repartición arbitraria de la tierra en la época posrevolucionaria dio origen a "Nos han dado la tierra" que fue mi primer cuento. Se refiere a la injusta distribución de la tierra que fue a dar a manos extrañas: carpinteros, dentistas, doctores. Nunca la recibieron los verdaderos peones, que consideraban un robo pedir la tierra de sus patrones, ya que había una relación de cariño y respeto hacia ellos, y algunos campesinos eran medieros.

El autor parece valorar implícitamente todo quehacer humano que promueve las relaciones de solidaridad entre los hombres y denuncie los caminos de muerte por oponerse a la vida. Son positivos para él todos los procesos de hominización que contribuyan a restaurar una vida social y una vida afectiva, liberadas. Sólo que la imagen que elabora la escritura sobre el sistema de relaciones imperantes en la sociedad mexicana contemporánea, coloca a la historia, una vez más, *al filo de una inminencia*.

DEL CUENTO A LA NOVELA

Me puse a escribir cuentos. Lo hice como disciplina. La verdad es que estaba buscando una forma de narrar. *Pedro Páramo* lo escribí muchas veces en mi cabeza. Mucho antes que *El Llano en llamas*. La obra estuvo dentro de mí muchos años escrita de principio a fin, pero yo no tenía ni una sola hoja. Escribí y escribí. Cuentos, muchos cuentos...

JUAN RULFO, *El Universal*, 11 de febrero de 1977

Sin negar sus rasgos simbólicos, los cuentos de *El Llano en llamas* se elaboran a partir de una decantación de la historia colectiva en una serie de fragmentos. Sin embargo, el imaginario del autor los percibe como portadores virtuales de las características fundamentales del sentido de la totalidad que a él le interesa manifestar. Aunque se reduce al máximo lo anecdótico, la escritura se limita por lo general al nivel de la historia, y no pretende alcanzar los niveles trascendentes que se reservan para la novela.

El eje central de esta serie de fragmentos es el proceso revolucionario y su incidencia en los niveles más profundos del espacio y de la vida de relación de los hombres. De ahí la marcada predilección por registrar los efectos de las transformaciones en el ámbito de la familia y del sistema de valores que conforma la visión del mundo determinante de esa sociedad. La escritura condena unas prácticas enajenantes y, al hacerlo, apunta a lo implícito, es decir, al discurso social deseado y añorado, que privilegia el punto de vista dominante.

Orientada por estos principios, la escritura destaca el espacio de la lucha revolucionaria ("El Llano en llamas") y concretiza en "Nos han dado la tierra" y "Macario" los componentes esenciales de la visión del mundo que la sostiene. Por eso estos últimos son los dos cuentos con mayor carga simbólica en el libro. Y son, además, los que se disputan el primer lugar de aparición.

En "Macario" se destaca la criatura deseante producto de la orfandad y de una familia hipostasiada. Lo que mueve el relato es la tensión que crea el compás de espera de una vida reducida a niveles mínimos —cuando no infrahumanos— en espera de la posible restitución de la unidad trina y solidaria perdida en el pasado, y sólo recuperable en una dimensión trascendente. Todo nexo vital en el presente es un compás de espera precario y humillante que no restituye la posibilidad de una vida a la altura del hombre. El hombre se define, pues, por la dimensión de su deseo y de su búsqueda.

A partir de esta concepción de la criatura humana, no sorprende que la historia de la colectividad se defina como éxodo, hecho que sustenta el relato "Nos han dado la tierra" reconocido por el autor como la génesis de su escritura, aun cuando no fue el primer cuento que escribió, como ya vimos antes. Próximo a este relato está también el de "Talpa" aunque aquí el éxodo invierte su sentido y lo desvirtúa de su finalidad trascendente y salvadora. Es el éxodo que condena al hombre a un peregrinar expiatorio que parecería nacer de sí mismo mucho más que del ambiente. El modelo que subyace es la concepción bíblica del pueblo elegido en busca de la tierra prometida. Su presencia es evidente en "Nos han dado la tierra". Es el hombre y su acción de injusticia lo que niega la posibilidad de realizar el destino de la colectividad. Subyace también la diáspora del origen del pueblo otomí diezmado que deberá emigrar en busca de un espacio donde fincar su vida. Éxodo histórico que funda los pueblos jaliscienses en que se basa el espacio vital de los relatos. La segunda diáspora corresponde a los efectos de la Revolución y de la injusta repartición de la tierra. El hombre suma a la orfandad y a la pérdida de su unidad primaria, la pérdida de su espacio vital. La realidad despedazada, por efecto de la acción del hombre (la culpa cainítica) exige un esfuerzo de liberación que transforme el centro mismo de ese mundo.

Pedro Páramo asumirá el reto en los niveles simbólicos de la escritura. El espacio novelístico será el del doble nacimiento del hijo, lo cual equivale al espacio de la resurrección, como se verá en el análisis.

Este espacio, en tanto práctica de la escritura, se pone en juego ya en "Luvina". Por eso el propio Rulfo señaló que en ese cuento se crea la atmósfera de *Pedro Páramo*. Conviene pues analizar de cerca el pasaje de ese cuento a la novela.

Vale la pena señalar, además, que esta relación entre los cuentos y la novela vincula estrechamente el proceso de producción de ambos, y establece el juego de los géneros. Rulfo pasa de uno a otro y logra dar a su novela una extraordinaria densidad de estratos dentro de la mayor economía posible. Aprovecha también el fragmentarismo que exige la brevedad del cuento para producir una novela que rompe los esquemas de la narratividad, y logra la unidad narrativa mediante el ritmo contrapuntístico de las partes, y la concentración simbólica del sentido.

"LUVINA", "PEDRO PÁRAMO" Y OTROS TEXTOS

"Luvina" es uno de los tres cuentos preferidos por Rulfo.[43] La crítica suele decir, citándose a sí misma, que el relato anticipa la atmósfera de *Pedro Páramo*,[44] pero no añade mucho más. Olvida que el propio autor ve en el cuento —escrito entre diciembre de 1952 y enero de 1953,[45] precisamente mientras escribía la novela— el contacto clave entre la concreción mental y el acto de la escritura de *Pedro Páramo*:

> Sí, "Luvina" creo que es el vínculo, el nexo... esa atmósfera me dio, poco a poco, casi con exactitud, el ambiente en que se iba a desarrollar la novela.[46]

Como otros cuentos suyos, "Luvina" es también un crisol de lecturas, de sensaciones y de procesos mentales e imaginarios. El novelista necesitaba exorcizar estos materiales para domeñarlos y alcanzar el estilo decantado y rico que exigía su visión —profunda y múltiple— del hombre y su mundo.

Este modo de escribir como un acto que propiciara la gestación de la novela, y la recurrencia de los fantasmas y obsesiones del imaginario del

---

[43] *Cf.* "Palabra hablada, palabra escrita", en Primera parte, nota 87.

[44] De *Pedro Páramo* uso la segunda edición revisada por el autor y publicada por el Fondo de Cultura Económica, México, 1981 (Col. Popular, 58). La prefiero porque es la más cuidada en la separación de los fragmentos. En todas las anteriores e incluso en la edición conmemorativa de Bellas Artes, que divide los fragmentos con una marca tipográfica (un cuadrito), hay por lo menos un error obvio en este sentido. El detalle se ha prestado para hacer algunas conjeturas críticas poco rigurosas. De ahora en adelante citaré el libro indicando sólo las páginas donde se encuentra el pasaje citado. Las cursivas son mías excepto cuando se indique lo contrario.

[45] *Cf. Apuntes sobre algunos cuentos*, en "Palabra hablada, palabra escrita", en la Primera parte.

[46] Juan E. González, *op. cit.*, p. 4.

autor, determinaron múltiples paralelismos y relaciones entre los cuentos y *Pedro Páramo*. Por el momento me detendré sólo en "Luvina" como una presencia en sí misma que es, al mismo tiempo, crisol de otros textos y pasaje hacia la novela.

Si bien en "Macario" se encuentran los núcleos principales del modelo de parentesco que subyace en toda la obra de Rulfo (la tríada familiar escindida o degradada) y el cuento "El Llano en llamas" delata la "marca de Caín" colectiva, "Luvina" es el espacio y el tiempo de *la caída* de un mundo patriarcal,[47] y *el germen* de un tiempo y espacio de transformación ¿regido por el binomio madre-hijo? La experiencia de la caída y los signos ascensionales se entreveran en un ritmo contrapuntístico que busca establecer un espacio y un tiempo liberados, como diría Bachelard, tanto en el proceso colectivo de la historia, como en la cotidianidad de las relaciones humanas.

De esta manera, el proceso ascensional se nos da como una "sublimación activa y continua". Para la alquimia, y según el principio dialéctico constitutivo del Reino en el Evangelio (el trigo siempre se dará junto con la cizaña), liberar implica purificar:

> La vida cualitativa como la conocemos, como la amamos [...] es la aparición del color nuevo. Sobre la materia negra se presagia ya una blancura. Es un alba, una liberación que surge. Entonces realmente *todo matiz un poco claro es el instante de una esperanza.*[48]

Este principio de ritmo en contrapunto entre *lo bajo* y *lo alto*, *la muerte* y *la vida*, determina la organización textual tanto en "Luvina" como en *Pedro Páramo*. Hay una adecuación perfecta que se marca en "Luvina" con el cambio de narrador y de perspectiva.

En el cuento hay dos narradores principales. Uno que narra en tercera persona (con un saber desde *lo alto*, omnisciente) y que asociamos con el narrador del segundo movimiento de *Pedro Páramo*, y otro narrador protagonista que monologa en primera persona. El primero tiene a su cargo el

---

[47] El cuento aparece exactamente después de "El Llano en llamas", centro del libro y de la Historia, y de "¡Diles que no me maten!", que revela la orfandad producto de males estructurales como la injusta distribución de la tierra. En la dimensión simbólica equivale a la muerte del periodo patriarcal. Queda el mundo de los hijos, escindido porque impera una misma y enconada situación de injusticia social, y un sistema de relaciones regido por *el rencor* y la desconfianza cada vez más fuerte entre opresores y oprimidos.

[48] Gaston Bachelard, "Filosofía cinemática y filosofía dinámica", en *El aire y los sueños. Ensayo sobre la imaginación del movimiento*, México, Fondo de Cultura Económica, 1958, p. 325 [1ª ed., 1943].

registro de los síntomas vitales y regeneradores que el segundo narrador-protagonista, sofocado por su frustración e impotencia, no alcanza a percibir aun cuando tiene cerca los signos (auditivos y visuales) que incluso llegan a su espacio. Sordo a los signos de los tiempos, más bien tiene ante ellos un gesto de rechazo:

> Los gritos de los niños se acercaron hasta meterse dentro de la tienda. Eso hizo que el hombre se levantara, fuera hacia la puerta y le dijera: "¡Váyanse más lejos! ¡No interrumpan! Sigan jugando, pero sin armar alboroto" (p. 112).

Esta marginación de la vida, y con ella de la historia, condena por el momento a un sueño cercano a la muerte (cf. el final), producto de su fijación en una imagen del pasado, como Pedro Páramo. Es el narrador omnisciente el que nos revela su estado y la contradicción: "Se quedó mirando un punto fijo sobre la mesa donde los comejenes ya sin sus alas rondaban como gusanitos desnudos" (p. 122). Mientras, la vida sigue afuera con sus sonidos vitales:

> Afuera seguía oyéndose cómo avanzaba la noche. El chapoteo del río contra los troncos de los camichines. El griterío ya muy lejano de los niños. Por el pequeño cielo de la puerta se asomaban las estrellas (id.).

No hay duda que el punto de vista dominante del cuento es de cara a la vida; pero ésta no puede entenderse sin el riesgo continuo de la muerte. Es el hombre el que escoge uno u otro camino. Todo el texto tiene una función apelativa que conmina al lector a estar alerta a los signos de la historia, y en la medida en que focaliza los elementos de la caída, advierte la presencia de los síntomas regeneradores. *Pedro Páramo* trabaja estos elementos matizando las contradicciones en el interior de ambos enunciados, para darnos una forma literaria más rica y compleja, pero análoga.

Ritmo y punto de vista, en función de la visión del mundo, determinan la estructura básica del cuento, de una historia que se entrevera con la otra. Además, la narración de la primera noche que pasó en Luvina el hombre de la taberna, constituye una unidad, tanto desde el punto de vista narrativo, como del sentido, lo cual implica la presencia de un relato dentro de otro. Es precisamente aquí que el cuento toca el sentido de la historia como el desplazamiento de un sistema patriarcal hacia una nueva forma social (*véase infra*, al señalar otros aspectos textuales).

Como en *Pedro Páramo*, el tiempo se marca en "Luvina" por la analogía con la naturaleza. Entre el atardecer tardío y la llegada total de la noche se produce el relato. "Y afuera seguía avanzando la noche" (p. 111), dice al comienzo. Antes de concluir, como ya vimos, se destaca el contrapunto esperanzador: "Afuera seguía oyéndose cómo avanzaba la noche [...] Por el pequeño cielo de la puerta se asomaban las estrellas" (p. 122). Este "cielo de estrellas" anuncia una posibilidad de trascendencia. También es importante la puerta como el marco que permite vincular el cielo con la tierra. En *Pedro Páramo* las puertas y ventanas tienen la misma función en puntos clave de la novela, siempre asociados a la madre. Recuérdese su figura en la puerta cuando viene a anunciarle a Pedro Páramo la muerte de su padre: "de pie en el umbral [...] dejando asomar, a través de sus brazos, retazos de cielo, y debajo de sus pies regueros de luz [...]" (p. 33).

La imagen claramente evoca la de la Virgen, y el espacio (el umbral de la puerta) refuerza la impresión de lo sagrado, asociaciones y analogías que se encuentran en "Luvina" ("el cielo de la puerta" citado antes; el espacio sagrado de la madre y el hijo con una abertura al cielo, como se verá después). En la novela, los planos temporales del pasado (el enunciado de la madre) y del presente (el de Juan Preciado) se aproximan y objetivan el binomio madre-hijo, que sustituye el de padre-hijo, propio de una estructura patriarcal.

La escena tendrá su proyección última en la novela, en los fragmentos que preceden a la muerte de Juan Preciado:

> Por el *techo abierto al cielo* vi pasar parvadas de tordos, esos pájaros que vuelan al atardecer antes que la oscuridad les cierre los caminos. Luego, unas cuantas nubes ya desmenuzadas por el viento que viene a llevarse el día.
> Después salió la estrella de la tarde, y más tarde la luna (p. 69).

El pasaje se depura hasta quedar la esencia del símbolo central de la relación madre-hijo, al concluir la parte que sigue; en un enunciado que conjunta el símbolo del cielo negro, estrellado, y la relación de la luna (lo femenino) con la estrella (el Hijo, pues la estrella solitaria está reservada a los elegidos): "Un cielo negro, lleno de estrellas. Y junto a la luna la estrella más grande de todas" (p. 73).

El techo abierto al cielo es análogo al espacio de la madre en "Luvina". "Aquella iglesia solitaria" en la cual ella se refugia "con el niño dormido entre las piernas" (¿Natividad dolorida en medio del desamparo?):

> Era un jacalón vacío, sin puertas, nada más con unos socavones abiertos y *un techo resquebrajado* por donde se colaba el aire como un cedazo (p. 116).

En "Luvina" el tiempo de la narración y de su monólogo dialogizado es lento. La sensación que se crea es de un tiempo que apenas transcurre. Se diría que toda la acción del cuento "El Llano en llamas" se empoza ahora en un tiempo monótono y reiterativo fuera de la Historia; marginado por los hechos y de cara a la muerte, como el tiempo y la atmósfera que bordean la muerte interminable de Pedro Páramo, gradualmente pulverizadora:

> Perdí la noción del tiempo desde que las fiebres me lo enrevesaron; pero debió haber sido una eternidad... Y es que allá el tiempo es muy largo. Nadie lleva la cuenta de las horas ni a nadie le preocupa cómo van amontonándose los años. Los días comienzan y se acaban. Luego viene la noche. Solamente el día y la noche hasta el día de la muerte, que para ellos es una esperanza (pp. 118-119).

En este mundo de "puros viejos y los que todavía no han nacido" el destino del hombre —como lo será el de Pedro Páramo— es nuevamente el espacio del pasaje entre la vida y la muerte de manera análoga:

> Estar sentado en el umbral de la puerta, mirando la salida y la puesta del sol, subiendo y bajando la cabeza, hasta que acaban aflojándose los resortes y entonces todo se queda quieto, sin tiempo, como si se viviera siempre en la eternidad (p. 119).

El alma está constreñida a los movimientos de cabeza entre lo positivo y vital y lo negativo, mortal. Ambas acciones son continuas en la vida del hombre y de la naturaleza ("solamente el día y la noche hasta el día de la muerte"; "la salida y la puesta del sol"). De manera análoga en la novela, el dueño de la Media Luna espera la muerte:

> Pedro Páramo estaba sentado en un viejo equipal, junto a la puerta grande de la Media Luna, poco antes de que se fuera la última sombra de la noche. Estaba solo, quizá desde hacía tres horas. No dormía. Se había olvidado del sueño y del tiempo: "Los viejos dormimos poco, casi nunca. A veces apenas si dormitamos; pero sin dejar de pensar. Eso es lo único que me queda por hacer." Después añadió en voz alta: "No tarda ya. No tarda" (p. 150).

En el ámbito de "Luvina" sólo queda la ley de la costumbre y se ha perdido toda esperanza en el poder político. El enunciado optimista del profesor, motivado por su ideología "de fuera" ("El Gobierno nos ayudará", p. 120), suena allí a palabra aprendida y no vivida, y contrasta con la ironía burlona de la sabiduría de los ancianos del lugar: "Pelaron sus dientes molenques y me dijeron que no, que el Gobierno no tenía madre" (id). El humor es audaz porque "no tener madre", ser huérfano, equivale en este relato y en la escritura de Rulfo, en general, a la imposibilidad de redención.

Dentro de esta noche que avanza se perfilan tres espacios: El *interior* de la taberna, desde donde se organiza el relato y se manifiesta el sentido, y *dos ámbitos exteriores* que parecerían oponerse, pero la noche que progresa se encarga de hacerlos prójimos y, al mismo tiempo, distintos. Uno es de vida (el griterío de los niños que juegan, el río, las estrellas); el otro es de muerte (Luvina, "un lugar moribundo").

Tanto en la novela como en los cuentos, Rulfo distingue siempre el espacio central del sentido. En "Luvina" no tiene todavía los visos claramente sagrados que exijan la lectura mítico religiosa —como ocurre en *Pedro Páramo*— pero ya adquiere caracteres simbólicos.

El espacio vital se crea en contrapunto con la descripción desoladora del paisaje de Luvina, donde el viento pierde su naturaleza positiva y es agresivo y devastador, con la pesantez de la caída (*cf. infra*):

> Hasta ellos llegaban el *sonido* del río pasando sus crecidas agudas por las ramas de los camichines; el *rumor* del aire moviendo suavemente las hojas de los almendros, y los *gritos* de los niños jugando en el pequeño espacio iluminado por la luz que salía de la tienda (p. 111).

Lo característico de la descripción es su sonoridad. La vida se asocia a las sensaciones auditivas, así como en *Pedro Páramo* se anuncian los nuevos tiempos con el *canto*, y *oír* es imprescindible para alcanzar la verdad. (Recuérdese el fragmento en que Juan Preciado parece metido dentro de la voz de la madre, y ya no hace falta ver, porque se está inmerso en el Verbo: "Su voz parecía abarcarlo todo. Se perdía más allá de la tierra", p. 73.)

La imagen vital y sonora de "Luvina" apenas se transforma al final del relato. Los niños se alejan del escenario y con ellos su voz, pero no desaparecen del todo.[49] Juan Preciado marcará el tiempo de su llegada a Comala precisamente con la misma imagen. El recuerdo vital del día anterior en Sayula le acompaña al llegar al ámbito desolado, y establece con él un contraste:

---

[49] Lo importante de esta imagen vital, predominantemente acústica, se marca en el cuento con su aparición al comienzo, en el medio y al final. Entre unas y otras se dan variaciones determinadas por el transcurrir temporal: "Y afuera seguía avanzando la noche", p. 111; "Parecía ser aún temprano, en la noche", p. 114; "Afuera seguía oyéndose cómo avanzaba la noche", p. 122.

También hay una traslación espacial precisamente cuando "los gritos de los niños se acercaron hasta meterse dentro de la tienda". Por un momento la vida invade el adentro, el mundo interior. Pero es el propio hombre quien los aleja: "Eso hizo que el hombre se levantara, fuera hacia la puerta y les dijera: '¡Váyanse más lejos! ¡No interrumpan! Sigan jugando, pero sin armar alboroto'" (p. 112).

Era la hora en que los niños juegan en las calles de todos los pueblos, llenando con sus gritos la tarde [...]

Al menos eso había visto en Sayula, todavía ayer, a esta misma hora [...] los gritos de los niños revoloteaban y parecían teñirse de azul en el cielo del atardecer.

Ahora estaba aquí, en este pueblo sin ruidos [...] Miré las casas vacías; las puertas desportilladas, invadidas de yerba (p. 12).

La tensión entre la muerte y la vida persiste en "Luvina", si bien opacada por la fuerza de la desolación que ocupa el primer plano en la focalización del cuento. No hay que olvidar que Luvina irónicamente ocupa un espacio paradigmático. "De los cerros altos del sur, el de Luvina es el más alto y el más pedregoso", dice el enunciado inicial del cuento que, por serlo, subraya la importancia y ambigüedad de ese mundo invertido. Lo alto, en este ámbito equivale al nivel inferior en la escala vital, como se marcó también en "Nos han dado la tierra".[50] Todos los indicios parecen indicar que la muerte prevalecerá en el orden social que persiste en Luvina.

En el espacio interior central se nos va revelando, mediante el recuerdo del narrador protagonista, la desolación y el desamparo de Luvina y la propia caída del que habla. También el hombre, como Luvina, ocupa un lugar protagónico; es dueño de la voz y es padre y maestro. El relato es su *lección de vida* a un interlocutor cuya presencia promueve el discurso, pero que no tiene voz. Es el "otro" y es cada lector que se asoma al texto. Su situación de privilegio subraya aún más la caída del hombre. La confesión es veraz porque el hombre, más que testigo, es testimonio; la caída se ha operado en sí mismo. Disminuido, impotente, se pierde en el horror de la verdad que conoce (muerte, silencio, soledad). Su razón de ser (familia, oficio, ideales) resulta, más que inútil, absurda. El hombre está escindido entre el ideal y la práctica histórica. En su caso la división se especifica como una ruptura entre su saber (teórico) y su quehacer (social e histórico). Pedro Páramo llevará la escisión a sus consecuencias últimas, porque va a la raíz de la historia (individual y social).

Esta oposición irreductible entre lo que se desea (*lo alto*, lo que asciende) y lo que se llega a ser (*lo bajo*, lo degradado) o se obtiene y se vive (el fracaso), es enajenante. Caracteriza la caída como proceso ondulatorio "donde las contradicciones de lo real y de lo imaginario se truecan sin fin, se refuerzan y se inducen en un juego de elementos contrarios. Entonces el

---

[50] Esta relación invertida de la valoración de lo alto y lo bajo tiene su correlato en la historia, como indiqué antes en este capítulo.

vértigo se acentúa con esa dialéctica temblorosa de la vida y de la muerte; llega a esa *caída infinita*, experiencia dinámica inolvidable...".[51]

El resultado es un mundo escindido, despedazado (adjetivo recurrente en Rulfo), que se revela en el propio lenguaje. Por eso los nombres resultan irónicos; pierden la función primaria de nombrar su objeto, pues el hombre que los oye desde lejos, sin conocer su referente, sólo percibe su significante sonoro, vacío de contenido. Así con San Juan Luvina (clara alusión al mundo de Juan en la novela formado por Juan Preciado, Susana San Juan y Bartolomé San Juan): "Me sonaba a nombre de cielo aquel nombre. Pero aquello es el purgatorio. Un lugar moribundo [...]" (p. 122). Y de ese modo se fracturan de su sentido las palabras principales: alto, bajo, padre, maestro, iglesia, etcétera.

El único magisterio que le es dado cumplir al maestro rural es comunicar a otros su experiencia vicaria de la caída. El testimonio es ejemplar, como dije antes, e imperativa su advertencia: "Y eso acaba con uno. Míreme a mí. Conmigo acabó. Usted que va para allá comprenderá pronto lo que le digo" (*id.*).

Entre otras posibles connotaciones, Rulfo ha sabido relacionar el principio generalizador de *la caída* con la situación precaria y desarticulada de los maestros rurales mexicanos durante el vasconcelismo, no obstante el sentido mesiánico de éstos. La situación continúa durante el cardenismo con altibajos, aunque se logren muchos objetivos, y en cierto modo llega hasta nuestros días.[52] Lo particular histórico concretiza el principio trascendente.

---

[51] G. Bachelard, "La caída imaginaria", en *op. cit.*, p. 123. Queda implícita la idea de la vida como una continua alternancia de vida y muerte. Habrá que observar cuál de las tendencias prevalece y respecto de qué sector y de qué ámbito.

[52] Probablemente el autor conocía el libro de José Vasconcelos y Manuel Gamio publicado en 1926, *Aspects of Mexican civilization*. Gamio comenta que "los maestros rurales [...] llamados a redimir los desiertos de Coahuila y Nuevo León, los territorios insalubres de Guerrero, Oaxaca, Tabasco, Campeche y Chiapas, las tierras estériles y desiertas de Durango, Baja California y Quintana Roo debían ser hombres y mujeres 'libres del miedo metropolitano' [...] No había lugar para el maestro tradicional, incapaz de enseñar nada que no fuera el conocimiento abstracto que había adquirido en la ciudad [...] Una persona de la ciudad inevitablemente resultaría un trasplante débil, anémico, exótico y artificial" (pp. 146-147).

En 1933 Frank Tannenbaum reconoce que los maestros rurales tenían "que desempeñar su trabajo sin estímulo externo, en lugares donde no había con quién hablar, donde no había libros ni periódicos, y donde el aislamiento era tan total como el de una isla en medio del océano" (*Peace by Revolution: An Interpretation of Mexico*, Nueva York, 1933, p. 275).

Como sucedió con el reparto de tierras después de la Revolución, que fueron a dar a manos de artesanos, los maestros rurales solían ser: "carpinteros, albañiles y maestros de todo tipo de oficio, profesores empíricos que no contaban con preparación formal" (Ramón

En *Pedro Páramo* se agudizará y ampliará el carácter simbólico de la caída (*cf. infra*).

Cuando concluye el relato quedan tres enunciados paralelos que se organizan análogamente al segundo movimiento de la novela (fragmentos 40 al 70). El primero y el tercero forman una unidad en contrapunto con el segundo. El ritmo se da en tres tiempos: *caída* (mirada absorta del hombre ante los comejenes, como si también perdiera las alas; ¿moribundo?); *subida* (la escena vital); *caída* del hombre en el sueño (¿para despertar?, p. 122). El primero y el tercero son concluyentes. Se refieren al desamparo del hombre; al mundo acabado del padre y del maestro, adscrito a un hombre moribundo (como en *Pedro Páramo* los fragmentos 40 y 41 hablan de la muerte del padre de Pedro Páramo y de Miguel Páramo, y el último de la muerte de Pedro Páramo). El segundo enunciado está abierto a la vida y al futuro, a pesar de todo: En "Luvina", la puerta que deja ver el pequeño cielo por el cual asoman las estrellas y oír el "griterío ya muy lejano de los niños", y en la novela, los fragmentos 42 y 55 que narran la transformación trascendente de Susana San Juan. No obstante, en "Luvina" el mundo del hijo por venir queda apenas insinuado, y el del padre, si bien está disminuido a niveles ínfimos, el texto insinúa una posibilidad remota de su despertar. En el caso del mundo patriarcal que representa Pedro Páramo desaparece toda posibilidad de resurrección. El cacique se deshace de dentro hacia afuera, y con él el mundo que representa; en cambio el regreso del hijo abre una esperanza.

No hay duda que en "Luvina" se anuncia y se inicia el tiempo histórico de la madre (tiempo propicio a las transformaciones) en la medida en que se desplaza la función paterna (signo del orden patriarcal), a la madre.

Al comienzo del relato del padre y maestro sobre su llegada a Luvina ("le contaba que cuando llegué por primera vez a Luvina", p. 114), sabemos que un *arriero* (conocedor de los caminos) lleva a la familia al lugar. La relación con Abundio, el medio hermano de Juan Preciado, es clara, sólo que en la novela el personaje cobra una gran importancia simbólica. En "Luvina" su función es catalizadora; se limita a unir lo de *afuera* con lo de *adentro*. Además su actitud y su gesto de no quedarse en Luvina, *por* miedo al deterioro y la caída, sugiere lo demoniaco de ese mundo ("espoleando sus caballos como si se alejara de algún lugar endemoniado", p. 115).[53]

Eduardo Ruiz, "Misioneros del siglo XX", en *México 1920-1950. El reto de la pobreza y del analfabetismo*, México, Fondo de Cultura Económica, 1977, p. 124 [1ª ed., 1963]).

[53] En el fragmento 9 de *Pedro Páramo* dice Eduviges Dyada sobre el pasado de Abundio: "nos llevaba y traía cartas. Nos contaba cómo andaban las cosas allá del otro lado del mundo, y seguramente a ellos les contaba cómo andábamos nosotros" (p. 23).

La salida del arriero antecede a "la imagen del desconsuelo" que persigue y obsesiona a Rulfo (p. 115): la del abandono del hombre manifiesto en el desamparo de la tríada familiar:

> Nosotros, mi mujer y mis tres hijos, nos quedamos allí, parados en mitad de la plaza, con todos nuestros ajuares en los brazos. En medio de aquel lugar donde sólo se oía el viento.

Lo que el relato muestra entonces es el comienzo del cambio determinado por la madre. El enunciado del padre es revelador: delata su impotencia y con ello el carácter irracional de las circunstancias, ya que su mundo se asocia tradicionalmente al orden racional. Por eso su pregunta inicial denota el vacío cognitivo respecto a la historia: "—'¿En qué país estamos, Agripina?'" (*id.*).

Ella contesta con un gesto que denota también el desconocimiento de las razones ("se alzó de hombros", *id.* —gesto que repetirá). Pero su naturaleza femenina es precisamente la de la intuición. No se escinde (podría dar el cambio necesario). Es decir, él busca en la madre, en los caminos de la intuición y de la imaginación, las respuestas. Va más allá: delega en ella *la acción* (propia de su esfera). Le ordena salir a buscar *cobijo* y *alimento* para todos. Ella deberá asumir históricamente la responsabilidad completa del destino familiar (nueva escisión que altera la tríada familiar sustancialmente). De momento el padre y los hijos mayores, aguardan. La madre partirá con el hijo menor (¿se sugiere la fragmentación característica del periodo revolucionario, en que el padre y los mayores parten y la madre queda con el pequeño? Sólo que aquí se invierten las funciones en términos de la acción). En *Pedro Páramo* se sustituye totalmente el binomio *padre-hijo* (Pedro Páramo-Miguel) por el de *madre-hijo* (Dolores Preciado-Juan).

A la hora del atardecer, declinado el sol (signo del tiempo materno, *id.*) se reencuentra la familia en el espacio de la madre. El padre regresa sin que se haya modificado su "saber" del mundo que le rodea; su noción de la historia. Se reitera la pregunta de la partida anterior: "—'¿Qué país es éste, Agripina?'— Y ella volvió a alzarse de hombros" (p. 116).

Sin embargo, por intuición salvadora la madre se refugia en el espacio de una iglesia en ruinas. La sugerencia es doble: la caída ha llegado al centro de ese mundo pero, al mismo tiempo, simbólicamente sólo de las ruinas nacerá la vida (es centro del sentido y lugar de las transformaciones, como lo es el centro al que llega Juan Preciado para su muerte y transfiguración). Un coro de mujeres la observa. Todas las imágenes son visuales y de tintes oscuros. La contemplación pierde su efecto trascendente porque surge por la negación de la sonoridad (*id.*).

Este coro compacto de figuras fragmentadas y disminuidas recuerda las mujeres enlutadas que recorren la novela de la Revolución (p. ej. en *Al filo del agua* de Agustín Yáñez). Aquí han quedado reducidas a las "bolas brillantes de sus ojos" (*id.*); las anuncia un "aletear de murciélagos... de grandes alas que rozaban el suelo" (pp. 117-118), y un "murmullo sordo" (p. 118) que recuerda los murmullos de *Pedro Páramo*. El vínculo que la imagen establece entre el texto y el ciclo de la novela de la Revolución agudiza el sentido de la degradación y la caída. Tanto más honda, cuanto más ligada al proceso revolucionario que le antecede en la historia. Parecería más bien —acorde con el tiempo dominante— que el tiempo se ha detenido y horada y carcome a los hombres y mujeres de Luvina que se funden con la noche que avanza. Pero también Agripina adquiere una gran fuerza paradigmática y parece estar llamada a posibilitar la redención de ese mundo (las asociaciones marianas son inevitables).

En *Pedro Páramo* este cuerpo compacto y degradado se transforma en el murmullo creciente de la queja y la confesión de la culpa colectiva, con un claro efecto de conversión en el padre Rentería y en Juan Preciado ("Me mataron los murmullos", p. 75; "bisbeo apretado como un enjambre, hasta que alcancé a distinguir unas palabras casi vacías de ruido: 'Ruega a Dios por nosotros'", p. 77).

El ritmo de la caída, de aquí en adelante, está contrapunteado con el ascensional (ya sugerido en el presente del relato). Ahora es el *aire* el que se encarga de la protesta: aúlla y golpea hasta delatar el estado de condenación:

> golpeando con sus manos de aire las cruces del viacrucis: unas cruces grandes [...] amarradas con alambres que rechinaban a cada sacudida del viento *como si fuera un rechinar de dientes* (p. 117).

La alusión directa al final de la parábola de los talentos (Mt 25,30) permite una lectura del pasaje esclarecedora. Lo que la escritura denuncia es al hombre que se niega a actuar por el miedo que proviene de un juicio temerario, sobre el propio valer, en función de lo que le ha sido dado como potencial de acción.[54] La mujer, en cambio, acoge a los hijos y ha buscado

---

[54] El pasaje evangélico dice: "Y el que había recibido un talento dijo: Yo señor, sabía que eras un hombre de corazón duro; que cosechas donde no has sembrado y que amontonas donde no has aventado. Y tuve miedo y escondí tu talento bajo tierra [...]. Siervo malo y haragán, le replicó su señor [...]. Quitádle el talento y dádselo al que tiene diez; [...] a ese siervo inútil arrojadle afuera, a las tinieblas. Allí será el llanto y el crujir de dientes" (Mt. 25, 25-30).

el refugio; ejerce su función (es la acción materna que Susana San Juan reclama inútilmente en el fragmento 42 de la novela cuando habla de cubrirse con la cobija de la madre, p. 97). El texto de "Luvina" es claro. La madre actúa "tratando de tenerlos a todos entre sus brazos. Abrazando su manojo de hijos" (p. 117). El padre, en cambio, confiesa su total disfunción: "Y yo allí, sin saber qué hacer" (*id.*).

A la hora del nacimiento del nuevo día se da el contraste esperanzador en el espacio escogido por la madre. El texto precisa el núcleo del sentido liberador. Se trata de un signo transitorio que crea una posibilidad para la fe y la esperanza:

> Poco antes del amanecer se calmó el viento. Después regresó. Pero hubo un momento en esa madrugada en que todo se quedó tranquilo, como si el cielo se hubiera juntado con la tierra, aplastando los ruidos con su peso... Se oía la respiración de los niños ya descansada (*id.*).

Agripina se adelanta. La sonoridad empieza a surgir en medio de ese registro visual del mundo. Surge apenas como *ruido*. Un *ruido* que sólo la madre percibe de momento. Luego el padre también oye y *sigue* el "rumor": *actúa* (como en la novela Dorotea aprende a oír lo que Juan Preciado oye, y Juan Preciado sigue el dictamen de la madre). Las imágenes están todavía contaminadas del deterioro y la caída. Las criaturas aladas propias de un ambiente aéreo positivo son un "aletear de murciélagos en la oscuridad" cuyo vuelo es aún a ras de tierra (*cf. supra*). Los murciélagos salen espantados buscando los "agujeros de las puertas" (p. 118).

Después de la fuga alada aparecen en primer plano "todas las mujeres de Luvina". Carentes de individuación, como reproducciones típicas de un mismo modelo: "con su cántaro al hombro, con el rebozo colgado de su cabeza y sus *figuras negras* sobre el negro fondo de la noche" (*id.*).

Pero esas "sombras" en su precariedad anuncian signos vitales. Una de ellas asume la voz colectiva: "—'Vamos por agua'" (*id.*). Ir "por agua" es ya orientarse mediante una acción de signo materno y vital.

Las dos figuraciones simbólicas de la madre han quedado en el centro del relato apuntando al sentido: la madre con el niño pequeño en los brazos; la madre abrazada a todos los hijos (madre de uno y de todos).

No hace falta más de momento. Tampoco sabemos más de los hijos, ni hemos sabido de su óptica. El relato central da paso al presente de la enunciación, y luego se retoma el hilo de la narración pero, como en *Pedro Páramo*, se focaliza todo el enunciado en *la caída del padre*.

La función mediadora de la madre se manifestará en el tiempo futuro del hijo. Tiempo que aparece al comienzo de la novela, y que se insinúa ya en el final de "Luvina" y en otros cuentos de *El Llano en llamas*. La importancia de la madre como sujeto de la acción se sugiere también con el nombre, como ocurre por lo general en los textos rulfianos: Agripina quiere decir "la que nació de pie, o la que saca los pies por delante" es decir, la que se adelanta.[55]

Este pasaje del cuento a la novela es fundamental. *Pedro Páramo* narra la muerte definitiva de la Ley y del mundo del padre en el orden social que lo caracteriza. Y marca el ritual de renovación en el mundo del hijo signado por la madre. Nueva genealogía; nueva filiación: *Juan Preciado*. Simbólicamente, el único hijo legítimo del padre lleva el apellido de la madre.

Como dije antes, "Luvina" es, a su vez, pasaje y transformación de otras lecturas que también intervienen y se transforman en *Pedro Páramo*. La visión de la caída, del final por desgaste de un proceso histórico de égida patriarcal, va tejiendo las lecturas que hace Rulfo determinando los cortes, privilegiando unos hechos y censurando o marginando otros. Escribir implica una clara filiación literaria, cultural e histórica que se va asumiendo en un proceso de selección e integración continuo. Es así que se funda o no, según el caso, un "nuevo" modo de objetivar. Escribir es, en definitiva, entrar en diálogo con la historia, y en "Luvina" se adelantan voces que se reiterarán en la novela, como en un primer escenario que las pone en juego. Entre muchas otras lecturas voy a destacar algunas que "Luvina" me indica por lo que dice, por cómo lo dice o por lo que deja de decir. En general son pasajes o aspectos que contribuyen a crear la atmósfera y el ambiente propicios a la visión del mundo del cuento, sin que se pretenda que la relación entre esos textos y los de Rulfo se limiten a este relato. De hecho son cuentos y novelas aún más determinantes para el trabajo textual en *Pedro Páramo*, y en todos los casos, se trata de obras que Juan Rulfo leyó y conoció. "Luvina" es, pues, el cuento más cercano a la novela: Por su atmósfera, sus contrastes, su estructura y su visión del mundo. También por su relación con otros textos que la escritura pone en juego.

En *La serpiente emplumada* (1926) de D. H. Lawrence, a la cual será necesario regresar para *comprender y explicar Pedro Páramo*, se pretende encontrar la salvación de México, después del proceso revolucionario de 1910, mediante un retorno a las raíces indígenas de carácter sagrado y ritualista que, no obstante, se manejan desde una perspectiva en cierto modo política, no exenta de ambigüedad, ni de ciertos elementos sincréticos con el cristianismo. La propia novela, al clausurarse, muestra ya los síntomas

---

[55] Gutierre Tibón, *Diccionario etimológico comparado de nombres propios de persona*, México, Fondo de Cultura Económica, 1986 [1a ed., UTEHA, 1956], *s.v. Agripino-a*.

de un posible fracaso. Si bien se reivindican algunos caracteres prehispánicos, la historia queda abierta y los problemas también (el nexo con Europa, el peligro ante los Estados Unidos, la religión, etcétera), replanteados en su complejidad, removidos los criterios del *statu quo*, pero lejos de solucionarse.[56]

Así lo muestra la geografía natural y social. La novela de Lawrence ocurre en Sayula, lugar donde se criará Juan Preciado y de donde parte para regresar a Comala. Hay allí pueblos muertos precisamente en "el camino que conducía al oeste, entre las alturas de la montaña y el llano. En un trayecto de una milla vieron gran número de casas de campo cerradas, algunas destruidas. La única señal de vida que tenían eran las flores que crecían entre las ruinas".[57] "A la derecha el monte subía a pico, abrasado y amarillento. Despedía el calor del sol y ese olor de sequedad muy característico de Méjico y que parecía la evaporación de una tierra cada vez más calcinada."[58]

La geografía humana está ya también próxima al tiempo repetido y sin objetivo histórico que caracteriza a "Luvina". Sin embargo, lo que podría corresponder geográficamente a Luvina en *La serpiente emplumada* es todavía un lugar ideal en lo alto de los cerros que circundan el área fértil de las tierras de don Ramón, un poco detrás de los montes al pasar una garganta (¿lugar de la Media Luna, tal vez?): "A lo lejos los montes de gargantas azuladas con la mancha blanca de un pueblo. Diríase que era otro mundo perdido en la luz de la mañana, otra vida."[59] Y en "Luvina": "aquellos cerros apagados como si estuvieran muertos y a Luvina en el más alto, coronándolo con su blanco caserío como si fuera una corona de muerto..." (p. 112). La diversidad del punto de vista convierte lo azulado en "apagados" y lo blanco en "corona de muerto".

En 1936, también después del proceso revolucionario, Mauricio Magdaleno escribe *El resplandor* que se publicó al año siguiente. Ya he señalado antes su interrelación con el libro de cuentos *El Llano en llamas* en general, y apunto casi de paso allí su relación particular con "Luvina". En la novela de Magdaleno se trata de un pueblo indígena otomí, condenado ¿definitivamente? cuando creyó poder resucitar.[60] El nuevo "cacique" es Saturnino

---

[56] D. H. Lawrence, *La serpiente emplumada*, 3ª ed. en español, Buenos Aires, Losada, 1951 [1ª ed., 1926; en español, 1940]. En "Pedro Páramo" de 1955 (ed. cit., p. 58), Carlos Fuentes señala la relación de la novela de Rulfo con la de Lawrence, en cuanto al tratamiento de la naturaleza. *Cf.* Primera parte, nota 124 y el texto correspondiente.

[57] *Ibid.*, p. 155.

[58] *Id.*, p. 156.

[59] *Id.*, p. 158.

[60] Conviene recordar que la fundación de San Gabriel se asocia a un grupo diezmado de

Herrera, mestizo criado por la propia tribu como el posible Mesías, y enviado a estudiar fuera para que regresara a ayudarlos. Salida irónica que, por lo menos, cuestiona el planteamiento de Lawrence.

Desde la aparición de esta novela, Rulfo entró en diálogo con ella. Es posible que haya sido el detonador inmediato de la idea que venía gestando para escribir *Pedro Páramo*. Por eso "Luvina" empieza con un reconocimiento de esa relación; ambos textos describen un paisaje similar devastado y erosionado. Tierras calinas sin aprovechar, sembradas de muerte y desolación. El punto de reunión al comienzo de *El resplandor* es la tienda, espacio de confluencia de los que llegan y salen del lugar como la taberna de "Luvina". Su nombre indica los símbolos sagrados característicos de ese mundo: *El Paso de Venus por el Disco del Sol* que recuerda, con su transformación ideológica radical, el nombre que alguna vez tuvo *Pedro Páramo* y que sigue siendo determinante en el sentido de la novela: *La estrella junto a la luna*. Sobre todo es significativo el cambio del símbolo masculino y paterno del sol por el signo materno de la luna. El hombre disminuido, fracasado, que sale del lugar y comenta la razón de su salida es, en *El resplandor*, el cura de San Andrés de la Cal. Su malestar genera un discurso análogo al del maestro de San Juan Luvina: "—Si me quedo aquí, acabo como ellos. ¡Ya hasta hablar se me está olvidando! Quien vive en estas tierras siete años, amigo Esparza, acaba convertido en bestia."[61] Indudablemente, en *Pedro Páramo* mucho del discurso contradictorio y angustioso del cura de San Andrés de la Cal, se proyectará en el padre Rentería.

Pero además, por tratarse del fracaso de un "maestro", el texto de "Luvina" se relaciona también con el de Magdaleno. Entre otras cosas, el desastre social y vital colectivo queda asociado para el otomí a la educación. La escuela pierde su función liberadora. La caída la vincula nada menos que al resurgimiento del caciquismo, doblemente irónico porque el "nuevo" cacique, aunque mestizo, surge del propio pueblo otomí.

Otro punto de *El resplandor* al que responde "Luvina" (y después *Pedro Páramo*) es el de los hijos como posible camino de liberación en el futuro. En "Luvina" se trata de un nuevo motivo simbólico que contrapuntea la historia del desastre, como he indicado. En la novela de Magdaleno y en *Pedro Páramo* son tres hijos cuyo estudio comparativo es revelador de las diferencias y cercanías entre ambas novelas.

En definitiva, *La serpiente emplumada*, *El resplandor* y "Luvina" apun-

---

otomíes que emigra de Amula después de varios desastres telúricos y pestes. *Cf.* Enrique Trujillo González, *op. cit.*, p. 136.

[61] Mauricio Magdaleno, *op. cit.*, p. 9.

tan a un mal anterior no resuelto, de carácter estructural, que está en las bases mismas del sistema social. *Pedro Páramo* volverá de manera más amplia y total sobre esto en el universo de sus símbolos y de su lenguaje. Al dialogar con los textos anteriores y otros, evidentemente la novela de Rulfo perfila su respuesta histórica y con ella va definiendo su escritura.

Si "Luvina" fue la búsqueda de un estilo y de una atmósfera, no hay duda de que un texto mediador por excelencia es *Cuentos de un soñador* de Lord Dunsany (Edward John Moreton Drax Plunkett), escritor irlandés de principios de siglo.[62] Creador de mitos y leyendas fundadoras, aparentemente ajenos a la historia, Dunsany nos narra el ciclo vital y letal de ciudades que parecen imaginarias, pero que al mismo tiempo resultan personales y cercanas. El nimbo de leyenda, el estilo poético evocador, el narrador-testimonio cobran —como sin querer— un vértice histórico que explica ese aire familiar que sentimos al leerlo. De repente dice el texto que es Londres la ciudad que muere, y casi no hay más indicios de este tipo porque sólo se busca comunicar el sentido esencial. Como en "Luvina", la llegada de la noche y su paso es lo que permite el vuelo de la imaginación y, en última instancia, la revelación del sentido.

Casi imperceptiblemente —eficacia del lenguaje poético— rozamos el interior del mundo rulfiano. Un mismo tono evocador (melancólico y nostálgico, a veces) y el carácter relatante del discurso matizan aun el diálogo que se aproxima casi siempre al monólogo. En Rulfo, sin embargo, se logra una síntesis que no oculta tanto la historia como los relatos de Dunsany, ni la supedita. Hay también menos distanciamiento entre el mundo de ficción y la sensibilidad; entre imaginación, sujeto e historia. Por eso el narrador de tercera persona prácticamente no rebasa el punto de vista de sus personajes. Supone más bien sólo un cambio de ángulo en la perspectiva.

En Dunsany, y sobre todo en Rulfo, si bien el tiempo histórico —respecto al mundo condenado a desaparecer— parece estancado y repetitivo como las obsesiones, el movimiento no cesa al interior de ese mundo. La noche que avanza y el aire que corroe tienen su correlato en los procesos de transformación de las imágenes y de los elementos sujetos a la degradación de la caída. Así por ejemplo el mundo sonoro de los cuentos y de la novela camina hacia el silencio. Lo importante es el cambio cualitativo en la vida, y la óptica que trae a primer plano los procesos de la naturaleza y del hombre que conforman la degradación. La escritura (como en José Revueltas) se acerca al lenguaje cinematográfico. Sin olvidar, en el caso de Rulfo, el contrapunto alado y luminoso que no desaparece.

---

[62] Lord Dunsany (Edward John Moreton Drax Plunkett), *Cuentos de un soñador,* ed. cit.

De todo el libro de Dunsany, destaco tres cuentos que me parecen particularmente cercanos a "Luvina", y sobre todo a *Pedro Páramo*: "La locura de Andelsprutz", "En donde suben y bajan las mareas" y "Bethmoora". De ellos me limito a señalar algunas huellas que dejan en "Luvina" y su pasaje a *Pedro Páramo*. En la novela la presencia de los relatos es indudablemente más amplia, pero ya podemos marcarla desde "Luvina", lo cual refuerza la relación entre el cuento y la novela.

En "Luvina", observamos varias veces el contraste entre una realidad superior ligada a procesos vitales de superación y una realidad social y natural degradada (niños que juegan-hombres que apenas sobreviven o mueren; griterío-murmullos; río-páramo; comejenes alados-gusanos desnudos; ideales educativos "científicos" —fracaso de la praxis—, del "experimento", por enajenados; mundo de creencias —religiosas, políticas, sociales— y fe deshabitada, etcétera. Todos ellos rodean y conforman el universo de la caída, y se concentran en la gran oposición entre la idea previa que se tiene sobre el mundo y la realidad del proceso histórico que se enfrenta en el presente.

En este sentido son homologables algunas instancias clave de los diversos textos a que me he referido.

1. Destaco de "Luvina" las ideas previas que el maestro tiene sobre el proceso educativo y su eficacia en la transformación de la realidad, que se contraponen a su experimentación sobre la misma.

2. En *Pedro Páramo* la concepción paradisiaca de Comala que impele a Juan Preciado al regreso (concepción concretizada en los parlamentos de la madre intercalados en cursiva e invocados por el personaje), contrasta con la realidad muerta y degradada que éste va detectando paso a paso en su retorno. El contrapunto se da en todo el relato y está también presente en otros aspectos fundamentales de la novela, justo en torno a los personajes principales. Por ejemplo, el contrastre entre los parlamentos de Pedro Páramo cuando evoca a Susana San Juan —de niño y de hombre— y su discurso como señor de la Media Luna.

La mediación podría estar —sin negar otras posibles— en "La locura de Andelsprutz". Si en *Pedro Páramo* el paisaje se disloca entre el *antes* idealizado de la madre y el *ahora* degradado del regreso del hijo, en el relato de Dunsany, como todavía en "Luvina", el contraste se da en el interior del propio personaje, entre las ideas previas correspondientes a un modelo ideal y la realidad que se enfrenta en el presente:

Me había yo dicho: "Veré a Andelsprutz arrogante en su hermosura"; y había dicho: "La veré llorar por su conquista."

Había dicho: "Me cantará canciones" y "será tácita".

Mas las ventanas de las casas de Andelsprutz miraban espantadas a las llanuras, como los ojos de un loco [...] Cuando cayó la noche y se corrieron las cortinas sobre las ventanas, percibí lo que no había pensado a la luz del día. Entonces conocí que Andelsprutz estaba muerta...[63]

El paisaje desértico, ligado a la existencia, se opone al modelo omitido que lo vincularía a la trascendencia; o lo transgrede para invertirlo (por eso la vida está "abajo" y lo "alto" se asocia con la muerte).

Ya establecí la relación entre las tierras calcinadas de *El resplandor* y de "Luvina" (como también se relaciona con "Nos han dado la tierra", por ejemplo). La desaparición de Londres en el cuento "En donde suben las mareas" se marca mediante la absorción gradual de la ciudad por la naturaleza. En el proceso la flora evoluciona hasta la aparición de las flores desérticas:

> Poco a poco se desmoronaron las horribles casas, hasta que las pobres cosas muertas que jamás tuvieron vida encontraron sepultura decorosa entre las plantas y el musgo. *Al fin apareció la flor del espino y la clemátide.* Y sobre los diques que habían sido muelles y almacenes se irguió al fin la rosa silvestre.[64]

Un elemento común de este paisaje desolado en los textos de Rulfo y de Dunsany es el viento. Un viento agresivo, erosionador, que ha perdido su ligereza y se hace visible —pesado y sepulcral— por la arena y el polvo, en el silencio de la noche:

> mis pensamientos están muy lejos, en la soledad de Bethmoora, cuyas puertas laten en el silencio, golpean y crujen en el viento, pero *nadie las oye*. Son de cobre verde, muy bellas, pero *nadie las ve*. El viento del desierto vierte arena en sus goznes, pero nadie llega a suavizarlos [...] No hay luces en sus casas ni pisadas en sus calles; está muerta y sola más allá de los montes de Hap [...].[65]

Oír y *ver* son dos acciones decisivas para el conocimiento del mundo, tanto en los textos de Dunsany como en los de Rulfo. En "Luvina" el viento se oye y se ve. Llega a invertir su naturaleza aérea hasta convertirse en "aire

---

[63] *Ibid.*, pp. 40-41.

[64] *Id.*, pp. 54-55. Dato curioso: La clemátide se conoce también como "hierba de los lazarosos o de los pordioseros". Rulfo habla de las *dulcamaras* que es una planta equivalente; también del *chicalote*. El nombre de esta última, por tratarse de un mexicanismo, contribuye a ubicar el relato dentro de un contexto mexicano.

[65] *Id.*, en "Bethmoora", *ibid.*, pp. 60-61.

negro" (p. 111).[66] A su violencia natural añade una agresividad punzante que perfora, sin descanso, todo lo que encuentra a su paso. Su efecto es totalizador. Por encima del tiempo y en todo tiempo, el viento horada las construcciones y la tierra e invade hasta los "goznes de nuestros mismos huesos" (*id*.).

Las imágenes de los otros textos, al compararlas con las de "Luvina", resultan débiles y parciales frente a la descripción desoladora del cuento de Rulfo:

> —Ya mirará usted ese viento que sopla sobre Luvina. Es pardo. Dicen que porque arrastra arena de volcán; pero lo cierto es que es un aire negro. Ya lo verá usted. Se planta en Luvina prendiéndose de las cosas como si las mordiera. Y sobran días en que se lleva el techo de las casas como si se llevara un sombrero de petate, dejando los paredones lisos, descobijados. Luego rasca como si tuviera uñas: uno lo oye a mañana y tarde, hora tras hora, sin descanso, raspando las paredes, arrancando tecatas de tierra, escarbando con su pala picuda por debajo de las puertas, hasta sentirlo bullir dentro de uno como si se pusiera a remover los goznes de nuestros mismos huesos. Ya lo verá usted (*id*.).

El viento cobra tal importancia que se hace corpóreo y se animiza como una figura de la noche. Así en Dunsany:

> Hay en la noche de Londres una tenue frescura como si alguna brisa desmandada hubiérase apartado de sus camaradas... y penetrado a hurtadillas en la ciudad [...]. En nuestros oídos [...] incide el golpeteo de remotas pisadas [...]. *Y pasa una negra figura encapotada y se pierde de nuevo en la oscuridad*.[67]

La figura cobra dimensiones legendarias en "Luvina":

> ...*Dicen los de allí* que cuando llena la luna, ven de bulto *la figura del viento recorriendo las calles de Luvina, llevando a rastras una cobija negra*; pero yo siempre lo que llegué a ver, cuando había luna en Luvina, fue la imagen del desconsuelo... siempre (p. 113).

Y en *Pedro Páramo* la extraordinaria ampliación del pasaje quiere *mostrar* esa persona que es viento negro en medio de la noche:

---

[66] Para Bachelard el viento visible pierde toda su fuerza dinámica y deja de actuar sobre la voluntad y la imaginación. "Visible", dice, "se convierte en una triste miseria" y llega a ser "irrisorio". En Rulfo se trata de un viento colérico que ejerce su poder sobre el hombre y las cosas que encuentra a su paso. Parece no perder su fuerza ligado al ámbito de muerte que es "Luvina" (G. Bachelard, "El viento", en *op. cit.*, pp. 278-279).

[67] Lord Dunsany, *op. cit.*, p. 58.

Al cruzar una bocacalle vi una señora envuelta en su rebozo que desapareció como si no existiera [...] mis ojos siguieron asomándose al agujero de las puertas. *Hasta que nuevamente la mujer del rebozo se cruzó frente a mí.* (p. 13).

Ahora no dice que es la "figura del viento"; más bien la objetiva. El aire se hace voz en un cuerpo terrenal:

Me di cuenta que su voz estaba hecha de hebras humanas, que su boca tenía dientes y una lengua que se trababa y destrababa al hablar, y que sus ojos eran como todos los ojos de la gente que vive sobre la tierra (*id.*).

Pero hay que recordar una vez más que estas imágenes se presentan en "Luvina" paralelamente y en contraste con los atisbos de un mundo mejor; contraste que es fundamental en *Pedro Páramo*. En Dunsany no queda abierta la alternativa del mismo modo. Salvo que en su caso se trata de una narración onírica, lo cual palia el desastre adjudicando todo a un sueño.

El espacio interior privilegiado por Dunsany para que surja el relato y se transmita con el mismo ademán aleccionador que en "Luvina", es también la taberna o el café:

Vi en un café a un hombre rubio que bebía cerveza, y le pregunté:
"¿Por qué está casi muerta la ciudad de Andelsprutz?, ¿y se le ha escapado el alma?"[68]

Y en "Bethmoora":

Hace ya muchos años, según me han dicho, que Bethmoora está desolada.
De su desolación se habla en las tabernas donde se juntan los marineros, y ciertos viajeros me lo han contado.[69]

La cercanía del mundo de Rulfo al de Dunsany (y al de D. H. Lawrence y Mauricio Magdaleno) en parte se explica porque a ambos les toca presenciar el deterioro de su entorno. El México del periodo posrevolucionario, afectado también por la primera Guerra Mundial, y el Londres de entreguerras manifiestan los efectos de la caída de un orden anterior y la transición hacia otro. Al incorporar huellas de esos mundos en la interioridad del propio, Rulfo da a su obra una dimensión universal incuestionable. Si Luvina o Comala pueden ser en cierto modo Londres, se han salvado las barreras regionales; también puede ser México, la ciudad inhóspita. Esto sin perder su particularidad, sino enriqueciéndola.

[68] *Id.*, en "La locura de Andelsprutz", *ibid.*, p. 41.
[69] *Id.*, en "Bethmoora", *ibid.*, p. 61.

Rulfo suele dar pistas sutiles al lector para descifrar su mundo. "Luvina" se llamó originalmente "Loobina",[70] con esa doble vocal que recuerda la voz zapoteca que designa al pueblo de San Juan Luvina en la Sierra de Juárez: *looubina* ("cara de la pobreza"). Evoca también a "Bethmoora", el cuento de Lord Dunsany. Ambos son espacios que funden la grandeza y la destrucción. Pienso que "Bethmoora" deriva del *bethel* "casa de Dios; lugar santificado" y *moor* "brezal, páramo", es decir que significa "páramo de la casa de Dios". "Luvina", en cambio, evoca la *luz divina* de Luzbel, príncipe de los ángeles que deviene príncipe de las tinieblas después de la caída.

Pedro Páramo —novela y personaje— objetiva también esa dualidad. La imagen del páramo que nos queda después de la lectura de "Luvina", cuentos como "Nos han dado la tierra" y *Pedro Páramo* evocan la descripción que hace Frazer de las tierras desérticas de Judea en el comienzo de "El haz de los vivos":

> [...] a medida que prosigue el camino el panorama va cambiando ante su mirada; desaparecen la hierba y los cardos y se va penetrando poco a poco en una región desolada y seca en la que la monotonía de las grandes extensiones de arena amarilla o parda, de quebradas rocas calcáreas y de guijarros dispersos se ve tan sólo aliviada por los *arbustos espinosos y las trepadoras jugosas. No se ve ni un solo árbol, ni una vivienda humana, ni una señal de vida* aparece ante la mirada del viajero [...] Las pendientes más próximas de esos cerros desolados parecen como desgarradas y hendidas por canalones; las alturas más distantes ofrecen el aspecto de gigantescos montones de polvo. En algunos lugares el suelo resuena como si estuviera hueco bajo las pisadas de los caballos; en otros las piedras y la arena resbalan con los cascos de los animales; y en los numerosos barrancos las rocas fulgen con brillo de horno bajo el despiadado sol que cae a plomo sobre ellas desde el cielo sin nubes. Aquí y allá [...] la desolación del paisaje se ve aligerada momentáneamente por un vislumbre del mar...[71]

Es evidente la cercanía entre la frase que he subrayado en el pasaje de Frazer y el comienzo de "Nos han dado la tierra": "Después de tantas horas de caminar *sin encontrar ni una sombra de árbol, ni una semilla de árbol, ni una raíz de nada* [...]" (p. 15).

También conviene notar el efecto vital —aunque sólo momentáneo— de ese vislumbre del mar que contrasta "con el colorido pardusco y opaco del desértico primer plano". En Dunsany y Rulfo, justo en un momento de diálogo enriquecedor entre los textos, que veré al estudiar *Pedro Páramo*, el mar adquiere caracteres simbólicos (*cf.* "Poltarnees, la que mira al mar",

---

[70] *Cf.* Primera parte, nota 111.
[71] J. G. Frazer, *op. cit.*, p. 379.

de Dunsany[72] y la relación entre Susana, el mar y Comala en *Pedro Páramo*).

El trazo de la descripción de Frazer no sorprende, ni es el único que hemos establecido entre su libro y los de Rulfo. El mundo literario de Rulfo (y el de Dunsany) se elabora a partir de una concepción evangélica y mítica (sobre todo lo primero) que no niega la historia, sino que la asume y la integra indisolublemente a un proyecto de liberación social y humana.

Este trabajo textual explica en parte cómo en la fragua abreviada de su escritura "Luvina", y toda obra de Rulfo, amalgama elementos de la más diversa índole que van de lo particular a lo general histórico y pasan por el cedazo de su visión. Como todo arte, en lo particular por excelencia —que lleva en sí la relación con un todo más amplio— toca aspectos esenciales de la historia de nuestros pueblos y de nuestras culturas.

[72] Lord Dunsany, *ibid.*, pp. 1-23.

II. ESTRUCTURA, SÍMBOLO Y SENTIDO EN "PEDRO PÁRAMO"[1]

> Uno ha creído a veces, en medio de este camino sin orillas, que nada habría después; que no se podría encontrar nada al otro lado, al final de esta llanura rajada de grietas y de arroyos secos. Pero sí, hay algo. Hay un pueblo.
>
> JUAN RULFO, "Nos han dado la tierra"

FORMACIÓN DE UNA VISIÓN DEL MUNDO

ES EVIDENTE que en los cuentos de *El Llano en llamas* (1953) se configuran las tendencias dominantes del mundo de *Pedro Páramo* (1955).[2] Las relaciones entre ambos libros se dan en todos los estratos (el lingüístico, el de las figuras y personajes, el del tiempo y el espacio en que éstos se manifiestan, el de las huellas de otros textos y contactos con ellos). Afectan tanto la configuración general de la novela, como aspectos y detalles menores de la misma: guiños del texto al lector que crean una atmósfera de vasos comunicantes y abren la novela a dimensiones amplias de significación.

Destaco, por ahora, sólo algunos rasgos recurrentes y comunes a los dos textos. Los considero fundamentales en el mundo de ficción de Rulfo y en la visión del mundo que éste objetiva.

En el capítulo anterior quedó claro que el modelo de parentesco de la *tríada familiar* (padre-madre-hijo) subyace en casi todos los cuentos y en *Pedro Páramo*. La tríada se modifica conforme se destruye un orden patriarcal y opresor preexistente. El proceso, fundador por excelencia, determina el trabajo de la escritura. En los cuentos *la escisión* del núcleo familiar es la marca textual que indica el inicio de la transformación. Ésta puede darse por la muerte, ausencia o disfunción explícita o implícita del padre ("Talpa", "El Llano en llamas", "¡Diles que no me maten!", "Luvina", cuentos que precisamente ocupan el lugar central del libro).

---

[1] Casi en su totalidad, este capítulo se publicó en la *Nueva Revista de Filología Hispánica*, XXXVI, núm. 1 (1988), pp. 501-566, con el título "Juan Rulfo: Del páramo a la esperanza. Estructura y sentido".

[2] Para los cuentos y la novela utilizo las ediciones ya citadas.

Rota la relación básica del modelo patriarcal —la díada padre-hijo generadora de la vida—, se va desplazando, al mismo tiempo, la función mediadora y relacionante de la madre, quien gradualmente ocupa el centro del modelo (el lugar de la ley). Este desplazamiento de la madre determina un tiempo propicio a las transformaciones y a la regeneración individual y colectiva ("El Llano en llamas", "Luvina", "No oyes ladrar los perros").[3]

El proceso implica dos alternativas que no se excluyen entre sí y que, de hecho, se conjugan en *Pedro Páramo*. Una de ellas es la tendencia a la recuperación de la unidad perdida y la otra es la búsqueda de un nuevo camino.

En "El Llano en llamas", cuento central del libro, se logra restablecer la unidad familiar después de la escisión, gracias a la madre, y el padre es capaz todavía de sufrir un proceso de cambio positivo. Sin embargo, en el momento mismo de la crisis histórica, dominan los signos de destrucción. Se explica, entonces, que en la novela se prostituyan e inviertan los símbolos constitutivos del mundo patriarcal. De ahí que el *aire* y el *fuego* sean sofocantes y devastadores; que las *armas* que garantizan el dominio se presten al crimen individual y colectivo,[4] que el hijo (Miguel) en quien se proyecta el padre sea un antihéroe condenado naturalmente a la muerte, y que invierta el sentido de su nombre.[5]

Los cuentos de *El Llano en llamas* ya expresan la tensión entre el mundo real y la vida práctica (mundo de las ideas concreción de la historia), lo cual produce una escisión que entorpece o frustra el ideal y la historia concreta. Esto convierte el *deseo* en el acicate del proyecto vital. Y al hombre en una criatura deseante y escindida (Macario y Pedro Páramo).

El *incesto* se perfila entonces como una posible respuesta al vacío. Claude Lévi-Strauss —a quien seguramente leyó Rulfo, como también otros escri-

---

[3] En "Luvina" es evidente este desplazamiento; *cf.* el apartado "'Luvina', *Pedro Páramo* y otros textos", pp. 96-117, en el capítulo I de la Segunda parte de este volumen. En "No oyes ladrar los perros" no es tan explícito. Sin embargo, es el recuerdo de la madre lo que impulsa al padre a llevar, a cuestas, a su hijo herido, acompañado por la luz de la luna (elemento femenino).

[4] Para la simbología universal, el *aire* y el *fuego* son los dos elementos que se asocian a la actividad y a lo masculino. Ambos pueden ser fundamento de todas las cosas. El aire se relaciona con el hálito vital y con la palabra (casi ausente en los personajes rulfianos). Es propio también de un mundo regido por el aire; espacio vital y de movimiento. Las armas representan el poder y deberán corresponder a lo que deben combatir. Forman parte de la figuración simbólica del hombre y de su lucha. Desvirtuar su uso implica, pues, invertir el sentido de la acción liberadora (*cf.* Juan Eduardo Cirlot, *Diccionario de los símbolos*, 6ª ed., Barcelona, Labor, 1985, *s.v.* aire, armas.

[5] El nombre de Miguel remite a la identificación con Dios: del hebreo *mi-ka-El* ("quién como Dios"). Arcángel jefe de la milicia celestial, vencedor del mal, protector de Israel (Gutierre Tibón, *op. cit.*, *s.v.*).

tores de la época— considera en *Las estructuras elementales del parentesco* de 1949, que la imposibilidad de una familia nuclear y la crisis de un orden social equivaldría a la instauración del incesto como centro de las relaciones. De ahí que la anulación del incesto "constituye el movimiento fundamental gracias al cual, por el cual, pero sobre todo en el cual, se cumple el pasaje de la naturaleza a la cultura [...] constituye precisamente el núcleo de unión entre la existencia biológica y la existencia social del hombre".[6]

En los cuentos de Rulfo el incesto asoma repetidas veces con variantes significativas que indican la búsqueda del modelo para *Pedro Páramo* ("Macario", "En la madrugada", "Talpa" y "Anacleto Morones"). En "Macario", "En la madrugada" y "Anacleto Morones" el incesto remite a una tríada familiar alterada: por sustitución (tía que reprime y ocupa el lugar del padre, de la ley, y criada que protege y amamanta en "Macario"; tío por línea materna que paradójicamente viola y acoge, y madre impotente para la acción, "En la madrugada"). Sin duda en estos relatos ya se intuye lo que en "¡Diles que no me maten!" se explicita: que *la orfandad* rebasa los límites de posibilidad de una vida a la altura del hombre.

En la novela, la destrucción de Pedro Páramo está marcada por la orfandad radical, y el incesto (la pareja de hermanos) adquiere caracteres simbólicos y míticos que lo relacionan directamente con la transformación de un mundo en otro y la posibilidad de futuro, como se verá después.

Otro rasgo caracterizador del mundo de *Pedro Páramo*, que también aparece en los cuentos, es la culpa derivada del crimen colectivo entre hermanos. Esta "marca de Caín" (como la llama Frazer), surge en la vida individual y en la colectiva. "Talpa", "El Llano en llamas" y "Luvina" reúnen ambos aspectos, que se integran paradigmáticamente en *Pedro Páramo*, novela y personaje.

La marca cainítica determina la condición itinerante del pueblo. Sólo que en estas condiciones la escatología cristiana ha perdido su centro. El modelo evangélico se angosta y satiriza. El hombre parece condenado a seguir caminando, y su peregrinar constante es errático e involutivo ("camino y camino y no ando nada...", "El hombre", p. 51; "Y yo comienzo a sentir como si no llegáramos a ninguna parte", "Talpa", p. 74). En *Pedro Páramo* se manifiesta el éxodo que implica la muerte del pueblo por efecto de la

---

[6] Claude Lévi-Strauss, *Las estructuras elementales del parentesco*, México, Planeta-Artemisa, 1985, pp. 58-59 [1ª ed., 1949]. Héctor Vásquez señala que R. Fox piensa, con Freud, "que el incesto es el puente entre la animalidad y la humanidad y se vincula estrechamente con lo que podríamos denominar la teoría demográfica del incesto" (*Del incesto en psicoanálisis y en antropología*, México, Fondo de Cultura Económica, 1986, p. 121. Col. Breviarios, 421).

culpa y la pérdida del centro, pero se establece un proceso generador de otro tiempo.

Es que se pierden el modelo rector y el objetivo. La *tierra prometida* se convierte en la tierra calcinada, inhóspita ("Nos han dado la tierra"); tierra de muertos, finalmente maldita por la sangre derramada (*Pedro Páramo*).[7] A su vez, el crimen y la violación de la tierra provocan la inversión total de la imagen de "pueblo escogido". El pueblo peregrino se amontona, se oprime ("Talpa"); la voz colectiva se transforma en "mugido" o "murmullo" sofocante ("Talpa", *Pedro Páramo*).

Se invierten dos de los nexos sociales más fuertes: la relación de pareja y la función religante de la iglesia (pueblo de Dios), que se transforma, no sin contradicciones, en redes de muerte, desolación y soledad o se cosifica paródicamente en la gran farsa de "Anacleto Morones".[8] La primera se ve afectada por la culpa derivada del incesto (cainítico en "Talpa", fundador en *Pedro Páramo*, que sustituye al amor, lo cual revierte sobre el sentido de la vida toda.

Del dinamismo se pasa a la inmovilidad progresiva de la muerte ("Luvina", "Acuérdate", "No oyes ladrar los perros" y, finalmente, *Pedro Páramo*). Como en *El luto humano* de José Revueltas (1943), se opera en el texto un cambio de óptica que nos permite presenciar el avance progresivo interno del proceso destructivo, al mismo tiempo que en la superficie del movimiento se detiene prácticamente. Así en la novela de Revueltas se observa el progreso de la muerte en el cuerpo "inmóvil" de Chonita, segando el futuro. No obstante, en el caso de Juan Rulfo estamos lejos de un pesimismo totalizador pues el proceso interno desintegrador se da en Pedro Páramo. Aunque el foco de atención se centre en "la caída", ésta se destaca porque su contrapunto vital nunca desaparece del todo. Se condena, sin lugar a dudas, todo un orden de vida que conduce al aniquilamiento del hombre y, en consecuencia, a una muerte sin posibilidades de resurrección (el temor de Macario, el destino de Pedro Páramo). Este orden se asocia a problemas estructurales de carácter social y económico que determinan la destrucción del hombre por el hombre. Pero los problemas estructurales, parecen impli-

---

[7] Al hablar de la solidaridad cosmobiológica, Mircea Eliade afirma: "Un crimen es un sacrilegio que puede tener consecuencias muy graves en todos los niveles de la vida, por el simple hecho de que la sangre vertida 'envenena' la tierra. Y la calamidad se manifiesta en el hecho de que los campos, los animales y los hombres quedan igualmente heridos de esterilidad" (*Tratado de historia de las religiones*, pról. de Georges Dumézil, trad. de Tomás Segovia, México, Era, 1972, p. 235 [1ª ed. en francés, 1964]).

[8] Sobre la referencia histórica de Anacleto Morones, *cf.* capítulo I de la Segunda parte de este volumen, nota 37 y el texto correspondiente.

car los textos, no eximen al hombre individual de la culpa. La alteración del binomio *hombre-sociedad* provoca, como en la tríada familiar, el desastre. Las relaciones de solidaridad se sustituyen por las de la muerte en un contexto histórico donde priva la injusticia y el egoísmo. Este hecho social se especifica en los textos en torno al problema de la tierra y al proceso revolucionario que marca la época contemporánea en México, al cual se suman los efectos de la primera Guerra Mundial.

Pero hay futuro en el mundo de Rulfo. Los signos esperanzadores aparecen junto con los destructivos (el trigo y la cizaña). Su óptica percibe las contradicciones y los síntomas de renovación del "reino de este mundo", acorde con un destino trascendente (en el plano simbólico, la anhelada conjunción de cielo y tierra)[9] que deberá pasar por la depuración y transformación de los procesos históricos.

Tanto en *El Llano en llamas* como en *Pedro Páramo* la idea de futuro se objetiva, en el estrato de los personajes, en los hijos de la tercera generación. Sin embargo, los cuentos dejan entrever el riesgo de la semilla contradictoria (el hijo del Pichón en "El Llano en llamas"; el joven de "En la madrugada", la interrogación abierta sobre el hijo incestuoso de Anacleto Morones y su hija). En *Pedro Páramo*, Miguel debe morir por ser el hijo, huérfano de madre, en quien se proyecta el padre, mientras Juan Preciado (proyección de su madre, Dolores Preciado) crea una nueva alternativa histórica. Estos aspectos se ampliarán en el análisis.

Como veremos después, la novela hace surgir de la destrucción la posibilidad de futuro, a partir de una transformación radical que modifica las bases mismas del sistema, mediante los símbolos y mitos del mundo de ficción.

No obstante, *Pedro Páramo* no pretende narrar la historia de ese mundo futuro, y por tanto, virtual. La perspectiva desde donde se narra integra la imaginación, el mundo de creencias y el lenguaje simbólico, pero no es abstracta. Se reconoce implícitamente, como en otros textos de Rulfo, que los mitos, los símbolos y la historia no se contradicen; más bien se complementan y muestran el sentido.

Es extraordinaria la síntesis significativa que logran los cuentos y la novela al vincular todo el proceso de la vida del hombre con el de la naturaleza. Esto facilita la proyección social en torno al problema de la tenencia de la

---

[9] Se recordará que en "Luvina", microcosmos de *Pedro Páramo*, se alude a un *centro* de calma, justo antes del *amanecer*, de signo esperanzador: "Pero hubo un momento en esa madrugada en que todo se quedó tranquilo, *como si el cielo se hubiera juntado con la tierra*" (p. 117). En *Pedro Páramo* la unión de cielo y tierra impulsa todo el proceso de la transformación del mundo y de la caída del hombre, de su historia y de su medio natural.

tierra y la entrada al ámbito del símbolo y de los mitos primarios relacionados con la vida, la fecundidad y los ritos agrícolas, por oposición a los de la muerte. Como apunté antes, el devenir del hombre y de la historia se vincula con el modo de relación entre cielo y tierra. Así los signos de la caída del mundo patriarcal están ligados a los efectos destructivos de un *mundo solar* que calcina y erosiona la tierra y condena al hombre a la sed (modalidad del *deseo* en cuentos como "Nos han dado la tierra") y al fuego destructor ("El Llano en llamas"). A ellos se suma el *aire* en su forma agresiva de viento huracanado ("Luvina", *Pedro Páramo*). La *luna*, en cambio, manifiesta el mundo materno, transformador, cambiante, al que se asocian los símbolos regeneradores del agua (lluvia, mar, río).

Según se incline la historia hacia la muerte o hacia la vida, los elementos primordiales se transforman. De cara a la muerte se desnaturalizan: el *aire* y el cielo azul se hacen pesados y negros ("Luvina"); el *fuego* destruye y no purifica ("El Llano en llamas"); el *agua* se tiñe de sangre ("El hombre") y de muertos que propician la caída ("Es que somos muy pobres"); la *tierra* se calcina y se destruye ("Nos han dado la tierra" y *Pedro Páramo*). Por el contrario, de cara a la vida el aire sopla suavemente, las nubes se desmenuzan, las casas reflejan el sol de la tarde (símbolo materno y masculino a la vez), la naturaleza es pródiga en frutos (*cf.* por ejemplo, el discurso de Dolores Preciado en *Pedro Páramo*).

Pero, sobre todo, el devenir temporal adquiere caracteres simbólicos indicativos del sentido último de los acontecimientos en el mundo de ficción. Éstos se marcan con el color del cielo y con el paso de la noche. Cuando cae un mundo, los síntomas de la regeneración vital se asocian a la cercanía del amanecer. Así en "Luvina" (p. 117) y en *Pedro Páramo*, donde la muerte inminente del cacique ocurre simultáneamente con la llegada del amanecer (p. 151). También la lluvia (símbolo esperanzador de la posible unión entre cielo y tierra) acompaña a los procesos de transformación hacia lo alto. Es el caso de la lluvia persistente que precede y acompaña a la muerte de Susana San Juan.

Asociadas a los momentos clave de la historia personal y colectiva aparecen las criaturas aladas (tordos, cuervos, golondrinas; pero también zopilotes, murciélagos, comejenes). Ellos anticipan el proceso de la caída (los comejenes —de suyo disminuidos— se convierten en gusanos desnudos en "Luvina") y acompañan los signos vitales ascendentes como los perros y también las ranas y las gallinas, todos ellos animales portadores de expresiones cósmicas. Así, por ejemplo, el perro se relaciona con los símbolos maternos y de resurrección ("No oyes ladrar los perros", "Nos han dado la tierra") y las ranas se asocian a "las aguas primordiales", también de signo materno[10] (por eso la madrina de Macario, que invierte la función materna, odia las ranas y obliga al ahijado a destruirlas).

Los pájaros y el viento se hominizan. Sufren transformaciones psíquicas acordes con los procesos históricos y vitales (los pájaros ríen o se burlan en *Pedro Páramo*; el viento, "rasca como si tuviera uñas", arranca y escarba en "Luvina").[11]

Todos estos elementos se manifiestan en rasgos escriturales que tejen la visión del mundo dominante, y objetivan una idea de la historia. En el caso de la obra de Rulfo se crea una tensión entre los hechos de vida y los de muerte. Esto corresponde en el orden formal a un *ritmo en contrapunto* constante: espacial (arriba-abajo; afuera-adentro); temporal (ayer-hoy); ético (lo alto-lo bajo); ideológico (mundo ideal-praxis histórica); lingüístico (lenguaje poético arquetípico-lenguaje coloquial imperativo y gestual, tendiente al silencio por pérdida). El sentido se manifiesta por el énfasis en uno u otro extremo sin que desaparezca ninguno de ellos, según la historia avanza.

El dinamismo vital cotidiano resulta de la tensión progresiva entre vida y muerte. En ese devenir se censuran etapas correspondientes a momentos históricos determinantes (el caciquismo, la injusta repartición de la tierra) o se destacan favorablemente otras. La óptica en los textos de Rulfo se centra en el mundo censurado y negado; el sentido, en cambio, busca apuntalar caminos de liberación futura. Es decir, que *la perspectiva* dominante desde donde se narra rebasa el presente y se abre el futuro, como ya señalé. El hecho es coincidente con la distancia histórica de la enunciación (el proceso revolucionario abarca de 1910 a 1929; los textos se escriben entre 1945 y 1953, aproximadamente).

Una marca textual que recorre tanto *El Llano en llamas* como *Pedro*

[10] *Cf.* J. E. Cirlot, ed. cit., *s.v. perro, rana*. El libro de Cirlot me parece fundamental para cualquier análisis de la obra que tome en cuenta el sentido y su dimensión simbólica. Es un libro que Rulfo conoció y utilizó, sin lugar a dudas. De hecho ya lo había manejado felizmente en este análisis de *Pedro Páramo*, cuando lo localicé en su biblioteca particular —gracias a la gentileza de Clara Aparicio de Rulfo y de sus hijos— donde se encuentra, en un librero pequeño a mano derecha de su mesa de trabajo. Es evidente además que el texto de Cirlot ilumina la significación de la novela. Por eso lo utilizo como una de las primeras fuentes en el trabajo. También lo retomaré al analizar la presencia y transformación de otros textos en *El Llano en llamas* y *Pedro Páramo*.

[11] *Cf.* Gaston Bachelard, "El viento", en *El aire y los sueños. Ensayo sobre la imaginación del movimiento*, ed. cit., pp. 278-279 y 284 [1ª ed., 1943]. Éste y otros libros de Bachelard, como el diccionario de Cirlot, me parecen muy importantes para interpretar la obra de Rulfo, como se deriva de la lectura que hago. No obstante, no he podido comprobar si Rulfo lo conocía personalmente, aunque la evidencia parece demostrarlo.

Páramo cristaliza paradigmáticamente la pedagogía de la escritura: el punto de vista. Éste oscila entre la primera persona y la tercera, pero ni siquiera el narrador omnisciente del segundo movimiento en *Pedro Páramo* rebasa la óptica de los personajes, como se verá después. Más bien se limita a permitirnos oír y ver, al mismo tiempo, varios planos temporales y espaciales. Preocupado por el sentido, su trabajo textual facilitará una lectura simultánea de los tiempos y los espacios, pero éstos no se confunden, de tal manera que individuación y cadena social se complementan una a otra.

Porque remite al sentido, esta concepción del dinamismo textual está ligada —explícita o implícitamente— a todos los estratos textuales. Desde este punto de vista pretendo hacer un recorrido somero por el texto de la novela conforme con la disposición de sus movimientos y fragmentos, lo cual equivale a captar la forma básica de su organización. Queda para más adelante la elaboración de este principio de escritura en otros estratos. Específicamente me interesa destacar en sí mismo el mundo complejo de los personajes y sus interrelaciones. Ahora sólo me referiré a él en la medida en que contribuye a darnos la visión general del sentido en la novela y la estructura global que la conforma. He reservado para después también el estudio de las relaciones de la novela y de los cuentos con otros textos. En el proceso de la lectura iré estableciendo, en la medida de lo posible, las relaciones con la historia.

ESTRUCTURA SIGNIFICATIVA EN "PEDRO PÁRAMO"

Atisbos y vacíos de la crítica

La crítica suele aludir a lo novedoso de la forma narrativa en *Pedro Páramo*. Muchos, como Mariana Frenk,[12] consideran el libro como una de las primeras "novelas modernas" de Hispanoamérica. Sin embargo, cuando se habla de su estructura (fragmentada en su secuencia temporal y espacial) los críticos suelen evadirse. Presentan el problema parcial o arbitrariamente, e incluso llegan a negar la existencia de una estructura coherente en el libro.

Considero que basta comentar algunos trabajos característicos sobre este punto. En 1964 Luis Leal publica un breve artículo, "La estructura de *Pedro Páramo*, que se reproduce múltiples veces después. Lo destaco precisamen-

---

[12] Mariana Frenk destaca a Juan Rulfo "no sólo por ser autor de una obra maestra, sino porque ésta reúne las principales características de lo que vamos a llamar, un poco vagamente, 'la novela moderna' o 'la nueva novela'" ("Pedro Páramo", en *Revista Universidad de México*, XV, núm. 11, 1961, p. 18).

te por esa importancia que se le ha dado, y porque pretendo abordar este aspecto fundamental de la novela. En realidad la estructura se le diluye al crítico en atisbos que no llega a rastrear en el entramado del texto. De hecho su comentario final es ambiguo. Parecería que la novela es confusa o débil desde un punto de vista estructural y que el estilo se encarga de salvar esa ¿limitación?:

> Rulfo [...] ha tratado de reflejar en la estructura caótica el fondo mismo de la novela, que es en sí vago, indefinido, irreal, nebuloso. Pero unificado por el tono poético, a veces mágico, que ha sabido mantener a través de todas sus páginas.[13]

Un caso diametralmente opuesto, en cuanto a tendencia crítica, es el estudio de la argentina Liliana Befumo Boschi, "*Pedro Páramo* o el regreso del hombre". Befumo Boschi descifra la novela basándose en un análisis estructural y hermenéutico minucioso con aciertos en la interpretación del nivel simbólico.[14] Sin embargo, tal vez en el afán de confirmar ciertas hipótesis, el análisis complejo de la estructura oculta lo que hubiera revelado una lectura más naturalmente apegada a la propuesta de la organización textual.

Sin duda el análisis sensible y atinado de George Ronald Freeman en *Paradise and fall in Rulfo's "Pedro Páramo"* revela una dimensión clave del libro. No me sorprendió saber que era uno de los textos críticos que más le gustaban a Rulfo. Freeman ha sabido trazar en multitud de elementos el universo de la caída en la novela. Sin embargo, pienso que su limitación estriba en no haber captado la complejidad de la visión del mundo concretada en el texto. No percibe el juego necesario entre caer y levantarse (subir-bajar; muerte-nacimiento) en el presente de la escritura. Para él *lo alto* es algo perdido ya, irremediablemente en el recuerdo. Así define el sentido global al concluir su estudio:

---

[13] Luis Leal, "La estructura de *Pedro Páramo*", en *Anuario de letras*, núm. 4 (México) (1964), p. 294.

[14] Véase, por ejemplo, el diagrama de la p. 112 (Liliana Befumo Boschi, "*Pedro Páramo* o el regreso del hombre", en Violeta Peralta y Liliana Befumo Boschi, *Rulfo. La soledad creadora*, Buenos Aires, Fernando García Cambeiro, 1975). El estudio de Boschi es de los pocos que hacen un análisis hermenéutico centrado también en el universo de los símbolos, principalmente cristianos y de la mitología universal. En este trabajo no pretendo contraponer mi crítica a la suya, en beneficio a la economía del tiempo y espacio, pero tengo la certeza de que, si bien coincidimos en el enfoque, nuestra lectura es diversa en aspectos que considero fundamentales. Por ejemplo, yo centro mi interpretación en la identidad de Juan Preciado como Juan el Evangelista, como se verá más adelante. Ella lo identifica como Cristo.

The meaning of the novel, if one can be verbalized, is that the fall-from-grace is a constant in human experience. The total movement of the narrative is away from wholeness toward disintegration. The characters, in the process, gradually acquire a deepening awareness that original harmony has been irretrievably lost and that all that remain are dreams and memories —pale reminders of an ephemeral, perhaps quixotic moment of completeness in their distant past.[15]

Evidentemente el autor no ha captado las claves del contrapunto que el propio texto indica una y otra vez, como por ejemplo justo al inicio de la novela, en los dos primeros fragmentos. Con una lógica y economía admirables, se nos van marcando los núcleos que apuntan al sentido.

Conviene aludir también a la lectura crítica de José Carlos González Boixo.[16] Si bien éste parte de la disposición básica de los fragmentos, y habla de la complejidad de la estructura, no afina el análisis de los contrapuntos temporales o de la amplitud y significación de los diversos puntos de vista de los personajes.

González Boixo acierta en múltiples aspectos del análisis. No obstante, me parece que titubea respecto a la visión del mundo dominante. Si bien intuye una frágil posibilidad de futuro —seguramente motivado por las declaraciones del propio autor, que ha rechazado la negatividad de la novela—[17] sólo encuentra para sostenerla la lluvia que cae sobre las tumbas y la búsqueda pertinaz y desesperanzada de los personajes. Por lo demás privilegia la visión pesimista y desoladora. Pienso que hay que llevar la lectura a otras matizaciones y, sobre todo, a despejar mejor el nivel simbólico del texto. Por de pronto, hay que recordar —a manera de ejemplo— que las lluvias más persistentes en la novela son las que anteceden y acompañan a la muerte de Susana San Juan y relacionan su mundo con el mundo indígena, y la que acompaña la niñez de Pedro Páramo. También la muerte puede ser paso a la resurrección, sobre todo dentro de una visión cristiana y prehispánica de la obra y la visión del mundo de Rulfo. De hecho, los enterrados en el centro tienen voz o la recuperarán, como es el caso de Susana, y el aprendizaje de Juan Preciado continúa. Es en el submundo donde conocerá la verdad del mundo de Susana San Juan y con él Dorotea, quien colma su deseo del hijo. El tono del enunciado de Juan es sereno. Su gesto hacia Dorotea, acogedor. Nada queda del "horror" del pasaje a la

---

[15] George Ronald Freeman, *Paradise and fall in Rulfo's "Pedro Páramo"*, cap. 5, Cuernavaca, CIDOC, 1970, p. 9.

[16] De González Boixo, *cf.* su "Introducción" a Juan Rulfo, *Pedro Páramo*, 2ª ed., Cátedra, Madrid, 1984, pp. 11-47. (Letras Hispánicas, 189.) También: *Claves narrativas de Juan Rulfo*, 2ª ed. revisada, España, Universidad de León, 1983.

[17] *Cf.* Parte primera, "Rulfo, lector de Rulfo", 8, y nota 152.

muerte que destaca casi exclusivamente González Boixo, por lo que es necesario detenernos nuevamente en su interpretación. Además, la situación de Juan Preciado es contrastante con la muerte de Pedro Páramo. Por eso pretendo volver sobre el texto y proponer una nueva lectura que, no obstante, incluirá aspectos apuntados ya por la crítica.

Abre la novela la declaración de Juan Preciado, en primera persona, que indica su *acción* y el *lugar* de llegada: "Vine a Comala...." Señala cómo el primer motivo que lo impulsó a regresar fue la promesa hecha a su madre de ir en busca de su padre para cobrarse caro el olvido en que los ha tenido a ambos (p. 7). Promesa que Juan Preciado pensó no cumplir al principio. El impulso decisivo, sin embargo, le llega "de repente", que es el modo como ocurren las cosas en el mundo de Comala. O como dice esta primera vez el narrador personaje: "ahora pronto". Y le llega por el camino profético de los "sueños" y de las "ilusiones". Es un impulso superior al que recibe de la madre todavía viva: "por eso viene a Comala" (*id.*).

El segundo fragmento nos coloca de inmediato en *la atmósfera* y *el tiempo* de la narración: "Tiempo de la canícula", "aire de agosto" que "sopla caliente". Indicios todos que se suman al propio nombre del lugar: *Comala*, "lugar sobre las brasas", según declaración del propio autor.[18] Como en "Luvina" el viento se ha desnaturalizado y ha invertido su función aérea, ascendente. Conforme se baja, el calor se intensifica y la actitud, derivada del entorno, es expectante: "Todo parecía estar *como en espera de algo*" (p. 10). Ha empezado el contrapunto.

Se trata de una atmósfera y un tiempo de carácter solar, llevados a sus connotaciones de efecto más destructor (caída). Es el reino masculino, paterno. Sin embargo, el "olor *podrido* de las saponarias" es un indicio de signo opuesto. El adjetivo *podrido* no se repetirá en toda la novela, ni la alusión a las saponarias que remiten al acto de limpiar, pues de ellas se hace

---

[18] El propio Rulfo ha definido así el lugar de llegada de Juan Preciado: "Bueno, Comala es un símbolo. Es una rueda de barro donde calientan las tortillas [...]. Es un símbolo del calor que hace en el lugar donde se desarrolla la historia. Esta historia se desarrolla en la Tierra Caliente [...] una región que está entre la altiplanicie, el México del altiplano, y la Sierra Madre Occidental. Allí hay una faja muy grande que casi abarca todo el país y que le dicen la Tierra Caliente. Hace mucho calor y Comala está enmedio de esa región. Esto significa que está sobre las brasas. Allí dicen que como si estuviera sobre las brasas del infierno. En realidad es un lugar muy caluroso", María Helena Ascanio (ed.), "Juan Rulfo examina su narrativa", en *op. cit.*, pp. 308-309. Además, en la zona donde se crió Rulfo, San Gabriel, hay un cerro del Comal, como consta en documentos de litigio por las tierras de la Hacienda de San Gabriel: "pues también con esa finca los indígenas jipilquenses de aquella época tuvieron divergencias por cuestión de linderos entre el peñasco del Picacho (La Bufa), *el cerro del Comal* y hasta cerca de las juntas de los ríos", probablemente en el siglo XVIII. *Cf.* Enrique Trujillo González, *op. cit.*, p. 144.

el jabón. Su presencia se singulariza con carácter simbólico. De acuerdo con la alquimia, un estado de *putrefacción* es propio del renacimiento de una materia —en el caso de la novela, un mundo— después de la muerte y la disgregación de su escoria. Ese estado suele representarse por "medio de *cuervos* negros [...] y otros signos fúnebres" y supone el principio de la "nueva vida".[19] Así en el texto de Rulfo, un poco más adelante, al juntarse e identificarse entre sí Juan Preciado y Abundio su medio hermano (guía y mediador entre mundos, ejecutor último de la muerte de Pedro Páramo), aparece una "bandada de cuervos":

> [...] Los dos íbamos tan pegados que casi nos tocábamos los hombros.
> —Yo también soy hijo de Pedro Páramo —me dijo.
> Una bandada de cuervos pasó cruzando el cielo vacío, haciendo cuar, cuar, cuar (p. 10).

Los hermanos se quedan vinculados a esa posible transformación del mundo (*subida*).

Después del aire envenenado por la putrefacción, sigue una frase clave porque sintetiza el sentido contrapuntístico. La crítica suele destacarla sin verle su proyección fundamental:

> El camino subía y bajaba: "*Sube o baja según se va o se viene. Para el que va, sube; para el que viene, baja*" (p. 8; las cursivas son del original).

Apenas transcurre la primera hoja de la lectura, estamos ubicados en el lugar, conocemos el motivo, el tiempo y el sentido del devenir. Un devenir que se define por la acción conjunta de subir y bajar. Será la acción del sujeto la que seleccione una u otra alternativa, criterio que es importante para el sentido de la historia que muestra la novela.

Más adelante sabremos que además la frase supone otra clave de interpretación: integra, complementándolos, el enunciado de Juan Preciado y el de Doloritas su madre (lo que delata el uso de la cursiva, característico del enunciado materno recordado por Juan Preciado). Es pues el bionomio de relación real que el texto privilegia desde el comienzo, relativo a la tríada familiar. De la relación padre-hijo hablan los otros: "me dijeron que acá vivía mi padre, *un tal* Pedro Páramo" (p. 7). Para Juan es claro que los "sueños" y las "ilusiones" que lo impulsan a venir identifican a Pedro Páramo con la "esperanza" pero no objetivan la relación:

---

[19] J. E. Cirlot, *op. cit.*, *s.v. putrefacción*.

Y de este modo se me fue formando un mundo alrededor de la esperanza que era *aquel señor* llamado Pedro Páramo, *el marido de mi madre* (*id.*).

Desde un punto de vista estructural, la novela sigue de cerca, en sus dos primeras páginas, el modelo tradicional del género, el cual exige un comienzo que muestre las claves principales de la obra. También, hecho frecuente en un narrador personaje de primera persona, el protagonista habla de sus padres.

Aunque no me detendré mucho, por ahora, en aspectos de este tipo, si bien es clara la ruptura que supone la novela respecto a modelos anteriores (en su fragmentación y el tratamiento temporal y espacial), ello no implica la supresión total de éstos, como hemos observado. *Pedro Páramo* asume los modelos, los transforma o transgrede. En el crisol de múltiples tendencias se conforma su modernidad y su historia. Estamos, sin lugar a dudas, ante un clásico contemporáneo.

"El Llano en llamas" y "Pedro Páramo". Homología estructural

Al comienzo de este trabajo, notamos que los cuentos inciden el *Pedro Páramo* (p. ej. "Luvina").[20] Existe además un cierto paralelismo estructural entre ambos libros.

El Llano en llamas consta de quince cuentos. Ocupa el lugar central del libro "El Llano en llamas", que es también su centro de significación. Como vimos antes, en él se conjuga el proceso histórico vuelto discurso (el periodo revolucionario) con los efectos de ese proceso en términos de la tríada familiar. Se revela cómo el crimen entre hermanos ("la marca de Caín") condena al pueblo al éxodo interminable. No obstante, hay un signo claro de proyección al futuro, pues se logra la transformación del padre, se restablece la tríada familiar y queda el hijo (criado por la madre, en ausencia del padre, aunque se le parece).

En los siete cuentos que anteceden, hemos presenciado la orfandad, los

---

[20] Rulfo comenta esta relación entre los cuentos y la novela: "*Pedro Páramo* lo tenía en la cabeza desde hacía muchos años. La tenía escrita en la cabeza, pero no encontraba la forma. Los cuentos me sirvieron de ejercicio" (Armando Ponce, "Juan Rulfo: Mi generación no me comprendió", en *Proceso*, ed. cit., p. 42). Sobre la relación específica de *Pedro Páramo* con "Luvina", *cf.* "Palabra hablada, palabra escrita", Primera parte, referencia 106. *El Llano en llamas* invierte las partes y las coloca en el orden lineal de la historia: primero los núcleos negativos de ese mundo; luego el centro; finalmente los cuentos que remiten al hijo.

problemas del reparto de tierras y de la población campesina diezmada, el crimen individual contra otros hombres y la venganza.

Inmediatamente antes de "El Llano en llamas" aparece "Talpa" que narra la relación incestuosa y el crimen cainítico en un contexto de mercantilización de los valores religiosos y de la pérdida de relaciones sociales solidarias. Se marca así la génesis del estallido histórico.

Después de "El Llano en llamas", en los siete cuentos que siguen, aparece "¡Diles que no me maten!", donde se plantea el problema de la muerte del padre y la venganza de su muerte (como en *Pedro Páramo*). Ambos mundos (el de la esfera militar —ambigua por su orfandad, pero con un recuerdo positivo del padre— y el campesino —con la familia rota por la ausencia del padre—) están condenados a escindirse debido a la culpa del crimen acaecido treinta años antes, a causa de la injusta repartición de la tierra. Durante ese tiempo el hombre huye continuamente y, en cierto modo, paga su crimen. Pero para la ley de signo patriarcal, sólo queda como destino la muerte del padre, al mismo tiempo culpable y víctima. "Luvina" sintetiza la caída y deterioro final del mundo patriarcal, en contrapunto con los signos de vida de otra generación, como ya he apuntado. Estamos justo en el ámbito del sentido de Pedro Páramo.

Los últimos cuentos tratan, en general, del destino de los hijos (del futuro, aspecto fundamental de la novela). Todos censuran fuertemente la relación padre-hijo, cuyo fracaso se objetiva en la muerte del hijo en "No oyes ladrar los perros". Un hijo que recuerda la conducta licenciosa de Miguel Páramo y que es la proyección de su padre (como lo sugiere la figura conjunta de ambos en el cuento, que no logra la fusión de los contrarios propia de una regeneración, e indica, como imagen, la imposibilidad del binomio padre-hijo).

En "Paso del Norte" el padre se va y provoca la escisión familiar. Se plantea el crimen y los problemas del bracerismo como vías sin solución, pero quedan los hijos y con ellos la posibilidad de futuro. Finalmente, en el ambiente paródico de "Anacleto Morones", se abre también una interrogante sobre el hijo no nacido aún, que se pierde con la madre. Sin embargo, dada la lógica textual, el hijo incestuoso de Anacleto podría implicar la proyección del mundo del padre en el futuro.

Es claro entonces que el centro del libro —el mundo sintetizado en la caída y la posibilidad de resurrección— podría expandirse a "Talpa" y a "¡Diles que no me maten!", si bien el centro textual es "El Llano en llamas" ("Luvina" y los que siguen corresponden a los efectos de la caída, en contrapunto con los signos renovadores de *afuera*).

Esta idea del Centro como el lugar donde se define el sentido es decisiva en el mundo de Rulfo. Lo mismo que en *El Llano en llamas*, es el espacio que determina la organización textual en prácticamente toda su obra.

Si en *El Llano en llamas* se define el sentido en el escenario histórico central de la culpa individual y colectiva, en *Pedro Páramo*, una vez destruido el mundo patriarcal, se define el sentido de la historia en el espacio central, sagrado y simbólico de las transformaciones. Se trata de objetivar en los símbolos el cambio cualitativo necesario que deberá surgir del hombre mismo.

La novela crea también su centro. El libro está dividido en 70 fragmentos.[21] Entre el 30 y el 36 se da el rito de pasaje de un mundo a otro. Corresponden estos fragmentos a la entrada de Juan Preciado al espacio sagrado de *abajo*. Al mismo tiempo, de esos siete fragmentos se privilegia el del medio (el 33), con una connotación cristiana evidente que explicaré más adelante al hablar de los fragmentos y las partes de la novela. Destaca también el fragmento 35, que es el medio aritmético de toda la novela.

Dos narradores principales; dos ópticas

De los cuentos de *El Llano en llamas* se desprende la importancia que tiene el hecho de tener voz o no tenerla en el mundo rulfiano. Se destaca el oído (también la vista, en segundo orden) y es por eso muy significativo que el hombre pierda incluso el deseo de hablar, conforme se acentúa el ejercicio arbitrario del poder sobre su vida. Sobran las palabras en un mundo donde la ley se ejerce al margen de la justicia (*cf.* "Macario" y "Nos han dado la tierra"). Ser dueño de la palabra implica, pues, un poder sobre el mundo y la posibilidad de un acto liberador.

Pedro Páramo se distribuye en dos grandes enunciados principales, a cada uno de los cuales le corresponde un narrador y un punto de vista

---

[21] Algunos críticos han señalado que existen variantes de una edición a otra en la división de las partes, sin añadir mucho más. En efecto, se registra una diferencia, por lo general, de uno o dos fragmentos, que obedece a una separación equivocada de alguno de éstos. Considero que la mejor edición es la que he utilizado en el trabajo (*cf.*, nota 2). Imagino que, en parte, los errores se han debido al descuido y al hecho de que hasta la edición de Bellas Artes de 1980 no se habían utilizado marcas gráficas específicas para separar unos fragmentos de otros. Conviene aclarar que las variantes de las ediciones publicadas no alteran significativamente la interpretación, pues los fragmentos que constituyen el centro del sentido se mantienen como tales.

La primera versión "definitiva", a máquina, que se conserva en El Centro Mexicano de Escritores —de la que tengo una copia gracias al maestro Francisco Monterde— consta de 66 fragmentos. A pesar de la diferencia, también en esta versión "original" se mantiene el centro (matemático y del sentido) del 33 y la secuencia del fragmento 30 al 36.

dominante. El primero es el del *hijo* Juan Preciado, quien asume el discurso en primera persona, desde el comienzo de la novela, y domina durante todo el primer movimiento. A partir del fragmento 40 sólo aparece cuatro veces de manera significativa. El segundo narrador es una conciencia omnisciente del mundo de Pedro Páramo; domina en la segunda parte y aparece diez veces en la primera. Narra en tercera persona, y a veces cede la palabra a otro de los personajes de ese mundo. El punto de vista omnisciente oscila con el de primera persona de sus interlocutores; como un lente fotográfico que va del *close up* a una visión más distanciada de los hechos. Esto garantiza la credibilidad de lo narrado con mayor fuerza. Al mismo tiempo, es la voz que corresponde a la no-persona. Implica una pérdida de poder del padre, Pedro Páramo, centro de atención de este segundo enunciado, junto con Susana San Juan.

Este paso del punto de vista dominante de la tercera persona a un punto de vista de primera persona en el segundo movimiento, se reproduce entre los fragmentos, cuando hay cambio del narrador principal. El efecto refuerza el ritmo ascendente y descendente característico de la novela.

Sin embargo, los enunciados nunca se confunden, ni coinciden en un mismo fragmento. Ante el lector se alternan frecuentemente, lo cual produce un efecto de simultaneidad temporal y espacial que entrevera ambas historias al desarrollarse éstas en el texto. No obstante, sabemos que para los entes de ficción son partes incomunicadas. La comunicación se dará, por excepción altamente significativa, en el enunciado del hijo, en el presente y entre los muertos, que es el mundo de la esperanza y del posible nacimiento del hombre nuevo. Por eso morir es "acortar veredas" según Eduviges (p. 16), y para los de "Luvina", "la muerte [...] es una esperanza" (p. 119).

Un detalle adicional: la novela *se inicia* con la llegada de Juan Preciado a Comala: "Vine a Comala [...]". Es decir, con Juan Preciado *vivo*, dueño de su acción y de la voz. Sólo sabemos que ha muerto en el fragmento 37, inmediatamente después de los fragmentos centrales (30-36) que narran el sacrificio de Juan Preciado y el rito de pasaje a un nuevo orden en el mundo, bajo el signo del hijo, quien es enviado para sustituir a la madre (mundo lunar de las transformaciones). Lo que equivale a decir que ha muerto para vivir y dar la vida. La novela *concluye* con la *muerte* definitiva (sin posibilidad de regeneración) del mundo opresor de Pedro Páramo. La piedra invierte su fuerza monolítica. El hombre desaparece sin voz (sin poder) y sin cuerpo (sin placer); queda sólo una súplica que no se manifiesta, como si se le negara hasta el murmullo característico de las ánimas y de los vivos suplicantes en la novela: "cayó, suplicando por dentro; pero sin decir una sola palabra. Dio un golpe seco contra la tierra y se fue desmoronando como si fuera un montón de piedras" (p. 159).

Dos movimientos: Los fragmentos y las partes

Los enunciados principales que organizan *Pedro Páramo* le dan también su fluidez entrecortada; se entreveran y marcan dos unidades, definidas por la preeminencia de uno de los enunciados sobre el otro.

Estas unidades corresponden a los dos movimientos de la imaginación que constituyen la novela. Uno *ascendente*, con una clara perspectiva de profundidad ética (el del hijo, Juan Preciado). El otro *descendente* (el del padre, Pedro Páramo), de muerte sin esperanza de resurrección (muerte que ya temía Macario, el primer gran huérfano de *El Llano en llamas*) que se da en las sucesivas caídas y muertes de Pedro Páramo, contrapunteadas por el anhelo del ideal (su deseo de Susana San Juan). La ondulación de la caída lleva a la experiencia de la "caída infinita".[22]

En la organización textual estos dos grandes movimientos dividen en dos el texto; forman un eje vertical con un núcleo fundador trino, entre ambos (fragmentos 37-39), que sintetiza el sentido, equilibra la novela y cancela la posibilidad del vacío de la escisión (punto sobre el que volveré después). El primero se da del fragmento 1 al 36. El segundo del fragmento 40 al 70.

Dentro del primer movimiento ocurre la transformación de Juan Preciado entre los fragmentos 30-36, de orden trino también, que tiene como centro el fragmento cristológico 33. En el segundo se destacan los fragmentos 48-51 y 62-65 en los cuales ocurre la muerte y la transformación última de Susana San Juan.

Primer movimiento. El mundo de Juan Preciado y la niñez de Pedro Páramo

Juan Preciado: El quinario armónico

Al iniciar este trabajo, comenté la extraordinaria economía textual del comienzo de la novela (fragmentos 1-5), y señalé algunos aspectos que allí

---

[22] *Cf.* G. Bachelard, "Nietzsche y el psiquismo ascensional" en *El aire y los sueños*, ed. cit., pp. 122-123 y 199-200.

se destacan. Basta ahora recordar las relaciones privilegiadas: la de madre-hijo que se presenta como la "real" y la de padre-hijo inexistente y, por lo tanto, acicate paradójico de la esperanza. También aparece la unión no incestuosa de los hermanos en el campo iniciático (se topan en Los Encuentros, donde Juan esperó la llegada de Abundio).

El ambiente se satura de los signos maternos: la voz de *la madre viva* actualizada en el recuerdo, ordenando el destino ("su voz era secreta, casi apagada, como si hablara consigo misma... Mi madre", p. 8); los hijos (Abundio y Juan) llevan el apellido de sus respectivas madres.[23] El segundo encuentro de Juan es con Eduviges, iniciadora ambigua en el camino de la muerte; mujer que ya antes sustituyó a su madre y que la conocía desde joven.

Es interesante destacar la primera caracterización que recibe Juan Preciado de su padre, en boca de su medio hermano. A su pregunta, referida al presente (—"¿Quién es?"), contesta Abundio: —"Un rencor vivo" (p. 10) que "murió hace muchos años" (p. 12). La ambivalencia aparente se resuelve pronto. Lo que resta de Pedro Páramo al empezar la novela es ese rencor que vive en los demás hacia él y que se manifiesta, por ejemplo, en el gesto de Abundio: "dio un pajuelazo contra los burros, sin necesidad" (p. 10). También con la alusión al rencor se anima el retrato de la madre de Juan Preciado: "Sentí el retrato de mi madre guardado en la bolsa de la camisa, calentándome el corazón, como si ella también sudara" (*id.*). Ya desde antes sabemos de ese rencor: "El olvido en que nos tuvo, mi hijo, cóbraselo caro" (p. 7).[24]

Juan Preciado sigue el camino trazado por su madre, pero no en función de su rencor; asume su "misión" después y espera con ilusión lo que va a acontecer, impulsado por los "sueños" y las "ilusiones" de *lo alto* (*id.*). Para que cumpla su destino la madre ha sabido edificar en su sensibilidad la

[23] El texto oculta el de Abundio hasta el final, cuando va a dar muerte a Pedro Páramo. Pero el nombre ya lo identifica con el mundo materno desbordado ("fuera del agua", "desbordarse del agua"). *Cf.* Gutierre Tibón, *Diccionario etimológico de nombres propios de persona*, ed. cit., *s.v. Abundio.*

[24] Recién publicada la novela, Carlos Fuentes percibió así el sentido del pasaje: "Pues si no es en la memoria y en el rencor de la gente que él oprime, ¿dónde podría seguir viviendo Pedro Páramo, fantasma de sí mismo?" ("Pedro Páramo", en Joseph Sommers, ed., *op. cit.*, pp. 57-58). Jorge Ruffinelli, en cambio, destaca la ambivalencia temporal (presente-pasado) y de perspectiva (el rencor visto desde Pedro Páramo o desde los otros), cuando comparó la novela de Rulfo con *Derboranza* de C. F. Ramuz. Su interpretación final me parece contradictoria con los matices que el texto especifica: "el rencor *vive* despersonalizado [...] como un sentimiento fantasmal en sí mismo, sin cuerpo en que sustentarse" ("*Pedro Páramo* y *Derborance* realidad fantástica y discurso social", en *Texto Crítico*, Universidad Veracruzana, núms. 16-17, VI, 1980, p. 78).

imagen paradisiaca de la tierra prometida, *su tierra*. Es este discurso el que establece el contrapunto ascendente contra la realidad de la caída del tiempo actual ("¿Y por qué se ve esto tan triste?— Son los tiempos, señor", p. 8).

El hijo arriero muestra la tierra del padre y del padrino (dueño sin objeto de la carne y del espíritu): "nuestras madres nos malparieron en un petate aunque éramos hijos de Pedro Páramo. Y lo más chistoso es que él nos llevó a bautizar" (p. 11). El latifundio está signado por los símbolos de lo bajo y perverso: una "loma que parece de puerco", símbolo de los deseos impuros, de la transformación de lo superior en inferior y del abismo amoral en lo perverso,[25] en contraste con el nombre de Media Luna que indica el mundo superior en el ámbito patriarcal, representado por la luna nueva[26] (inversión de valores característica del mundo de Pedro Páramo).

El *fragmento 3*, dentro de esta primera parte, como todos los centros en la obra, conjuga los contrarios. El *ayer* vital del atardecer en Sayula con el *ahora* devastado de Comala, "pueblo sin ruidos, en ruina, lleno de ecos (es decir, vacío de sonido propio).

La imagen para caracterizar el espacio vital, abierto al futuro, es una ampliación de la que aparece en "Luvina" con la misma función:

> Era la hora en que los niños juegan en las calles de todos los pueblos, llenando con sus gritos la tarde. Cuando aún las paredes negras reflejan la luz amarilla del sol.
> [...] Y había visto también el vuelo de las palomas rompiendo el aire quieto, sacudiendo sus alas como si se desprendieran del día. Volaban, y caían sobre los tejados, mientras los gritos de los niños revoloteaban y parecían teñirse de azul en el cielo del atardecer (p. 12).

La presencia del espacio vital, aéreo y alado, y la voz de la madre aún más clara en su interior, es suficiente para no debilitar la esperanza. Juan Preciado *siente* lo que la vista y el oído le niegan: "Y aunque no había niños jugando, ni palomas, ni tejados azules, *sentí que el pueblo vivía*" (p. 13). Es una fe que lo fortalece para cumplir su destino. El fragmento siguiente recuerda lo dicho por Abundio al despedirse. Sitúa la casa del arriero en un espacio *alto*, "más allá, donde se ve la trabazón de los cerros. Allá tengo mi casa. Si usted quiere venir, será bienvenido" (p. 14).

Abundio dirige a Juan Preciado a la casa de Eduviges Dyada. Ha sido lugar de paso de los que se van (de los que *suben*); *ahora* lo es de los que llegan para *bajar* (y poder *subir* después).

---

[25] J. E. Cirlot, *op. cit.*, *s.v. cerdo*.

[26] *Cf.* Mircea Eliade, "Metafísica lunar", en *Tratado de historia de las religiones*, pref. de Georges Dumézil, México, Era, 1972, p. 176.

El arriero de Los Encuentros queda como un enigma que se reabre en el fragmento 9. Eduviges se identifica con Doloritas, la madre de Juan Preciado y tiene una triple función: *1*) Prepara a Juan para la muerte que "acorta veredas". Como el soldado romano —su nombre equivale a "la que lucha en las batallas"— cree en la cicuta, ya que en el mundo de Comala, morir es una batalla liberadora. *2*) Es enviada de la madre para guiarlo en el camino. Después pretende alcanzarla a ella en "alguno de los caminos de la eternidad" (p. 17). *3*) Le revela a Juan Preciado que él pudo ser su hijo.

Juan Preciado es dócil al llamado; se sumerge en ese mundo ("Me sentí en un mundo lejano y me dejé arrastrar", *id.*). Queda interrumpido su diálogo con Eduviges, que se reanudará en el fragmento 9.

Infancia y cesura de Pedro Páramo

Mientras Juan Preciado *baja* al submundo, pasamos al tiempo *alto* paradisiaco, de la niñez de Pedro Páramo. Ha pasado la Revolución ("Ya se había ido la tormenta", *id.*) y hay todavía una esperanza en la tierra.

Este núcleo (fragmentos 6-8) se empieza con el efecto del agua sobre la arena. Agua que cae del techo y no del cielo. Es un mundo germinal, materno y femenino (humedad, plantas, tierra) en armonía y unión con los signos vitales y solares: "Al recorrerse las nubes, el sol sacaba luz a las piedras, irisaba todo de colores, se bebía el agua de la tierra, jugaba con el aire dándole brillo a las hojas con que jugaba el aire" (p. 18).

Esa conjunción equilibrada es breve y da paso a un contraste tajante. Sentado en el *excusado*, Pedro evoca a Susana San Juan, el ideal inaccesible: "Escondida en la inmensidad de Dios, detrás de su Divina Providencia, donde yo no puedo alcanzarte ni verte y a donde no llegan mis palabras" (p. 19). Hemos pasado de *lo más bajo* a *lo más alto*, los dos extremos de la obra de transmutación. El proceso ha sido radical. Es innegable el carácter melibeico de ese amor sustituto de Dios, condenado por imposible.

Pedro, sin embargo, queda atado a un tiempo anterior de la infancia donde sí se dio la unión paradisiaca, en consonancia con la naturaleza (p. 18). Si la felicidad de la vida amorosa no se logra, Pedro Páramo escoge desde la niñez la mercantilización de la vida como satisfactor. De las heces (*lo bajo* que posibilita *lo alto*: el oro alquímico, la felicidad de la vida corporal y lo valioso en psicoanálisis), se pasará a la ganancia del oro entendido como poder adquisitivo material y no como lo más alto: "Encontró un peso. Dejó el veinte y agarró el peso. 'Ahora me sobrará dinero para lo que se ofrezca', pensó" (p. 21).

Se ha gestado la personalidad escindida de Pedro Páramo, que los sucesos próximos se encargarán de reafirmar. Personalidad escindida entre el amor ideal y el quehacer histórico de dominio, sin que se dé el punto de equilibrio, cuya posibilidad de realización parece cancelada (muerte del abuelo, madre "despedazada" por el dolor, aplastada del techo, *abajo*).

Sentido armónico de Abundio

En el presente de la escritura, por contraste (fragmento 9), se completa la imagen de Abundio en boca de Eduviges. Situado en *lo bajo* de la escala social, el ritmo dominante de este hijo de Pedro Páramo es *ascendente*. Querido por todos, fue el correo, *el nexo entre este mundo y el otro lado del mundo*, antes de "su desgracia" (ensordecimiento accidental simbólico porque no sale de su interior, sino que le viene de la circunstancia histórica en que vive). Cuando aparece en la novela, a diferencia de otros personajes de Comala, Abundio vive en *lo alto*. ¿Es mediador para la conjunción necesaria del cielo con la tierra? Así parece sugerirlo el diálogo entre Eduviges y Juan Preciado. Ella relata que antes quedó sordo y dejó de hablar. Juan insiste en su capacidad auditiva y Eduviges no parece tener seguridad de lo que ha afirmado:

—Éste de que le hablo oía bien.
—No debe ser él. Además, Abundio ya murió. *Debe haber muerto seguramente. ¿Te das cuenta?* Así que no puede ser él.
—Estoy de acuerdo con usted (p. 23).

Lo que se revela es que, como en el Evangelio, para aprehender el sentido es necesario "oír". Sólo quien oye puede hablar. Si bien Juan Preciado narra su historia en primera persona, su enunciado nos lo mostrará más atento a oír que a hablar. Es su ritual de aprendizaje. Conforme oye, actúa.

Juan Preciado conoce ya la función de Abundio. Conocerá también, en este fragmento, la sustitución de la madre por Eduviges la noche de la boda con Pedro Páramo. La orden de la madre, entonces, es análoga a la que da años después a Juan Preciado: "—Ve tú en mi lugar, me decía" (p. 25). Con ella logra cumplir un objetivo: ¿determinar el tiempo del nacimiento de Juan Preciado? ("Al año siguiente naciste tú; pero no de mí [...]", dice Eduviges, p. 26.) No hay duda que Juan Preciado, como su nombre lo indica, es el elegido; el preferido "lunar" para el cambio.

Un saber decisivo es que Juan Preciado comprenderá el rencor de la madre hacia Pedro Páramo, y por qué se aleja de él llevándose al hijo. Este saber socava la posibilidad de un encuentro a distancia con la imagen paterna que debe desaparecer en el hijo ¿para que el pueblo sea el "paraíso recuperado"? De ahí el contrapunto entre el lugar anhelado y posible y el páramo de la cotidianidad esclavizante de la madre en su vida con Pedro:

> ...*Llanuras verdes. Ver subir y bajar el horizonte con el viento que mueve las espigas, el rizar de la tarde con una lluvia de triples rizos. El color de la tierra, el olor de la alfalfa y del pan. Un pueblo que huele a miel derramada...*
>
> Ella siempre odió a Pedro Páramo. "¡Doloritas! ¿Ya ordenó que me preparen el desayuno?" Y tu madre se levantaba antes del amanecer [...].
>
> ¿Cuántas veces oyó tu madre aquel llamado? "Doña Doloritas, esto está frío. Esto no sirve." ¿Cuántas veces? Y aunque estaba acostumbrada a pasar lo peor, sus ojos humildes se endurecieron (*id.*).

Nosotros lectores conocemos además la pérdida del paraíso muy tempra-no en la vida de Pedro Páramo (saber que no conviene a Juan Preciado para la firmeza necesaria a su destino liberador). Este saber del lector se precisa en el fragmento siguiente.

Mundo de Pedro Páramo

Excepcionalmente, Pedro Páramo asume la primera persona en todo el frag-mento que revela el hecho desencadenante de la gran caída: la partida de Susana San Juan y su "odio" hacia el pueblo de Comala (fragmento 10, p. 28).

Sin alma, sin centro, se inicia como el *gran negador* de la vida y de su modelo evangélico, Pedro, a quien sigue fragmentariamente también (en el gesto externo de la negación, y no en su sentido integral). Lo primero es su negación a "resignarse". Su arbitraria ¿trágica? rebeldía contra la vida. La premonición de la abuela, al finalizar el fragmento, confirma el destino abyecto del ¿preadolescente?: "Siento que te va a ir mal, Pedro Páramo" (p. 29).

El quinario escindido: Orfandad de Pedro, muerte de Miguel y éxodo

Del quinario armónico principal de Juan Preciado (*lo alto*) pasamos al quinario sin centro, de orfandad y muerte, de Pedro Páramo (*lo bajo*). En este modelo de sentido se conjugan los dos enunciados principales (fragmentos 11-15). El *centro* (fragmento 13) va a la raíz.

La muerte de Miguel Páramo es ejemplar para Juan Preciado (fragmentos 11 y 12), ya que en el mundo de los hijos Miguel pretendió sobrepasar, acortando los tiempos, los antivalores del mundo paterno (p. 31). El modelo superior del *caballero* que subyace en su figura, y en su nombre, está negado totalmente con su vida. Es el *antihéroe* (la negación de la función heroica que sería propia del hijo en un mundo patriarcal orientado hacia la vida, *lo alto*). Éste es un saber que templa el espíritu de Juan Preciado para cumplir su objetivo.

Al mismo tiempo, en el segundo enunciado —dirigido al lector— su muerte corona la imposibilidad de futuro del mundo patriarcal que claramente representa en su valor invertido. Se sugiere que su crimen es *imperdonable*, ya que vulnera el principio rector de la Iglesia en tanto "pueblo de Dios". Mata al padre y hermano y viola a la mujer que la representa, si bien ella no está totalmente exenta de culpa, pues deja hacer.

El texto, como en los enunciados de la madre, reafirma (esta vez para el lector) la posibilidad de salvación, y condena a Miguel Páramo (*véase* el comienzo del fragmento 14). Es, tal vez por el detalle del entrecomillado sin cursivas, la voz del narrador omnisciente, quien se declara parte del "nosotros" (¿el autor?):

> Hay aire y sol, hay nubes. Allá arriba un cielo azul y detrás de él tal vez haya canciones; tal vez mejores voces... Hay esperanza, en suma. Hay esperanza para nosotros, contra nuestro pesar.
>
> Pero no para ti, Miguel Páramo, que has muerto sin perdón y no alcanzarás ninguna gracia (p. 34).

Esta realidad cuestiona gravemente al padre Rentería, guía espiritual de ese pueblo. Él está llamado a intensificar los vínculos fraternos que religan con Dios Padre. Conocemos su conflicto entre la práctica de su ministerio, su naturaleza humana y su fe y misión cristianas. Como hombre condena a Miguel Páramo; como sacerdote deja en Dios la decisión última y acepta en su interior, no sin dolor, la posibilidad de salvación (fin del fragmento 14 y del 15).

Los efectos sociales (disgregación del "pueblo de Dios") e históricos (pérdida del futuro) remiten al *centro* del núcleo de sentido (fragmento 13). Allí se muestra la muerte consecutiva del padre y de la madre de Pedro Páramo. A esta última la sabíamos ya vulnerada ("despedazada"; sin centro, debido a la muerte del padre). La *orfandad* en el nivel simbólico implica la pérdida de la ley moral, de la raíz y del amor nutriente y protector o, más bien, el vacío de la deseada unión de los contrarios, generadora de la vida.[27]

El juicio popular y la culpa

La muerte de Miguel Páramo permite un indicio de subversión popular (fragmentos 16-17). Como ante el gobierno en "Luvina", el pueblo ríe burlonamente y emite un juicio contundente: "se murió muy a tiempo". Se *teme* todavía, sin embargo, a la presencia del padre, Pedro Páramo.

El padre Rentería asume su culpa, condicionado también por el temor: ha mercantizado su iglesia; ha cambiado, como Pilatos, su servicio de la misa del perdón por unas monedas; ha descuidado su función pastoral por "el *temor* de ofender a quienes me sostienen [...] ellos me dan mi mantenimiento. De los pobres no consigo nada [...]. Así ha sido hasta ahora. Y éstas son las consecuencias. Mi culpa" (p. 40).

Este *temor del "pueblo de Dios"* hacia el poder absoluto, ligado a los efectos opresores de la estructura económica, justifica la segunda parte de la novela: es necesario ver morir con todas sus contradicciones (Pedro Páramo es opresor y víctima) a la esfera del poder absoluto.

El grito del ajusticiado

El aprendizaje de Juan Preciado se acerca a su fin (fragmento 18). Educado a "sentir", más que a razonar, le basta el pasaje metafórico del grito del ahorcado.[28] Éste grita su reclamo y su impotencia, y el grito adquiere dimensiones de hondura incalculable. Es la voz colectiva del pueblo sacrificado —sin objetivo cierto— irónicamente detenida entre el cielo y la tierra, reclamando justicia. Ineludible es la asociación, en el plano social concreto, con *los ahorcados* que pueblan la novela de la Revolución, se marcan en *El Llano en llamas* y condicionan para siempre la imaginación de Rulfo:

> Era un grito arrastrado como el alarido de algún borracho:
> "¡Ay vida, no me mereces!"
> [...]

---

[27] Estamos lejos del drama del niño abandonado que "se ve compensado por la grandeza mítica del 'huérfano', del niño primordial en su absoluta e invulnerable soledad cósmica, en su unicidad. La aparición de semejante 'niño' coincidiría con un momento auroral: creación del cosmos, creación de un mundo nuevo, una nueva época histórica [...], una 'vida nueva', en cualquier nivel de la realidad" (Mircea Eliade, *op. cit.*, p. 230).

[28] *Cf.* J. E. Cirlot, *op. cit., s.v. ahorcado.*

No, no era posible calcular la hondura del silencio que produjo aquel grito. Como si la tierra se hubiera vaciado de su aire. Ningún sonido; ni el del resuello, ni el del latir del corazón; como si se detuviera el mismo ruido de la conciencia. Y cuando terminó la pausa [...] retornó el grito y se siguió oyendo por un largo rato: "¡Déjenme aunque sea el derecho de pataleo que tienen los ahorcados!" (p. 43).

Es una imagen sonora que condensa toda la fuerza de ese mundo llamado a ser liberado, como en torno a un grito se ordenó en el pasado el mundo de Pedro Páramo (*véase* el segundo movimiento). Sugiere también que Juan Preciado deberá liberar *el alma* de ese mundo, aprisionada en la roca sorda de la materia (reminiscencia clara del mito de Andrómeda, asociado en la novela a Susana San Juan y a su padre, dueños de la mina la Andrómeda, y a la mujer del submundo, *cf. infra.*).

El grito precede a la aparición de Damiana, madre y abuela de la Media Luna, cuya función se aclarará en el segundo movimiento. Ahora su actuación es ambigua: acoge y tienta a Juan, invitándolo a *dormir* en la Media Luna. Parece *viva*. Recuerda que ha sido su primera nana y Juan, a su vez, la reconoce porque su madre le había hablado de ella. Tal vez sólo es un paliativo para el desasosiego causado por el grito y la inminencia de lo que va a ocurrir. Lo que es indudable es que ella, como Eduviges, representa el cordón materno que lo guía.

Pérdida de los límites; inversión de lo alto

Muerto el padre de Pedro Páramo, queda su capataz *Fulgor Sedano*, quien representa inicialmente la *antigua ley* opresora. Será, sin embargo, el ejecutor de *la nueva* ley del hijo (Pedro, en tanto negación de Cristo): ley de la muerte, del despojo, de la mercantilización de los valores más estimados (la relación con la mujer, con la familia, la iglesia sacramental y la iglesia "pueblo de Dios", la propiedad justa de la tierra, su sentido vital, fragmentos 19-24).

Sabemos que Pedro Páramo está condenado porque su negación ha rebasado con creces el límite del padre ("La ley [...] la vamos a hacer nosotros [...]. Lucas Páramo ya murió", p. 53). Por eso ha muerto su futuro, cosa que ya sabemos desde que murió Miguel Páramo. La admiración y sumisión de Fulgor ante ese poder opresor le hace negar también la naturaleza positiva, implícita en su nombre ("resplandor, brillo propio"). Más bien encarna la dimensión simbólica de su nombre: "símbolo de la fuerza de lo indiferenciado, de la disolución" según Évola.[29]

[29] Cit. en *ibid., s.v. fulgor.*

El crimen se entrevera y se suma al casamiento por interés de Pedro Páramo con Dolores Preciado, para "pagar" la antigua deuda de los Páramo a las Preciado. No es extraño que de lo tenido en menos surja la fuerza de la renovación que crece oculta y seguramente (la locura de la Cruz).

Pedro Páramo determina su casamiento con Dolores; la orden del crimen moral la ejecuta Fulgor; también el despojo. En el sentido de *lo alto* la mujer se asocia simbólicamente con la tierra por su fuerza generadora de nueva vida. Pedro Páramo —y en consecuencia Fulgor— utiliza a la mujer para acaparar la tierra (así Fulgor: "'Vente para acá, tierrita de *Enmedio*.' La veía venir [...] Lo que significa una mujer después de todo", p. 50).

Rebasados los límites, se intensifica la necesidad de subvertir ese mundo. El hecho es evidente, por ejemplo, cuando Pedro Páramo comenta irónicamente a Fulgor: "No te preocupen los lienzos. No habrá lienzos. La tierra no tiene divisiones" (p. 49). La frase mercantiliza y parodia el sentido simbólico de la madre tierra. En cambio, Dolores Preciado —dueña del rancho de *Enmedio*—, parece cumplir un destino superior de *mediación*, como el nombre de su tierra lo indica. Con ella, la mujer legítima, entra de lleno el mundo de la madre en la esterilidad de la Media Luna. Es evidente que es mujer regida por el destino lunar ("la luna" de su menstruación es la que interviene la noche de la boda y crea la distancia inicial en el origen mismo de la relación).[30]

La naturaleza indica *la escisión* de cielo y tierra. *Arriba* domina el mundo alado; el aire se vuelve agresivo, caluroso. "El cielo era todavía azul. Había pocas nubes. El aire soplaba allá *arriba*, aunque aquí *abajo* se convertía en calor" (pp. 53-54).

El mundo vacío de su centro

Damiana, última guardiana del camino, previene a Juan Preciado de la conversión de Comala en un lugar de ecos y rumores de las ánimas que

---

[30] La gestación de Juan Preciado está envuelta en algo de misterio. En la hierofanía de la tierra "los niños no son concebidos por el padre, sino que en un [estadio] más o menos adelantado de su desarrollo, vienen a ocupar un lugar en el vientre materno después del contacto entre la mujer y un objeto o un animal del medio [ambiente cósmico]" (M. Eliade, en "Estructura de las hierofanías telúricas", *op. cit.*, p. 224). Conviene recordar la intervención de Inocencio Osorio, el *Saltaperico* que tenía el oficio de "provocador de sueños" quien prohíbe a la madre de Juan Preciado que se acueste con ningún hombre la noche de su boda (*cf.* pp. 24-25). Obviamente se connota, además, la concepción de Jesús, aunque sólo en un segundo nivel. El texto asocia y, al mismo tiempo, separa claramente el mundo de Juan del tiempo de Cristo.

todavía rezan por el mundo: "Así que *no te asustes* si oyes ecos más recientes, Juan Preciado" (fragmento 25, p. 55). Después desaparece y sólo queda el eco de la voz de Juan Preciado llamándola.

Presagio de otro tiempo por venir

En el cuaternario de los fragmentos 26-29, las voces del pueblo unen el pasado, el presente y los espacios. La conjunción sugiere que el mal social (ecos, murmullos, rumores, mugido) es el mismo *antes* y *ahora*.

Inicialmente (fragmento 26) Juan Preciado *oye*. Y oye, en primer término, *la queja de las mujeres*. Su temor de ser utilizadas en beneficio del poder absoluto. Como Agripina en "Luvina", son ellas las que se adelantan en el camino. Luego el narrador parece desaparecer para que no haya distancia entre el lector y la queja popular. Se oye entonces un diálogo que muestra la burla y el despojo de la tierra de los pequeños propietarios (¿medieros?). Siguen dos fragmentos, en uno de los cuales la soledad de la mujer (la imposibilidad de la pareja) se explica por la presencia del padre que se interpone en su vida (casarse implica la muerte del padre).

Después viene el fragmento 29. Breve pasaje sonoro que sintetiza la transformación gradual del ruido en canto. Canciones lejanas de penas de amor que son, tanto del hombre como de la mujer, y por su tono *melancólico*, propias de un tiempo lunar. Por eso el canto popular que se destaca en el texto parece estar en boca de hombre, pero la voz remite a la mujer. Una vez más estamos en el ámbito poético de Juan Preciado, en el cual las cosas nos llegan por la sensibilidad (mundo de tendencia femenina) más que por la conciencia (mundo de tendencia masculina). Son también expresiones sintéticas, nucleares:

Ruidos. Voces. Rumores. Canciones lejanas:

Mi novia me dio un pañuelo
con orillas de llorar...

En falsete. Como si fueran mujeres las que cantaran
(p. 60; las cursivas son del original).

Las palabras vueltas canto, y canto popular, presagian el advenimiento de un nuevo mundo que supere el incesto de una sociedad vuelta hacia su pasado ideal, caduco históricamente.

Ritual cuaternario; paso de un mundo a otro

En este *septenario*[31] (fragmentos 30-36) se produce la inversión necesaria para una *transformación total* del mundo presente, en otro que se anhela (simbolizado por el deseo, la sed y la lluvia a través de toda la novela y en los cuentos).

El texto objetiva una nueva Pascua cristiana en el lenguaje simbólico universal, y en la cotidianidad de los elementos verbales y sensibles. Es la Pasión de Juan, el Preciado por Jesús. Junto con *la madre* Juan forma el nuevo binomio de este mundo que debe estar regido por el Espíritu ("Al ver a su madre y a su lado al discípulo preferido, dijo Jesús: Mujer, ése es tu hijo, y luego dijo al discípulo: Ésa es tu madre").[32] Esta interpretación ilumina también el sentido del nombre de Dolores para la madre de Juan, ya que en la tradición popular la muerte de Jesús convierte a la Virgen María en Virgen de los Dolores.

Si los fragmentos simbolizan la nueva Semana Santa, el tiempo cronológico que transcurre es de tres días con sus noches ("El Mesías sufrirá [morirá], resucitará...").[33]

Juan Preciado inicia el camino de su pasión con una visión ejemplar que sintetiza en su efecto totalizador al mundo: *el carro*. Por tratarse de un mundo agrícola, y de su fundamento, son *carretas*: "Vi pasar las carretas." Se contraponen de manera límite —en el máximo de tensión— la visión degradada, *baja* (el presente) y la visión *alta* (el pasado; el discurso de la madre en el recuerdo), en un ritmo en tres tiempos que privilegia el efecto de caída (bajo-alto-más bajo). De un lado los signos desvitalizados del comienzo y el cierre del pasaje (el movimiento pesado, los hombres como dormidos, la ausencia de frutos, el silencio, la noche, la sombra, *el eco de las sombras*): de otro, la exuberancia vital de la madrugada que antecede a la primavera y ocupa el centro del pasaje:

> Vi pasar las carretas. Los bueyes moviéndose despacio. El crujir de las piedras bajo las ruedas. Los hombres como si vinieran dormidos.
> "...*Todas las madrugadas el pueblo tiembla con el paso de las carretas.*

---

[31] El siete es "símbolo de la transformación y de la integración de la gama de jerarquías en su totalidad". Es, dice Hipócrates, "dispensador de la vida y la fuente de todos los cambios, pues incluso la luna cambia de fase cada siete días..." (*Cf.* J. E. Cirlot, *op. cit., s.v. septenario*).

[32] Jn 19, 26-27. Para todas las referencias a la Biblia utilizo *la Nueva Biblia española* (edición latinoamericana), ed. y trad. de Luis Alonso Schökel y Juan Mateos, Madrid, Cristiandad, 1976.

[33] Lc 24, 46.

Llegan de todas partes, copeteadas de salitre, de mazorcas, de yerbas de pará. Rechinan sus ruedas haciendo vibrar las ventanas, despertando a la gente. Es la misma hora en que se abren los hornos y huele a pan recién horneado. Y de pronto puede tronar el cielo. Caer la lluvia. Puede llegar la primavera [...]." Carretas vacías, remoliendo el silencio de las calles. Perdiéndose en el oscuro camino de la noche. Y las sombras. El eco de las sombras (pp. 60-61; las cursivas son del original).

Inmediatamente después de esta segunda visión que sugiere el vacío más allá de las tinieblas, Juan Preciado —como Jesús en el monte de los Olivos—[34] inicia su pasión con la tentación del regreso total (es decir, la anulación del Calvario): "Pensé regresar. Sentí allá *arriba* la huella por donde había venido, como una herida abierta entre la negrura de los cerros" (p. 61).

Lo que ocurre, en cambio, sin transición, es la presencia de los hermanos incestuosos que esperan la llegada de su "hora" en ¿los Confines de la tierra? Se trata de una pareja adánica por todos los indicios.

En el fragmento 31 crecen los símbolos de la transformación. Las palabras dejan de ser "sentidas" y empiezan a recuperar su sonoridad. El lenguaje cobra su función distintiva. Por eso Juan Preciado destacará que *siente* y *oye* el mundo que lo rodea en "el albor del amanecer. Sentía la luz. Oía" (p. 64). Lo que oye sólo lo conocemos por los movimientos y gestos que la mujer *ve* e interpreta mientras él duerme.

Míralo cómo se mueve, como que no encuentra acomodo. Si se ofrece ya no puede con su alma.
[...].
—Se rebulle sobre sí mismo como un condenado [...]. Se restriega contra el suelo, retorciéndose. Babea. Ha de ser alguien que debe muchas muertes [...] (*id.*).

La lectura simbólica de ese lenguaje corporal es otra. Revolcarse en el suelo supone que el contacto con la tierra favorece las posibilidades de "inversión" de un orden dado en su opuesto. Según Cirlot,[35] se trata de uno de los *actos sacrificiales* que provocan o facilitan el "cambio de circunstancias y de corriente vital".

Con el sol de mediodía despierta Juan Preciado y pide orientación para salir del lugar. Ha pasado la prueba del enfrentamiento con todo lo negativo

---

[34] Lc 22, 42-44.
[35] J. E. Cirlot, *op. cit., s.v. revolcamiento.*

de este mundo. La pregunta provoca una descripción que revela el sentido mandálico[36] del espacio. En tanto tal se puede precipitar en él un cambio espiritual o de cualquier orden. Constituye *una imagen sintética del mundo* que une los opuestos (Mircea Eliade) y que, a su vez, puede ser una proyección de la mente (Jung). Este espacio se debe interpretar dándole una importancia superior a lo más cercano al centro. ¿Cómo se configura el espacio a juzgar por el comentario textual?

> ¿Cómo se va uno de aquí?
> —¿Para dónde?
> —Para donde sea.
> —Hay multitud de caminos. Hay uno que va para *Contla*; otro que viene de allá. Otro más que enfila derecho a *la sierra*. Ése que se mira desde aquí, que no sé para dónde irá —y me señaló con sus dedos el hueco del tejado, *allí donde el techo estaba roto*—. Éste otro de por acá, que pasa por la *Media Luna*. Y hay otro más, que atraviesa toda la tierra y es el que va más lejos.
> —Quizá por ése fue por donde vine.
> —¿Para dónde va?
> —Va para *Sayula* (pp. 65-66).

[36] *Mandala* es una palabra hindú que "significa círculo. Son [...] diagramas geométricos rituales, algunos de los cuales se hallan en concreta correspondencia con un atributo divino determinado o una forma de encantamiento (*mantra*) de la que vienen a ser la cristalización visual". Sirven para la contemplación y concentración, y ayudan a precipitar ciertos estados mentales y al espíritu a dar ciertos avances en su evolución corpórea y espiritual. El mandala, según Jung, es una imagen mental que puede elaborarse con la imaginación por alguien educado para ello. Son diferentes entre sí, pues proyectan el estado psíquico del autor. En resumen, es "una imagen sintética del dualismo [...] de la lucha suprema entre el orden [...] y el anhelo final de unidad y retorno a la condensación original de lo inespacial e intemporal (al 'centro' puro de todas las tradiciones) [...] La contraposición del círculo, el triángulo y el cuadrado (numéricamente, del uno y el diez, el tres, el cuatro y el siete) [desempeña] el papel fundamental de los mejores y más 'clásicos' mandalas orientales. Aun cuando el mandala alude siempre a la idea de centro (y no lo representa visible, sino que lo sugiere por la concentridad de las figuras), presenta también los obstáculos para su logro y asimilación. El mandala cumple de este modo la función de ayudar al ser humano y aglutinar lo disperso en torno a un eje (el *Selbts* de la terminología junguiana)". Desde un punto de vista psicológico "Cabe asimilar a *mandala todas las figuras que tienen elementos encerrados en un cuadrado o un círculo* [...] como el laberinto"; y según Jung, nunca se podrá saber el significado último. El historiador de las religiones Mircea Eliade, en cambio, "busca principalmente en el mandala su objetividad [...] como una *imago mundi* antes que como una proyección de la mente, sin descartar, empero, el hecho". Dibujados sobre el suelo, tienen la función ritual de dar acceso al interior para identificarse con su historia ("sus etapas y zonas"). El mandala se lee del centro (lo superior o principal) a la periferia; *véase* J. E. Cirlot, *s.v. mandala*.

La ordenación de estos espacios, a juzgar por las señales que se nos han dado en el texto, indica una figuración quinaria, armónica y trascendente, que parece ser la siguiente:

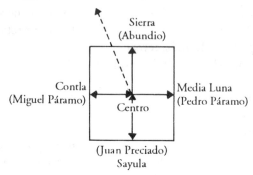

De acuerdo con una lectura del símbolo como mandala, el camino más importante es el de la unión trascendente del hombre (estrella) con el cielo (luna),[37] unión de los contrarios (hombre y mujer; verdad y sabiduría, respectivamente), sin que se confundan ambos entre sí. La línea vertical, en su orientación de *arriba abajo* representa el poder que desciende sobre la humanidad desde lo alto, y de *abajo arriba* el gran deseo del hombre de las cosas más altas, trascendentes. Por último, la acción del *centro* hará posible la transformación del mundo y de la naturaleza (el cuadro externo signado por los cuatro elementos: aire, fuego, agua y tierra). Visto como una unidad los triángulos dentro del cuadro son el signo de *la actividad* debida al esfuerzo de la humanidad.[38]

Sin duda se nos ha dado la estructura figurativa clave que propone la novela. Después se hablará de la culpa colectiva que necesita el perdón para ganar la gracia, y con ella el descanso eterno.

Donis, el hermano-amante relacionado con el mito complejo de Adonis,[39]

---

[37] *Cf.* Mircea Eliade, *op. cit.*, p. 105.

[38] *Cf.* Rudolf Koch, *Book of Signs*, New York, Dover Publications, 1930, pp. 1, 3-5 y 12.

[39] Una vez más, Rulfo crea un signo que revela la historia, a partir de la imaginación y con elementos de la mitología tradicional. Adonis (Tammuz es su verdadero nombre), descubre y promueve "la unidad fundamental de vida-muerte, y [...] las esperanzas que el hombre tiene derecho a deducir de esa unidad fundamental en lo que se refiere a su propia vida después de la muerte" (Mircea Eliade, *op. cit.*, p. 381). Frazer señala que en la literatura religiosa de Babilonia, Tammuz es el joven esposo o amante de Istar, la diosa Gran Madre, personificación de las energías reproductivas de la naturaleza. Se creía que Tammuz moría todos los años, marchando de la tierra alegre al sombrío mundo subterráneo, y que todos los años su amante divina le buscaba hasta el 'país del cual no se vuelve, la casa de las tinieblas, donde el polvo cubre la puerta y el cerrojo'. Durante su ausencia, la pasión del amor

anuncia su partida en la noche, y promete regresar en la mañana para encaminar a Juan Preciado. Se crean el tiempo y espacio propicios al cambio. Nuevamente Juan expresa su deseo de regresarse ("Volver al lugar de donde vine", p. 69). Es la urgencia provocada por el temor humano que tienta siempre al elegido a la hora del sacrificio (como dos veces a Jesús, antes de su Pasión). Donis, el nuevo guía, le aconseja *esperar* (*oír* y *esperar* son las leyes que preparan el camino), ya que en *la noche* "todos los caminos están enmarañados de breñas" (*id.*).

La figuración del espacio *centra* todo el texto, como corresponde al momento cumbre de la historia relatada. Propone la abolición del retorno cíclico que, junto con el cambio y el ritmo, son las características por excelencia del tiempo lunar. "El mundo sublunar no es únicamente el de las transformaciones, sino también el de los sufrimientos de la 'historia'. Nada 'eterno' puede suceder en esta zona sublunar cuya ley es el devenir."[40]

La novela muestra la posibilidad de trascender el devenir del eterno retorno y reintegrarse en la "unidad primordial" de "la polaridad". Mircea Eliade considera que esta reintegración, poco frecuente, colma una búsqueda universal de hombre, quien "desde que tomó conciencia de su situación en el cosmos [...] ha deseado, ha soñado y se ha esforzado en realizar de una manera concreta (es decir: por la religión y la magia al mismo tiempo) el rebasamiento de su condición humana".[41]

En *Pedro Páramo* sólo un cambio cualitativo de esta índole garantiza la sustitución definitiva del mundo regido por el padre como el poder arbitrario y absoluto. El acto conlleva la desaparición total de la condición histórica opresora y amenazante. Marca el nacimiento de un hombre nuevo enraizado en la historia como proceso trascendente de liberación.

Los fragmentos que siguen cumplen sucesivamente esa unidad primordial. La imagen clave, indicativa de ello, es *La estrella junto a la luna*, uno de los títulos probables de la novela que Rulfo sustituyó por el de *Pedro*

desaparecía; los hombres y las bestias parecían olvidar la reproducción y toda la vida estaba amenazada de extinción; *cf.* James George Frazer, *La rama dorada. Magia y religión*, trad. Elizabeth y Tadeo Campuzano, México, Fondo de Cultura Económica, 1944, p. 379 [1ª ed., 1922]. Se trata de una traducción de la versión inglesa, abreviada por el autor, de la obra original de 1890. Es evidente que esta versión —y no la clásica con Afrodita— es la que Rulfo tiene presente en la novela. Pero, además, el autor crea el nombre con un guiño de humor. Adonis provenía de *Adón* "Señor", título que le daban los que le rendían culto. Los griegos, señala Frazer, convierten el título en nombre propio: *Adonis*. Rulfo lo acerca al lector hispánico Don-Is, y al mismo tiempo connota el origen del nombre como fórmula de tratamiento.

[40] Mircea Eliade, *op. cit.*, pp. 175-176.
[41] *Ibid.*, p. 177.

Páramo.[42] El cambio hace menos obvia la referencia a ese motivo central del texto, que de hecho ha pasado prácticamente desapercibido para la crítica. Al mismo tiempo, destaca lo que el texto censura (el mundo de Pedro Páramo), no su correlato positivo. Conforme lo indica el mandala espacial, la conjunción trascendente es el paso previo a la unidad de los contrarios y la posibilidad de un cambio en el mundo.

De aquí en adelante, es la naturaleza la que da la pauta: *entre la noche y el día* se produce una atmósfera más ligera que anuncia la transmutación. Inicia el fragmento 32 la imagen de *la ventana* (puente virtual entre *lo alto* y *lo bajo*), colocada justo en el lugar más alto del Centro. Como suele ocurrir en el ámbito de lo sagrado, de las ruinas (*lo bajo*) nace el vínculo con *lo alto*: "Por el techo *abierto al cielo* vi parvadas de tordos."[43]

Los pájaros, símbolo recurrente en Rulfo para marcar el cambio en la novela, son ahora *tordos*, aves conocidas en México como *pájaros de la primavera* ya que llegan en esta temporada y tienen un canto muy melodioso.[44] También ve Juan Preciado otros signos indiciales de *lo aéreo*: "unas cuantas nubes ya desmenuzadas por el viento" (p. 69). Este viento, que como siempre indica dinamismo, trae a la noche que es el tiempo propicio para el cambio (sólo de la noche podrá venir el día).

Primavera, alas, canto melodioso y, finalmente, la culminación alta de la imagen aérea que es el mundo celeste: "Después salió la estrella de la tarde, y más tarde la luna" (*id.*).

Juan Preciado queda prendido a la imagen, en un estado entre el miedo y la posesión:

> Yo me quedé tieso, aguantando la respiración, buscando mirar hacia otra parte. Hasta que al fin logré torcer la cabeza y ver hacia allá, donde *la estrella de la tarde se había juntado con la luna* (p. 70).

Una vez más, un cambio de óptica —de Juan Preciado a Donis— nos permite observar el temblor[45] del primero hasta que cesa. Donis —el guía

---

[42] Otros títulos que Rulfo consideró apropiados para la novela fueron *Los desiertos de la tierra* (cercano al de *Pedro Páramo*) y *Los murmullos* (que remite a la culpa colectiva) y *Una estrella junto a la luna* (que indica la unión trascendente de la madre y el hijo). Sobre este punto, *cf.* la sección "El lenguaje, la atmósfera y otros rasgos de la escritura", pp. 55-58, en el apartado "Rulfo, lector de Rulfo", pp. 43-68, en la Primera parte de este volumen. También la nota 132.

[43] Equivale al "agujero" con el cual identifican al cenit algunas culturas orientales. Por éste "se verifica la transición y la trascendencia, es decir, el paso del mundo de la manifestación (espacial y temporal) al de la eternidad", J. E. Cirlot, *op. cit.*, *s.v. espacio*.

[44] *Cf.* Roger Tory Peterson y Edward L. Chalif, *A field guide to Mexican birds*, Boston, Houghton Mifflin, 1980, p. 183.

[45] El temblor indica el frío que se asocia a un valor más alto que el fuego. Sugiere la

en el submundo— aconseja a la mujer que ambos dejen solo a Juan porque "Debe ser un místico" (*id.*). Es decir, alguien que busca la unión con Dios. (El encuentro fallido con el padre de la tierra, condenado a desaparecer por su adhesión al mundo materializado, se sustituye por la búsqueda de la unión trascendente con el Espíritu.)

Lo extraordinario desde el punto de vista del texto es que el cambio de óptica no implica un saber superior por parte de los personajes. El sentido está más allá de ellos, informándolos (el Centro es el lugar de la forma). Los hechos y asociaciones que aparentemente no rebasan los límites del personaje obligan a una lectura de desciframiento por parte del lector ("Quien tenga oídos, que escuche").[46] La estructura tiene la fuerza de la parábola evangélica, modelo subyacente que organiza el signo de la novela.[47] Ya adelanté la asociación cristológica del fragmento 33. Se regresa la escritura al momento de la llegada, como si fuera necesario conjurar primero el movimiento del eterno retorno para lograr el salto cualitativo. Se reitera el mandato de Abundio al iniciar el camino hacia el Centro, lugar de las transformaciones: "¡Busque a doña Eduviges, si todavía vive!" (p. 71). Al hacerlo, se restablece un nexo con Abundio. Entre él y Juan Preciado se forma la cuerda que vincula *lo bajo* con *lo alto* en la tierra (*véase* el mandala

---

posibilidad de *altura* y de trascendencia de los contrarios (frío y fuego), tal como se dan en el camino de Juan Preciado; *cf.* G. Bachelard, *op. cit.*, pp. 168-169; cit. además por J. E. Cirlot, *op. cit., s.v. frío.*

[46] Mt 13, 9-17.

[47] Considero que la forma de la parábola y su proyección trascendente en términos del sentido es la adecuada para el proyecto de escritura de Juan Rulfo. Se cumplen los cuatro requisitos fundamentales: 1) Es una *historia larga o corta, en movimientos sucesivos* (*Integra narratio*). 2) *Encierra una verdad más alta*. Su fuerza consiste en el salto de abajo hacia arriba (*Veritas sublimior*). 3) Tiene una *simbología concreta*, símbolos agrícolas, del trabajo humano, de la relación del padre con el hijo, etcétera. Son todos "elementos figurativos sensibles", lo cual facilita su expresión plástica o narrativa (*Figurato modo*). 4) Trabaja con los paralelismos, proporciones y oposiciones, ya que entre la realidad, terrestre, visible, y la verdad más alta hay un paralelismo de semejanza o de oposición; *cf.* Carlos María Martini, *¿Por qué Jesús hablaba en parábolas?*, trad. de Justiniano Beltrán, Bogotá, Ediciones Paulinas, 1986, pp. 91-93. Ya Didier T. Jaén ha apuntado, además, la relación que existe entre la escritura de *Pedro Páramo* y el *estilo bíblico*, que analiza Erich Auerbach ("Escritura lírica de *Pedro Páramo*", en *Revista Hispánica Moderna*, núms. 3-4, XXXIII [1967], pp. 227-228). En tanto tal, implica un sentido oculto, plural, que exige interpretación porque se sustenta en un trasfondo que trasciende la escritura. Se pretende la universalidad histórica que, al mismo tiempo, está indisolublemente ligada a las concreciones específicas de la historia, e incluso de la cotidianidad. Volveré sobre este punto en el comentario final del libro (*cf.* Erich Auerbach, "La cicatriz de Ulises", en *Mimesis. La representación de la realidad en la literatura occidental*, trad. de I. Villanueva y E. Ímaz, México, Fondo de Cultura Económica, 1950, pp. 9-30).

espacial, *supra*). Sin transición, pasamos con Juan al "cuarto oscuro de la mujer", al espacio materno del nuevo nacimiento: una cama de otate (la madera es símbolo de la madre); "cubierta de costales" (envoltura materna de muerte, para poder renacer); "leño de la almohada" (lo materno proviene del agua, del sudor del cuerpo); olor a orines (fuego de la naturaleza interior que denota ausencia de sol; es decir, ¿"nacimiento sin padre"?).

Y la *respiración* de la mujer, "*dispareja*, como si estuviera entre sueños, más bien como si [...] sólo imitara los ruidos que produce el sueño" (p. 71). Claramente ésta indica la "asimilación del poder espiritual". Según Cirlot: "los dos movimientos, positivo y negativo de la respiración, se asimilan a [...] las grandes vías de la involución y la evolución. La dificultad para respirar puede simbolizar así la de asimilar los principios espirituales y cósmicos".[48] Lograr el "ritmo justo" es aproximarse a los "ritmos del universo".

A Juan Preciado se le manifiesta la verdad del *éxodo colectivo* que caracteriza un mundo lejos de su unidad primordial. El despedazamiento fue mostrado antes en el texto, con una imagen que impacta la sensibilidad: la figura "despedazada" de la madre de Pedro Páramo. Ahora las imágenes representan el sacrificio que da origen al mundo, y desembocan en la inversión que realiza la unidad. Se trata de un acto para "reconstituir lo despedazado" y regresar a la unidad.[49]

Como los símbolos del vientre materno, la imagen repetida y crecida revela la plenitud de la reintegración al concluir el fragmento: "Un cielo negro, lleno de estrellas. Y junto a la luna la estrella más grande de todas" (p. 73).

En torno, la multitud de estrellas indica el ejército espiritual en lucha contra las tinieblas, que preconizó Eduviges ("la que lucha"). La estrella singular sólo está reservada al elegido (como la de Belén a Cristo).

La confirmación de la vía unitiva es evidente en el fragmento que sigue. Juan Preciado está en el espacio oral infinito de la voz de la madre. Se produce el mundo de la voz: sonoridad y sentido. No hace falta ver, porque se está en el principio del Verbo: "Su voz parecía abarcarlo todo. Se perdía más allá de la tierra" (*id.*). No la ve porque ella es el espacio mismo desmaterializado; onda sonora.

Juan Preciado se acuesta con la mujer. Se produce entonces una liberación de toda la materia telúrica que la cubre. La mujer se derrite en un charco

---

[48] J. E. Cirlot, *op. cit., s.v. respiración.*
[49] *Id., s.v. reunión.*

de lodo y sudor en el que nada y se ahoga, por falta de aire, Juan Preciado. El espíritu se libera de la materia (¿liberación de la culpa original de este mundo condenado? Y consecuentemente, ¿posible liberación de la tierra?). Juan guarda memoria de "nubes espumosas haciendo remolinos sobre mi cabeza y luego enjuagarme con aquella espuma y perderme en su nublazón" (p. 74). Las nubes, siempre sujetas a las transformaciones y movimiento "esconden la identidad perenne de la verdad superior". Ellas posibilitan "la más alta sublimación, por una disolución en el cenit, en el cielo azul".[50] Por eso se arremolinan sobre su cabeza y la espuma lo cubre, lo baña y lo mete dentro de sí, como en el pasaje anterior la voz de la madre. Nuevo bautismo en el cual el binomio madre-hijo ha hecho posible la llegada del Espíritu.

Esta idea de la liberación del estado incestuoso implica más su anulación que su prohibición. Subraya la idea, señalada por Lévi-Strauss[51] de que el incesto es propio de un mundo que ha perdido su razón de ser, y anularlo supone, en el nivel simbólico de la escritura, la posibilidad de crear un nuevo orden superior, cultural y social, por lo menos en nuestras sociedades hispánicas de raíz cristiana.

Núcleo trino fundador y signos renovadores

La tríada siguiente (fragmentos 37-39) constituye otro núcleo de sentido que lleva a su meseta este primer movimiento. Es el momento del equilibrio dinámico de la espera con la certeza de una nueva vida: los enunciados conjuntos de Juan Preciado y Dorotea (como los de Juan Preciado con los de su madre al comienzo de la novela) *cercan* el mundo condenado a desaparecer; lo envuelven, ahora sí, fuera del tiempo y en todo tiempo.

El núcleo de significación se distribuye del modo siguiente:

1)

arriba-ahora
Unión espiritual (madre-hijo)
Juan: el amor espiritual
Dorotea: el deseo colmado del hijo salvador
Mundo materno espiritual
(capaz de generar un mundo nuevo: el del Hijo)

2)

abajo-antes
La Historia opresora
• El despojo de las tierras
• El desenfreno (la mercantilización del amor; el crimen fraterno)
• El desprecio por el pueblo

---

[50] G. Bachelard, *op. cit.*, p. 239. *Véase* J. E. Cirlot, *op. cit., s.v. nubes.*
[51] *Cf.* nota 6 de este capítulo.

*Entre la ley (Pedro Pára-
mo) y la práctica (Fulgor)
se anula el futuro (Miguel
Páramo)
MUNDO PATRIARCAL MATE-
RIALIZADO
(condenado a desaparecer)

3)
arriba-después
Signos renovadores
Cambios *audibles* en la tierra arriba
Figuración: la maternidad invertida (Juan acoge a Dorotea)
MUNDO AMOROSO DEL HIJO.

La muerte de Juan Preciado ha sido promovida por los agentes activos de la madre, y por la densidad de la culpa y la queja colectivas (despedazamiento del "pueblo de Dios"): sinfín de murmullos indefinidos y pasados que detienen el aire y sofocan la respiración. Una frase se aísla significativa. Toda la masa incontenible de murmullos se condensa en un ruego sordo que invade el cuerpo del elegido: "Ruega a Dios por nosotros." Petición colectiva[52] del perdón que redime en un tiempo límite.

La verdad de Dorotea es haber centrado su vida en la ilusión de los sueños; hecho que no tiene cabida en el mundo organizado en torno a Pedro Páramo. Por eso su ilusión trasciende a ese mundo y, en última instancia, anuncia el advenimiento del Hijo esperado, necesario al cambio por venir. La verdad que le revela el sueño de su imposible maternidad indica el verdadero objetivo de su anhelo que es Juan. Rulfo suele marcar así, por la negación del sentido aparente, el "verdadero" sentido a que se orienta la escritura.

También Juan Preciado ha venido impulsado por una ilusión: encontrar la verdad del padre. Dorotea colma su deseo; Juan Preciado supera los límites del mundo patriarcal (su dualismo) y facilita el advenimiento de una historia liberada. Se restituye la unidad del mundo interior y del nosotros, fundamento de la sociedad. Dorotea simboliza el cambio cualitativo de individuación. Lo reconoce Juan Preciado cuando sugiere su naturaleza andrógina (¿criatura angélica que cumple el destino que su nombre indica?):

---

[52] El pasaje recuerda la gran confesión del pueblo en *La feria* de Juan José Arreola (México, Mortiz, 1963, p. 90).

—Tienes razón, Doroteo. ¿Dices que te llamas Doroteo?
—Da lo mismo. Aunque mi nombre sea Dorotea. Pero da lo mismo.
—Es cierto, Dorotea. Me mataron los murmullos (p. 75).

Los nombres adquieren su justo peso: Juan "el predilecto" de Jesús cuyo evangelio busca conciliar los dualismos en una mística de la unidad y del amor fraterno; Dorotea "don de Dios", asociado también a Donato y Natanael. La historia de este último se liga con la promesa de la conjunción espiritual de la tierra y del cielo, mediante la acción de las criaturas angélicas de Dios: "Sí, les aseguro que verán el cielo abierto y a los ángeles de Dios *subir*, y *bajar* por este Hombre."[53] Es el texto oculto del Evangelio de Juan.

Segundo movimiento. Dualismo y búsqueda del centro

La escritura recomienza la historia de la caída individual y colectiva. El punto de vista dominante en todo este movimiento es, como ya indiqué, el de un narrador en tercera persona que relata la historia pasada del otro. Pero lo hace desde una perspectiva cercana que actualiza los hechos ante el lector. Se logra el doble efecto necesario: negarle la voz a Pedro Páramo (hablar sobre él desde un saber de *lo alto*), y convertirnos a los lectores en testigos presenciales de la caída.

Sabemos que la negación del amor y la muerte ha consolidado una personalidad escindida en Pedro Páramo, que concluye con la muerte de la carne y el vacío del espíritu. Ahora importa presenciar el proceso gradual de descomposición, sin retorno posible a la unidad, del personaje y su mundo.

Este segundo movimiento, ubicado en un tiempo anterior al primero, contiene rasgos de composición similares, regidos por un signo de inversión liberadora (en el ámbito de la historia patriarcal también de la muerte renacerá la vida: están los signos y explicaciones que motivan el primer movimiento). El mundo del hijo se prepara en el del padre, gracias a la imaginación dinámica que produce imágenes y símbolos ascensionales propios del espíritu (aire y sonoridad, fuego purificador) y del reino de la madre (sensibilidad, intuición, el agua y la tierra). Estos elementos crean las contradicciones necesarias para dar el cambio cualitativo, radical, que modifique el rumbo histórico. El lenguaje objetiva, sin embargo, el predominio del mundo patriarcal en este segundo movimiento, aunque se matice

---

[53] Jn 1, 51.

conforme actúan las tendencias opuestas. Comparado con el primer movimiento, el lenguaje es más reflexivo y racional. Nace de la "sabiduría del padre". El estilo lo manifiesta de manera ejemplar: el carácter reflexivo del enunciado se entrevera con locuciones y dichos de la filosofía popular. Además, cada personaje revelará su verdad; su función en la historia.

En cambio, si bien llegamos a conocer la fuerza telúrica y vital del lenguaje de Susana San Juan (no exento de racionalidad), es sólo gracias al narrador omnisciente. En el mundo patriarcal opresor, Susana deberá encerrarse en sí misma o en los signos del lenguaje corporal. Porque la hemos "oído" en el primer movimiento, se crea un contraste revelador para entender el cambio que se ha operado.

Cuaternario del mundo paterno: Caída y signos de renovación

Los dos primeros fragmentos del conjunto 40-43, se inician con una premonición de Pedro Páramo, quien evoca la muerte de su padre sugerida por una serie de indicios auditivos que tienen la pesantez de un mundo descendente de ritmo lento:

> Rumor de voces. Arrastrar de pisadas despaciosas como si cargaran con algo pesado.
> Ruidos vagos (p. 86).

Compárese con el fragmento 29, que precede a la entrada de Juan Preciado al Centro e integra el tono melancólico propio del tiempo materno, con un ritmo más ágil y una atmósfera presidida por el canto.

Los ruidos traen a la memoria la muerte del padre de Pedro Páramo (Lucas Páramo) en un tiempo análogo ("un amanecer como éste"). Una diferencia marcada es que entonces aún "la *puerta* estaba abierta y traslucía el color gris de un cielo [...]" (*id.*). Además, se alarga la explicación de la imagen materna. Si primero fue el desplazamiento visual de la figura corpórea, ahora lo que importa es lo audible. La *voz* (manifestación del espíritu) se fractura hasta los niveles mínimos: "Con aquella voz quebrada, deshecha, sólo unida por el hilo del sollozo" (*id.*). Si *el recuerdo* de la madre fue el impulso dominante para lograr el nuevo nacimiento, ahora lo que prevalece sobre el recuerdo reiterado es *el olvido*: "Una madre de la que él ya *se había olvidado y olvidado* muchas veces, diciéndole: '¡Han matado a tu padre!'" (*id.*): Matar al padre implica, pues, matar *el cuerpo, la memoria y el alma*.

Este proceso de Pedro Páramo se expresa en su lenguaje. Existe un contraste irreconciliable entre el estilo evocador y poético del discurso de Pedro Páramo que se refiere al objeto ideal (Susana San Juan) y el estilo del cacique de la Media Luna, que muestra el endurecimiento del personaje. El resultado es una espiral de muertes cuyo vértice es la imagen del rostro paterno despedazado, tal como lo había anunciado el hijo campesino en el cuento "¡Diles que no me maten!".[54] La idea de espiral subyace en la de la fuerza incontenible de la muerte, objetivada en una imagen agrícola y una expresión popular. Todo el pasaje, desde la imagen comentada antes, es de una gran síntesis poética:

> Nunca quiso revivir ese recuerdo porque le traía otros, *como si rompiera un costal repleto y luego quisiera contener el grano.* La muerte de su padre que arrastró otras muertes y en cada una de ellas estaba siempre la imagen de la cara despedazada; roto un ojo, mirando vengativo el otro. Y otro y otro más, *hasta que la había borrado del recuerdo* cuando ya no hubo nadie que se la recordara (pp. 86-87).

La vida histórica de Pedro Páramo será la ampliación de esa imagen. Le será negado, en consecuencia, el heroísmo e incluso el patetismo o el carácter trágico, aunque su vida participe de todos estos elementos. El temple de ánimo que exige una respuesta heroica ante el dolor, se convierte en aridez y endurecimiento, provenientes de la tensión progresiva entre el mundo ideal y el quehacer del hombre en el presente. Es que el ideal está sujeto a una experiencia del pasado, ya superada, que entorpece la entrada en *la historia*: el quehacer y el sentido del presente. Se produce el vacío.[55] Los polos se tensan cada vez más hasta "romper las cuerdas", lo cual provoca la muerte por "despedazamiento" del personaje. Motivos todos que se encuentran diseminados por el texto.[56]

No obstante, y justo antes de la caída definitiva, la voluntad logra ofrecer un contrapunto que humaniza lo suficiente al personaje para no sentir abstracto su sentido (la oposición necesaria a la caída). Pedro Páramo se adueña de su muerte y la asume como expiación de su culpa: "Estoy

---

[54] "—Tu nuera y los nietos te extrañarán— iba diciéndole. Te mirarán a la cara y no creerán que eres tú. Se les afigurará que te ha comido el coyote, cuando vean con esa cara tan llena de boquetes por tanto tiro de gracia como te dieron", *El Llano en llamas*, ed. cit., p. 109.

[55] En *La evolución creadora*, Henri Bergson afirma: "La concepción de un vacío nace aquí cuando la conciencia, en retraso consigo misma, permanece ligada al recuerdo de un estado antiguo siendo así que otro estado ya se hace presente"; en *Obras escogidas*, trad. y pról. de José Antonio Míguez, Aguilar, 1959, p. 681.

[56] Sobre estos motivos *véase* George Ronald Freeman, *op. cit.*, partes 3.2 y 3.3.

comenzando a pagar. Más vale empezar temprano para terminar pronto" (p. 88). Al hacerlo, sin embargo, no libera el espíritu (los pensamientos despedazados). Lo que resta de vida, como vimos antes, se ata a una imagen del pasado, hecho que lo lleva necesariamente a la destrucción: "se había quedado sin expresión ninguna, como ido. Por encima de él sus pensamientos se seguían unos a otros sin darse alcance ni juntarse [...] No sintió dolor" (*id.*).

El dinamismo vital (histórico) va dando paso a un mecanismo gestual que linda en lo grotesco.[57]

A la hora de la muerte, la tensión de los opuestos se hace intolerable. El único hilo que ata a Pedro Páramo a la vida es el recuerdo de Susana San Juan y éste se fija en una *imagen celeste* (¿de cuerpo glorificado?) que definitivamente escinde a Pedro Páramo del mundo de Susana: "'Esta es mi muerte', dijo" (p. 158). Después sólo queda el recuerdo de la culpa por el pecado contra el hijo (el reino del hijo; el pueblo que Abundio representa).

Magistralmente el texto indica un último síntoma de esfuerzo ascendente (más bien de respuesta sensible) que resulta inútil (mecánico), pero contrapuntea y subraya el desmoronamiento final.

> Sintió que unas manos le tocaban los hombros y *enderezó el cuerpo, endureciéndolo.*
> [...]
> Voy para allá. Ya voy.
> [...]
> Hizo intento de caminar. Después de unos cuantos pasos cayó [...] y se fue desmoronando como si fuera un montón de piedras (p. 159).

Es la antítesis de Pedro, piedra fundadora, primado de los fieles del Evangelio de Juan, a quien se le pide una profesión de amor. Implica también la negación del binomio Pedro-Juan, fundador de las primeras comunidades fraternas.

No obstante, *Dorotea* reconoce la verdad del amor de Pedro Páramo por Susana San Juan, y adelanta la síntesis de todo el segundo movimiento (p. 103). Ella detenta la "verdad" de la historia desde el punto de vista del pueblo, en casi todo el movimiento; desmitifica la visión desoladora de Susana San Juan sobre la muerte de su madre, y tal vez se justifica a sí misma en la medida en que justifica al pueblo. Es el testigo y la mirada humanizadora.

---

[57] *Cf.* Henri Bergson, *La risa. Ensayo sobre la significación de lo cómico*, Buenos Aires, Losada, 1939, pp. 22 y 23 [1ª ed., 1924].

Juan Preciado conoce ya la verdad del mundo de Pedro Páramo: el crimen, la mercantilización de la vida, la orfandad y el amor insatisfecho provocan su caída, la ruina de la tierra y la desbandada de los hombres. La caída, lenta y gradual, es definitiva: "Pero pasaron años y años y él seguía vivo, siempre allí, como un espantapájaros frente a las tierras de la Media Luna" (p. 104).

Se le niega el reposo vivificador de la tierra. En un mundo lunar propio de las sociedades agrícolas, la muerte "no es una extinción, sino una modificación [...] los difuntos pasan a la luna o regresan bajo la tierra con el fin de regenerarse y de asimilar las fuerzas necesarias para una nueva existencia".[58]

Si a Juan Preciado lo trae la *ilusión*, a Pedro Páramo lo extinguen la *desilusión* (p. 103) y la culpa. Por otra parte, la oposición que rige la vida de Pedro Páramo obliga al contrapunteo irónico, ya que sólo su muerte puede garantizar la vida de los otros. El texto expresa claramente la ambigüedad con el contrapunteo que se produce a la hora de la muerte de Susana San Juan entre la fiesta popular (símbolo de renovación) que se oye en la Media Luna, y la negación voluntaria de la historia que asume en el mismo momento Pedro Páramo, sordo al sentido del mundo de Susana San Juan, como veremos después: "—Me cruzaré de brazos y Comala se morirá de hambre./Y así lo hizo" (p. 149).

Estructuralmente esta oposición se marca en el fragmento 66 (duplo de 33, indicativo de redención). El narrador se coloca en la Media Luna para oír y ver desde ahí, sin perder su perspectiva de tercera persona ("allá"-"acá"). El texto no pretende sustituir la historia —el futuro queda siempre sólo sugerido en la novela—, sino más bien detectar los nódulos de su germinación en el dinamismo dialéctico del presente y del pasado:

> Allá había feria. Se jugaba a los gallos, se oía la música; los gritos de los borrachos y de las loterías. Hasta acá llegaba *la luz del pueblo, que parecía una aureola* sobre el cielo gris (*id.*).

La historia, Pedro Páramo y Damiana Cisneros

La negación histórica de Pedro Páramo se extiende a todo el sistema que representa y se simboliza en el espacio de la Media Luna. Es en ese espacio donde la Revolución toca a la puerta.

---

[58] Mircea Eliade, *op. cit.*, p. 165. El hecho refuerza la idea de un posible futuro; de un segundo nacimiento del hombre y de la tierra en la novela.

Damiana, la guardiana del lugar, presiente una fuerza nueva en la tierra (imagen lunar de transición) y llega a confirmar su presencia:

> Le pareció que la tierra estaba llena de hervores, como cuando ha llovido y se enchina de gusanos. Sentía que se levantaba algo así como el calor de muchos hombres. Oyó el croar de las ranas; los grillos; la noche quieta del tiempo de aguas. Luego volvió a oír los culatazos aporreando la puerta.
> Una lámpara regó su luz sobre la cara de algunos hombres (p. 136).

No obstante, la saca de su vida, negándola: "'Son cosas que a mí no me interesan', dijo Damiana Cisneros y cerró la ventana" (p. 137). Parece escoger, como Pedro Páramo, la destrucción de su mundo. Incluso el texto permite verla como un centinela vigilante de que se cumpla el destino de Pedro Páramo. No hay que olvidar dos hechos que crean una ambigüedad suficiente: *1*) Su negativa a Pedro Páramo en la juventud, que le da acceso a un lugar privilegiado de dominio en la Media Luna, y *2*) el hecho de que ha sido la nodriza de Juan Preciado y lo recibe a su llegada, justo antes de pasar al Centro. También le dice a Juan Preciado que estuvo oyendo "muchas noches" los ruidos de la fiesta popular que, sin embargo, no le es dado ver (pp. 54-55).

Pedro Páramo pretende mediatizar la historia mercantilizándola y promoviendo la opresión entre los hombres. Una y otra vez la historia lo encara. El lector percibe el nexo dependiente entre el patrón y sus subordinados. Aquél se aprovecha desvirtuando su lucha. La "ayuda" de Pedro Páramo es más bien un mecanismo de sobrevivencia; como mucho, un último "fulgor" de su poder de mando. Pero precisamente porque no le importa abrirse al futuro, en sentido inverso al dinamismo del cambio histórico incipiente y confuso, se desgaja en su soledad. El contrapunto se aproxima al de vida y muerte. Por un lado, "Pedro Páramo miró cómo los hombres se iban. Sintió desfilar frente a él el trote de caballos oscuros, confundidos con la noche. El sudor y el polvo; el temblor de la tierra". Por otro, "se dio cuenta de que todos los hombres se habían ido. Quedaba él, solo, como un tronco duro comenzando a desgajarse por dentro" (pp. 138-139).

Se niega, refugiándose en el recuerdo "suyo" de la infancia compartida con Susana San Juan. El ideal, por abstracto, está condenado a no poder encarnar en un mundo enajenado de su sentido: "Y se había abrazado a ella [una muchachita que llama 'puñadito de carne'] tratando de convertirla en la carne de Susana San Juan: 'Una mujer que no era de este mundo'" (p. 139).

No hay duda de que Pedro Páramo opta por detener su tiempo. Con él y

"Desarrollar la imaginación, no para escapar de las circunstancias intolerables, sino para anticipar las posibilidades reales, como medio para suprimir las circunstancias intolerables." Erich Fromm. *¿Tener o ser?*, p. 162.

"Y yo nunca había sentido que fuera más lenta y violenta la vida como caminar entre un amontonadero de gente; igual que si fuéramos un hervidero de gusanos apelotonados bajo el sol..." "Talpa", p. 68.

" 'También a él le dicen *el Pichón* —volvió a decir la mujer, aquella que ahora es mi mujer—. Pero él no es ningún asesino. Él es gente buena.' " "El Llano en llamas", p. 98.

"La tierra que nos han dado está allá arriba." "Nos han dado la tierra", p. 21.

"Las vi venir a todas juntas, en procesión [...]. Las vi llegar y me escondí. Sabía lo que andaban haciendo y a quién buscaban." "Anacleto Morones", p. 151.

"De los cerros altos del sur, el de Luvina es el más alto y el más pedregoso. Está plaga-
do de esa piedra gris con la que hacen la cal..." "Luvina", p. 110.

"Sólo quedan los puros viejos y las mujeres solas, o con un marido que anda donde sólo Dios sabe dónde..." "Luvina", p. 119.

En contrapunto, "hasta ellos llegaban el sonido del río pasando sus crecidas aguas por las ramas de los camichines; el rumor del aire moviendo suavemente las hojas de los almendros..." "Luvina", p. 111.

"Vine a Comala porque me dijeron[...]

que acá vivía mi padre, un tal Pedro Páramo." *Pedro Páramo*, fragmento 1, p. 7.

Más allá de Comala, "Los Confines", el Centro de las transformaciones. "En la reverberación del sol, la llanura parecía una laguna transparente, deshecha en vapores por donde se traslucía un horizonte gris. Y más allá, una línea de montañas. Y todavía más allá, la más remota lejanía." *Pedro Páramo*, fragmento 2, p. 9.

"Toqué la puerta; pero en falso. Mi mano se sacudió en el aire como si el aire la hubiera abierto." *Pedro Páramo*, fragmento 3, p. 14.

A Abundio "todos lo queríamos. Nos llevaba y traía cartas. Nos contaba cómo andaban las cosas allá del otro lado del mundo, y seguramente a ellos les contaba cómo andábamos nosotros." *Pedro Páramo*, fragmento 9, p. 23.

"Carretas vacías, remoliendo el silencio de las calles [...]. Y las sombras. El eco de las sombras." *Pedro Páramo*, fragmento 30, p. 61.

La iglesia "era un jacalón vacío, sin puertas [...] y un techo resquebrajado por donde se colaba el aire como un cedazo." "Luvina", p. 116.

"Por el techo abierto vi pasar parvadas de tordos [...]. Luego, unas cuantas nubes ya desmenuzadas por el viento que viene a llevarse el día.
    "Después salió la estrella de la tarde, y más tarde la luna." *Pedro Páramo*, fragmento 32, p. 69.

"El palenque de San Miguel del Milagro era [...] el corral de una ladrillera, levantándose un jacalón techado *a medias* de zacate." *El gallo de oro*, p. 26.

"Pardeando la tarde, aparecieron los hombres. Venían encarabinados y terciados de carrilleras [...].

"—Nos hemos rebelado contra el gobierno y contra ustedes porque ya estamos aburridos de soportarlos." *Pedro Páramo*, fragmento 54, pp. 123-124.

"Sobre los campos de Comala está cayendo la lluvia. Una lluvia menuda, extraña para estas tierras que sólo saben de aguaceros. Es domingo." Se anuncia la posibilidad de futuro. *Pedro Páramo*, fragmento 48, p. 110.

"Mi cuerpo se sentía a gusto sobre el calor de la arena. Tenía los ojos cerrados, los brazos abiertos, desdobladas las piernas a la brisa del mar. Y el mar allí enfrente, lejano, dejando apenas restos de espuma en mis pies al subir la marea." *Pedro Páramo*, fragmento 53, p. 122.

Liberar el eje horizontal de un momento histórico —el despedazado mundo de Pedro Páramo— mediante el cruce con el eje vertical de la unión de cielo y tierra, en el tiempo del Hijo: Juan Preciado.

El mundo de la mujer, sobre todo el de la Madre, propicia las transformaciones necesarias al mundo por venir.

en él el sistema se condena a sí mismo. El pueblo se desconcierta, pierde su raíz sin tener un objetivo claro para sustituirla. La "marca de Caín" será el resultado. No obstante, se reconoce un despertar violento en favor de la vida, a pesar del vacío, provocado por la tensión de las contradicciones estructurales.

Por eso los hombres transitoriamente *suben* y *bajan* de la Revolución a la Media Luna, sin clara conciencia de por qué lo hacen, pero impelidos a hacerlo buscando una salida. Es el propio sistema el que se niega a su transformación.

El "pueblo de Dios" y el padre Rentería

Finalmente, los hombres que han estado en la Revolución se van con el padre Rentería, quien opta por la lucha armada como una salida posible. El texto no condena la decisión; más bien muestra las contradicciones. El lector conoce el origen ambiguo de esa acción producto de una conciencia culpable y desesperada (¿nuevo Judas?).[59] La autocrítica no es suficiente para dar una salida eficaz. La novela parece sugerir que, en última instancia, el problema es estructural e involucra al pueblo.

El "pecado" del padre Rentería, cuya confesión aparece en el fragmento 41, ha sido contra el Espíritu. No sin contradicciones y errores se ha prestado a la mercantilización de los sacramentos, lo cual explica su nombre; ha entregado al hijo, huérfano de madre, y que pudo ser su hijo del Espíritu, al poder negador —por su práctica opresora— de la vida del Espíritu. Por eso su confesión (al lector) se da junto con la experiencia de la muerte de Miguel Páramo.

El sacerdote es víctima de su propia debilidad, a pesar de que ha sufrido en carne propia el crimen del hermano y la violación de su Iglesia (la sobrina y todas las mujeres que también son víctimas). Muestra también una inadecuación entre sus reflexiones y su acción, lo cual le produce un conflicto existencial evidente. De ahí la dificultad del perdón, negado por otro sacerdote.

La magnitud del pecado es grave. Sin embargo, toda la actitud del penitente y las circunstancias no permiten una condenación definitiva. La salida del texto es hábil. El sacerdote remite al padre Rentería a otro sacerdote, y al mismo tiempo se reconoce culpable, aunque en menor grado:

---

[59] Lo sugiero en la medida en que el pecado mayor de Judas Iscariote fue la desesperanza, hecho que lo conduce al suicidio. Otro indicio análogo es la mercantilización de lo sagrado en que ha incurrido el padre Rentería.

"mis manos no son lo suficientemente limpias para darte la absolución" (p. 92). El diálogo de ambos reafirma la idea de que la situación de pecado los rebasa e incluye. El mal estructural conduce siempre al problema de la tierra. Contla es una tierra fértil con frutos ácidos (p. 93) y Comala, un lugar donde "Sólo crecen arrayanes y naranjos agrios y arrayanes agrios", y donde las "semillas" del seminario mueren sin germinar. El texto deslinda la "voluntad de Dios" del mal social del latifundio.

> —[...] dicen que las tierras de Comala son buenas. Es lástima que estén en mano de un solo hombre. ¿Es Pedro Páramo aún el dueño, no?
> —Así es la voluntad de Dios.
> —No creo que en este caso intervenga la voluntad de Dios (*id.*).

De regreso a Comala, el padre Rentería le niega la posibilidad de ganar el cielo a Dorotea; la falta suya ha sido la complicidad (como el propio padre Rentería y Gerardo el abogado). Pero, a su vez, Dorotea representa el deseo del hijo hasta el delirio: pide y anuncia, implícitamente, la llegada de Juan. Por eso ha ganado su lugar en los brazos de éste y, gracias a él, es capaz de "oír" la verdad de ese mundo. Representa la búsqueda (¿inconsciente?) del pueblo que necesita enfrentar la verdad de su historia para dejar de ser cómplice y redimirse. De ahí que hable a Juan Preciado del descubrimiento de su propia verdad y después de la de Pedro Páramo y su amor por Susana San Juan. Finalmente enfrenta con Juan la verdad de Susana.

El sacerdote sufre un proceso de inmersión en la culpa colectiva ("aquel mareo, aquella confusión, el irse diluyendo como en agua espesa, y el girar de luces; la luz entera del día que se desbarataba haciéndose añicos; y ese sabor a sangre en la lengua. El Yo pecador se oía más fuerte, repetido, y después terminaba: 'por los siglos de los siglos, amén', 'por los siglos de los siglos, amén', 'por los siglos...'" p. 96).

El pueblo se arremolina y empoza en "un murmullo" (p. 97). Son los murmullos y confesiones que oye Juan Preciado antes de morir, cuya intensidad articuló el "Ruega a Dios por nosotros" colectivo. Se refuerza el sentido de su sacrificio redentor, única salida histórica posible, de acuerdo con la novela.

El pueblo, Pedro Páramo y Susana San Juan

En *Pedro Páramo* el pueblo va conformando una imagen contradictoria pero de dinamismo ascendente, como el ritmo de la vida marcado por el texto. Al fallar el Padre, dentro de un sistema patriarcal, se despedaza el pueblo. El texto nos permite observar este proceso en los diálogos entre Pedro Páramo y sus hombres que van a la Revolución, y en la relación del padre Rentería con su iglesia. Paralelamente al proceso de la *caída* que percibimos en Pedro Páramo, sus hombres pierden el centro; pero capaces de actuar, se lanzan a la lucha con todas las contradicciones. Son los signos de un mundo solar fuera de su centro. El propio sistema, como hemos visto, se destruye a sí mismo. El padre Rentería se integra a la lucha, lo cual de algún modo mitiga su error histórico.

Me detendré solamente en el núcleo de sentido que forman los fragmentos 66-69, los penúltimos de la novela. Una vez más, el sentido se ilumina en el fragmento central.

Pedro Páramo y la historia

Pedro Páramo, sentado en su equipal (fragmento 68), delata la cercanía de su muerte y de su proceso de "expiación", sujeto al estatismo y a los recuerdos recurrentes sobre la muerte de Susana San Juan. Al inmovilismo de la muerte próxima y ¿anhelada? para liberarse de la conciencia, se contrapone *el amanecer* como una acción positiva sobre el mundo: "Amanecía" (como después ocurrirá en *Oficio de tinieblas*, 1962, de Rosario Castellanos).[60]

Desde la óptica de Pedro Páramo se integran *el amanecer* de la muerte de Susana San Juan (que sigue "el camino del cielo") y el amanecer, en el presente, que implica su muerte. Al igualarlos, sugiere que la muerte de Susana supone la suya. Ella provoca *el amanecer* que lo destruye.

En la organización textual Susana es la mediadora para el pasaje de la vida a la muerte del cacique de la Media Luna. Antes, en el fragmento 66, se resumen, como ya vimos, los efectos de la venganza de Pedro Páramo

---

[60] La novela de R. Castellanos (México, Mortiz, 1962), concluye: "Faltaba mucho tiempo para que amaneciera" (p. 368). *El gallo de oro* de Rulfo se inicia de la misma manera que *Pedro Páramo*: "Amanecía." Pero en el mundo al revés, la ironía de la frase es evidente por su contraste con el enunciado que sigue: "Por las calles desiertas de San Miguel del Milagro una que otra mujer enrebozada [...]" (Juan Rulfo, *El gallo de oro y otros textos para cine*, pról. y notas de Jorge Ayala Blanco, México, Era, 1980, p. 21). La descripción corresponde más al ambiente provinciano anterior a la Revolución, que al periodo posrevolucionario al que se refiere evidentemente el texto. El antecedente hispanoamericano del símbolo podría ser *El Señor Presidente* de Miguel Ángel Asturias (Buenos Aires, Losada, 1952), cuyo primer capítulo concluye: "—Una fuerza ciega acababa de quitar la vida al coronel José Parrales Sonriente, alias *el hombre de la mulita.*/Estaba amaneciendo" (p.11).

contra Comala; su *abandono*: "Me cruzaré de brazos y Comala se morirá de hambre" (p. 149).

La fuerza de la decisión se manifiesta de inmediato en su actitud ante el proceso revolucionario en marcha ("*El Tilcuate* siguió viniendo", fragmento 67, p. 150). Se reitera la relación filial, propia del sistema, que Pedro Páramo no aprovecha. Más bien propicia la salida de los hombres con el padre Rentería. Dejados a su libre arbitrio ("—Haz lo que quieras"), los hombres deciden irse con el sacerdote (el otro "padre") casi por inercia ("—Entonces, vete a descansar. / —¿Con el vuelo que tengo?", *id.*).

La inversión. El tiempo de Abundio
y Susana San Juan

Por primera vez, en el fragmento 69, se dice en la novela el nombre completo de Abundio: "por la puerta entornada, se metió Abundio Martínez" (p. 115). Como Juan Preciado, lleva el apellido de su madre, y es precisamente una madre quien lo atiende al iniciarse el fragmento. Es un momento propicio al cambio. Las escenas 68 y 69 son simultáneas y quedan vinculadas a la hora de la muerte de Susana San Juan.

Abundio quiere decir "abundante" o "derramarse el agua por exceso".[61] La fuerza materna es, pues, la que predomina. En el primer movimiento supimos que hubo un tiempo en que Abundio vivía a la altura de su nombre en el amor del pueblo. Era el "correo" entre el mundo de afuera y el mundo de adentro. La "desgracia" escinde su vida: pierde contacto con el mundo (simbólicamente ensordece el llamado a oír y a cantar); sufre todas las carencias afectivas y materiales (desconocido por el padre, sin descendencia y viudo, sin "Refugio"). Es abundante en necesidades y, por tanto, está capacitado para un destino trascendente conforme a la ley de la vida en el texto, de raíz cristiana, que de lo más bajo surgirá lo más alto. Su nombre se asocia además a la música popular, pues fue el de un compositor mexicano, hidalguense, pianista y autor de canciones muy conocidas quien, sin embargo, murió muy pobre y lleno de carencias. Rulfo juega con las asociaciones, ya que antes había anunciado la llegada de los nuevos tiempos con las canciones y quejas de amor provenientes de voces del pueblo.

Si bien Pedro Páramo es un muerto en vida, Abundio ejecuta el acto ritual de la muerte; la rubrica. Tiene razón Liliana Befumo Boschi al ver en este

---

[61] Gutierre Tibón, *op. cit.*, *s.v. Abundio*.

personaje el sacerdote del "sacrificio",[62] aunque Rulfo se cuida de no rebasar la verosimilitud de la cotidianidad. El sentido brota en los intersticios de las palabras. Abundio —el abundante en aguas— representa también la náusea colectiva; el coraje acumulado que encuentra, por fin, salida ("vomitó una cosa amarilla como de bilis. Chorros y chorros [...]", p. 157). El texto es claro. El personaje se mueve "fuera de sí", borracho (versión disminuida de la borrachera como ritual de purificación), impulsado por una fuerza superior y por el deseo de la tierra, que resulta ser la cuerda que lo guía (¿Susana San Juan?): "Sentía que la tierra se retorcía [...] él corría para agarrarla, y cuando ya la tenía en sus manos se le volvía a ir, hasta que llegó frente a la figura de un señor sentado junto a una puerta" (p. 155). Toda la vida de miseria y orfandad se agolpa en su recuerdo inducido por el grito de Damiana Cisneros (p. 156).[63]

En el orden de la tierra (arriba), Abundio logra la inversión que Susana San Juan ha facilitado mediante su negación radical a formar una unidad (cuerpo y alma) con Pedro Páramo.

Abundio cumple *naturalmente* el rito. Su gesto contrasta con el grito abismal de la guardiana de la Media Luna, quien pretende con su *vade retro* exorcizar el destino necesario de ese mundo histórico. Si bien queda un trazo del mundo mítico en Abundio (es cuidador de bestias de carga, lo cual permite asociarlo con una figura menor de los dioses genésicos del culto de la Gran Madre), me parece que Rulfo, al negarle su función procreadora (como efecto del sistema sobre él), satiriza esa relación por inadecuada al momento histórico en que se desarrollan los hechos. En cambio, el sentido cristiano (bajar para subir) devuelve al hombre su dignidad y da coherencia al acto.

Se aclara la razón por la cual el Abundio que guía a Juan Preciado cuando éste llega a Comala "oye" y vive en lo alto de los cerros (el punto más cercano entre la tierra y el cielo). Todo parece indicar que los "desposeídos de la tierra" están llamados a cumplir un destino liberador (como el Pele-

---

[62] Así lo comenta: "Abundio [...] será el encargado de que se cumpla el sacrificio de Pedro Páramo. El alcohol, la soledad abismal en que se halla ante la muerte de su mujer, la indiferencia general, todo origina el desequilibrio que lo conduce al Caos y lo convierte en el sacerdote elegido para cumplir la ceremonia ritual"; en *op. cit.*, pp. 202-203. Sobre Abundio Martínez el pianista y compositor, *cf.* Juan S. Garrido, *Historia de la música popular en México*, 2ª ed., corregida y aumentada, México, Extemporáneos, 1981, pp. 20 y ss.

[63] De acuerdo con G. Bachelard (*op. cit.*, p. 281) se puede hablar de "una cosmología del grito [...] de una cosmología que reúne al ser en torno a un grito. El grito es a la vez la primera realidad verbal y la primera realidad cosmogónica".

le de *Señor Presidente* de Asturias). En este caso, de la tierra. De ahí la relación de Abundio con Juan Preciado y Susana San Juan.

Qué significa Susana San Juan y
su lugar en la disposición textual

He mostrado primero el comienzo y el final de este segundo movimiento de la novela, y es evidente que todas las historias nos llevan a la de Susana San Juan.

Su proceso de transformación ocupa el mayor número de fragmentos y se encuentra en la parte central de este segundo movimiento. En el comienzo (fragmento 40), Pedro Páramo recuerda la muerte de su padre (el pasado), en el momento en que oye que traen muerto a su hijo, Miguel Páramo (el futuro). En el *final* presenciamos la muerte de Pedro Páramo (el presente). Queda abolido el tiempo histórico para ese mundo condenado.

Susana San Juan, en cambio, se va definiendo en la novela como el principio necesario para lograr la unidad fecunda de la tierra, ahora despedazada.

Desde otro punto de vista, los tres primeros fragmentos (40-42) de este segundo movimiento marcan tres mundos irreconciliables: el de Pedro Páramo (muerte, despojo y violación); el del padre Rentería (la mercantilización de lo sagrado y el pecado contra el hijo) y Susana San Juan ("fuente [...] de fuerza, de 'alma' y de fecundidad como la tierra madre").[64]

El testimonio de Juan José Arreola, quince días después de la muerte de Juan Rulfo, alude a un monólogo de Susana San Juan, omitido al publicarse la novela, que según Arreola leyó en los años cuarenta en Guadalajara, y que reforzaría esta interpretación simbólica del personaje. La memoria recupera

el monólogo de Susana San Juan en la sepultura. Empezaban los murmullos con la mujer dormida en la tumba, diciendo: "Te acuerdas" [...] era una auténtica voz de mujer que salía del centro de la tierra. La semilla enterrada. "Sí, yo te quise. Yo quise entenderte. ¿Qué era lo que tú querías? Si me querías a mí, si querías la tierra, si querías la tormenta, ¿qué querías, Pedro Páramo?" Ella era un monólogo. Era una cosa muy bella, muy tremenda. Una semilla hablando. Una matriz hablando a través de los labios de la tierra.[65]

---

[64] Mircea Eliade, *op. cit.*, p. 228.
[65] Juan José Arreola, "Cuarenta años de amistad. ¿Te acuerdas de Rulfo, Juan José Arreola?", en *Proceso*, 27 de enero de 1986, p. 51. También en Universidad de Guadalajara y *Proceso* (eds.), *Rulfo en llamas*, Estado de México, Esfuerzo, 1988, pp. 211-212.

Tiempo propicio al mundo de Juan

En el presente de la novela (fragmento 42, múltiplo de tres), Susana, como Juan Preciado, es dueña de su discurso. Su voz irrumpe con fuerza desmitificadora. Pasa a primer plano una imagen *ideal*, deseada (el recuerdo materno, acogedor, p. 97), encubridora de la verdad histórica. El objeto del deseo está *negado* por la historia personal y colectiva. Esto equivale, en el mundo de Pedro Páramo, a la negación de la *madre* como parte integral de la trinidad fundadora (Jung): se niega, pues, la fecundidad de toda la tierra; el lazo unitario entre los hombres; la sensibilidad y la protección acogedora; el ritmo pausado de la vida.

El juicio es categórico ("Pero esto es falso", *id.*), porque en el mundo de Pedro Páramo se ha olvidado hasta la muerte de la madre ("—¿Y a ti quién te mató, madre?", p. 34). Por eso, Susana San Juan, después Doloritas, están obligadas a salir. Su hora es *el futuro* y se gestará *afuera*. Se contraponen las dos imágenes: la de la vida (binomio madre-hija) y la de la muerte (hija). Pero además las palabras sugieren algo más profundo. La ausencia de la madre obliga a Susana San Juan (figura del Centro; conjunción de la pureza y el amor que corresponden al principio femenino, de acuerdo con su nombre)[66] a asumir también el discurso de la verdad y del juicio, proveniente de *la conciencia* (el principio masculino). El texto lo objetiva con dos palabras clave, que he citado antes, planteadas como opuestos inicialmente: *sentir* (lo femenino)-*pensar* (lo masculino), y que luego sintetiza: "*siento* el lugar en que estoy y *pienso*" (p. 97). Son los signos del mundo de Juan por venir: la superación de los dualismos sin cancelar los opuestos; la perfección dinámica del amor. El alma de la tierra reúne los contrarios; tendrá la fuerza del *principio telúrico* porque se eleva a principio religioso.[67] Esta transformación cualitativa hacia *lo alto* se irá elaborando en etapas sucesivas de purificación que implican, al mismo tiempo, las sucesivas caídas de Pedro Páramo hasta su muerte.

Lo que "piensa" Susana San Juan es la razón de su escisión histórica. En medio de una evocación del mundo paradisiaco de la infancia, se alude al *abandono* como la causa de la llegada de la esterilidad y la muerte. Se reitera la imagen vital y profunda de Dolores Preciado que acompaña a su hijo Juan

---

[66] *Susana* proviene del hebreo *Shushannah*, de *shus* "lirio blanco, azucena", y *hannah* "gracia". *San Juan* equivale a "el amado" y el suyo es el evangelio del Amor (la caridad); *véase* Gutierre Tibón, *op. cit., s.v. Susana, Juan.*

[67] "Antes de toda fabulación mítica referente a la tierra hubo la *presencia* misma del suelo, valorizado en el plano religioso [...]. La estructura cósmica de la hierofanía de la tierra precedió a su estructura propiamente telúrica (que sólo se impuso definitivamente con la aparición de la agricultura)"; Mircea Eliade, *op. cit.*, p. 223.

al regreso; pero *ahora* se asume ya como un pasado, y se reconoce el cambio ocurrido:

> Pienso cuando maduraban los limones. En el viento de febrero que rompía los tallos de los helechos, *antes que el abandono los secara*; los limones maduros que llenaban con su olor el viejo patio (pp. 97-98).

La imagen elaborada es paradigmática de una época regida por *el dinamismo del aire*, por *lo alto* (un mundo solar y aéreo positivo): luminosa, de cielo azul y viento que juega y limpia el polvo y las ramas. La alegría asciende con la risa de los pájaros: "Y los gorriones reían; picoteaban las hojas que el aire hacía caer, y reían; dejaban sus plumas entre las espinas de la ramas y perseguían mariposas y reían. Era esa época" (p. 98). Luego *baja* el tono y sintetiza: "En febrero, cuando las mañanas estaban llenas de viento, de gorriones y de luz azul" (*id.*). Para llegar al extremo de la pérdida: "Me acuerdo. *Mi madre murió* entonces." Y la muerte de la madre le permite darse cuenta del sentido oculto de la historia: la ausencia de solidaridad, la escisión entre su mundo y el pueblo, la mercantilización de los sacramentos, etcétera (pp. 99-100).

El monólogo continúa como si hablara con Justina. Lo cierto es que habla en el submundo, donde *la oye* Juan Preciado. El texto marca la identidad entre Susana San Juan y Dolores Preciado. La mención del *abandono* nos lleva al discurso de Dolores en el primer fragmento de la novela. Oímos *la orden* (como quien está en el centro; la que dirige) que da a su hijo: "El olvido en que nos tuvo, mi hijo, cóbraselo caro" (p. 7). Es explícita la relación con el abandono marcado por Susana San Juan, cuando entendemos en el fragmento 9 que ese olvido es también consecuencia del "abandono". El recuerdo se actualiza precisamente en el diálogo de Juan con Eduviges sobre el nacimiento del primero, y la salida de Dolores Preciado con su hijo para Sayula (escisión que permite cumplir el destino del hijo por la mediación de la madre). En el pasado, Eduviges habla con Pedro Páramo y el diálogo suscita en Juan el recuerdo clave:

> —¿Pero de qué vivirán?
> —Que Dios los asista.
> ... *El abandono en que nos tuvo, mi hijo, cóbraselo caro* (p. 27; las cursivas son del original).

Quiere decir que la *muerte de la madre* de Juan Preciado marca *la hora* de su salida para llegar a la verdad liberadora, como antes la muerte de la madre reveló a Susana San Juan los signos de muerte del mundo en que vivía, y marcó también la llegada de *su hora*. Susana —y después Dolores Preciado— sale del lugar para cumplir su destino liberador (va con Justina su nodriza y guardiana hasta su muerte, *cf.* p. 100).

El fragmento 9 (múltiplo de 3) estableció otro nexo que se aclara ahora al lector: Eduviges (ya casi aérea, fantasmal) lleva en su cuello una María Santísima del Refugio con un letrero que dice: "Refugio de pecadores." Seguramente se alude a Refugio, la esposa-madre de Abundio (no tienen hijos y ella lo acoge y le da vida), cuya muerte lleva a Abundio a ejecutar su destino liberador.

Se une, pues, el destino del pueblo, necesitado de redención. Para lograrlo, se suman pasajes alusivos a la brujería que la escritura busca integrar en torno al nacimiento y destino de Juan Preciado, creando un cierto ámbito para el misterio. Como si se necesitara una fuerza sincrética de todos los acercamientos al principio espiritual, aún dispersos y despedazados, pero llamados todos a conjugarse en un solo Espíritu de Verdad.

En el mundo telúrico, de signo lunar, subyace una solidaridad "cosmo-biológica" que liga a

la vegetación, el reino animal y a los hombres de cierta región con el suelo que los ha producido y que los sostiene y alimenta [...] La solidaridad [...] se debe a *la vida* que es la misma en todas partes [...]. Cuando uno cualquiera de los modos de esa vida es mancillado o esterilizado por un crimen contra la vida, todos los otros modos son alcanzados, en virtud de su solidaridad orgánica.[68]

Con esto se da el carácter unitario, orgánico, de *la nacionalidad*, principio que une a "los hombres del lugar".

Implícitamente (discurso omitido) se sugiere que en el mundo de Juan (el del Espíritu) hay una solidaridad equivalente, centrada en el Amor (fácilmente identificable con la noción cristiana del Cuerpo Místico).

A partir de esta concepción, se entiende que Susana es la Gran Madre Tierra que se proyecta en la madre (Dolores Preciado) para destruir el mundo patriarcal signado por el *abandono* de la tierra y de los hombres, mujeres e hijos. Por eso se homologan los discursos de ambas (Susana-Dolores) en el presente, y ante Juan Preciado (el que sabe oír; el que busca la verdad que los signos ocultan).

Las transformaciones de Susana San Juan. El génesis

En orden a cumplir su destino, Susana San Juan sufre varias transformaciones, acordes con su naturaleza sujeta a ciclos y a cambios. Se forjará así el

---

[68] *Ibid.*, p. 234.

polo dialéctico necesario para que pueda darse una historia, en esta tierra, a la altura del hombre. La primera de estas transformaciones es su conversión *en el alma de la tierra*. Los elementos simbólicos que manifiestan la transmutación son: el baño en el agua (lo femenino) con Pedro Páramo en la infancia, y la unión de ambos en el aire (lo masculino) con el vuelo de los papalotes, el cual sugiere la necesidad de una orientación trascendente.

Conviene recordar que la Madre-tierra necesita unirse al principio masculino, en el estadio previo al nivel superior (la tierra autogeneradora y sagrada).

Al salir del espacio, Susana San Juan supera ese vínculo inicial (que corresponde al apogeo histórico del latifundio), al cual queda atado Pedro Páramo, quien niega la historia del porvenir.   ·

Susana llega a conjugar en sí misma los contrarios (principio telúrico generador de vida). El mediador es su padre, Bartolomé San Juan, como primero lo fue su madre. Al dinamismo general de lo femenino o de lo espiritual puro se integra el principio de organización y construcción, vinculado al intelecto y a la razón, precisamente en el fragmento 44 (símbolo doble de la cuaternidad).[69]

Susana y Bartolomé San Juan. Cuaternario de la Tierra

Al comienzo de los fragmentos 44-47, Fulgor (la *acción* en el mundo de Pedro Páramo, que es la *decisión*) es el que sugiere una relación simbiótica entre Susana San Juan y su padre, por lo cual la identifica a ella, implícitamente, con la madre.

Esta imagen se produce en el lugar de la tercera transformación, como se verá después en el fragmento 46. Paralelamente —como si la reforzara— se da la descripción del refugio "materno" de Bartolomé San Juan y Susana, propicio a un nacimiento, y los vientos —"raros", según Pedro Páramo— que soplan de la "gente levantada en armas". El nuevo nacimiento se relaciona con el proceso de liberación popular.

Bartolomé San Juan, como lo indica su nombre, es "hijo abundante en surcos" de la vida del Espíritu. Además, es minero; está llamado a dominar el sentido integral de la tierra (su *arriba* y su *abajo* en interrelación). Tiene el sentido de la historia de su pueblo, lo cual lo asocia con Bartolomé, el discípulo alabado de Jesús a quien se identifica como el "verdadero israelita" por su *autenticidad nacional*.[70] Si la muerte de la madre le hizo cobrar

---

[69] J. E. Cirlot, *op. cit., s.v. cuadrado.*
[70] Gutierre Tibón, *op. cit., s.v. Bartolomé.*

conciencia a Susana de problemas sociales específicos, su unión con el padre le permitirá conocer el sentido último de ese mundo.

El padre profetiza su muerte necesaria (su martirio como el Bartolomé evangélico) y define a Susana por su filiación a él: "Tú eres mi hija. Mía. Hija de Bartolomé San Juan" (p. 108). Conocedor de la tierra, su mundo se opone al de Pedro Páramo ("Es, según yo sé, la pura maldad. Eso es Pedro Páramo", *id.*).

A él toca también enunciar la verdad de ese ambiente de opresión al que parece estar sujeta por el momento Susana, que pulveriza y despedaza "como si rociara la tierra con nuestra sangre" (*id.*). Es decir, condenado a la esterilidad y a la muerte por el sacrilegio del crimen contra la vida que lo funda.

Juan Preciado ha tenido una revelación análoga, pero en boca de una de las víctimas de Pedro Páramo (nótese que Juan nunca oye o habla con las figuras paternas que viene a sustituir). La voz de la víctima narra lo sucedido. Su relato está dirigido a todo interlocutor y, por excesivo linda en lo grotesco. Más que el charco de sangre en que cayó la víctima, sobrecoge el contrapunto discursivo del hombre que, aterrado, cae en una actitud servil que pretende excusar a su agresor. Peor que la mutilación física, es la disminución de la persona (*cf.* p. 102).

No obstante, en el orden simbólico lo que importa es la sangre derramada, pues ella denuncia la gravedad del pecado de Pedro Páramo contra la tierra y el hombre, y constituye la razón de ser de su castigo:

Tenía sangre por todas partes. Y al enderezarme chapoteé con mis manos la sangre regada en las piedras. Y era mía. Montonales de sangre. Pero no estaba muerto. Me di cuenta. Supe que don Pedro no tenía intenciones de matarme. Sólo de darme un susto (pp. 101-102).

Se trata de un sacrilegio porque "la sangre 'vertida' envenena la tierra. Y la calamidad se manifiesta en el hecho de que los campos, los animales y los hombres quedan igualmente heridos de esterilidad". En cambio, el poder basado en la justicia asegura "la fertilidad de la tierra, de los animales y de las mujeres".[71] Somos nosotros lectores los que unimos el enunciado esencial de Bartolomé San Juan con la denuncia de la víctima.

Por eso la escritura puede ahorrar caminos a la explicación racional. En la medida en que Bartolomé enfrenta a Susana a la verdad en el fragmento 46 (y piensa: "Tendré que ir allá a morir", p. 108), ella se protege en la locura; se enajena del presente. El texto lo sugiere de modo ejemplar. En

[71] Mircea Eliade, *op. cit.*, p. 235.

Susana hay un cambio del ritmo lento y sucesivo del pensamiento racional al vértigo de las ideas. Y concluye el fragmento con este diálogo entre padre e hija:

—¿Estás loca?
—Claro que sí, Bartolomé. ¿No lo sabías? (p. 109).

Y en efecto (fragmento 47), Pedro Páramo decide la muerte de Bartolomé San Juan y Fulgor la ejecuta. Nuevamente es el binomio de la muerte (Pedro Páramo-Fulgor) el que saca al cacique de la Media Luna definitivamente de la vida.

Cuaternario de la muerte de Susana San Juan

Los fragmentos 48-51 forman un núcleo sobre *el sentido y la muerte de Susana San Juan*. Por primera y única vez en el texto, aparece el mundo indígena. Inicia el pasaje una "lluvia menuda, extraña para estas tierras", "la tierra anegada, bajo la lluvia" (p. 110). La lluvia, que es un símbolo vital y celeste, tiene sentido de fertilización y purificación, acepciones todas que se manifiestan en los fragmentos 48-50, que comienzan y concluyen con la persistencia de la lluvia. Luego llegan los vientos "que habían traído las lluvias". Viento pertinaz y fuerte, como la lluvia que lo había traído, que golpea y gime en la noche (*cf.* p. 117). En el lenguaje simbólico éste se asocia al hálito creador y en su máxima actividad —a la cual se aproxima la descripción de la novela— supone la conjugación de los cuatro elementos y tiene "poder fecundador y renovador de la vida".[72] Completa el pasaje simbólico la presencia de los indígenas el domingo, día de mercado. Es tiempo, pues, sagrado y de reunión. La mirada del narrador, respetuosa y enaltecedora, los mostrará con una gran economía de rasgos, en una escena breve, reveladora de la participación de los indios en el entramado textual:

De Apango han bajado los indios con sus rosarios de manzanillas, su romero, sus manojos de tomillo. No han traído ocote porque el ocote está mojado, y ni tierra de encino porque también está mojada por el mucho llover. Tienden sus yerbas en el suelo, bajo los arcos del portal, y esperan (p. 110).

Marcados por los signos de la vegetación que simbolizan la muerte y la resurrección; la fertilidad y la fecundidad, la presencia de los indios aviva

---

[72] J. E. Cirlot, *op. cit., s.v. viento.*

las fuerzas cósmicas que producen la regeneración de la vida; son símbolos de resurrección. Traen de las yerbas olorosas más representativas de la tradición popular en la cultura hispánica y que aquí cumplen una función regeneradora, como las diversas yerbas milagrosas de las más variadas culturas que resucitan los muertos y pueden "reunir las partes de un cuerpo muerto" o conceder la inmortalidad.

La escritura contrapone la precariedad de la vida de los indios (tiemblan de temor; recuerdan los encargos domésticos que no podrán satisfacer) y su capacidad de *reír* y de *esperar* el tiempo que vendrá: "Platican, se cuentan chistes y sueltan la risa" (p. 111). El texto nos muestra cómo la lluvia satura gradualmente sus gabanes. La persistencia de la descripción nos indica que se trata de un indicio de carácter simbólico. Son ellos los objetos de esa lluvia vital y fertilizante.

Al mismo tiempo, Justina baja de la Media Luna al mercado. Al hacerlo, delata y subraya, por contraste, la escisión entre el mundo criollo y mestizo y el indígena. Sin embargo, ella, la guardiana materna de Susana San Juan, funciona al mismo tiempo como la cuerda que vincula ambos mundos. Comprará a los indígenas un manojo de hojas de romero que colocará en la repisa del dormitorio de Susana, precisamente en estos pasajes centrales en los que Susana logrará superar la muerte y conjugar los contrarios en el espacio del Centro de las transformaciones en que se convierte su habitación, a la hora de su agonía y de su muerte o tiempo de su pasión. Los indígenas han sido los portadores de los símbolos regeneradores característicos de la Tierra.

La agonía de Susana San Juan está entreverada con la muerte de su padre que ronda (sensación de que es un gato que se mete entre sus pies, como antes los gatos acompañaban a Dolores Preciado cuando estaba en la Media Luna —¿tenue hilo con *Aura* de Carlos Fuentes? También con *La serpiente emplumada*, de D. H. Lawrence, como se verá después).

El anuncio de la muerte del padre provoca una retrospectiva en la que se revela la segunda transformación de Susana San Juan, también en la niñez, y que seguramente en el nivel simbólico logra la ruptura con el mundo de Pedro Páramo y establece una unión con el alma de la tierra (su sentido) y el mundo de Bartolomé San Juan. Éste le pide que baje hasta lo más profundo de un pozo y la insta a buscar *oro* allí. Es decir, en el corazón de la tierra, buscar su sentido último. Susana baja atada al exterior sólo por una cuerda que "le lastimaba la cintura, que le sangraba sus manos; pero que no quería soltar" (p. 116). En la otra punta de la cuerda está su padre. El acto es un *pasaje de salvación* en la simbología cristiana del pozo, que templa al personaje. Por eso despierta entre las miradas de *hielo* de su padre (el hielo fija su sentido simbólico; le da dureza y resistencia "contra lo anterior" y, en tanto *frío*, sugiere lo *alto*).[73] Lo que encuentra en el seno de la tierra es una "calavera de muerto" que entrega a su padre "pedazo a pedazo". El padre la obliga a ver y a buscar *la verdad*, y establece con ella una liga profunda que va de la muerte a la vida (la cuerda). La descripción del cadáver (que Susana debe entregar al padre) simboliza y anuncia la muerte de Pedro Páramo y lo identifica con el destino de la tierra:

> El cadáver se deshizo en canillas; la quijada se desprendió como si fuera de azúcar. Le fue dando pedazo a pedazo hasta que llegó a los dedos de los pies y le entregó coyuntura tras coyuntura. Y la calavera primero; aquella bola redonda que se deshizo entre sus manos (p. 117).

La "calavera primero" indica la voluntad de entregar lo que queda del ser vivo después de destruido su cuerpo. Deshecho el "vaso de la vida y del pensamiento", no quedará nada. El ritual de la muerte es lento y pulverizador. Susana San Juan está destinada a realizarlo para liberar la tierra. El rito que ha vivido le ha dado la curación de un *nuevo nacimiento*,[74] clave para lograr la transformación necesaria del mundo: habrá que partir de una transformación radical del Centro. Por ahora, hay que destruir el centro activo en la superficie de la historia: Pedro Páramo, que es su cabeza visible.

En el fragmento 51 se marca la incomunicación entre el padre Rentería y Susana San Juan (atada a la tierra, al padre y al recuerdo de Florencio, su esposo).

Pedro Páramo y Juan Preciado ante el mundo de Susana San Juan

Los fragmentos 52 y 53 son centrales para el sentido de los mundos en pugna. El 52 se inicia con la noticia de la muerte de Fulgor Sedano. La voz tartamuda que lo anuncia es desvalorizante. Lo es también la imagen de su muerte, representación satírica de ese mundo escindido de Pedro Páramo. El ejecutor ha sido el pueblo (revolucionario, oprimido y diezmado por Fulgor):

> "¡Cocórrale! [...] ¡Vaya y dígale a su patrón que allá nos veremos!" Y él soltó la cacalda, despavorido. No muy de prisa, por lo pepesado que era. Pero corrió. Lo mataron cocorriendo. Murió *cocon una pata arriba y otra abajo* (p. 120).

---

[73] *Ibid.*, *s.v. hielo*.

[74] Los pueblos agrícolas relacionan esta idea del nuevo nacimiento con la unión a la tierra-madre. *Cf.* Mircea Eliade, *op. cit.*, p. 231.

Con Fulgor desaparece la proyección activa de Pedro Páramo. Sólo le queda, como ante un *pozo*, contemplar la muerte de Susana San Juan. Quedará fijado a ella en un proceso de despedazamiento progresivo que se resuelve, años después (tiempo de preparación de Juan Preciado), en su desmoronamiento.

Lo que contempla son gestos que no logra descifrar. El lector reconoce en ellos un proceso análogo al de la transformación de Juan Preciado, que facilita la inversión y el cambio de la corriente vital y de las circunstancias:

> Observando a través de la pálida luz de la veladora el cuerpo en movimiento de Susana; la cara sudorosa, las manos agitando las sábanas, estrujando la almohada hasta el desmorecimiento (p. 121).
>
> Si al menos hubiera sabido qué era aquello que la maltrataba por dentro, que la hacía *revolcarse* en el desvelo, como si la despedazaran hasta inutilizarla (p. 122).

La incomunicación crea el vacío entre el mundo de Pedro Páramo y el de Susana San Juan. El saber le es negado a Pedro Páramo porque él niega, con su vida, la esencia de Susana.

El fragmento siguiente está en el tiempo y espacio del presente. Susana San Juan habla y delata su *sentido alto*. Juan Preciado la oye. Él es el llamado a oír y a conocer la raíz del mundo de Susana San Juan y enseña a Dorotea a oír.

Lo relatado por Susana San Juan es su proceso de purificación y transformación en *el mar*. Su gesto corporal forma el icono quinario de la mujer universal que se une a la fuente de la vida y de la muerte, como regresa a la madre: "Tenía los ojos cerrados, los brazos abiertos, desdobladas las piernas a la brisa del mar" (*id.*). Susana logra la reunión del agua con la tierra. La mediación es Florencio su esposo. Se da la unión de los elementos en un bautismo que conlleva la "unión universal de las virtualidades". La inmersión en las aguas, que se repite, implica el pasaje por la muerte y la disolución; también el renacimiento con una mayor fuerza vital (muerte y sepultura; vida y resurrección), pero todavía sólo "simboliza la vida terrestre, la vida natural, nunca la vida metafísica".[75]

Florencio "el floreciente", simboliza la belleza y la primavera. Es el mediador (principio masculino necesario, pero transitorio) que facilita la conjunción de la tierra y del agua (integración del principio femenino). Pertenece al mundo de la flor, de Susana ("lirio blanco, azucena, llena de

---

[75] J. E. Cirlot, *op. cit., s.v. agua.*

gracia"), lo que equivale a decir que pertenece al Centro y que al conjugarse ambos forman la imagen arquetípica del alma de la tierra.[76]

Cuatro (símbolo de la tierra) han sido las transformaciones de Susana San Juan: la primera, en la infancia, con Pedro Páramo; la del pozo, también en la infancia, promovida por el padre; la del mar, con Florencio, y la de la hora de la muerte (incorporación de lo sagrado, de lo celeste). La imagen de esta última transmutación la da, como señalé antes, Pedro Páramo antes de morir:

> ...Había una luna grande en medio del mundo. Se me perdían los ojos mirándote. Los rayos de la luna filtrándose sobre tu cara. No me cansaba de ver esa aparición que eras tú. Suave, restregada de luna; tu boca abullonada, humedecida, irisada de estrellas; tu cuerpo transparentándose en el agua de la noche. Susana, Susana San Juan (p. 158).

Cuaternario síntesis de los contrarios

La oposición entre el modo como Pedro Páramo pretende utilizar la Revolución en su provecho, sin involucrarse, y su anhelo de Susana San Juan, llega al límite (fragmentos 54-57). Pedro Páramo se incomunica cada vez más en el mundo vital, genésico de Susana. Por eso en estos fragmentos se contrastan la respuesta a la Revolución (a la historia) y el amor sexual de ella (el goce del cuerpo y la unión carnal —"dos en una sola carne") que se expresa en una suerte de himno a la vida, próximo a la experiencia mística de la vía unitiva que conlleva la pérdida de sí misma (pp. 127-128). A esta vivencia de lo alto le acompaña el lamento-reproche que nace de la fuerza terrible del *deseo* que sólo una experiencia colmada puede superar:

> ¡Señor, tú no existes! Te pedí tu protección para él. Que me lo cuidaras. Eso te pedí. Pero tú te ocupas nada más de las almas. Y lo que yo quiero de él es su cuerpo. Desnudo y caliente de amor; hirviendo de deseos; estrujando el temblor de mis senos y de mis brazos. Mi cuerpo transparente suspendido del suyo. Mi cuerpo liviano sostenido y suelto a sus fuerzas. ¿Qué haré ahora con mis labios sin su boca para llenarlos? ¿Qué haré de mis adoloridos labios? (p. 129).

---

[76] El texto es explícito en señalar la función mediadora ¿o sólo catalizadora? de Florencio. La unión mítica y simbólica de Susana con el mar únicamente la involucra a ella en quien se da un proceso transformador cada vez más alto: "Él me siguió el primer día y *se sintió solo*, a pesar de estar yo allí [...]. Y *se fue*." Al concluir el fragmento dice Susana: "—Me gusta bañarme en el mar —le dije." Pero él *no lo comprende*. "Y al otro día estaba otra vez en el mar, purificándome. Entregándome a sus olas" (p. 123).

El alma de la tierra ("transparente", "liviana") reclama un cuerpo que la integre y la encarne. Se busca la asunción del principio masculino. A Pedro Páramo sólo le es dado contemplar el agitado sueño de Susana desde la superficie, sin que se rompa nunca, ante él, el silencio. Se le niega, incluso, la posibilidad de consolarla.

En cambio, Juan Preciado oye y comunica a Dorotea la exaltación de la unión sexual. En el mundo por venir los contrarios están llamados a conjugarse como pareja en cuerpo y alma. La imagen se objetiva con alusiones al símbolo de la comida sacramental: "el pan dorado" en el horno,[77] el calor que transforma, la sensación de un nuevo nacimiento y la identificación de la mujer con la tierra:

> Dice que él le mordía los pies diciéndole que eran como pan dorado en el horno. Que dormía acurrucada, metiéndose dentro de él, perdida en la nada al sentir que se quebraba su carne, que se abría como un surco abierto por un clavo ardoroso, luego tibio, luego dulce, dando golpes duros contra su carne blanda; sumiéndose más hasta el gemido (pp. 127-128).

Evidentemente hay una coincidencia entre este discurso y el de la tierra fértil paradisiaca de Dolores Preciado. La identidad se nos marcó en las pp. 60-61, cuando Juan Preciado evoca el paso de las carretas, símbolo de la vida:

> "[...] *Llegan de todas partes, copeteadas de salitre, de mazorcas, de yerba de pará... Rechinan sus ruedas haciendo vibrar las ventanas, despertando a la gente. Es la misma hora en que se abren los hornos y huele a pan recién horneado. Y de pronto puede tronar el cielo. Caer la lluvia. Puede venir la primavera* [...]" (p. 60; las cursivas son del original).

Se restablece el ritmo vital de vida-muerte: "Pero que le había dolido más su muerte. Eso dice" (p. 128). La intensidad dolorosa de los polos vitales se equilibra.

El canto a la vida que adviene en el submundo inicia a Dorotea (profeta y testigo de la verdad, como la historia) para oír las voces de la vida nueva en gestación:

> —Se ha de haber roto el cajón donde la enterraron, porque se oye como un crujir de tablas.
> —Sí, yo también lo oigo (*id.*).

¿El crujir de dientes de la condenación eterna es ahora el crujir de tablas de la fuerza del nuevo nacimiento de la tierra? La verdad de Susana San Juan queda ambigua como la vida. La escritura parece objetivar la imagen

---

[77] El símbolo del *horno* indica la "pura gestación espiritual" (Cirlot, *op. cit., s.v. horno*).

de la lucha de un alma aprisionada en la materia (sugerida por la relación con Andrómeda). El ritmo vital se refuerza como una oposición dialéctica de vida-muerte; cielo e infierno. Siempre el juego de los contrarios que el sujeto asume en favor de uno u otro, pero sin anularlos. Vida como tensión que se inclina hacia los caminos del amor o de la muerte, según lo determina, en libertad, el hombre.

Cuaternario de Susana San Juan y los signos de renovación

Antes de morir, Susana vive el infierno del alma aprisionada por las muertes y caídas sucesivas. No obstante, la naturaleza advierte que son tiempos de regeneración (fragmentos 62-65). Justina reconoce ese paso de un estado a otro:

—¿Y qué crees que es la vida, Justina, sino un pecado? ¿No oyes? ¿No oyes cómo rechina la tierra?
—No, Susana, *no alcanzo a oír nada. Mi suerte no es tan grande como la tuya.*
—Te asombrarías. Te digo que te asombrarías de oír lo que yo oigo (p. 139).

Todos son signos de nacimiento y renovación. El pueblo anuncia la liberación futura con la fiesta que surge en el horizonte y contrapuntea la muerte. La preparación para la Navidad (p. 143) se convierte en fiesta, porque el pueblo, cercano a la raíz, presiente lo que conllevan los signos de los tiempos.

Por eso el diálogo de dos mujeres del pueblo, que miran el paso de la luz en la Media Luna, es el que nos ubica en el tiempo histórico. La agonía ha durado tres años (¿la Cristiada?) y Susana ¿muere? un 8 de diciembre, día de la Inmaculada Concepción.[78] El pueblo sabe que Pedro Páramo no entenderá los signos de renovación: "si alguien se muere en esa casa. Con el poder que tiene don Pedro, nos desbarataría la función" (p. 143).

Porque el destino de Susana, después de su Pasión, es renacer, el

---

[78] La Inmaculada Concepción evoca el sentido del nombre de Susana (lirio blanco, pureza). Por lo demás, el texto es ambiguo. Podría ser la víspera, el 7 de diciembre, como piensa también el profesor chino Zhen Shu Jiu (conversación personal, octubre de 1989). Así lo sugiere el diálogo de Ángeles y Fausta (fragmento 63, p. 142). Cerca "de las once de la noche", Ángeles afirma: "Ahora mismo se ha apagado la luz." Fausta observa que ha vuelto a encenderse. En el fragmento siguiente oímos y vemos los lectores la escena de la muerte de Susana quien parece hundirse finalmente "en la noche". "Al alba" (fragmento 66) "la gente fue despertada por el repique de las campanas. Era la mañana del 8 de diciembre". El detalle es importante porque asocia mucho más el 8 de diciembre con la idea de superación de la muerte mediante el acceso a la trascendencia de Susana San Juan. El pasaje tiene también connotaciones históricas significativas (*cf.* capítulo IV de este volumen, pp. 243-271).

fragmento 64 marca la barrera entre ella y el padre Rentería que insiste en imágenes de muerte que erosiona y carcome el cuerpo, y la "visión de Dios" como el opuesto luminoso.

Pero el padre Rentería la contempla, y a diferencia de Pedro Páramo, se acerca a la verdad: "Le entraron dudas. Quizá ella no tenía nada de qué arrepentirse. Tal vez él no tenía nada de qué perdonarla" (p. 147).

Ella es dueña de su muerte, como lo es ya de su voz en este segundo movimiento: "—¡Ya váyase, padre! No se mortifique por mí. *Estoy tranquila y tengo mucho sueño*" (*id.*).

La muerte como *sueño* implica *despertar* (Susana San Juan y el maestro en "Luvina"); como *desmoronamiento* implica *la disolución total* (Pedro Páramo).

El pueblo (la historia) rubrica la muerte de Susana para que conste y se reconozca su resurrección futura. La voz de Dorotea lo atestigua: "—Yo. Yo vi morir a doña Susanita" (*id.*).

Y ver morir a Susana San Juan es contemplar el icono del regreso al origen primero, verla volcarse en posición fetal en el infinito:

> sintió que la cabeza se le clavaba en el vientre. Trató de separar el vientre de su cabeza; de hacer a un lado aquel vientre que le apretaba los ojos y le cortaba la respiración; pero cada vez se volcaba más como si se hundiera en la noche (*id.*).

Pasamos al círculo vital de la perfección; el logro de la unidad que supera los contrarios. Claramente se ha dado el paso alto al principio telúrico. Mediante la unión de lo masculino y de lo femenino (sabiduría e intuición; cielo y tierra), logra la unión perfecta. El mandala esta vez llega a su plenitud, y es el nuevo símbolo de la tierra. De la unión de los contrarios surge el círculo:[79]

A la muerte de Susana San Juan le sigue la llegada de Juan, en el orden sucesivo de la historia, como los ritos anuales de fertilidad, asociados a la tierra y a la vegetación, culminan el día de San Juan en la cultura occidental.

[79] R. Koch, *op. cit.*, pp. 3 y 50.

El submundo. Lugar de espera para renacer

Desbaratado el incesto (culpa original del mundo patriarcal), quedan en el submundo, lugar de los elegidos (¿para formar el "pueblo escogido"?): Juan Preciado y Dorotea; Susana San Juan; una víctima inocente de Pedro Páramo (todos y ninguno) y otros muertos.

Se ha ganado la vida perdurable, gracias a la presencia del Espíritu de la Verdad y del Amor (Juan Preciado) que da sentido a *la Historia*, informándola (Dorotea). La escisión (objetivada en el páramo de Pedro) ha sido superada por la unión de los contrarios. El murmullo-mugido de los muertos sin descanso por la culpa, se redime (la culpa colectiva ha llevado a Juan a morir como víctima propiciatoria para invertir el tiempo). Así el tiempo de la caída dará paso en la superficie al tiempo de la resurrección, mediante una transformación cualitativa de signo ascendente que supera la tendencia al tiempo cíclico reiterativo, trascendiendo el eterno retorno en un tiempo escatológico, de múltiples conversiones posibles, hasta el infinito. Es decir, se instaura la posibilidad de un proyecto histórico trascendente.

Finalmente, si el mundo de la caída había envenenado la tierra debido a los vínculos orgánicos entre la naturaleza y los hombres, la llegada del mundo del Espíritu (del Hijo) conlleva la resurrección de la carne y la posibilidad de la comunión fraterna. Los une, sobre todo, la capacidad de oír los signos de los tiempos (predominio de lo sensible e intuitivo) y de vivir la plenitud de la carne y del espíritu (la búsqueda de la integración dinámica y liberadora).

La profesión de fe en el hombre y en el mundo, y su objetivo trascendente, se había marcado como respuesta ante la muerte al comienzo de la novela, precisamente en un contexto de renovación, manifestada en los símbolos de la noche, los relámpagos y "la lluvia que se convertía en brisa". Las sacerdotisas del acto de fe son las mujeres que cumplen el ritual con el ritmo pausado y la serenidad de la certeza. El testigo es Pedro Páramo en su infancia:

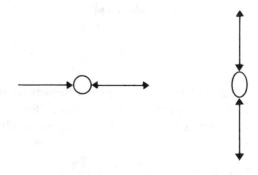

La lluvia se convertía en brisa. Oyó: "El perdón de los pecados y la resurrección de la carne. Amén." Eso era acá *adentro*, donde unas mujeres rezaban el final del rosario. Se levantaban; encerraban pájaros; atrancaban la puerta; apagaban la luz (pp. 21-22).

La novela reconfirma la estructura que propone en su desplazamiento textual básico (dos ejes y un centro que los equilibra. De *arriba* a *abajo* llega Juan Preciado al Centro. De *abajo* a *arriba* llega Susana San Juan, y ambos se integran al cielo (lo superior). La imagen gráfica del libro y del sentido es la de la cruz en dos dimensiones:

El cenit, es decir, el paso del mundo de la manifestación (espacial y temporal) al de la eternidad, suele identificarse con el centro de la cruz tridimensional ("corazón del espacio"). Pero cabe reducir simbólicamente la cruz a dos dimensiones de tal forma que represente la "armonía" entre lo "ancho" (la amplitud, la historia) y lo "alto" (la exaltación trascendente). "El sentido horizontal, dice Cirlot, concierne a las posibilidades un grado o momento de la existencia." El vertical, a su elevación moral. Pero además el trazo vertical representa la unicidad de Dios, su cabeza (principio rector necesario); también simboliza el poder que desciende sobre la humanidad desde lo alto, y de abajo a arriba, el anhelo de la humanidad por las cosas más altas.[80]

La escritura refuerza este desciframiento con la figuración que marca la vida de Pedro Páramo. Desde el comienzo de la novela, como vimos antes, Pedro Páramo es un personaje escindido entre dos polos diametralmente opuestos: el mundo ideal y el mundo material del quehacer histórico de dominio, propio del mundo patriarcal (el alma y el cuerpo; lo alto y lo bajo). La verdad de esa escisión (la orfandad y el desamor) es su ruptura con el Centro que condena al vacío y despedaza:

$$\uparrow$$

$$\downarrow$$

En el plano de la historia, la escisión inicial correspondería (aunque no exclusivamente) a la ruptura entre el mundo criollo y el indígena (en los Altos de Jalisco y en otros puntos nodales del país). Precisamente a la hora de la transformación celeste de Susana San Juan, cae la lluvia renovadora y los indígenas (¿el alma de la raza, no integrada?) esperan *su hora*. Se sugiere en ellos la presencia de una fuerza espiritual (la risa, la esperanza, el ritmo pausado) que contrasta con lo diezmado de sus posibilidades de

---

[80] J. E. Cirlot, *op. cit.*, *s.v. espacio; véase* también Koch, *op. cit.*, p. 1.

sobrevivencia. Son los llamados, en primera instancia, a la transformación liberadora que destaca el texto.

Como señalé antes, la acción de Justina, quien baja de la Media Luna y compra unas yerbas de romero a los indios, subraya, por contraste, la escisión entre ambos mundos (p. 111), y marca simbólicamente su posibilidad de unión, asociada a Susana San Juan; es decir, a la Tierra. Pienso que de aquí parte el proyecto de Juan José Arreola en *La feria*, novela publicada en 1963. Tres años después de *La feria*, José Emilio Pacheco transforma creativamente en la Babel citadina del Distrito Federal, y en un contexto universal explícito, la propuesta de Juan Rulfo, en su novela *Morirás lejos*, escrita en 1966 y publicada por primera vez en 1967. Pacheco narra la historia del pueblo judío, escindido y diezmado por la opresión del poder absoluto —y con él todos los pueblos que sufren una situación histórica análoga. El poder absoluto, como en *Pedro Páramo*, se condena sin alternativa de redención, no obstante que el texto muestra que es víctima y victimario al mismo tiempo. A diferencia de *Pedro Páramo*, *Morirás lejos* limita la solución a la unión de los contrarios (mujer y hombre, la Humanidad armónica), sin el carácter trascendente de la historia y del hombre que tiene la novela de Rulfo.

Antes en "Luvina", y ahora en la novela, se insiste en la necesidad de integrar el mundo de *adentro* con el de *afuera* (de Comala a Sayula, y de Sayula al mundo), donde hay signos vitales evidentes (recuérdese la función de Abundio). Es decir, por un lado se indica la necesidad de integrar las partes escindidas del territorio nacional (escisión que se ha dado en la historia desde la Colonia, y se repite en el momento de la Revolución en los Altos de Jalisco, por ejemplo), y por otro, se sugiere (y se objetiva en la relación con otros textos) la necesidad de abrirse a los signos fertilizantes de un contexto universal.

Tanto en los cuentos como en la novela, Rulfo trabaja como un descifrador de los signos de la cotidianidad, atento al sentido que trazan en su devenir de apariencia muchas veces anónima y sin sentido. Describe así ante nuestros ojos la grandeza de lo "pequeño": el contrapunto armonioso del poder opresor y deshumanizado. Le preocupa el hombre de todos los días como el símbolo viviente de la verdad última del sistema. Su obra no es tanto una anatomía del poder, cuanto un registro de sus efectos sobre el hombre entendido como *pueblo*, y no como individuo aislado. Por eso, si la tierra deja de estar al servicio de todos, y se desnaturalizan sus fines, está condenada al páramo y a la esterilidad.

En última instancia, además, el pueblo es el sujeto de la historia. Ningún poder ajeno a esta verdad podrá crear alternativas válidas para las transformaciones necesarias. Una y otra vez la novela nos insta a ver lo omitido, lo oculto, y sobre todo, a oír esa queja anónima que repite sin fin la denuncia y la culpa colectivas. Pero no basta la denuncia. El texto enseña a oír y a ver los signos esperanzadores entreverados con los de la caída. No es un registro de hechos (que dejaría despedazada la visión). Desde la perspectiva de un pueblo con un destino solidario y trascendente se enjuicia, "por añadidura" y, por eso mismo en su "verdad", la historia.

Pedro Páramo es la tierra producto de un sistema que pierde, precisamente, su sentido natural y se prostituye. Susana San Juan es el principio telúrico, el fruto y el potencial de vida negado a esa tierra.

III. RELACIONES ENTRE LOS TEXTOS
Y PERSONAJES

> La prohibición del incesto es el proceso por el cual la
> naturaleza se supera a sí misma; enciende la chispa bajo
> cuya acción una estructura nueva y más compleja se forma
> y se superpone —integrándolas— a las estructuras más
> simples de la vida psíquica, así como estas últimas se
> superponen —integrándolas— a las estructuras más sim-
> ples de la vida animal. Opera, y por sí misma constituye el
> advenimiento de un nuevo orden.
>
> CLAUDE LÉVI-STRAUSS, *Las estructuras elementales del pa-
> rentesco*, 1949

LAS VOCES INTERNAS EN EL MUNDO DE JUAN

COMO ya vimos en el segundo capítulo, la posibilidad de un tiempo histórico
liberado supone, en *Pedro Páramo*, la inmersión de Juan Preciado en el
sentido último del mundo de su padre. Juan, único hijo legítimo de Pedro
Páramo y de Dolores Preciado, estaba llamado a ser Juan Páramo Preciado.[1]
La negación del padre instaura el mundo de la madre (mundo propicio al
cambio en la historia. Por eso al hijo se le reconoce como Juan Preciado).
A su vez futuro de ese pasado y presente de la historia, el personaje inicia
el camino regresivo de la búsqueda y se desplaza, en la historia y la
geografía, hacia el centro simbólico de las transformaciones.

Juan reproduce el modelo de desplazamiento trazado antes por Susana San Juan.[2] Va de *adentro* (Comala), *afuera* (Sayula) y nuevamente

---

[1] Aunque el matrimonio de Dolores Preciado y de Pedro Páramo es producto de la
ambición desmedida del cacique de la Media Luna, legitima a Juan Preciado ante la ley como
su único hijo. Pero la verdadera legitimidad de Juan es más bien del orden del espíritu y por
vía materna, así como la de Miguel Páramo procede del padre de quien es su proyección
evidente. A diferencia de Pedro Páramo, en cierto modo, Dolores decide libremente su
matrimonio ("Aunque después me aborrezca", p. 52), y decide el destino de su hijo. Si por
nacimiento Juan debió llamarse Juan Páramo Preciado, en el nuevo orden que se gesta es
Juan Preciado. El detalle destaca el sentido que de otra forma quedaría oculto. Lo que importa
es que Juan es hijo de mujer y que es el escogido.

[2] Del mundo en caída de Pedro Páramo, Susana San Juan se refugia en la locura, muere
y pasa al submundo a donde llegará después Juan Preciado. Casi al final de la novela, Pedro

adentro, como ella debió desplazarse (de *adentro, afuera*) en la temprana adolescencia para finalmente regresar (*adentro*) y liberar la superficie de la tierra, provocando la destrucción de Pedro Páramo, su centro de despedazamiento.[3]

El dinamismo progresivo de la escritura —regresar a las formas más sencillas para renovar la historia— se asocia en la novela, y en relatos como "Luvina", a la dimensión religiosa, que se manifiesta en los estratos dominantes de los textos. Es lo característico de las estructuras sociales más simples según Lévi-Strauss, y se relaciona con el concepto prehispánico del submundo, en tanto pasaje de esta vida a otra y posibilidad de resurrección.

Rulfo, lo he señalado antes, integra varias manifestaciones "espirituales", pero acorde con la interpretación que propuse de la novela en el Capítulo segundo, privilegia la dimensión evangélica. Bajar para subir es el principio cristiano que subyace en el misterio de la Cruz, decisivo también en *Pedro Páramo*, a nivel de la estructura y el sentido (*cf. id.*).

El proceso liberador corresponde a una visión integral de la historia que se reproduce en los diversos estratos del texto, y está indisolublemente ligada a su sentido trascendente. Es lo que representa el rito de pasaje que ha vivido Susana, en el pozo, con su padre el minero Bartolomé San Juan. El proceso liberador implica siempre en la novela la inmersión en las raíces universales y humanas pasando por los elementos primarios del espacio y el tiempo particulares en que éstas se manifiestan.

La novela centra la transformación radical de ese pasado en la liberación del incesto fraterno que lo funda. Al romperse la relación incestuosa a la llegada de Juan Preciado, se libera la tierra (recuérdese que sale Donis y la mujer se deshace en lodo), y Juan pasa su muerte y transfiguración como ha ocurrido antes con Susana San Juan (símbolo de la tierra). El acto restituye la prohibición del incesto, lo cual conlleva la posibilidad de establecer un nuevo orden social. La escritura resuelve el problema histórico en su lenguaje propio; queda a la historia concretarlo en su proceso. Susana

Páramo revelará que vio pasar a Susana rumbo al cielo, y Juan Preciado se une a la madre ("la estrella junto a la luna") en el pasaje del submundo.

[3] Rulfo ha sabido matizar el personaje de Pedro Páramo de tal suerte que es humanamente verosímil. Él asume conscientemente su muerte como pago de sus crímenes, pero en la medida en que se concentra en sí mismo la historia, facilita la destrucción de su mundo; es decir, del sistema de relaciones determinado por su poder absoluto. Sonia L. Mathalía ha sabido ver este proceso de identificación del personaje con su tiempo: "Pedro Páramo no se analiza, solamente recuerda, monologa para dejarse perfilar por su pasado. Lo colectivo, en *Pedro Páramo*, conduce al anonimato de lo individual" ("Contigüidad de los textos: Juan Rulfo-Malcolm Lowry", en *Cuadernos Hispanoamericanos*, núms. 421-423, 1985, p. 208). Es claro que la acción que carcome a Pedro Páramo pulveriza simbólicamente su mundo.

ha hecho posible la pulverización del "tótem epónimo", dueño del clan y de la sangre,[4] en la medida en que asciende y se transfigura en lo celeste.[5]

Se sugiere que, en el camino ascensional, Comala también saldrá de sí misma mediante el proceso de purificación que supone la muerte totalizadora del poder absoluto, y sus efectos (el despedazamiento de la tierra, "la marca de Caín"). La novela sólo dará los primeros indicios del cambio (—"Allá afuera debe estar variando el tiempo. Mi madre me decía que, en cuanto comenzaba a llover, todo se llenaba de luces", p. 84).

El tiempo de Juan es posible porque, por un lado, el binomio padre-hijo (Pedro Páramo-Miguel, negador de la tierra y de la vida), ha sido sustituido por el binomio madre-hijo (Dolores Preciado-Juan). Es el tiempo de la mujer propicio al cambio; tiempo de la madre, que es dueña de las tierras mediadoras (las tierras de Enmedio de Doloritas). Por otro, se ha creado en torno a la tierra el binomio padre-hija (Bartolomé San Juan-Susana).

Los mediadores inmediatos han sido Dolores Preciado (la madre) y Bartolomé San Juan (el padre), entre quienes no existen lazos de relación, salvo el amor por la tierra. En el nivel simbólico de la escritura se instaura una relación de parentesco espiritual, determinada por el amor solidario, y se establece una filiación telúrica entre los hombres del lugar, garantizada en las bases mismas de la sociedad y de la historia. La nueva tríada de la estirpe de Juan (Bartolomé San Juan, Susana San Juan y Juan Preciado) se amplía con la figura mediadora de la madre y se crea la cuaternidad que representa la Tierra.

En el mundo de Juan, la madre es también intercesora en lo alto, después de su muerte (*cf.* fragmentos 32-34, pp. 69-73), y gestadora del cambio. Ella saca afuera al hijo y lo prepara para que más tarde se reintegre a su origen. Lo educa para enfrentar la muerte y la historia con una visión paradisiaca centrada en la abundancia de los frutos de la tierra. La voz materna crea un discurso en contrapunto que forma en el hijo la visión de una utopía recuperable. Juan Preciado está educado para *ver* y *oír* los signos positivos

---

[4] Claude Lévi-Strauss comenta esta "identidad sustancial" entre el tótem y el clan, a partir de las hipótesis de E. Durkheim en su trabajo *La prohibition de l'inceste* de 1898. Lo importante es que la concepción de Pedro Páramo responde a esta figura totémica con un poder absoluto sobre los miembros del clan (*Las estructuras elementales del parentesco I*, ed. cit., pp. 54-57). Sin embargo, Rulfo transforma significativamente el modelo antropológico. En este último la identidad suele asociarse a un origen mágico-biológico. En *Pedro Páramo* todo parece provenir de una práctica histórica mercantilizada. Lo espiritual, cuando aparece, se asocia siempre con el mundo de Juan Preciado; es decir, con la posibilidad de futuro, de un nuevo orden histórico.

[5] La transformación garantiza, en el origen mismo de la historia, la integridad de la tierra, que es lo que importa manifestar en el texto.

del Reino, a partir de la ilusión y el sueño enaltecedores, fincados en un tiempo anterior al despedazamiento. La madre promueve así el advenimiento de un mundo nuevo donde la historia recuperará su dimensión trascendente y la tierra su principo genésico.

Al mismo tiempo, ese nuevo "reino de este mundo" nacerá también del pueblo; de la magnitud desbordante del desamparo de los "hombres del lugar". Por eso se une a Juan un hijo ilegítimo de Pedro Páramo, arriero como los pobladores de esa tierra,[6] que la conocen minuciosamente, y sirven de enlace con otros espacios en su desplazamiento continuo: Abundio Martínez.[7]

Juan, criado *fuera* para la trascendencia, es el espíritu que podrá actuar en el submundo por encima del mundo mercantilizado del padre-mundo narcisista y de muerte. Será guiado en el camino al origen por el amor primario a la tierra y las diversas figuras maternas espirituales (Eduviges, Damiana, Dorotea) que la madre convoca para que le orienten y acompañen.

Movida por la fuerza del sentido, la escritura pone en juego diversidad de textos que se manifiestan como un mundo de ficción. El discurso hace propia la escritura evangélica que nutre los símbolos y los orienta. Una hermenéutica de los signos y de los símbolos revela el encuentro fertilizante, en el nuevo origen, entre los signos cristianos y evangélicos, el discurso paradisiaco antípoda del Páramo (paraíso perdido), el modelo utópico de las crónicas de viajes y el discurso de novelas contemporáneas.

La crítica suele asociar el viaje y el mundo de Juan Preciado con los modelos clásicos. Si bien éstos quedan sugeridos, Juan Rulfo, ávido lector de novelas, da a su espacio una proyección mexicana y universal, con textos coetáneos al acto de la escritura, próximos a la cotidianidad, en la que se

[6] Las crónicas locales —que seguramente conoció Rulfo— permiten reconstruir la historia de la Provincia de Amula (geografía de *Pedro Páramo*), y específicamente de la fundación de San Gabriel, el pueblo donde se crió Juan Rulfo. Una teoría es que el pueblo —hoy Venustiano Carranza— se fundó hace apenas 200 años con "*arrieros* de Jiquilpan". Otra, sitúa la fundación en 1576, con grupos muy diezmados de otomíes ("indígenas de Amula") que inician el éxodo después de la desaparición de Amula debida a la pestilencia grande de 1575-1576, en que murieron más de dos millones de naturales, la erupción del volcán de Colima de 1576 y los temblores de 1574. El texto se refiere entonces no al origen, sino a un tiempo posterior al florecimiento del lugar a comienzos del siglo XIX, con la llegada de pobladores españoles que determinaron un cambio demográfico importante. El progreso se asocia, pues, al mestizaje y al poblador criollo.

[7] La escritura es suficientemente ambigua respecto a la condición de Abundio. No hay duda que él y Juan Preciado forman una cuerda liberadora. Si bien se le ha quitado el amor de la pareja y la posible proyección en un hijo, Abundio ha ganado su lugar *en lo alto* de los cerros donde ¿aguarda? el advenimiento del nuevo tiempo (fragmento 4, p. 14). Juan Preciado, él y Susana se han desplazado hacia afuera y tienen la fuerza para liberar la tierra.

define pedagógicamente, para nuestro presente, el sentido último de la historia: Por ejemplo, Mariano Azuela, Mauricio Magdaleno, José Revueltas, Ramuz, Lord Dunsany, Truman Capote y John M. Synge. De todos ellos me detendré ahora sólo en Revueltas y los dos últimos. En el Capítulo segundo adelanté algunas de estas relaciones, sobre todo con los cuentos.

Importancia del hijo como esperanza de la historia

Los textos que de algún modo inciden en la novela, transformados o sujetos a un nuevo sistema de relaciones, se incorporan muchas veces en función de unos núcleos de sentido que condicionan la escritura. La *tríada familiar escindida*, y su efecto sobre el hijo, es uno de esos núcleos importantes en la obra de Juan Rulfo, como lo ha sido en otras novelas de la Revolución, hecho que he señalado al hablar de *"El Llano en llamas" y otros cuentos*. Es también lo que muestran los relatos anteriores a este primer libro: "Un pedazo de noche" (posible fragmento de la primera novela de Rulfo, eliminada por él mismo y que llamó *El hijo del desaliento*) y "La vida no es muy seria en sus cosas".

Este último cuento no fue incluido por el autor al publicar el libro de cuentos pero aparece después en *Antología personal*, 1978; 1988 y *Obras*, 1987. Su recuperación tardía puede deberse, en parte, a un orgullo de autor o "historiador". El cuento es anterior a textos de nonatos como "Apuntes de un rencoroso" de Juan José Arreola, aunque el gran nonato de Rulfo es el hijo de Anacleto Morones y de su hija, caja de Pandora que desaparece de la historia al final del relato, y amenaza el futuro. Sin embargo, me parece una explicación más razonable el hecho de que Rulfo escribió los cuentos pensando en la novela, y "La vida no es muy seria en sus cosas" es el único relato que niega, precisamente, lo central de la visión del mundo de *Pedro Páramo* y, en general, de toda su obra. Es decir, el cuento cancela toda alternativa de un futuro signado por el binomio madre-hijo, con el padre ausente, pero dentro de una legitimidad de origen. Así como detrás de la muerte de Miguel Páramo (que destruye el binomio padre-hijo referido a una historia de opresión), está el cuento "No oyes ladrar los perros", detrás del binomio Juan Preciado-Dolores puede estar "El Llano en llamas", pero no "La vida no es muy seria en sus cosas" donde mueren, tanto la madre como el hijo.[8]

Con esta excepción, al convertir la tríada familiar en el modelo operativo

[8] *Cf.* el apartado "Figuraciones de la historia en los cuentos", pp. 71-94, capítulo I de la Segunda parte de este volumen, nota 20.

de los textos, se expresa sintéticamente la idea de la interrelación histórica de los hombres, y se define esa relación en términos del hijo. Es decir, el pasado importa en tanto se refiere al padre y a la madre; el presente, en tanto proyección futura de ese pasado. Esto crea el juego de las contradicciones y centra la escritura en el mundo del hijo que certeramente ha puesto Juan Rulfo al comienzo de la novela, con pleno dominio de su enunciado en primera persona.

Si bien el incesto altera la tríada de manera ambigua y negativa, el hijo "escogido" suele salvarse del lado de la vida, al escindirse el núcleo familiar en los relatos y en la novela de Rulfo.

Quizás el antecedent más claro de esta tendencia sea *Los de abajo* (1915) de Mariano Azuela. El modelo de parentesco es central en la novela azueliana, como ya he indicado; recorre el ciclo de la novela de la Revolución e incide como motivo central en los relatos de Rulfo. La madre y el hijo deberán separarse de Demetrio, padre y símbolo de la tierra. La violencia (la quema del hogar) fragmenta la tríada. Finalmente muere el padre, pero queda el hijo, criado por la madre.

La escisión de la tríada aísla los binomios padre-hijo (hija); madre-hijo (hija), determinantes de un orden patriarcal o matriarcal respectivamente. La orfandad total casi impide el desarrollo, y convierte al hijo en una criatura deseante (como Macario, los hombres de "Nos han dado la tierra" y Pedro Páramo). Pero, además, los hijos tenderán, o bien a los procesos de hominización y liberación, o bien a los procesos letales y destructivos.

Estas dos tendencias organizan las relaciones con otros textos desde la óptica dominante del narrador quien a su vez las reconoce en el enunciado de los otros. Son, pues, modos de asumir la historia (la literaria y la social) y de entrar en diálogo con ella.

Del lado letal y destructivo en Rulfo, *Anacleto Morones* se funda en un doble incesto, paterno y fraterno —Anacleto engendra un hijo en su hija. Ella se casa con Lucas Lucatero, quien tiene una relación filial con Anacleto, que es su maestro. La confusión de relaciones culmina en un "parricidio", pues Lucas Lucatero asesina a Anacleto Morones. Este último es además el sacerdote de la mercantilización de lo sagrado basado en una relación promiscua de visos satánicos que convierte a la mujer-madre en un coro grotesco de mujeres enlutadas condenadas a la esterilidad.

Significativamente "La caída" (1943),[9] de José Revueltas, se centra también en un incesto fraterno y la mujer huye con el hijo no nacido, como en el cuento de Rulfo. El padre, en cambio, como Pedro Páramo, se autodestruye horrorizado por la culpa y poseído por un amor "obsesivo y

---

[9] José Revueltas, *Dios en la tierra*, México, Era, 1979, pp. 153-161 [1ª ed., 1944].

único", en este caso, por su hermana. La causa sugerida por los textos es la promiscuidad "natural" revelada también por Macario y Felipa, producto de la sordidez y limitación de una estructura social que retasa el espacio y la vida afectiva y sexual o la mercantiliza. El relato concluye y la ambigüedad del no nacido marca el futuro.

Con una perspectiva histórica similar a la de *El resplandor* de Mauricio Magdaleno, aunque se escribe prácticamente diez años después, *El luto humano* (1947) de José Revueltas cierra definitivamente la dimensión de futuro ¿sólo para el mundo campesino?, y manifiesta el fracaso del reparto de tierras y los sistemas de riego, no obstante la grandeza mesiánica de líderes como Natividad, cuya acción no es suficiente para superar los grandes problemas estructurales. Una vez más es el mundo del hijo el que define el destino de los hombres y de la tierra. La novela se inicia con el grupo en torno al cadáver de Chonita, la hija de Natividad que también ha muerto. El cuerpo de la niña guía a los hombres en el camino circular hacia la muerte. El hecho de que sea una niña connota con más fuerza la esterilidad de ese mundo obligado a renovarse, transformando radicalmente las bases mismas de su sistema socioeconómico.

En cambio, Rulfo se esforzó por superar el pesimismo totalizador que la crítica se empeña en atribuirle, confundiendo la focalización de sus relatos con el sentido último que los orienta. Se trata más bien de una escritura que nos enseña a "ver" y "oír", en el corazón mismo de la desolación, los signos apenas perceptibles del "Reino", aunque a veces censure totalmente aspectos y fragmentos de la historia de las relaciones sociales.

Si Natividad y Chonita han ido de la esperanza a la desesperanza, Juan Preciado y Susana San Juan, en *Pedro Páramo*, irán de la desesperanza a la esperanza. Así lo intuyó, en un rápido apunte, Manuel Durán:

> Estos personajes están muertos, buscan un futuro, un paraíso en que renacer, y la única guía que les lleva a esta búsqueda es que saben —o han oído decir— que el amor existe, ha existido, puede volver a existir.[10]

El propio Rulfo ha declarado que la novela no es pesimista, sino que censura la mercantilización de las costumbres y de la práctica y los valores religiosos. Cercana ya su muerte, el autor dijo a Pilar Martínez: "El tomar la muerte como técnica en *Pedro Páramo* fue instintivo, no premeditado. Fue solución técnica. *La muerte en función de un término vital.*"[11] En otras palabras, la

---

[10] Manuel Durán, "Juan Rulfo y Mariano Azuela: ¿Sucesión o superación?", en *Cuadernos Hispanoamericanos*, núms. 421-423 (1985), p. 220.
[11] Pilar Martínez, "Juan Rulfo, indigenista", en *Ínsula*, núm. 478 (1986), p. 1.

muerte como paso a la vida. Y por lo general, como dijimos antes, esta concepción de la vida y la muerte se manifiesta en términos del hijo que simbólicamente es el futuro. En el polo de la vida y la liberación individual y colectiva está el mundo de Juan Preciado; en el polo de la muerte, sin posibilidades de resurrección, el de Pedro Páramo, como corresponde a la estructura de la novela.

El libro de cuentos de Rulfo muestra también los múltiples callejones sin salida que no permiten restituir la unidad buscada ("Macario", "No oyes ladrar los perros"). Sin embargo, del lado de la vida, aunque cara a la muerte, el cuento central "El Llano en llamas" indica ya el sentido del hijo como futuro posible y liberador (el hijo de Pichón). La mediadora (también en "Luvina" y *Pedro Páramo*) es la madre.

Pedro Páramo dialoga con una novela mexicana, en términos del hijo, *El resplandor* de Mauricio Magdaleno, que he mencionado antes. Situada en el periodo posrevolucionario, *El resplandor* censura —por fallida— la salida al exterior del hijo escogido por la tribu para liberarlos de la opresión, porque persiste el sistema de opresión interno que el hijo reproduce a la larga. Sin embargo, la escritura insiste en reiterar la esperanza en el hijo mestizo,[12] abandonado por el padre y criado por la madre dentro de la tribu. La escisión entre el mundo indígena y el criollo o mestizo queda como un reto al futuro en el periodo posrevolucionario. Análogamente, en "¡Diles que no me maten!" queda escindido el sector campesino del militar. El hijo del mestizo y la criolla se educa en el núcleo de la sociedad "blanca", para el dominio y la opresión; el mestizo, criado en el núcleo indígena sólo por la madre, se educa para la sobrevivencia o la muerte. El texto sugiere que la solución deberá integrar ambos polos. Como en *Pedro Páramo* y los cuentos ("Anacleto Morones", "Nos han dado la tierra", "¡Diles que no me maten!") se pone en evidencia, una vez más, la mercantilización de los valores religiosos, educativos y familiares y el ejercicio arbitrario del poder, en tanto deformadores del proceso de solidaridad y liberación necesarios. Se cuestiona, a fondo, el binomio padre-hijo prevaleciente. Si vive el padre, se establece una relación de competencia con el hijo, que deberá matarlo, y se rompe la comunicación (*véase* "El hijo de Matilde Arcángel" de Rulfo). Si se ausenta el padre o la madre, o mueren ambos, el hijo queda sin raíz, en la orfandad y el abandono.

En última instancia, en términos de la raza y la cultura, la novela reitera una solución por el camino del mestizaje, que aún no encuentra una vía francamente liberada para manifestarse. Es la misma propuesta que se mantiene todavía en *Oficio de tinieblas* (1962), de Rosario Castellanos,

---

[12] *Cf.* El final de la novela, ed. cit.

donde la víctima que el grupo crucifica como Mesías posible de la tribu, es mestizo, hijo adoptivo de la Ilol.

Pedro Páramo procura el equilibrio entre los diversos estratos de la cultura y de la historia al integrar lo local y lo externo, tanto en el propio país —donde los hijos, Abundio y Juan Preciado, buscan los enlaces necesarios a la integridad de la tierra— como entre el país y otros espacios. Desde esta perspectiva, es fundamental la presencia de dos obras contemporáneas: la del norteamericano Truman Capote, *Otras voces, otros ámbitos*, y una pequeña obra de teatro del irlandés John M. Synge, *Jinetes hacia el mar*. Estos textos se filtran por la rejilla selectiva del autor, y se incorporan, transformándose, a su imaginación. Destaco los préstamos fertilizantes, las ampliaciones o censuras que ambas obras establecen respecto al motivo de la tríada familiar y al mundo del hijo en los cuentos de Rulfo y en *Pedro Páramo*.

La "comedia dramática en un acto" de Synge es de 1904, y Rulfo la conoce probablemente en los cuarenta en la traducción española de Juan Ramón Jiménez y Zenobia Camprubí de Jiménez de 1920.[13] *Jinetes hacia el mar* se desarrolla en un mundo primario asociado al mar y a la pesca, en una naturaleza y un escenario "rústicos" que facilitan la entrada a la profundización del sentido último, pues todo se mueve en el ámbito del mito y en un difícil límite entre vida y muerte. En contraste, se alude continuamente a un espacio vital donde se organiza todos los años una feria de caballos (actividad que corresponde a un estadio más completo de organización económica social). Sayula y la feria que gradualmente domina el ámbito próximo a la Media Luna, mientras ocurre la muerte —pasaje— de Susana San Juan, tienen una misma función contrastante en la novela de Rulfo.

Se trata, en la obra de Synge, de un mundo primitivo, primario que va perdiendo a sus jóvenes (*su futuro*), pero la visión, como en Rulfo, y por el contraste que señalé antes, no es totalizadora. Hay un mundo grande donde la madre reconoce que hay futuro y el proceso histórico se cumple de padres a hijos:

[13] John Millington Synge, *Jinetes hacia el mar* (1904), ed. cit. En los cuarenta llegaban a México muchas publicaciones españolas como ésta y las de *Revista de Occidente*. Son lecturas que Rulfo hizo entonces y que compartieron muchos de sus amigos en Guadalajara como lo ha declarado Juan José Arreola, por ejemplo. También Alfonso Reyes comenta en su *Diario*, el 28 de septiembre de 1924, y desde San Antonio, Texas: "Hay dos grandes temas épicos en México: uno el petróleo; otro, el contrabando del Río Bravo: 'Jinetes hacia el río' diría Synge" (*Diario*, 1911-1930, pról. de Alicia Reyes y de Alfonso Reyes Mota, Guanajuato, Universidad de Guanajuato, 1969, p. 70).

¡En el *Mundo grande*, los viejos van dejando las cosas tras de sí, para sus hijos y sus nietos; pero aquí son los jóvenes los que dejan sus cosas a los viejos![14]

La sucesión, marcada por la cosas que van quedanto atrás, habla de una continuidad y de una tradición que se rompe en este viejo mundo. Cara a la muerte se invierten los papeles generacionales, como los tiliches que han ido dejando los jóvenes con Eduviges en *Pedro Páramo* y los viejos en "Luvina" y "Paso del Norte".

Los jinetes son los hijos varones de una tríada familiar escindida en la que ha muerto el padre y sólo quedan el último de los hijos y dos hijas mujeres. La voz de la madre es grave y baja, índice de una resignación templada por la muerte. El pasaje que continúa, poco después, recuerda la hilera de mujeres enlutadas de "Luvina", en el espacio de la madre con el más pequeño en las rodillas:

¡Yo estaba sentada aquí, con Bartley echado en mis rodillas [...], y vi a dos mujeres, a tres mujeres, a cuatro mujeres, que iban entrando, santiguándose y sin habla![15]

En "Luvina" el motivo se amplía simbólicamente y se dramatiza. El padre, no obstante su confusión, está todavía presente, con sus hijos mayores, y es quien narra y descubre el espacio en que se encuentra la madre: "hasta que la encontramos metida en la iglesia: sentada mero en medio de aquella iglesia solitaria, con el niño dormido entre sus piernas" (pp. 115-116). La soledad y ruina del espacio sagrado indican la necesidad de una transformación. En el diálogo, la madre, como la de Synge, es la que habla del estado disminuido de las otras mujeres que exige transformación:

—Sí, allí enfrente... Unas mujeres... Las sigo viendo. Mira, allí tras las rendijas de esa puerta veo brillar los ojos que nos miran... [...] pero no tienen qué darnos de comer [...] Entonces entré aquí a rezar, a pedirle a Dios por nosotros (p. 116).

La madre, en *Jinetes hacia el mar*, identifica las premoniciones de la muerte del hijo con una imagen que constituye uno de los núcleos significativos de *Pedro Páramo*, y en la cual se identifica al hijo con lo celeste:

[14] *Ibid.*, p. 31.
[15] *Id.*, pp. 47-48.

¡Ese viento está levantando el mar, y *había una estrella junto a la luna*, y la luna saliendo anochecido! [...] ¿qué son mil caballos contra un hijo, cuando queda un hijo solo?[16]

Una de las hijas, Cathleen, intenta una mediación que aleje la muerte: Envía a la madre al "pozo de la fuente" para que bendiga al hijo y le lleve pan. El *pozo* permitiría el ritual de pasaje que, junto con el alimento y la bendición, fortalecerían al hijo. Es claro el hilo de relación con Bartolomé y Susana en el pozo, donde sí se da el pasaje fortalecedor de ella respecto al mundo de *Pedro Páramo*.

En la obra de Synge, si bien es cierto que la madre es el centro de ese mundo, y finalmente sólo quedan ella y las hijas, no tiene la fuerza capaz de gestar un nuevo mundo. Como figura de cambio más bien parece sujeta todavía a los residuos del mundo patriarcal: Acompaña en la muerte y cumple con los ritos, pero en la medida en que su función es más bien compasiva (ver venir la muerte de los hombres), al final queda únicamente una conformidad desvitalizadora, que se opone radicalmente a Dolores Preciado y a Susana San Juan. Estas mujeres de *Jinetes hacia el mar* sólo desean superar la angustia de la vida pasada. La madre ha sido categórica: "Ya no viviré más sin ellos." En cambio, en el texto de Rulfo la actitud de la madre y su acción después de muerta, buscan transformar el mundo, no por la violencia, sino por el amor activo. El hijo sostiene en sus brazos a Dorotea, testigo de la historia pasada, y aguarda el mundo por venir: es la fuerza del Espíritu. Y Susana —la Tierra— asume la voz y reclama un futuro vital donde sea posible la "resurrección de la carne" como el credo del ritual de las mujeres en las primeras páginas de la novela.

Maurya, la madre de la obra de Synge, ha sabido leer en los signos de su tiempo el sentido de ese mundo patriarcal que muere: "Muy despacio", como quien enuncia las palabras clave, dice: "¡Vi lo más espantoso que nadie ha visto desde el día en que Dara la novia vio *al hombre muerto con el niño en los brazos!*"[17] Una vez más es una variación de la Madona la clave significativa. La imagen homologa y sustituye la de la Madona que rige en los cuentos y la novela de Juan Rulfo. La primera representa la terminación de un orden patriarcal; la segunda, la posibilidad de cambio hacia un nuevo orden. No hay duda que la escritura sugiere, además, el vínculo con *Juan-Lucas*, la novela de C. F. Ramuz que dejó una huella tan clara en la sensibilidad y los textos de Rulfo, como se verá al hablar de Pedro Páramo.

[16] *Id.*, p. 23.
[17] *Id.*, p. 42.

Por los caminos del sur de los Estados Unidos, en un viaje de regreso al padre para identificarse con su pasado, se desplaza Joel, el preadolescente de la novela *Otras voces, otros ámbitos* de Truman Capote.[18] Va de Nueva Orleáns a Biloxi (por tren) y luego en ómnibus al mundo simbólico del encuentro con la verdad de su origen. Los nombres indican otro ritual de pasaje y un mundo de transición: en el café *Lucero del Alba* de un pequeño poblado, *Capilla Paraíso*, aguarda Joel el único posible viaje de acceso a *Ciudad Mediodía* y de ahí al desembarcadero de *Los Cráneos* (¿sobre el Golfo de México?). La carretera, de pinares desiertos, lo llevará a la *región desolada, pantanosa, de ciénagas con plantas "como cadáveres de hombres ahogados".*[19] Antes, el conductor del único camión que puede llevarlo, le ha preguntado en el café por su procedencia y el destino de su viaje:

—[...] ¿De dónde eres?
—De Nueva Orleáns —respondió—. [...] Nadie vino a esperarme.
—[...] ¿Vas a visitar a algún pariente en Ciudad Mediodía?
El chico asintió:
—*A mi padre. Voy a vivir con él.*[20]

Más adelante, el mismo conductor le pregunta,

—Si tu padre se llama Sansom, ¿cómo es que tú te llamas Knox?
—[...] Se divorciaron; y mi mamá siempre me llamaba Joel Knox.[21]

El ritmo del desplazamiento se marca con el traqueteo de las ruedas del camión Ford de Sam "sobre la *ascendente, descendente* y curvada Carretera de Capilla Paraíso".[22]

En el viaje, desde su punto de salida, han guiado a Joel una carta del padre y figuras maternas que sustituyen a su madre muerta. También en el café una mujer le encomienda como guía a Romeo, un muchacho negro con quien emprende el camino a Los Cráneos: "*Los dos caminaban a pasos iguales.*"[23] Ambos se unen al anciano negro Jesús Fiebre, medio hechicero y mago. La carreta sale lentamente al anochecer ("*Romeo corría adelante; dio un fuerte golpe a las ancas del mulo y desapareció*").[24] Luego el

---

[18] Truman Capote, *Otras voces, otros ámbitos*, trad. de Floreal Mazía, 2ª ed., Buenos Aires, Sudamericana, 1967 (Col. Horizonte) [1ª ed. en español, 1950].
[19] *Ibid.*, p. 13.
[20] *Id.*, p. 16.
[21] *Id.*, p. 19.
[22] *Id.*, p. 20.
[23] *Id.*, p. 39.
[24] *Id.*, p. 42.

encuentro confuso con las dos hermanas: "Un poco más tarde un pensamiento relacionado con ellas se convirtió en un eco y se retiró, dejándole en la sospecha de que *las chicas eran quizá lo que él imaginó al principio: apariciones.*"[25]

Al llegar, durante el sueño, se marca el sentido de *la caída que supone la entrada a la casa y al mundo del padre:* "Cayendo... CAYENDO... ¡CAYENDO!"[26] Una mujer, esposa de su padre, lo ha conducido a su cuarto ("Recordó haber entrado en la casa y atravesado, tropezando, un extraño vestíbulo como una alcoba, en el que las paredes cobraban vida con las sombras [...] Miss Amy [...] conduciéndole con sigilo de ladrón por una escalera curva [...] a lo largo de un segundo corredor, hasta la puerta de ese cuarto. Todo ello en incidentes entrecortados, de sonámbulo"[27]). La mujer —tonos grises y blancos, cabellos sin colores, huesos frágiles, cara blanca y estrecha— como una nueva aparición entre sueño y realidad.

Paralelamente, pocos años más tarde Juan Preciado, después de muerta su madre y a instancias de ella, se desplaza por el suroeste de México, hacia el Pacífico, en busca también de su padre, "un tal Pedro Páramo", "el marido de mi madre". Viene guiado por la ilusión de una nueva esperanza. De Sayula (lugar de luz y de niños que juegan en la calle) va al lugar de los Encuentros donde espera y llega Abundio Martínez, arriero del lugar. Después irá a Comala y de Comala, al submundo. El camino, como el de Capilla Paraíso a Ciudad Mediodía "subía y bajaba: *'Sube o baja según se va o se viene. Para el que va, sube; para el que viene, baja'*" (p. 8). Al encontrarse ambos, ha preguntado Abundio:

—¿Y a qué va usted a Comala, si se puede saber?
[...]
—*Voy a ver a mi padre* —contesté.
[...]
—¿Y qué trazas tiene su padre, si se puede saber?
—No lo conozco —le dije—. Sólo sé que se llama Pedro Páramo (pp. 8-9).

Previamente Juan Preciado le había preguntado al arriero:

—¿Adónde va usted? [...]
—Voy para abajo, señor.
—¿Conoce un lugar llamado Comala?
—Para allá mismo voy.

[25] *Id.*, p. 50.
[26] *Id.*, p. 53.
[27] *Id.*, p. 54.

Y lo seguí. Fui tras él *tratando de emparejarme a su paso* [...]. Después los dos *íbamos tan pegados que casi nos tocábamos los hombros.*
—Yo también soy hijo de Pedro Páramo —me dijo—,
[...]
—¿Conoce usted a Pedro Páramo? —le pregunté—.
—¿Quién es? —volví a preguntar—.
—Un rencor vivo —me contestó él—.
Y dio un pajuelazo contra los burros, sin necesidad [...] (pp. 9-10).

Juan Preciado habla con "una señora envuelta en su rebozo que desapareció *como si no existiera*", quien le indica la casa de doña Eduviges. Esta última lo espera: "Tenía todo dispuesto [...] haciendo que la siguiera por una larga serie de cuartos oscuros, al parecer desolados. Pero no; porque, en cuanto me acostumbré a la oscuridad y al delgado hilo de luz que nos seguía, *vi crecer sombras a ambos lados y sentí que íbamos caminando a través de un angosto pasillo abierto*" (p. 16).

Así como Joel suelta amarras para dejarse llevar a ese mundo del padre ("*Laxo, como una muñeca de trapo*", p. 43),[28] así Juan Preciado reacciona ante las confidencias reveladoras de Eduviges sobre su madre, ampliando la frase para precisar las sensaciones:

Yo creía que aquella mujer estaba loca. Luego ya no creí nada. Me sentí en un mundo lejano y me dejé arrastrar. *Mi cuerpo, que parecía aflojarse, se doblaba ante todo, había soltado sus amarras y cualquiera podía jugar con él como si fuera de trapo* (p. 17).

Juan Preciado, único hijo legítimo de Pedro Páramo, ha sido criado por su madre también lejos de su padre, y lleva, como Joel, el apellido materno.

Además, el texto de Truman Capote presenta un ambiente desolado y pantanoso, con un lugar "al que llegaba la gente y del que desaparecía de la faz de la tierra cuando moría pero no estaba muerta" (p. 139). Por contraste, todos los años llega "la feria viajera" con algo de vida y los objetos del progreso exterior. Lo mismo observamos en la Media Luna a la muerte de Susana San Juan y en *Jinetes hacia el mar* de Synge.

---

[28] Más tarde, al acercarse en sueños a la verdad de su padre, sintió "como si todos sus huesos se hubiesen desarticulado, como si sus partes vitales se hubieran desenroscado como el muelle de un reloj roto" (p. 139). Para George Ronald Freeman la distensión de los personajes en *Pedro Páramo* los asocia a marionetas que están controladas por un poder externo. "Cuando las ilusiones se desmoronan, dice, las figuras se colapsan como marionetas a quienes se les han cortado los hilos que las sostienen. Esta acción dramatiza el arquetipo de la Caída" (*Paradise and fall in Rulfo's "Pedro Páramo". Archetype and Structural Unity*, ed. cit., pp. 3/30-3/31, la traducción es mía).

Es pues lo esencial de un mundo decadente asociado al ámbito patriarcal. Puede salirse de él, aunque el centro en *Otras voces, otros ámbitos* parece condenado al hundimiento sin retorno. ("Supongo que seguiremos juntos hasta que se hunda la casa, hasta que el jardín crezca y la maleza nos sumerja en su profundidad.")[29]

Como Pedro Páramo y Susana San Juan en la infancia, Joel e Idabel (la niña algo tosca, creativa y sensible), se bañan juntos en el agua fresca, pero todo termina con una escaramuza entre ambos.[30]

Los paralelismos refuerzan la proximidad de los textos y confirman una vez más la voluntad de Rulfo de apropiarse su presente histórico-cultural, más que de revitalizar mitos clásicos, aunque no niega sus ecos.

No obstante, Rulfo crea nuevos niveles de significación, y sobre todo, intensifica la dimensión simbólica y trascendente de la escritura, al mismo tiempo que la particulariza en el ámbito y con las voces de su presente histórico.

Joel debe reconocerse en un padre agónico, muerto en vida, por efecto de una violencia enajenada, producto del desamor y la infidelidad. En torno a él la culpa atrapa en su red a Randolph el gran andrógino que lo ha balaceado impensadamente; hace llegar a Joel, le confiesa su crimen y, por último, lo libera. Si bien se clausura un mundo y se anuncia otro, la novela de Truman Capote destaca la liberación más como un hecho individual propio de la edad del protagonista, que como un hecho social, colectivo. Joel, al final de la novela, "se volvió y miró el estéril azul descendente, contempló al chiquillo que había dejado atrás".[31]

Juan Preciado, en cambio, es el hijo designado para liberar el futuro de la historia. Educado en la imagen alta de la abundancia paradisiaca del lugar, ahora desolado; sostenido por la voz de la madre, regresa al espacio cuya liberación hará posible la transfiguración (de la muerte a la nueva vida); el advenimiento futuro de un nuevo orden social.

La búsqueda del padre no supone para Juan un encuentro personal. Conoce la memoria negativa ("un rencor vivo" en todos) y los efectos devastadores de la ley absoluta y arbitraria, pero no deberá enfrentarla. En cambio, oirá el enunciado vital de Susana San Juan, los murmullos y sonidos indiferenciados de las almas que buscan redimirse, la queja de las víctimas del pueblo y el testimonio veraz de un ser andrógino carente de ambigüedad y doblez, y que imaginamos más bien frágil, ligeramente humorístico y tierno (criatura angélica menor): Dorotea, Doroteo ("don de Dios").

[29] Truman Capote, *op. cit.*, p. 175.
[30] *Id.*, pp. 153-156.
[31] *Id.*, p. 260.

Rulfo ha sabido omitir las descripciones de los personajes, sobre todo de los principales. Los identifica su conducta y su voz, cuando la tienen, y las relaciones que guardan entre sí, primordialmente las que derivan de las estructuras de parentesco y filiación. También los observamos fragmentariamente y por la descripción generalizada que hacen unos de otros. Esto suscita la imaginación del lector; sugiere variaciones, y facilita la creación de mitos o figuras simbólicas (Juan Preciado, Pedro Páramo, Susana San Juan).

Si bien en *Otras voces, otros ámbitos* a partir del epígrafe, subyace un sustrato religioso que explica la experiencia vicaria, el sentido de la culpa y la expiación, y el mundo ambiguo de la superstición y de la brujería, no considero que éste tenga la fuerza definitiva que tiene en *Pedro Páramo*. No obstante, es cierto que el proceso de liberación de Joel (la superación del tiempo contradictorio de la preadolescencia) tiene que ver con el paso de una idea mercantilizada de Dios,[32] a la identificación de la verdad con una actitud de vida cristiana ("Ahora lo sabía: decir la verdad era una forma cristiana de proceder"[33]). Es un sentido nuevo, profundo, que le llega también del testimonio de amor y de Cristo que le da Zoo (en su generosidad y en esa suerte de "misticismo" de la cruz que vive después de su violación[34]).

En cambio el mundo de Juan Preciado está signado por una concepción evangélica del hombre y de la historia. Juan es paradigmáticamente el hijo escogido (el discípulo predilecto; el evangelista del amor que sintetiza los dualismos). En medio del desamor, la orfandad y el desposeimiento característicos del mundo de Pedro Páramo, "en el mundo de Juan se habrán superado en síntesis dinámica los opuestos, sin anularlos, y el centro estará regido por el Espíritu y la solidaridad amorosa". Él y su madre reproducen el binomio evangélico madre-hijo que Jesús designa en el Calvario: "Mujer, he aquí a tu hijo [y al discípulo predilecto]: he ahí a tu madre."[35] Pasado el tiempo de Jesús, se inicia el tiempo de Juan.

El nombre de Juan Preciado alude también al origen otomí de las tierras de la provincia de Amula, génesis de Comala y San Gabriel, el pueblo donde se crió Juan Rulfo de pequeño, según la descripción que hiciera el Alcalde Mayor Francisco de Agüero en 1579, de acuerdo con el contenido de una instrucción en que declararon los indios más antiguos del lugar:[36]

[32] *Id.*, p. 69.
[33] *Id.*, p. 138.
[34] *Id.*, p. 244.
[35] J 19, 26-27.
[36] Enrique Trujillo González, *op. cit.*, p. 103.

que antiguamente en su jentileza conosieron por señor según sus padres [...] a un señor llamado XIUTETEQUTTE, que quiere decir *señor preciado* en lengua castellana; a dominación de las piedras preziosas que ellos tenían en mucho que llamaban xiute, que quiere dezir *presiado* y Tequtte, de manera que se entiende por *señor presiado*, y que a este señor tributaban y serbían por señor, al cual le daban de tributo muchas xoyas de oro y plata como eran collares y rodelas y brasaletes y otras cosas más [...].

La elección de Juan para instaurar un nuevo centro, y con él un nuevo orden social y cultural, ha permitido pasar: de la muerte al amor solidario; de la criatura deseante ("Macario", "Nos han dado la tierra") a la criatura plena (Juan, Susana San Juan, Dorotea); del despedazamiento a la integridad (de la tierra y de la historia); de la desesperanza a la esperanza (la espera en el nuevo centro del submundo).

ESCISIÓN Y UNIDAD. PEDRO PÁRAMO Y SUSANA SAN JUAN

La presencia de Lord Dunsany y el mundo de la pareja

Pedro Páramo manifiesta un sentido de la historia en el entreverado de sus dos movimientos principales. En el primero se narra, como hemos visto, el comienzo del tiempo de Juan, el hijo que marca la posibilidad de un tiempo futuro. En el segundo movimiento se oponen, en contrapunto, el mundo de Susana San Juan y el de Pedro Páramo.

La praxis histórica de Pedro impide la firmeza y duración simbolizadas en su nombre (Pedro, piedra angular de la congregación del pueblo de Dios), y niega el sentido trascendente asociado siempre el páramo. Así también la tierra por él regida pierde su fuerza genésica. El *páramo de piedra* niega la historia y prostituye la tierra.

Ésta, en cambio, se transforma y define en sí misma. Es el sentido de Susana San Juan. Ella significa, en el nivel de la historia, el amor ideal, deseado de Pedro Páramo. En el nivel simbólico, es el alma de la tierra, la fuerza vital que el páramo de Pedro necesita; pero éste se aleja cada vez más de su sentido y, al hacerlo, se condena a la destrucción total.

No hay duda de que en *Pedro Páramo*, Rulfo ha calado hondo en los símbolos esenciales del hombre y su sistema de relaciones, y que esos símbolos se fertilizan con materiales múltiples accedentes de los diversos mundos que se transforman en su texto. La nueva concreción temporalizada rebasa la historia inmediata y los contextos próximos, al mismo tiempo que los ilumina y los abre a la humanidad.

Entre esos materiales siento particularmente cercanos al autor, transformados por su óptica y su perspectiva, los libros de Lord Dunsany.[37] Me he referido a ellos al hablar del pasaje de "Luvina" a *Pedro Páramo*;[38] ahora destacaré su presencia en términos de la relación entre Pedro Páramo y Susana San Juan. Es posible que dialogara con ellos sensible y continuamente, como con el amigo deseado que no siempre lo acompañó. Por eso tengo la certeza de que en los cuentos y la novela quiso rendir un homenaje entrañable a este escritor que debió estimar por su vida y por su obra. Los libros de Dunsany, traducidos al español entre los veinte y los cuarenta, llegaron a México y crearon vasos comunicantes con la sensibilidad y la escritura de lectores y escritores mexicanos de la época, donde encontraron terreno propicio en la circunstancia histórica nacida de la Revolución y de las dos guerras mundiales. También fueron lecturas de cabecera de Jorge Luis Borges.[39]

En la novela *La montaña eterna* y en cuentos como "Cuando suben y bajan las mareas", de Dunsany,[40] es explícita la analogía de los textos del

---

[37] Lord Dunsany (Edward John Moreton Drax Plunkett) nació en 1878 en el condado de Meath en Irlanda, tierra que amaba entrañablemente, y murió en Inglaterra, según Borges, en 1957. Autor de teatro y relatos que vivió las dos guerras mundiales. Privilegió la imaginación por encima de todo y tuvo una gran intuición para las situaciones dramáticas. Fue narrador de las antiguas literaturas y mitologías, y junto con J. Synge (importante también para Rulfo, como vimos) y W. B. Yeats renovó el lenguaje teatral. Dunsany fue claramente hostil a la mercantilización de la vida y la cultura en las "ciudades viles". Probablemente la Biblia fue la lectura que más influyó en su vida. También la historia de las primeras civilizaciones (Homero y Herodoto). *Cf. Cuentos de un soñador*, ed. cit., y *La montaña eterna*, trad. de Raquel W. de Ortiz, Buenos Aires, Futuro, 1945.

[38] "Juan Rulfo. Del cuento a la novela", en versión corta fue leído en el *I Coloquio Nacional de Literatura Mexicana* celebrado en la Facultad de Filosofía y Letras, UNAM, del 17-19 de febrero de 1988. *Cf.* capítulo I, pp. 71-117, de la Segunda parte de este volumen.

[39] Juan José Arreola, al recordar los días en que preparaba junto con su amigo Arturo Rivas Sáinz la revista jaliscience de literatura *Eos*, en 1943, comenta que se reunían amigos y conocidos artistas, pintores, en los cafés Nápoles y Apolo. "Poco a poco después, ya venía Juan Rulfo y luego Antonio Alatorre y Alfonso de Alba [...] Más bien hablábamos de libros y de revistas [...] Y sobre todas las cosas, el prestigio de la *Revista de Occidente* alcanzaba un relieve, un timbre tan prodigioso como la isla de las damas, los *Cuentos de un soñador* o el resentimiento en la moral. La librería Font, superpoblada y flamante, era el escaparate cotidiano de la pesca milagrosa" (*Eos [1943]. Pan [1945-1946]*, ed. facs., México, Fondo de Cultura Económica, 1985, pp. 10-11). Es evidente que Arreola se refiere, con el guiño del uso de las minúsculas, a obras literarias, entre las cuales destaca la de Dunsany.

Para Borges, Dunsany "fue un hombre de acción y un soldado [guerra de 1914] pero, ante todo, fue un hacedor de un arrebatado universo, de un reino personal, que fue para él la sustancia íntima de su vida", y considera "extraordinario" el olvido en que se le tiene (Jorge Luis Borges, "Introducción", en Lord Dunsany, *El país del Yann*, ed. y pról. de J. L. Borges, Madrid, Siruela, 1986, pp. 13, 9).

[40] Lord Dunsany, *Cuentos de un soñador*, ed. cit., pp. 47-57.

escritor irlandés con los de Rulfo en la relación que establecen entre *lo alto* y *lo bajo* (también manifestados como vida-muerte, libertad-opresión) característicos del dinamismo vital e histórico.

En estos relatos el tono evocador hace del recuerdo una presencia perdurable. Ambas escrituras comparten detalles de la sensibilidad y de la percepción (la imaginación y el sueño, las sensaciones visuales y auditivas) que se expresan en rasgos y motivos estilísticos. Hay cercanía también en la atmósfera y en la presencia de los símbolos que se manifiestan con gran fuerza imaginativa. No obstante, la escritura de Rulfo es más rica en la multiplicidad de estratos y en la presencia y profundización constante de la historia, a cuyo sentido se dirige la escritura. Además, la notable oralidad del texto de Rulfo, desde la primera línea,[41] contrapuntea la nostalgia y el pesimismo, y anuncia ya el mundo sonoro y audible del futuro.

Es evidente que el regreso de Juan Preciado a Comala entronca en mucho con los relatos de "La locura de Andelsprutz" y "Bethmoora".[42] En ellos también el narrador llega a la ciudad muerta y desalmada y pregunta por el origen de la escisión y la muerte, como señalé antes.

El mundo de los libros de Dunsany, como el de *Pedro Páramo*, es telúrico. El amor a la tierra establece el nexo familiar entre los miembros de la comunidad llamada La Tierra en *La montaña eterna*.[43] En la novela de Rulfo, sin embargo, se invierte el modelo, ya que en Dunsany se trata de un mundo patriarcal pleno, en el cual prevalece el modelo romántico de pareja. Correspondería a un mundo regido por Susana San Juan. En efecto, en la novela del escritor irlandés, la mujer es la "encarnación de la montaña", de lo alto telúrico que protege y acoge, y donde el padre, el enamorado y otros hombres del lugar se refugian para liberar la tierra del opresor.[44]

No obstante, en los *Cuentos de un soñador* la visión es desolada. Un acto del emperador malvado (el poder absoluto y opresor) ha provocado el éxodo súbito de todo el pueblo, motivo persistente en los textos de Rulfo, asociado a Pedro Páramo.

También el mar se opone a las Tierras Interiores, edénicas y abandonadas por los hombres que emigran en busca del sentido del mar y de nuevos horizontes ("Poltarnees, la que mira al mar"). Y la mujer (aún la más hermosa, la que ha superado como Susana San Juan las cuatro pruebas de

---

[41] El estilo directo ("Vine a Comala porque me dijeron", p. 7) alude a un interlocutor. Se suma a esto el decir de los otros y de la madre ("Mi madre me lo dijo", *id.*).

[42] *Ibid.*, pp. 39-46; 58-66, respectivamente.

[43] Lord Dunsany, *La montaña eterna*, ed. cit., pp. 192-193.

[44] *Cf. infra*, "La particularidad sensible de Susana San Juan y su filiación literaria" cuando se asocia el personaje de Rulfo con Sofía, la protagonista de *La montaña eterna*.

la hermosura), queda sola. Simbólicamente el mar triunfa sobre la tierra y el éxodo del pueblo persiste como en los relatos de Rulfo. En Dunsany el mundo de la mujer maldice al mar (la luna, símbolo de lo femenino, lo aborrece).

En cambio, Susana San Juan logrará la unión de los contrarios, de la tierra y el mar, en la tercera de las cuatro transformaciones que le permitirán finalmente asumir en sí misma la integración (fragmento 53, pp. 122-123).

Tanto la princesa de Poltarnees como Susana se identifican con la luna precisamente en el punto más alto de su proceso trascendente.

Así Pedro Páramo, antes de morir, evoca la última imagen de Susana San Juan:

...Había una luna grande en medio del mundo. Se me perdían los ojos mirándote. Los rayos de la luna filtrándose sobre tu cara. No me cansaba de ver esa aparición que eras tú. Suave, restregada de luna; tu boca abullonada, humedecida, irisada de estrellas; tu cuerpo transparentándose en el agua de la noche. Susana, Susana San Juan (p. 158).

Y, en el cuento de Dunsany, vemos a la princesa de Poltarnees, mirada por sus enamorados:

Y la luna surgía, grande, redonda, sagrada, sobre los bosques oscuros, y todas las fuentes cantaban a la noche. Y la luna tocó los aleros del palacio de mármol, y resplandecieron sobre la tierra. Y la luna tocó las cimas de todas las fuentes [...], e iluminó todo el blanco palacio y sus fuentes, y brilló en la frente de la princesa, y el palacio de Arizim ganó en resplandores [...] E Hilnaric estaba en pie, maravillada, vestida de blanco, con el brillo de la luna en la frente; y acechándola desde la sombra, en el terrado, estaban los reyes de Mondath y Toldees.[45]

En Rulfo el motivo se ha transformado acorde con el deseo intenso y la riqueza sensorial de la visión. Es la cercanía de la mirada que se disuelve en el objeto amado, y al mismo tiempo la distancia que crea ese cuerpo "transparentándose en el agua". Cuerpo transfigurado que equilibra el goce sensorial, reiterado en el libro para indicar la unión trascendente de los opuestos (*cf.* p. 129).

No sólo se intensifica la imagen sensorial de la mujer amada; si en Dunsany prevalecen los dos elementos de contraste y compiten la belleza progresiva del mundo, al paso de la luz lunar, y la de la princesa que

---

[45] Lord Dunsany, *Cuentos de un soñador*, ed. cit., pp. 10-11.

finalmente la supera en el juicio de los enamorados, en Rulfo se privilegia claramente la unión de lo celeste y de la amada.

Otro efecto del poder absoluto ejercido sobre el hombre es la orfandad. En *La montaña eterna* ésta es el resultado de la acción de Hitler y el nazismo, sobre los padres de los jóvenes que luchan por la libertad de la Tierra. En los textos de Rulfo la causa de la orfandad en la infancia de Pedro no queda clara. Si bien cabe relacionarla con razones estructurales del sistema social, adquiere también visos trágicos. Después las muertes se sucederán en la vida del personaje como efecto de su propia violencia y venganza (recuérdese, una vez más, "¡Diles que no me maten!").

No hay duda que la cercanía entre los relatos de Dunsany y las figuras de Pedro Páramo y Susana San Juan adquiere caracteres simbólicos y escriturales importantes. Baste por ahora destacar dos aspectos adicionales a los ya señalados.

En el origen de ambos mundos (el de Dunsany y el de Rulfo), y tanto en la ficción como en la Historia, se ha producido la escisión de la tierra madre. El resultado es la ciudad muerta sujeta a la invasión del desierto que la cubre. Los textos de Dunsany plantean la separación del alma o "forma" de la ciudad que provoca la muerte y la desolación. La escisión parece causada por las guerras (la muerte y la violencia entre los hombres; la "marca de Caín" a la que me he referido en otros trabajos). El texto aclarará que es Londres la ciudad que muere, como ha muerto Comala y ha quedado abandonada la Media Luna.

"La locura de Andelsprutz" recuerda la locura autoprotectora de Susana San Juan, su pasión y su muerte. Llueve, y el narrador —como Pedro Páramo— contempla el alma de su ciudad, que en el caso de Dunsany se ha exiliado a la montaña rodeada de los "ecos", "murmullos" y "mugidos" de las voces de las ciudades ya muertas, como lo están Juan Preciado, Susana San Juan, Damiana y otros personajes de Comala. En un ámbito paralelo al de la novela de Rulfo, llueve durante tres días, y finalmente el alma de Andelsprutz (como se aclara en el relato), junto con otras, se va en medio de un gran desierto donde están congregadas las almas de todas las ciudades muertas. El lugar es análogo al submundo de *Pedro Páramo* y al centro de la espera del mundo futuro. Este último no aparece en los cuentos de Dunsany, cuya óptica es más bien pesimista. Pero sí podemos asociarlo con el lugar de la espera de la liberación de la Tierra en *La montaña eterna*.

La relación entre el desierto que se describe en los cuentos de Dunsany y Comala, es evidente desde otro aspecto. Sin duda, el mandala del espacio que traza Donis en el submundo donde ha llegado Juan Preciado a preguntar por los caminos que lo pueden sacar de allí, tiene trazos de la descripción del desierto de "Poltarnees, la que mira al mar". En el relato de Dunsany, sin embargo, no hay una orientación trascendente. Se mencionan sólo cuatro puntos, símbolo de la Tierra, y en él sólo habitan la muerte, el grito y la cólera:[46]

> hay un desierto que [...] manchado está por la sombra de las piedras, y la muerte yace en él como leopardo tendido al sol. Están cerradas sus fronteras; al Sur, por la magia; al Oeste, por una montaña, y al Norte, por el grito y la cólera del viento Polar. Semejante a una gran muralla es la montaña del Oeste. Viene desde muy lejos y se pierde muy lejos también, y es su nombre Poltarnees, la que mira al Mar. Hacia el Norte, rojos peñascos, tersos y limpios de tierra y sin mota de musgo o hierba, se escalonan hasta los labios mismos del viento Polar, y nada hay allí sino el rumor de su cólera.

Se establece además el contrapunto entre el desierto y la riqueza natural y vital de las Tierras Interiores: "Muy apacibles son las Tierras Interiores, y muy hermosas sus ciudades, y no mantienen guerra entre sí, más quietud y holgura."

En "Bethmoora" —ciudad desolada desde muchos años antes al presente del relato— el narrador contrasta también el tiempo de la prosperidad agrícola (tiempo de la última vendimia que ha vivido) con el presente devastado de la ciudad. De manera análoga, el discurso de la madre de Juan Preciado recupera el pasado edénico en contraste paralelo con el tiempo actual desolador que encuentra el hijo a su llegada a Comala. Sólo que en el caso de Dunsany el contraste no permite la superación de la visión degradada, en tanto que Juan Preciado logra el salto cualitativo liberador.

Bethmoora es la tierra fértil (como Susana San Juan) que el desierto (como Pedro Páramo) desea:

> Dicen que el desierto deseaba a Bethmoora, que ansiaba entrar por sus hermosas calles y enviar sobre sus templos y sus casas sus torbellinos envueltos en arena. Porque odia el ruido y la vista del hombre en su viejo corazón malvado, y quiere tener a Bethmoora silenciosa y quieta, y sólo atenta al fatal amor que él murmura a sus puertas.[47]

Pero la verdad última es que la acción del desierto está promovida por el poder absoluto, lo cual se aclara en "El hombre de Haschisch".[48] Pedro

---

[46] Sobre *Pedro Páramo, cf.* Segunda parte, capítulo II, p. 145 de este trabajo. Para la cita de Dunsany, *cf. Cuentos de un soñador*, ed. cit., pp. 1-2.

[47] *Ibid.*, pp. 65-66.

[48] *Id.*, pp. 115-116.

Páramo, cacique de la Media Luna, ha hecho de los hombres víctimas, como lo han sido su abuelo y su padre en el pasado. La concreción de la víctima colectiva es la descripción de la tortura del marinero en el cuento de Dunsany[49] análoga a la de la víctima anónima de Pedro Páramo que las representa a todas en el Centro. En ambos casos la escritura destaca lo indignante de la degradación humana por encima de la crueldad física.

Conforme al ritmo característico de los textos rulfianos, la ascensión trascendente de Susana San Juan conlleva la muerte de Pedro Páramo. Ella provoca el amanecer que implica la muerte de Pedro. Él es un punto estático que se fulmina por la tensión que produce el recuerdo del alma perdida e imposible de recuperar.

Como todo poder absoluto opresor, y por encima de las contradicciones humanas, Pedro Páramo está condenado a desaparecer de la historia para que sea posible el advenimiento del mundo futuro. El sentido de su muerte va de acuerdo con la dimensión de su culpa, como el personaje de "En donde suben y bajan las mareas" de Dunsany: "Soñé que había hecho una cosa horrible, tan horrible, que se me negó sepultura en tierra y en mar, y ni siquiera había infierno para mí."[50]

Pero sobre todo su disolución final va de acuerdo con la magnitud de la liberación de la historia. Así lo intuye el obispo, comprometido con la salvación de la Tierra, en *La montaña eterna* de Dunsany. El pasaje parece sacado de *Pedro Páramo* y homologa la muerte de Hitler y la del cacique de la Media Luna, lo cual refuerza el vínculo posterior con *Morirás lejos* de José Emilio Pacheco:[51]

Sus pensamientos, que revoloteaban hacia atrás y hacia adelante, rápidos [...] veían a Hitler como un coloso de granito [...] veía a ese coloso un poco más adelante, caído por su propio gran peso y hecho pedazos, tan minúsculos pedazos que entre ellos volvían a crecer las flores y el mundo volvía a ser decente.

La imagen inicial recuerda la entrada a la locura de Susana San Juan cuando enfrenta la verdad del destino de su padre; la suya propia y el despedazamiento de su mundo:

En la mente de Susana San Juan comenzaron a caminar las ideas, primero lentamente, luego se detuvieron, para después echar a correr [...] (fragmento 46, p. 108).

---

[49] *Id.*, pp. 120-121.
[50] *Id.*, p. 47.
[51] Lord Dunsany, *La montaña eterna*, ed. cit., p. 174. *Cf.* también la subsección "El submundo, lugar de espera para renacer", pp. 180-183, en el capítulo II de la Segunda parte de este volumen.

Así también, en el comienzo de la muerte de Pedro Páramo, "Sus ojos apenas se movían; saltaban de un recuerdo a otro, desdibujando el presente" (p. 158). Y por último:

> Después de unos cuantos pasos cayó, suplicando por dentro; pero sin decir una sola palabra. Dio un golpe seco contra la tierra y se fue desmoronando como si fuera un montón de piedras (p. 159).

El motivo del despedazamiento es además frecuente en la literatura tradicional de los pueblos, hecho que Rulfo conocía.[52] En los cuentos folklóricos —como en muchas historietas infantiles actuales— los gigantes y las figuras malignas suelen destrozarse. Los buenos tenderán a recuperar la unidad perdida por medio de la magia o de algún acto sobrenatural. Del mismo modo, la armonía del hombre y del mundo exige la reintegración de la unidad interior y social. Por eso en *Pedro Páramo* el desmoronamiento de Pedro supone la unidad trascendente de Susana San Juan (la tierra prevalecerá sobre el páramo). Juan Rulfo ha sabido conjugar, una vez más, lo particular y general, y ha ganado la universalidad de las formas.

La escritura selecciona, poda, oculta y crea el extraordinario mundo de ficción de los cuentos y la novela. Privilegia, sin lugar a dudas, la múltiple procedencia de los textos: México, Hispanoamérica, Europa. Para fundar la escritura acude a los orígenes más arcaicos de la humanidad (la Biblia, los mitos primitivos) y al discurso histórico. Lo esencial y lo clásico se muestran en la particularidad cotidiana de su mundo, y le dan permanencia renovada.

La gestación discursiva de los personajes, Susana San Juan y Pedro Páramo

El trazo de las obras de Lord Dunsany —*Cuentos de un soñador* y *La montaña eterna*— nos acercó a la relación implícita entre Susana San Juan y Pedro Páramo.

Es evidente el carácter simbólico de los personajes en la obra de Juan Rulfo. Él mismo lo apuntó en una entrevista que ya cité en la Primera parte, pero que conviene recordar ahora:

[52] El *despedazamiento* es una acción frecuente en los relatos de Rulfo, sobre todo en la novela. Salido de su centro, desnaturalizados sus fines, los personajes y el mundo de Pedro Páramo están sujetos a la fragmentación. Basado en Jung, y en múltiples tradiciones míticas, Cirlot señala que "todos los símbolos que expresan un proceso involutivo [...], destructor, se basan en la conversión de lo uno en lo múltiple", como ocurre, por ejemplo, con la ruptura de una roca en muchas piedas (Cirlot, *op. cit., s.v.*).

—¿Podría hablarnos un poco de Susana San Juan?
—*Eso no es un personaje...*
—¿No es un personaje?
—Digo que no es un personaje que pueda yo ahorita ubicar [...]. *En esa novela hay muchos nombres que son símbolos.*[53]

El hecho exige un trabajo mayor de la imaginación y de la escritura para objetivarse con una particularidad sensible suficiente, y así alcanzar la verosimilitud buscada. El tono evocador sostiene todo el texto, y sugiere la presencia de una memoria que recuerda secuencias significativas. Éstas van creando, para el lector, una atmósfera por encima de las variaciones del tiempo y del espacio, en contrapunto con los materiales del olvido (lo omitido y silenciado). Como el contrapunto de toda la novela, el doble movimiento refuerza y facilita la integración de lo histórico y lo mítico-religioso; de lo particular y de lo general.

La particularidad sensible de Susana San Juan y su filiación literaria

La disposición formal de *Pedro Páramo* coloca a Susana San Juan en el centro del segundo movimiento. Aunque algunos episodios de su historia aparecen en diversos momentos de la novela, alcanza el mayor número de fragmentos en esta segunda parte. A partir del fragmento 40 se narra la historia del *pasado* (antes de la llegada de Juan), en que ocurre la muerte de Pedro Páramo sin posibilidad alguna de resurrección (el movimiento se inicia precisamente con una referencia a la muerte de Lucas Páramo, el pasado de Pedro; y de su hijo Miguel, su futuro), y la transformación trascendente de Susana. En la medida en que ella *asciende*, el presente carcomido que es el mundo de Pedro Páramo *desciende*, de acuerdo con el ritmo característico del texto y de la obra de Rulfo, en general.

Como ya se dijo, Susana está llamada a garantizar la integridad de la tierra. Por su nombre significa la pureza del blanco y la flor como producto telúrico. Su filiación paterna la liga también a la tierra en su dimensión integral, y podrá superar los dualismos con la fuerza del amor y de la pasión. A su muerte la acompañan signos de purificación (la lluvia); sonidos de cambio en la profundidad de la tierra en el comienzo del amanecer ("casi se oyen los goznes de la tierra que giran enmohecidos; la vibración de esta

---

[53] María Helena Ascanio (ed.), *op. cit.*, p. 307.

tierra vieja que vuelca su oscuridad", fragmento 62, p. 139); y en la superficie la fiesta, que sugiere la regeneración total del tiempo.[54]

Susana muere además horas antes de un 8 de diciembre, día de la Inmaculada Concepción, lo cual he asociado con su carácter simbólico. Ahora es necesario relacionar su muerte con el hecho histórico de que un 8 de diciembre de 1934 el pueblo de San Gabriel en Jalisco —que representa el escenario geográfico "real" aludido en la novela—, cambia su nombre a Venustiano Carranza.[55] En 1894 se había constituido como Villa Capital del Departamento. El cambio, análogo a la muerte de Susana, implica la "caída" del agro. Periodo del abandono de la tierra, dado un sistema que se niega a la transformación que exigen los tiempos (Pedro Páramo). Se acrecienta además el éxodo colectivo hacia el Norte; la mercantilización del hombre y de su quehacer.

Simbólicamente el texto sugiere que Susana deberá reintegrarse al centro de ese mundo y allí esperar el advenimiento del nuevo tiempo. También en la hora de su "muerte" se concentran otros indicios simbólicos importantes. Las yerbas de romero que Justina trae del mercado indígena y coloca en la recámara de Susana, garantizan la posibilidad de integración entre ambos mundos socialmente incomunicados. Las yerbas sustituyen en el discurso mágico al árbol de la vida; eje del mundo al que se asocian yerbas milagrosas de las cuales las más importantes resucitan los muertos y otra "tiene la virtud de poder reunir las partes de un cuerpo muerto".[56] A su vez el cuarto de Susana es fuente de toda curación y una variante accesible del Centro en la superficie de la tierra, por la que ronda y la protege Bartolomé San Juan, su padre, dueño de las Minas de la Andrómeda (la profundidad de la tierra y lo celeste). Es un ámbito sincrético que propiciará la culminación de las transformaciones de Susana San Juan.[57]

La vía de preparación anterior incluye la unión con el aire (infancia); la conciencia histórica (muerte de la madre); el dominio del sentido de la historia para trascenderlo (pasaje del pozo, con la mediación del padre); el contacto materno con las formas germinales de la tierra en la cueva; la unión del mar y de la tierra, síntesis inicial de los contrarios con la mediación

---

[54] Mircea Eliade, *op. cit.*, p. 355.

[55] El hecho consta en el decreto número 3953 del Congreso del Estado (Enrique Trujillo González, *op. cit.*, p. 292). El autor ha señalado antes (p. 291) que en el libro de Actas del Municipio consta que en la sesión del 31 de diciembre ya se le llamó por primera vez al pueblo Ciudad Venustiano Carranza. El proyecto de ley se presentó como una proposición del Ayuntamiento de San Gabriel.

[56] Mircea Eliade, *op. cit.*, pp. 267-268. *Cf.* la subsección "Cuaternario de la muerte de Susana San Juan", pp. 172-174, en el capítulo II de la Segunda parte de este volumen.

[57] *Id.*, pp. 270 y ss.

inicial del hombre (Florencio); la incorporación plena del principio masculino gracias a la fuerza del amor en su pureza total. Susana, ya principio telúrico, ha asumido todas las fuerzas de la creación y es capaz de producir "formas vivas" como una "matriz que procrea incansablemente".[58]

En el cuento "La locura de Andelsprutz" de Lord Dunsany[59] vimos cómo el alma de la ciudad devastada del narrador se va a un lugar de espera, rodeada de los ecos, murmullos y mugidos de otras voces de ciudades muertas, de manera análoga a lo que ocurre en el submundo de *Pedro Páramo* al formarse el nuevo Centro. En la novela de Rulfo hay un lapso de treinta años en que la ciudad espera.[60] De modo análogo a Susana, "Andelsprutz se volvió loca de pronto", y como ante su muerte, "Las campanas sonaron su espantoso clamor en las torres".[61]

El principio masculino de la flor que es Susana, está sugerido en el nombre de Florencio. Todo el discurso sexual de Susana a la hora de su muerte reclama la unión con el cuerpo deseado —como antes con el mar— que ya asocié al discurso místico en la etapa unitiva, y da a los lectores la clave última para descifrar el sentido del mundo de Susana San Juan, que se le niega a Pedro Páramo.

Si Susana San Juan es el *alma* en busca de su *cuerpo* (*cf.* fragmento 57, p. 129), Pedro Páramo es la piedra y el desierto en busca de su alma. La imposibilidad de la unión de la pareja, por la inversión de los valores, en el mundo de Pedro Páramo exige la destrucción absoluta del *páramo* y la gestación de un nuevo orden. En éste la tierra recuperaría su fuerza genésica, gracias a su autonomía, en la medida en que Susana ha asumido los dos principios antagónicos de vida.

Este proceso de Susana San Juan se particulariza a partir de unos modelos literarios, lo cual integra, a nivel de la escritura, el *adentro* y el *afuera* de la tradición literaria. Uno de estos "modelos" es Idabel, la niña alerta y algo tosca de *Otras voces, otros ámbitos* de Truman Capote.[62] Ella funciona como la iniciadora de Joel —el preadolescente que asociamos a Juan Preciado— en los secretos del agua y de la tierra. La dualidad del personaje está sugerida por su carácter contradictorio, sensible y fuerte a un mismo

---

[58] *Id.*, p. 240.

[59] Lord Dunsany, *Cuentos de un soñador*, ed. cit., pp. 39-46.

[60] El dato exacto no se especifica en la novela. Sin embargo, Rulfo declaró varias veces que había regresado a su pueblo treinta años después de su salida. Y titula "*Pedro Páramo*, treinta años después" a una de sus últimas entrevistas, precisamente en el XXX aniversario de la publicación de la novela (*cf.* Primera parte, nota 29). Considero que es una nueva pista al lector, del modo sutil en que solía hacerlo.

[61] Lord Dunsany, *Cuentos de un soñador*, ed. cit., pp. 42-43.

[62] Truman Capote, *Otras voces, otros ámbitos*, ed. cit.

tiempo, y porque forma inicialmente una pareja contrastante (¿complementaria?) con su hermana Florabel. En el proceso de la escritura Idabel superará las contradicciones sin perder su fuerza. Es el modelo femenino que propone la novela para el mundo de Joel (como lo es Susana para el de Juan). En un segundo descenso con Idabel ("viajeros tempraneros, descendieron juntos", p. 148) Joel logra la transformación (baño de vida y alegría) de su visión del mundo. Ésta se desplazará de la decadente esfera del ámbito paterno, al sentido vital de Idabel asociado a "la feria viajera" que "viene todos los años en agosto",[63] y que renueva el tiempo. Es evidente cuando —cercano ya el final de la novela— Joel sólo retiene de ese pasado la memoria de Idabel. Como le ocurre en el momento de entrada a la locura a Susana San Juan, el pensamiento se desarticula rápidamente: "Entretanto ocurrió un sueño, de cuyos sucesos, *imágenes que se alejaban ahora con más velocidad de lo que la memoria podía desarrollar para retenerlos*, sólo quedaba Idabel."[64] Y en *Pedro Páramo*, "En la mente de Susana San Juan comenzaron a caminar las ideas, primero lentamente, luego se detuvieron, para después echar a correr" (p. 108).

El procedimiento es análogo al de Susana San Juan y Pedro Páramo, pero la intención es opuesta, Idabel propicia la salvación porque se trata de Joel (el hijo); mientras Susana San Juan propicia, con la fijación en la memoria y el deseo de Pedro Páramo, la destrucción del cacique de la Media Luna. En el tiempo de Juan (trascendido) éste también va transformando la visión del mundo de la *caída* del mundo patriarcal al oír el discurso vital de Susana en el submundo. No se topa con el padre; descubre la raíz telúrica de ese mundo: Oye y siente la fuerza contradictoria de ese enunciado que sale de las entrañas mismas de la tierra. Susana y Juan aguardan el nuevo tiempo junto a Dorotea y las víctimas del mundo de opresión de Pedro Páramo. Del mismo modo, Idabel, el personaje de *Otras voces, otros ámbitos*, busca en el propio espacio interior, la salida al espacio vital exterior.

Otra mujer alerta y fuerte, identificada con la tierra, es Sofía, el personaje femenino protagónico de *La montaña eterna*, la novela de Lord Dunsany,[65] quien también deja trazos en Susana San Juan. Su padre Hlaka con su "fiero amor [...] por La Tierra", dirige la lucha por su liberación del poder absoluto (Hitler, como ya vimos). Así lo entiende y vive su enamorado "Srebnitz" quien, como Pedro Páramo, idealiza a la mujer, pero a diferencia de éste, entiende el sentido de la tierra y lucha también por su liberación:

---

[63] *Ibid.*, p. 149.
[64] *Id.*, p. 212.
[65] Lord Dunsany, *La montaña eterna*, ed. cit.

Para él, Sofía no era algo que pudiera ser descrito lógicamente, sino que pensaba en ella, y la recordaba mucho tiempo después, como algo claramente asociado con la magnitud de los riscos y con la belleza de las hojas, de las flores y de las errantes mariposas, tan mezclado a la luz moribunda del ocaso que brillaba en el cielo y apenas iluminaba su rostro, que podría decirse que en sus recuerdos ella quedaría como una encarnación de la Montaña. Sus laderas rocosas no parecían demasiado ásperas para la gracia de Sofía, pues él pensaba en la belleza de las flores que allí aparecían; y conscientemente o no, veía una ternura en el inflexible y fiero amor de Hlaka por la Tierra, que había florecido en la belleza de Sofía.[66]

Sin estridencia, más como "mártir" que como héroe bélico, Bartolomé San Juan tiene una función análoga a la de Hlaka en *La montaña eterna*: templa el espíritu de su hija; establece con ella una doble filiación (la de la sangre y la del espíritu); la protege en el momento último para que se cumpla su objetivo trascendente.

En *La montaña eterna* la tierra establece el vínculo entre los hombres, y las tres mujeres (Sofía, Isabella y Angélica) aguardan en el exilio la caída del poder opresor. Mientras tanto, los hombres luchan en la Montaña, Centro de la tierra de connotaciones míticas (viven en la que fue caverna del dios Pan). El texto sugiere que se trata una vez más de un Centro "del poder, de la sacralidad y de la inmortalidad".[67] Escindidos hombres y mujeres, todos esperan el futuro con la certeza que da la esperanza, nacida del amor por la tierra y una praxis acorde con el ideal. El despedazamiento, en cambio, será insuperable en el mundo de Pedro, en quien se ha escindido indefinidamente el ideal anhelado y su práctica histórica.[68]

En el contexto de la novela mexicana de los veinte, sin duda *Dama de corazones* (1925-1926)[69] de Xavier Villaurrutia es un texto que también ha dejado su huella en la caracterización de Susana San Juan y en algunos pasajes que cabe asociar con Pedro Páramo. También hay rasgos tonales y

---

[66] *Ibid.*, p. 154.

[67] Mircea Eliade, *op. cit.*, p. 341.

[68] La novela de Rulfo también convoca a Kate, la figura femenina protagónica de *La serpiente emplumada*, la novela del escritor inglés D. H. Lawrence. La relación la trataré más adelante, en el último apartado de este capítulo (pp. 230-242).

[69] Xavier Villaurrutia, *Dama de corazones (1925-1926)*, en Guillermo Sheridan (ed.), *Homenaje a los contemporáneos. Monólogos en espiral*, México, Instituto Nacional de Bellas Artes, Cultura/Secretaría de Educación Pública, 1982, pp. 105-118 [1ª ed., 1925-1926]. En un comentario al margen en la mesa que presidió en el XXVII Congreso del Instituto Internacional de Literatura Iberoamericana, el 26 de agosto de 1988, José Amor y Vázquez comentó que le parecía ver alguna relación entre la Susana de Villaurrutia y la de Rulfo. En efecto, así es.

estilísticos que sugieren la relación con el texto de Rulfo a pesar de las diferencias. Me limitaré a señalar algunas analogías en la concepción de los personajes. Así como Susana San Juan conjuga los opuestos, para el narrador de *Dama de corazones*, Susana es la parte *vital* del binomio que forma con su hermana Aurora que es el *orden* y la *razón*. ("Diversas, parecen estar unidas por un mismo cuerpo.")[70] Características que asumirá en sí misma Susana San Juan cuando inicie su enunciado en el submundo ("*siento* el lugar en que estoy y *pienso...*", p. 97).

La Susana de *Dama de corazones*, dice el narrador, "es ligera, traviesa. Entra al salón de fumar y a mi recámara sin anunciarse, como la primera".[71] A partir de los pasajes de la infancia en *Pedro Páramo*, podemos imaginar también a Susana San Juan como una niña "ligera, traviesa", asociada siempre a la naturaleza, como su nombre. La de Villaurrutia tiende a aislarse de todos; su hermetismo provoca el temor en el enamorado como lo provoca Susana San Juan cuando se aleja incluso de Florencio y se entrega a su unión con el mar. Y sobre todo cuando se aísla en su monólogo interior protegida por la "locura" que la separa de Pedro. Ese mundo interior que se oculta al enamorado lo transforma en un observador pasivo y deseante en el caso de Pedro Páramo, que lo identifica más bien como héroe trágico. El narrador en primera persona del relato de Villaurrutia, en cambio, pone una nota de humor un tanto irónico que lo distancia y protege:

Daría [...] un día que también es mucho, por oír lo que murmuras de mí durante el sueño. Pero esto es imposible. En cambio, si te lo preguntara, me dirías tan claramente que no me atrevo a pedírtelo.[72]

En el juego de "la memoria y la poesía" con Susana, el enamorado de *Dama de corazones* destaca además el carácter narcisista de la mujer que "goza inundándose en una pasión artificial, reconociéndose y amándose en ella como Narciso. Sale ahogándose",[73] como saldrá Juan Preciado después de su inmersión total, no en el yo limitante narcisista, sino en la verdad última del mundo histórico de donde proviene, el cual ha logrado liberar con su acción. También la actitud narcisista en la superficie del quehacer vital de Susana San Juan desmiente su apariencia porque responde, como en el caso de Juan Preciado, a una conducta que la protege y prepara para cumplir con

---

[70] *Ibid.*, p. 108.
[71] Xavier Villaurrutia, *op. cit.*, p. 107.
[72] *Ibid.*, p. 109.
[73] *Id.*, p. 110.

su misión liberadora. El doble plano da una profundidad y un dinamismo al texto de Rulfo que no pretende el de Villaurrutia.

El narrador de *Dama de corazones* identifica además su personaje femenino con el carácter frágil, movedizo y cambiante de la arena. Rulfo recoge estas mismas características, asociadas generalmente a lo femenino, y ve en ellas la fuerza para realizar los cambios necesarios en la historia. Al identificar a Susana San Juan con la arena elabora uno de los pasajes centrales en la vida de Susana San Juan, su unión con el mar, centro vital perenne al que acudirá siempre (p. 123).

En el texto de Villaurrutia se reitera como cualidad esencial de Susana —dentro del ideal que se forja el narrador— su capacidad de integrar lo general y lo particular; la sensibilidad y la fuerza; la muerte y la resurrección:

> Así la busco. Así la quiero. Capaz de vivir en el dolor de un solo hombre el dolor de la especie; capaz de sentir que acaricia todo el mundo, al frotar una manzana pulida. Capaz de sentirse imantada a mi llamado religioso o patriótico, como Santa Juana; capaz de hacerse añicos al golpe de una frase cualquiera de reproche; capaz también de renacer nueva, distinta, tan sólo para volver a morir el minuto siguiente.[74]

Podría ser el apunte caracterológico de Susana San Juan en el cuaderno de bitácora de Juan Rulfo. Múltiples indicios en *Pedro Páramo* sugieren ese carácter proteico, vital, propicio a las transformaciones: la exaltación del enunciado de Susana —sobre todo en los pasajes que evocan la unión con Florencio; los movimientos en la caja en que se encuentra enterrada y toda la angustia y enigmática intuición que precede a su "muerte".

La evocación que Susana San Juan hace de Florencio, sugiere al lector un perfil caracterológico que es análogo a la descripción del enamorado que el narrador de *Dama de corazones* asocia con el deseo de la protagonista de la novela de Villaurrutia; es decir, con la imagen romántica que Susana tiene de él: "Así me querrías, soberbio, alto, amante, dorado, capaz de vivir novelas frenéticas, capaz de escribir poesías más frenéticas aún."[75]

De igual manera, una misma imagen, transformada por la escritura, sirve para describir a la amada en el momento más decisivo de la relación.

Dama de corazones: "aguardo su *voz* firme, *irisada* y dura como un diamante que rompiera el cristal del aire".[76]

---

[74] Xavier Villaurrutia, *op. cit.*, p. 111.
[75] *Id., loc. cit.*
[76] *Id.*, p. 117.

Pedro Páramo: "tu *boca* abullonada, humedecida, *irisada* de *estrellas*" (p. 158).

La transformación precisamente marca la diferencia entre una imagen más bien fría y racional, y la segunda que se aligera por la transformación sensual de los adjetivos: "firme, irisada y dura" se convierte en "abullonada, humedecida, irisada de estrellas", y de los sustantivos (*voz* que cambia a *boca*). El adjetivo de luz se mantiene en ambas. Es el contraste que equilibra siempre el discurso de Susana San Juan. En este caso la sensualidad queda trascendida hacia un plano superior por el elemento luminoso y celeste.

La última descripción de Susana que nos queda en el texto de Villaurrutia recuerda, a su vez, a la Bernarda Cutiño de *El gallo de oro*[77] próximo ya el desenlace del relato, transformada por el proceso de rigidez que lleva a la muerte:

Dama de corazones	Susana se ha puesto un collar de cuentas blancas como si no quisiera creer todavía la realidad de la muerte y el traje negro fuera tan sólo una elegancia de acuerdo con el marfil del collar. [...] Susana quisiera estar muy lejos para ignorarlo todo. Yo comprendo que está al borde de un gran dolor que no ha sabido de qué modo estallar.[78]
El gallo de oro	Parecía un símbolo más que un ser vivo. Pero era ella. Y su obligación era estar allí siempre. Aunque ahora llevara en el cuello un collar de perlas a cambio de las cuentas de colores, que destacaba sobre el fondo negro del vestido, y sus manos estuvieran irisadas de brillantes, no estaba conforme (p. 78).

Estos vasos comunicantes que van de *Pedro Páramo* al relato de Villaurrutia me parecen altamente significativos. Rulfo asume su tiempo y su cultura en las dimensiones últimas de su palabra, de donde procede en buena medida la fuerza sintetizadora de *Pedro Páramo*. Ha sabido espigar las redes fertilizantes de discursos que la historia literaria tiende a contraponer (novela de la Revolución, grupo de Contemporáneos), en un afán totalizador que maneja con inusitada capacidad de integración. Como las relaciones no

---

[77] Juan Rulfo, *El gallo de oro y otros textos para cine*, prólogo y notas de Jorge Ayala Blanco, México, Era, 1980, 134 pp. De ahora en adelante citaré la obra indicando sólo las páginas donde se encuentra el pasaje citado.
[78] Xavier Villaurrutia, *op. cit.*, p. 115.

son explícitas, el lector deberá reconocer en los signos (porque los conoce previamente) sus interrelaciones. El texto sugiere y exige su participación.

Pero además, al asumirlos, Rulfo transforma los materiales para que, sin perder totalmente su filiación de origen, se amolden y contribuyan a la manifestación de la nueva perspectiva histórica. Si el relato de Villaurrutia oscila entre la profundidad de su punto de vista y la actitud lúdica, un tanto irónica y finalmente evasiva del narrador, Rulfo amplía y da carácter histórico y colectivo a los rasgos que de otra suerte sólo corresponderían a la persona aislada.

Susana San Juan se nutre también de la historia colonial mexicana. El modelo es una mujer excepcional cuya vida nos mantiene en una zona ambigua entre "verdad y mentira"; entre historia y ficción. Se trata de Catarina de San Juan. Su biografía la conoció seguramente Juan Rulfo en la obra de José del Castillo Grajeda, *Compendio de la vida y virtudes de la venerable Catarina de San Juan*,[79] quien nació en 1613 o 1614 en el "reino de Mogor".

Como los personajes rulfianos asociados a un tiempo futuro y a un proceso de liberación de dimensiones trascendentales (Juan Preciado y Susana San Juan), Catarina llega a México después de un viaje. La historia afirma que venía como esclava (lo cual sugiere la necesidad de un proceso liberador) a la corte del virrey de la Nueva España.

Otras marcas nos permiten establecer puntos de contacto entre Susana y Catarina de San Juan, de tal suerte que ambas contribuyen a la integridad de la historia que la escritura procura, conforme la novela pretende superar el despedazamiento de la tierra y del hombre.

Catarina inicia con su viaje "el camino de perfección". Cada aventura, marcada por un signo caracterizador, supone una etapa en su proceso de liberación trascendente. Del mismo modo Susana San Juan atraviesa por varias transformaciones hasta llegar a la plenitud (la síntesis amorosa de los opuestos propia de la filiación al mundo de Juan).

---

[79] José del Castillo Grajeda, *Compendio de la vida y virtudes de la venerable Catarina de San Juan*, México, Xóchitl, 1946, 205 pp. (Biblioteca Mexicana de Libros Raros y Curiosos, 2) [1ª ed., 1692]. Existen otros textos relativos a la vida de Catarina de San Juan en los Archivos del Centro de Estudios Históricos de Condumex en la ciudad de México, con los que están trabajando Octavio Rivera Krakowska y Jesús Villegas Guzmán, alumnos del Doctorado en literatura de El Colegio de México: Francisco Aguilera, "Sermón en que se da noticia de la vida admirable, virtudes heroicas, y preciosa muerte de la venerable señora Catarina de San Joan" (1688) y Alonso Ramos, *Prodigios de la Omnipotencia y milagros de la gracia en la vida de la venerable sierva de Dios, Catarina de San Joan*, tres partes, 1689. Sin embargo, pienso que Rulfo sólo tuvo acceso a la edición más conocida de esta ¿biografía novelada?, que es la que utilizó.

El nacimiento de Catarina queda signado prodigiosamente por la intervención de la Virgen Santísima quien indica a la madre que deberá hacer un hoyo debajo de una *tinaja* donde encontrará *un tesoro* para criar a la niña que reconoce como propia. La madre obedece y encuentra el tesoro oculto en la tierra. El mismo texto interpreta el signo como el "caudal de virtudes" de Catarina de San Juan. El vientre de la madre se convierte, por asociación, en "centro de dichosa tierra".[80]

Esta imagen del hoyo en la tierra que descubre el oro debajo de la tinaja, parece proyectarse en la del pozo al que Susana San Juan deberá descender en busca de oro (sentido último del mundo de Pedro Páramo) para encontrar, en cambio, el cadáver despedazado (futuro de ese mundo).

Todavía en la infancia, Catarina de San Juan cae al río de cuyas aguas es recogida como en la historia de Moisés. Es decir, renace del agua en un nuevo bautismo. Análogamente, como vimos en el análisis, Susana San Juan de niña se baña en el agua del río con Pedro Páramo creando con él un vínculo de plenitud al cual queda sujeto el deseo de Pedro Páramo, aun cuando lo niegue con su práctica histórica.

Susana San Juan inicia la superación de este vínculo inicial al desplazarse *fuera* de Comala y al vivir el ritual de pasaje del pozo. Con ese acto simbólico claramente enfrenta y trasciende el mundo de Pedro Páramo, y se templa gracias a la filiación, renovada, al mundo de su padre Bartolomé San Juan.

Para protegerse del amor y el deseo humanos (pues ya se había entregado al *amor divino*), Catarina de San Juan se refugia en la soledad de una cueva; refugio materno lleno de víboras (símbolos de la tierra). Así Susana San Juan huye de Pedro Páramo protegida por su padre. Ambos se refugian en una cueva "covacha hecha de troncos, en el mero lugar donde están las minas abandonadas de La Andrómeda" (p. 106). Espacio materno que sugiere —por los troncos, y las connotaciones celestes— la idea de un centro gestor de la vida; "mirando el nacimiento de las cosas: nubes y pájaros, el musgo" (p. 107).

Después vendrá la trascendencia que permite, en la novela de Rulfo, la unión eterna ("Volví yo. Volvería siempre", p. 123) del mar y la tierra formando el jeroglífico de la mujer universal (Susana con el cuerpo "sobre el calor de la arena. Tenía los ojos cerrados, los brazos abiertos, desdobladas las piernas a la brisa del mar", p. 122). La imagen está apenas sugerida en el Capítulo III del *Compendio*. Catarina de San Juan "salía a la playa del mar, o ya buscando la soledad o ya porque Dios lo dispusiese así, para que

---

[80] José del Castillo Grajeda, *op. cit.*, p. 33.

ella saliera del país".[81] Como consecuencia la mujer recibe el bautismo al cual asiste la tríada familiar de la Virgen María (San Joaquín, Santa Ana y María). En el bautismo se une al mundo de Juan, el mundo del amor trascendente, y recibe el nombre de Catarina de San Juan.[82] Sin embargo, en *Pedro Páramo* se mantienen los binomios característicos de los dos modelos básicos de la estructura de parentesco, como se ha visto antes: Padre-hija; madre-hijo; es que lo importante es la posibilidad de futuro. Del mundo de Susana San Juan, sostenido por el binomio padre-hijo, se gestará (hijo del Espíritu) y el Nuevo Mundo.

La posibilidad de la nueva filiación nacida de lo alto está validada por la pérdida del apellido paterno (de la tríada de sangre), tanto en el caso de Catarina de San Juan, como en el de Juan Preciado. También los nombres de *Compendio* corresponden a la persona; tienen carácter simbólico de modo análogo a lo que ocurre en la novela de Juan Rulfo.

Así como la lluvia, generosa y regeneradora, antecede a la muerte de Susana San Juan y enmarca el vínculo entre los indios que esperan en el mercado y el mundo de la Media Luna, Catarina de San Juan reclama la lluvia para que cese la esterilidad de los campos y se evite el hambre, sobre todo de "los pobres indios". Como en *Pedro Páramo*, cae la lluvia, "Y este llover fue con tal frecuencia que no cesó por muchos días".[83]

Otros motivos del *Compendio* sugieren el mundo de Juan Preciado y de Susana San Juan. Uno de ellos es el alusivo a las almas del purgatorio que Catarina ve y oye desde niña, y también Juan Preciado cuando regresa al mundo del padre, y va al submundo. Los murmullos y gemidos múltiples, en que se sumerge Pedro Páramo y ahoga Juan Preciado, equivalen a la descripción de las almas del purgatorio que Catarina de San Juan conoce desde niña:

> El modo con que las veía era unas veces en forma corporal, otras en visión imaginaria, otras intelectualmente [...] y cuando de esto me hacía relación, eran los lamentos y exclamaciones tales, [...] que me ponía en ocasión de erizárseme el pelo, aterrorizado de oír la máquina terrible de martirios en que las almas son purificadas, así en aquel seno como en otros sitios de la tierra.[84]

Sólo que el trasmundo de Juan Preciado es sonoro y oral, como en la superficie de su mundo:

[81] *Id.*, p. 41.
[82] *Id.*, pp. 41-42.
[83] *Id.*, p. 99.
[84] *Id.*, pp. 101-102.

Y de las paredes parecían destilar los murmullos como si se filtraran de entre las grietas y las descarapeladuras. Yo los oía. Eran voces de gente; pero no voces claras, sino secretas, como si me murmuraran algo al pasar, o como si zumbaran contra mis oídos. Me aparté de las paredes y seguí por mitad de la calle; pero las oía igual, igual que si vinieran conmigo, delante o detrás de mí (fragmento 37, p. 76).

Una variante del motivo es presentarlo mediante las peticiones de las almas. Así, en *Compendio*, Catarina

veía en su aposentillo sinnúmero, las penas que la rodeaban sin explicación, sus lamentos sin par, diciéndola cada una: "*Duélete de mí por amor de Dios.*" Otras le decían: "*Encomiéndanos a Dios.*"[85]

En *Pedro Páramo* se va perfilando el lamento en un crescendo sonoro que se especifica gradualmente hasta culminar en la palabra: "*murmullo*" (amorfo), "como de mucha gente en día de mercado", p. 77; "*rumor parejo* sin ton ni son"; "el murmurar"; "*bisbiseo apretado*", y finalmente unas palabras "casi vacías de ruido":

Ya no di un paso más. Comencé a sentir que se me acercaba y daba vueltas a mi alrededor aquel bisbeseo apretado como un enjambre, hasta que alcancé a distinguir *unas palabras* casi vacías de ruido: "*Ruega a Dios por nosotros.*" Eso oí que me decían (*id.*).

La intensidad de los ruegos —implícitamente de la culpa— convierten a Catarina y a Juan Preciado en víctimas propiciatorias. Ambos logran la liberación de los otros, mediante el autosacrificio que antecede a la posibilidad de resurrección. Juan Preciado llega hasta la muerte pasando por el frío y ahogo característicos. Catarina recibe palos que le penetran en "los huesos como agudas espadas, causándole con su intolerable infestación agudísimos dolores".[86] Ese espacio del Purgatorio que se abre a los personajes se identifica en ambos textos como tal. De manera directa y sencilla en *Compendio*; "almas del Purgatorio", "seno del Purgatorio").[87] En *Pedro Páramo* lo revela Dorotea, quien a su vez reproduce lo que otro le ha dicho. Pero ese otro tiene la autoridad de lo celeste:

---

[85] *Id.*, p. 107.
[86] José del Castillo Grajeda, *Compendio de la vida y virtudes de la venerable Catarina de San Juan*, ed. cit., p. 108.
[87] *Ibid.*, *id.*

pero otro de aquellos santos me empujó por los hombros y me enseñó la puerta de salida: "Ve a descansar un poco más a la tierra, hija, y procura ser buena para que *tu purgatorio* sea menos largo" (p. 78).

Así como la locura, el sueño, el silencio y el deseo de Florencio el esposo, autoprotegen a Susana San Juan de la unión con Pedro Páramo, Catarina de San Juan "cerró los ojos al mundo, no queriendo ver sus engaños ni menos sus disfrazadas apariencias. Jamás vió advertidamente cosa que fuera terrena porque sólo miraba a su divino Esposo como a último blanco en que hacía tiro la visual de su alma".[88]

No sorprende que los escenarios de la muerte de Susana San Juan y de Catarina de San Juan se homologuen. En ambos se oyen las campanas que anuncian la "feliz muerte" y reúnen al pueblo —cada vez más numeroso— en torno al acontecimiento. En el *Compendio* se trata de un hecho inusitado, pero no tan contrastante con el contexto. Es parte, extraordinaria, de una cotidianidad no escindida violentamente todavía. El tono es menor y directo como el que prevalece en todo el texto. Sin embargo, está claramente indicado el ambiente de alegría y el poder de congregación que tiene el suceso:

> Ya en este tiempo las campanas del Colegio del Espíritu Santo de la Compañía de Jesús, con sus *redobles* y *clamores* habían dado voz en toda la ciudad de la muerte de Catarina [...]
> Luego que se supo en la ciudad de la *feliz muerte* de esta sierva de Dios, *se fue dando de unos a otros la noticia* hasta por los lugares cercanos, que de algunas leguas vinieron a ver su entierro diciendo a voces: "Vamos a ver a aquella sierva del Señor, que ya murió", siendo tal el concurso de todos estados que acudió a la casa [...] que por todas las cuatro calles era infinita la multitud que fue a venerar su cuerpo [...] el tropel y violencia era tan fuerte y tan numeroso que rompieron puertas, chapas y aldabas.[89]

Al morir, Susana San Juan traza el jeroglífico de su segundo nacimiento para la trascendencia (volcada hacia sí misma, fetalmente, para mejor entrar en lo infinito de la noche):

> Trató de separar el vientre de su cabeza [...] pero cada vez se volcaba más como si se hundiera en la noche (fragmento 64, p. 147).

De modo análogo a la muerte de Catarina, las campanas se encargan de anunciar y congregar al pueblo. Pero en la Media Luna sí se crea un contraste

---

[88] *Id.*, p. 129.
[89] *Id.*, pp. 193-194.

de espacios y de tiempo, y el repique constante crece en amplitud inusitada. En respuesta, va surgiendo *La feria*, la fiesta que anuncia la renovación. Dentro del ámbito de *la novela* este espacio contrastante es un reto para la escritura. En la medida en que el texto de Rulfo sólo se propone apuntar los tiempos de renovación, porque su focalización es la caída, es necesario disminuir, equilibrar el efecto contrastante, sin acallarlo. Esto se logra, entre otras cosas, porque se ven los hechos desde el punto de vista de la reacción negativa de Pedro Páramo.

Incapaz del salto cualitativo para la transformación, una vez más, el cacique de la Media Luna pierde los signos del nuevo tiempo. Los efectos adquieren tintes mágicos. No tomarle el pulso a la historia, como señalé al comienzo, irónicamente equivale a perder el objetivo personal en que se ha centrado la vida toda. La venganza contra el pueblo implica, necesariamente, la propia destrucción.

Pedro Páramo, escritura y despedazamiento

Si en los *Cuentos de un soñador* de Lord Dunsany se encuentran trazos que permiten interpretar el carácter simbólico de la relación de Pedro Páramo (el desierto) con Susana San Juan (Bethmoora, la ciudad), hecho que ya he señalado, la dimensión de cacique y poder absoluto de Pedro se desplaza en los cuentos de Dunsany hacia la figura del emperador, de cuyo ejercicio arbitrario del poder deriva la esterilidad de la tierra (el desierto que ama y desea a Bethmoora, la ciudad perdida).

Sonia L. Mathalía ha comentado que, en *Pedro Páramo* "lo colectivo conduce al anonimato de lo individual".[90] Más bien, al borrarse las fronteras de lo general y lo particular se facilita el desmoronamiento de ese pasado en la superficie histórica de la tierra, mientras la tierra (Susana) asciende y alcanza su plenitud. Este movimiento característico de la ética rulfiana ha favorecido que algunos críticos (*cf.* Befumo Boschi) vean en Pedro Páramo signos de una suerte de mediador o víctima propiciatoria. Los que así piensan, seguramente se debe a que reconocen en el personaje serias contradicciones que lo enriquecen como figura y lo humanizan. Sin embargo, no deja de ser totalizadora la necesidad de su destrucción. Ambos aspectos lo matizan trágicamente, como señalé antes.

La figura literaria que encuentro más próxima a esta dimensión contra-

---

[90] *Véase* la nota 3 de este capítulo.

dictoriamente humana de Pedro Páramo es Juan-Lucas, el personaje prota-gónico de la novela del mismo nombre de C. F. Ramuz.[91]

En el imaginario de Juan Rulfo la genealogía de Lucas se asocia siempre de algún modo a la negación de la esperanza y al despedazamiento y la fragmentación social y humana. Recuérdese en la narrativa mexicana rela-cionada con la obra de Rulfo, la importancia de Lucas Llamas, personaje de *El resplandor* de Mauricio Magdaleno quien ayuda a exterminar, me-diante el fuego, el caserío otomí.

El nombre de Lucas reaparece más tarde como Lucas Lucatero en "Anacleto Morones", el cuento que concluye *El Llano en llamas*. De igual modo que el personaje de *El resplandor*, Lucas Lucatero sirve al poder destructor, centrado en una relación criminal, promiscua e incestuosa. En *Pedro Páramo* la violencia y la destrucción se desatan precisamente cuando es asesinado don Lucas, padre de Pedro, cacique de la Media Luna.

En cambio, hay que señalar las matizaciones, los dualismos contradicto-rios de muchos de estos personajes. Si bien el lado vital y luminoso suele asociarse al nombre de Juan, en *El resplandor* de Magdaleno aparece Juan Llamas cuyo lado negativo, letal, se representa en el apellido. Criollo propietario de la taberna del pueblo, Juan Llamas es una figura ambigua que se define, finalmente, por el poder y la traición total al pueblo indígena. Así también, la tensión entre ambos polos es lo que marca el destino trágico del Juan-Lucas de Ramuz y de Pedro Páramo.

Maurya la madre de *Jinetes hacia el mar*, Juan-Lucas, Pedro Páramo y personajes de algunos relatos de Rulfo ("Luvina", "Paso del Norte"), pertenecen a un mundo en tránsito hacia otro. De la vida campesina que gira en torno a la tierra se está pasando a una proletarización asociada a los oficios.[92] El paso provoca una alteración de la tríada familiar y la mercan-tilización de la vida.

Juan-Lucas constituye un núcleo familiar que está "condenado" porque proviene del desamor (Cristina no lo ama) y se opone a la ley materna, que es la que rige, porque el padre está ausente. Juan-Lucas contradice pues, con su acción fallida, las bases mismas de su mundo, centrado en el binomio

---

[91] C. F. Ramuz, *Juan-Lucas. Drama de la Montaña*, trad. al español por Ramón Carnicer Blanco, con xilografías de E. C. Ricart, Barcelona, Juventud, 1953.

[92] Juan-Lucas abandona la tierra para ganar dinero como ebanista: "La tierra —se decía— es lo que más vale, no cambia y siempre dura, pero el dinero tiene un agradable sonido" (*ibid.*, p. 85). Sobre México, Juan Rulfo comentó: "Vi cómo nació la reforma agraria. La tierra se la repartieron el peluquero, el carpintero, el albañil; pero el campesino se quedó sin tierra. Soy hijo de hacendados. A nosotros la Revolución nos quitó la tierra, pero nos hizo burócratas" (Armando Ponce, en Varios, *Rulfo en "Proceso"*, México, *Proceso*, 1981, pp. 53-54. También en *Proceso*, núm. 204, 29 de septiembre de 1980).

madre-hijo, y pretende ejercer sobre la mujer una autoridad arbitraria que ella rechaza y transgrede. De hecho, Cristina —como Dolores Preciado— es más fuerte y vital que Juan-Lucas o que Agustín su amante, en tanto asume sus decisiones libremente. Sin embargo, también éstas son enajenantes y destructivas y no liberan su presente. Ella vive en medio (entre el pueblo, arriba, y la casa de la madre de Juan-Lucas, abajo), pero no alcanza a ser figura plena de transición como Dolores, ni tiene la fuerza genésica y trascendente de Susana San Juan.

La ruptura de la tríada está condicionada también por la mercantilización de la vida, eje de la nueva sociedad precapitalista. Por eso la atracción del dinero contribuye a la infidelidad de Cristina. También la bebida. Y el propio Juan-Lucas transitoriamente se decide por el dinero y abandona la tierra para juntar un capital: "la tierra [...] es la que más vale, no cambia y siempre dura, pero el dinero tiene su agradable sonido".[93]

A esta decisión fallida, le sigue una cadena de equivocaciones que se inicia con el rechazo del hijo, por dudar de su parternidad, y termina con la pérdida, a pedazos, de su tierra y del ganado, la entrega a la bebida, y la muerte del hijo.

Algo paralelo le ocurre a Pedro Páramo desde la infancia cuando sustituye la ausencia de Susana con la ganancia del dinero: "Encontró un peso. Dejó el veinte y agarró el peso. 'Ahora me sobrará dinero para lo que se ofrezca'" (p. 21). Después vendrá el acaparamiento insaciable de la tierra, su despojo, la violación, el crimen fraterno y la muerte de Miguel, el hijo en quien se proyecta el cacique de la Media Luna.[94]

En *Juan-Lucas*, al escindirse la tríada familiar, se crean dos binomios: el de Juan-Lucas con su hijo, sostenido por la imaginación (de manera análoga a Dorotea, Juan-Lucas vive imaginativamente con su hijo muerto) y el de Cristina con su otro hijo, también condenados a muerte. El fallecimiento accidental del hijo provoca en Juan-Lucas —como en Pedro Páramo la muerte de Miguel— un sentido de culpa:

> —¡Mira, Juan-Lucas, qué desgracia!
> Levantó la vista hasta el que le hablaba y exclamó con voz demudada:
> —¡Me está bien! ¡Ha sido un castigo![95]

[93] C. F. Ramuz, *op. cit.*, p. 85.
[94] En "Talpa" se denuncia la mercantilización de las prácticas religiosas, y se establece un contrapunto entre la romería y la historia degradante de la pareja adúltera e incestuosa que culmina en la muerte del hermano Tanilo, ya de suyo vulnerado por la enfermedad. "Anacleto Morones" lleva al extremo paródico la mercantilización de la vida religiosa y la consecuente degradación de los hombres y de la sociedad.
[95] C. F. Ramuz, *op. cit.*, p. 111.

Y Pedro Páramo:

—Estoy comenzando a pagar. Más vale empezar temprano, para terminar pronto.
    No sintió dolor (p. 88).

La locura visionaria de Juan-Lucas provoca en él un cambio radical. Paradójicamente, su figura se asocia cada vez más a la cruz de Cristo. Parece asumir la destrucción necesaria de su mundo (simbolizado en la muerte de su único hijo), y la de Cristina con el hijo de su amante, perpetrada por el propio Juan-Lucas mediante el fuego; su ¿suicidio? final con el que culmina su destino. El "sudario" en el que le envuelven la cabeza recuerda el cadáver del padre en "¡Diles que no me maten!" de Rulfo: "Le envolvieron la cabeza con un lienzo. Y dijeron: —Se le partió como una nuez, y los sesos le saltaron fuera."[96]
    Todo parece indicar que Juan-Lucas y Pedro Páramo entregan su mundo a la muerte, cancelando así toda posibilidad de proyección futura. El texto sugiere también que el personaje —como Jesús en el Monte de los Olivos y Juan Preciado a la hora de su "pasión" en el submundo— tiene la tentación de rebelarse, y desea regresar al punto de partida. Así grita Juan-Lucas cuando reza frente a la cruz:

    —¡Déjame ir!
    Abrazó la parte inferior de la cruz como pidiendo una gracia, luego, como si le hubiera sido denegada, clamó en alta voz:
    —¿Es necesario? ¿Es posible?[97]

El centro de todo el drama de Juan-Lucas es, precisamente, la incomunicación radical con el mundo de Cristina su esposa a quien, sin embargo, ama. No cabe duda que este texto de Ramuz es fundante en la concepción de Pedro Páramo, ajeno al verdadero mundo de Susana San Juan, así como Cristina, con su naturaleza primitiva y libre, pudo sugerir la identificación de Susana San Juan con la tierra. Pero sólo en este aspecto y como un detonador inicial. Susana multiplica la densidad y pluralidad simbólica del personaje. Además, Cristina es también un personaje contradictorio. Ella transgrede su mundo; contribuye al sacrificio de su primer hijo (el de Juan-Lucas, funcionalmente hijo de hombre) y, en buena medida, condiciona la negación del futuro de su segundo hijo (el de su amante, funcional-

[96] *Id.*, p. 173.
[97] *Id.*, p. 153.

mente hijo de mujer). Es, pues, un personaje condenado, como todo ese mundo patriarcal decadente. Sin embargo, es Juan-Lucas quien deberá cumplir con la muerte propia, la de Cristina y la de los hijos. Por eso la asociación con la cruz y el reconocimiento del zapatero (hombre de oficio y no agricultor): "A ti te respeto, Juan-Lucas. Tú ves más lejos que ellos."[98]

Como ocurre con el mundo de Pedro Páramo, en la novela de Ramuz parece condenarse el mundo de Juan-Lucas en su totalidad. En Rulfo se alude de manera indirecta a la gestión de estos procesos y sistemas imperantes de relaciones en la época de la Colonia. Es aquí donde se subvierte el orden, y se da la ruptura que subyace a la historia del siglo XX de nuestros pueblos de habla española.

En la escritura de *Pedro Páramo* no se hace ninguna referencia concreta a este mundo colonial. Hay —lo he señalado antes— una zona deliberadamente imprecisa respecto a las causas últimas de la destrucción total de ese mundo. Simbólicamente está el incesto en el centro del submundo y de la novela; también la actitud mercantilizada de Pedro Páramo ante la Revolución y todo el sistema determinante de valores y prácticas (religiosas, familiares, etcétera), lo cual ha convertido el presente de la historia (su mundo) en una negación —con la praxis— de los modelos sustentantes de la infraestructura histórico-social.

Toca al lector establecer los puentes necesarios entre estos indicios y la historia. Uno de estos puentes es, una vez más, *El resplandor* de Mauricio Magdaleno.[99] En esta novela, decisiva en el imaginario y la escritura de Juan Rulfo, se narra con la técnica de muñecas rusas (texto dentro del texto) la historia del encomendero fundador del pueblo de San Andrés de la Cal que llegó a dominar toda la región de "la sierra de Metztitlán hasta Tierra Caliente y desde Ixmiquilpan, Hidalgo, hasta Actopan". La narración se consigna en la novela como historia oral de la Colonia que conservan tanto los indígenas (la primera versión la narra Bonifacio, el anciano líder otomí), como los misioneros, quienes narran la segunda versión en el Capítulo V de la novela. La reiteración con variantes, pero análoga, da credibilidad a lo narrado en boca de los dos protagonistas de los grupos opuestos. Es ya una historia compartida por ambos sectores que narra el proceso arbitrario y opresor del grupo dominante.

El modelo que se reproduce pasa por un punto de esperanza en el nuevo "amo" que intensifica el efecto de opresión posterior. Así, por ejemplo, para liberarse de los aztecas, los otomíes acogen al español quien después des-

---

[98] *Id.*, p. 122.
[99] Mauricio Magdaleno, *El resplandor*, ed. cit.

ata la violencia sobre ellos. La novela narra cómo el mestizo, sacado *fuera* de la tribu, después de la Revolución y del reparto de tierras, regresará para reproducir el mismo sistema.

En la Colonia, "Don Gonzalo el fundador, el encomendero, el ascendiente del último Gonzalo que barrió la bola con todo y sus ínfulas de amo invencible, había conquistado la región casi sin violencia".[100] Es esta estirpe la homologable con la de los Páramo, aunque don Gonzalo se asocia a la conquista del otomí y Pedro Páramo a la de los campesinos y pequeños terratenientes de la zona durante el porfiriato. De hecho, *El resplandor* narra precisamente hasta ese periodo la historia de los descendientes opresores de don Gonzalo. La práctica histórica de don Gonzalo se divide, como en Pedro Páramo, entre sus "ansias de dominación" y "los apetitos pecaminosos". La doble práctica llevó al despedazamiento y a la esterilidad de la tierra:

> ¡Terrible finquero cuyo recuerdo ponía aún, muchos años después, espeluznos de pavor en las mesnadas de las congregaciones de los indios y cuya incestuosa animalidad fue causa de que un castigo tremendo extinguiese la prosperidad de la tierra![101]

En efecto, don Gonzalo que "ardía en seniles ansias de poseer a su propia hija" mata de un mandoble en la cabeza a su novio y después a ella, sobre la piedra de los mezquites. La sangre baña la piedra y seca los arrayanes:

> Jamás volvió a dar cosecha regular la región. La cal, en un corrosivo mordisqueo subterráneo, ganaba las sementeras, y el cielo mustió sus odres y los temporales se redujeron a dos o tres aguaceros al año.[102]

Poco después se anunció: "—la piedra florecerá cuando el indio deje de sufrir".[103]

Están presentes varios de los elementos que se reproducen en *Pedro Páramo*: el incesto generador de la tragedia histórica; la sangre derramada de las víctimas que maldice los frutos de la tierra; la sequía y la muerte de la tierra y la alusión al mundo salvífico de la flor sobre el de la piedra, como el de Susana San Juan sobre Pedro Páramo. Por eso a la muerte de Susana se establece un puente mágico de esperanza entre ambos mundos (recuér-

---

[100] *Ibid.*, pp. 34-35.
[101] *Id.*, p. 35.
[102] *Id.*, p. 36.
[103] *Id., loc. cit.*

dese la bajada de Justina al mercado de los indios y su búsqueda de las yerbas que coloca en el cuarto de Susana San Juan).

En boca de los misioneros el relato se amplía con algunos matices importantes, lo cual indica un cambio de punto de vista respecto al de Bonifacio.[104] Vale la pena destacar que para la familia del encomendero lo que importa es el poder del dinero y del Estado. Esta característica se asocia siempre a figuras que representan la ideología dominante.

> La casa había sido, sucesivamente, iturbidista, santanista, zuloaguista, maximilianista y devota, en su último avatar de la gloria de don Porfirio Díaz [...]. El comedor de la finca, no tenía por lo ordinario, más que dos clases de invitados [...]: los curas y los señores generales, desde los obispos de Pachuca y de Tulancinco hasta los beneméritos de la patria de ostentosos entorchados y turbio escalafón.[105]

No obstante, Pedro Páramo modifica este sistema de relaciones. Su actuación responde más a una actitud interesadamente individualista, ajeno a todo el hecho sociopolítico y atento sólo a su ambición y a sus obsesiones.

Dentro de la literatura hispanoamericana esto nos lleva a destacar la relación entre *Pedro Páramo* y las novelas de dictadores. En un lapso de diez años (diciembre de 1922- diciembre de 1932) Miguel Ángel Asturias escribió *El Señor Presidente*. Ramón del Valle Inclán ha escrito *Tirano Banderas* en 1926, tragicomedia de un dictador de Hispanoamérica. Carlos Fuentes[106] traza la genealogía de estos textos al momento de la Conquista. Precisamente para hablar de Pedro Páramo recuerda que la empresa de Cortés y del "feroz" Nuño de Guzmán en la Nueva Galicia (sobre quien ha escrito también Rulfo), remiten a *El Príncipe* de Maquiavelo. Según Fuentes, el personaje de Rulfo se ajusta en general al modelo, salvo por "una falla secreta, un resquicio por donde las recetas del poder se desangran inútilmente".[107] Pero la explicación que propone Fuentes no convence:

---

[104] La narración se detiene en los detalles de la "épica" ambición de don Gonzalo, compañero de Cortés: la expansión inusitada de su feudo; las relaciones opresoras de la vida familiar; el incesto; sus amores ilícitos; su pasión por el juego de naipes. Hasta que, finalmente, en una noche y un día pierde toda su hacienda. Evidentemente en este relato se reproducen características que podemos asociar a Pedro Páramo y a Dionisio Pinzón de *El gallo de oro*. El punto de vista del que narra delata un saber amplio de los hechos y una voluntad de rendir testimonio. Es un enunciado que tiene las marcas de credibilidad de los cronistas.
[105] Mauricio Magdaleno, *op. cit.*, pp. 58-59.
[106] Carlos Fuentes, "Mugido, muerte y misterio: el mito de Rulfo", en *Revista Iberoamericana*, núms. 116-117 (1981), pp. 11-21.
[107] *Ibid.*, p. 13.

"Pedro Páramo no es Cortés, no es el *Príncipe* maquiavélico porque, finalmente —dice— es un personaje de novela."

Más bien, el punto de vista interior desde donde la escritura de Rulfo nos coloca permite ver las contradicciones, la lucha dual que conforma a los personajes en la cotidianidad de su vida y de su contexto histórico y social. Estructura y contenido en la novela contribuyen a ello. El hecho es claro en el contrapunto temporal y espacial que se establece en el entreverado de los fragmentos que narran la llegada de Juan Preciado y los de la niñez de Pedro
Páramo. Por un momento, además, se produce la unión de Pedro y Susana
en la infancia que casi inmediatamente se escinde para que la liberación
integral de ella se posibilite, y él devenga "criatura deseante", dividida. Sin
duda, algo tiene que ver con esta visión *El general en su laberinto*, escrita
por Gabriel García Márquez en 1989.

Subyace la ética humanística, la visión cristiana dominante en los textos
de Rulfo que, en última instancia, remite a razones de índole estructural que
explicarían el sistema de poder.

La novela de *Pedro Páramo* claramente se ubica en el umbral entre una
sociedad agrícola y el pasaje a un nuevo tiempo histórico. El personaje, amo
y señor de los hombres que lo rodean, ha perdido el sentido de la tierra
(Susana San Juan) y se margina de la historia. Su actitud ante la Revolución
es hábil para su pequeño presente de seguridad, aunque responda, como dice
Carlos Fuentes, a un principio maquiavélico. Pero no surge de la conciencia
histórica, sino del individualismo que indiqué antes, al comparar la novela
con *El resplandor*.

Para los tiempos de consolidación del sistema político, desde donde
escribe Juan Rulfo, la óptica del cacique de la Media Luna resultaría
estrecha (casi ridícula), a no ser por las dimensiones trágicas que muestran
sus contradicciones internas y su relación con los otros hombres. La
escritura plantea, implícitamente, el problema de la culpa (¿dominador-do-
minado?) que retoma José Emilio Pacheco en *Morirás lejos* de 1967,
referido también al poder absoluto, pero en el ámbito internacional de
Europa y de América. Compárese, en este sentido, el dominio absoluto que
tiene *El Señor Presidente* de Asturias en lo político y a nivel nacional.

Sin duda, la distancia desde donde se escribe permite también una mirada
de "conmiseración" que no palia, como he señalado antes, la condena total
del poder absoluto.

La muerte de Pedro Páramo. En la medida en que el Mundo de Pedro
Páramo está centrado en la culpa cainítica, el incesto, el desamor y la
orfandad, es un mundo antisolidario que invierte y niega la posibilidad de

fundación de una iglesia, como sería propio del mundo ˙de Pedro en el Evangelio.

Por eso el pasaje de la muerte de Pedro Páramo debió ser un reto para la escritura. Rulfo tensa y aligera los materiales y conjuga elementos de diversa procedencia con la voluntad de integración fertilizadora que lo caracteriza.

Ya se marcaron las líneas de convergencia entre pasajes del cuento "En donde suben y bajan las mareas", la novela *La montaña eterna* de Dunsany, y la muerte —sobre todo la escena final— de *Pedro Páramo*. También su asociación con la literatura tradicional y folklórica, donde el motivo del despedazamiento o pulverización es muy frecuente.[108]

La imagen de la pulverización de adentro hacia afuera, tiene un efecto mayor de vacío del Espíritu y de negación radical de toda posibilidad de liberación. En *Juan-Lucas*, la novela de Ramuz, la muerte del padre de Cristina tiene connotaciones similares. Ocurre "de repente" como tantos otros cambios en los relatos de Rulfo —aunque no en la muerte de Pedro Páramo:

> Y es que Ambrosio era por dentro una ruina, lo mismo que esos troncos roídos por la carcoma que se tienen en pie por la corteza y de los que da fin un viento fuerte [...]. Por la mañana lo encontraron caído en el suelo y enteramente vestido [...] Tenía la boca abierta, como los que mueren por falta de aire.[109]

En cambio, la muerte del padre en *Otras voces, otros ámbitos* de Truman Capote, es lenta —podría decirse estática— como si acompañara la gradual pero segura caída de su mundo y la salvación del hijo después de conocer la verdad de ese ámbito y de ese tiempo. La imagen del padre en cama, en estado vegetal, mientras la casa y los contornos se hunden y se salva el hijo, es homologable a la de Pedro Páramo, sentado en su equipal esperando la liberación de Susana, que equivale a la caída total de su mundo, y a la posibilidad del mundo de Juan.

Es extraordinario cómo en este nivel del análisis de los procesos de fertilización de otros textos en *Pedro Páramo* se registra la misma ruptura del tiempo y del espacio que en la novela. Si bien se marca un *proceso* de deterioro que va de abuelos a padres y de éstos a los hijos, se indica la *reiteración* del proceso por lo menos dentro de esas tres generaciones que coincide, en todos los textos citados, con los inicios del siglo XX y el tiempo

---

[108] *Cf.* la sección "La presencia de Lord Dunsany y el mundo de la pareja", pp. 200-207, de este volumen.

[109] C. F. Ramuz, *op. cit.*, p. 128.

de la enunciación de *Pedro Páramo*; es decir, los años cincuenta. Se trata de un periodo entre la primera y la segunda Guerra Mundial, que implica procesos de modernización de la economía, y con ello el paso de sociedades agrarias a sociedades pre-capitalistas o en vías de desarrollo. El origen del despedazamiento de la tierra y del hombre se retrotrae a la Colonia, como efecto de la ambición de dominio y la pérdida del orden asentado en un sistema de valores cristianos de solidaridad y liberación. La pérdida del orden instaura el incesto como núcleo sustentante de esa sociedad. Juan Preciado hace posible la creación de un nuevo orden social precisamente mediante la liberación de ese incesto fundador.

La visión del mundo, en diálogo con D. H. Lawrence
y Agustín Yáñez

En este segundo recorrido por *Pedro Páramo* he destacado los núcleos significativos que determinan los personajes principales de la novela (el mundo de Juan Preciado, Susana San Juan y Pedro Páramo) y sus relaciones múltiples y fertilizantes con la escritura de otros textos.

Hasta ahora prácticamente ninguno de los textos que hemos estudiado supone una ruptura fundamental con la novela o los cuentos de Rulfo. Sí implican transformaciones parciales más o menos amplias, pero por lo general se trata de escrituras afines a las de Rulfo, privilegiadas por las asociaciones múltiples que establece el imaginario del escritor.

Hay dos novelas, sin embargo, con las cuales Rulfo entabla un diálogo que busca más bien el cuestionamiento fino de la visión del mundo que la escritura propone en ellas: *La serpiente emplumada* de D. H. Lawrence y *Al filo del agua* de Agustín Yáñez.[110] De ambas he establecido anteriormente algunas relaciones con *Pedro Páramo* y *El Llano en llamas*.

La serpiente emplumada

El título de la novela de Lawrence, *La serpiente emplumada*, dirige la atención del lector hacia un ámbito sagrado prehispánico y específicamente hacia la figura ambigua de Quetzalcóatl.

Primero se publica en inglés en 1926 y la primera edición en español es de 1940. En México es el comienzo de la guerra cristera (1926-1929),

---

[110] D. H. Lawrence, *La serpiente emplumada*, ed. cit; Agustín Yáñez, *Al filo del agua*, ed. cit.

precisamente en los estados del suroeste y centro del país. *La serpiente emplumada* se desarrolla dentro de esta zona, en Sayula, lugar donde se cría Juan Preciado con su madre, y de donde partirá para buscar el mundo de su padre, Pedro Páramo.

La novela de Lawrence presenta el diálogo de múltiples discursos correspondientes a diversas ideologías que se entrecruzan en un espacio histórico crítico donde se cuestionan, en su raíz, los principios que han determinado la infraestructura social. Internamente pueden señalarse varios grupos principales. En la novela el foco de atención está puesto en el grupo guiado por don Ramón y Cipriano que pretende restituir los cultos prehispánicos en franco sincretismo con una visión cristiana del mundo. Se trata de una renovación espiritual que facilite el "renacer" necesario del espíritu y que complemente los lazos de consanguinidad que los mexicanos reconocen entre sí como indicativos de la comunidad.

Esta idea de la unión por la sangre de los "hombres del lugar" se presenta en la novela como una fuerza incestuosa que exige la pertenencia a la colectividad, caracterizadora de las sociedades primitivas cercanas a la realidad unificadora del mito. En *Pedro Páramo* se da precisamente la liberación del incesto original —entre hermanos— para que sea posible —ahora se confirma nuevamente— un nuevo orden donde también desaparezca la "marca de Caín" a la que parece condenada la sociedad.

Sabemos de la presencia de otros grupos que no aparecen en el primer plano de la focalización dominante en la novela de Lawrence pero que corresponde a la estructura sociopolítica oficial o a la eclesiástica. No sorprende por eso el estallido de una rebelión (¿la Cristiada?) en Colima. El texto alude concretamente a que los atacan "los curas y los Caballeros de Cortés".[111] Pero es la óptica cotidiana de las relaciones familiares y personales internas la que pone en juego las contradicciones ideológicas (Kate y su servidumbre indígena; Kate y don Ramón; Kate y Carlota; después Teresa; Kate y los hombres del lugar, etcétera). El dinamismo textual central se crea, pues, a nivel del discurso, por la oposición inicial entre el personaje femenino protagónico —Kate— y los mexicanos.

Una y otra vez el texto repite la idea de un centro de la tierra generador de la humanidad, que es Dios o la Serpiente Emplumada y que cada hombre, dada la unidad espiritual del origen, lleva en sí mismo. Este centro, de donde se parte para renacer, contrapuntea la superficie desesperanzada y con tendencia depresiva.

En el primer plano de la tierra (espacio de la historia) varias fuerzas se entrecruzan. Así como importa para la superficie de *arriba* el mundo de

---

[111] *Ibid.*, p. 291.

abajo,[112] en la superficie los desplazamientos se dan de *adentro* hacia *afuera* y viceversa. Todo lector de *Pedro Páramo* reconocería en esta tendencia el ritmo característico de la novela de Rulfo. Sin embargo, la novela de Lawrence tiende a explicar lo que en la de Rulfo se objetiva directamente en múltiples estratos, gracias a la función poética de la escritura. Lo mismo ocurre con la necesidad imperiosa de la integración de tierra y cielo ("Tened [...] la fuerza de las profundidades de la tierra y la del cielo que lo cubre todo", se dice en *La serpiente emplumada*[113]).

Kate va a vivir un proceso de transformación que la llevará a integrarse a ese mundo ajeno y atrayente al concluir la novela. El proceso implica, no obstante, el predominio final de lo mexicano —en tanto es ella quien se queda en ese nuevo espacio. El texto actualiza la interacción que determina el futuro como una realidad sincrética enriquecida. Por otra parte, la imagen que tienen de Kate los mexicanos pasa de la idealización que la eleva a categoría celeste, a la de mujer en la plenitud de la relación de pareja, mediante un proceso dubitativo, a veces contradictorio. Rulfo mantendrá esta relación con lo celeste en Susana San Juan y, si bien niega en el mundo de Pedro Páramo la integración de la pareja (relación de Susana con Florencio y Pedro Páramo), queda marcado en el submundo, en boca de Susana San Juan, la fuerza del amor sexual como plenitud. La escritura sugiere así la presencia del amor en el mundo por venir, punto sobre el que volveré después.

La mujer se caracteriza en *La serpiente emplumada* por su individualismo y la fuerza que deriva de la autonomía de sus actos y de la racionalidad. Don Ramón y Cipriano, líderes mexicanos (el primero representa la fuerza del ideal, Quetzalcóatl; el segundo la acción guerrera, Huitzilopochtli), pertenecen, según la historia, al mundo de *la intuición*. En la novela estas diferencias se marcan como una oposición racial y de ausencia o presencia del espíritu. El hecho es claro en este diálogo entre Kate y don Ramón: "—¿Es que ustedes no se consideran blancos? —No más blancos de lo que somos, y en todo caso *no de una blancura de azucena*."[114]

---

[112] La idea se repite varias veces en el texto, y matiza toda la vida del hombre. Véase por ej., "El sexo adquiría su más alta significación. Diríase que era un mar inmenso que en la superfice del globo se movía sobre otro mar oculto en las entrañas de la tierra" (*ibid.*, p. 128). Y Cipriano "Miraba el corazón del mundo porque los rostros y los corazones de los hombres son imposibles arenas movedizas. Únicamente en el corazón del cosmos puede el hombre buscar la fuerza y si logra que su corazón permanezca en contacto con el corazón del mundo, entonces del corazón del mundo brotará una sangre nueva que le dará fuerza y tranquilidad y la plenitud de su humanidad" (*ibid.*, p. 190), *cf.* también *id.*, p. 187.

[113] D. H. Lawrence, *op. cit.*, p. 195.

[114] Detalle de interés: ¿Habrá contribuido la frase a determinar el nombre de Susana para la protagonista de Rulfo?

Evidentemente el texto propone el mestizaje como la base de la esperanza para el futuro:

> Lo que en América es aborigen pertenece todavía a la época antediluviana, anterior al espíritu. Por eso en América la vida espiritual y mental de la raza blanca florece rápidamente lo mismo que la mala yerba en una tierra virgen. Probablemente se mustia con igual rapidez, y la muerte lo destruirá todo. Y entonces, un germen potente, un nuevo concepto de la vida surgirá de la fusión de la antigua conciencia intuitiva de la sangre y de la intelectual y razonada del hombre blanco. Y de esta fusión nacerá el nuevo ser.[115]

En *La serpiente emplumada* esta oposición no oculta unos rasgos que facilitan la síntesis necesaria. Kate es irlandesa lo cual supone para el narrador la vivencia del "misticismo de los celtas y los iberos", y una presencia de algo eterno ligado al tiempo del origen:

> Kate era más irlandesa que otra cosa [...] suponía que poco más o menos esto era lo que Ramón quería resucitar [...]. Irlanda no podía, no quería olvidar el ardor de esta sangre primitiva. Los Tuatha De Danaan están bajo el mar de Occidente. Pero vivieron siempre sin dejarse aniquilar. Y surgirán un día. Y la Europa científica y cuadriculada tendrá que emparejar con los viejos gigantes.[116]

Como en *La montaña eterna* de Dunsany y las creencias prehispánicas, los hombres elegidos pasan al submundo o a algún refugio de la tierra de donde podrán resucitar o resurgir en un nuevo tiempo liberador. De modo análogo esperan los personajes de *Pedro Páramo* en el submundo desde una perspectiva fundamentalmente cristiana.

Al analizar el mundo de Juan Preciado y el de Susana San Juan, señalé la analogía en el desplazamiento de ambos, lo cual los identifica como parte de ese mundo llamado a redimir el presente para propiciar el advenimiento del futuro; de un nuevo orden. De igual modo, en *La serpiente emplumada* la figura de Kate y su funcionamiento sugiere la relación con ambos "personajes" de *Pedro Páramo*. Lo sugieren también múltiples indicios de la escritura y de la ordenación textual.

Kate, como Juan Preciado, se dirige hacia el centro (ha pasado de Europa a la ciudad de México). En el presente va de la ciudad de México a Sayula, guiada por una "ilusión": la posibilidad de "renacer" ("Entre toda la amargura que le producía México, surgía de repente un tinte de misterio y de

---

[115] D. H. Lawrence, *op. cit.*, p. 398.
[116] *Ibid., id.*

admiración parecido a la esperanza"[117]), que equivaldría en su mundo a reencontrar la integración del cuerpo y del alma ("Vivió siempre dentro de una ilusión. Habría creído que todo individuo es un ser completo formado de cuerpo y alma íntegros"[118]). Pasará, pues, de la "desilusión" de la etapa de despedazamiento, a la unión de los contrarios con que finaliza la novela.

El despedazamiento del mundo de Kate, como el de *Pedro Páramo* y los relatos de Rulfo, y el de los textos de Dunsany o el *Juan-Lucas* de Ramuz, es el característico de la Europa de entre guerras. Así lo manifiestan los personajes en los diálogos (simbólicamente en torno a la corrida de toros) de los primeros capítulos de *La serpiente emplumada*. Se denuncia un mundo escindido por el "bolchevismo" y el "americanismo", con consecuencias más graves en el segundo caso, en tanto atenta al mundo del espíritu. Es decir, al sistema de valores que garantiza la libertad y los procesos sociales de hominización: "el bolchevismo destruye las casas, los negocios, los cráneos, pero el americanismo destruye la almas".[119] Esta doble escisión va ligada a una actitud materialista que privilegia el dinero y la ganancia. En la novela de Lawrence la denuncia al sistema norteamericano es explícita.[120] En Rulfo se trata de un proceso de mercantilización de los valores que se asocia al dinero y al poder absoluto, pero que no se especifica totalmente en un único sistema, salvo en el caso del cuento "Paso del Norte", en que sí se niega la salida a Estados Unidos como solución a los problemas internos. El proceso degradante del hombre se perfila claramente en *La serpiente emplumada*, en *Pedro Páramo* y en cuentos como "Luvina". Una de las imágenes que indican este proceso es la de "gusanos alados" que aparece, tanto en la novela de Lawrence, como en "Luvina".[121]

Sayula supone para Kate la llegada a un lugar donde están germinando brotes de los ritos prehispánicos, retoño de los antiguos dioses renovados que vienen a sustituir al binomio de Jesús y su madre por el binomio de Ramón-Quetzalcóatl y Cipriano-Huitzilopochtli. Para completar la trinidad se atrae a Kate (el nuevo espíritu). La novela concluye, sin embargo, con una relación cuaternaria símbolo de la tierra que se centra en la relación sexual de la pareja. El ideólogo (Ramón-Quetzalcóatl) se une a una mujer mestiza que se integra plenamente y logra con Ramón la relación de cuerpo y alma que el texto propone como ideal. Este dualismo en búsqueda de la integridad es el que subyace simbólicamente en el deseo frustrado de Pedro

[117] *Id.*, p. 60.
[118] *Id.*, p. 107.
[119] *Id.*, p. 47.
[120] *Cf. id.*, p. 80, por ejemplo.
[121] Lawrence: *id.*, p. 107. "Luvina": p. 122.

Páramo por Susana San Juan. En la novela de Lawrence, Teresa, la segunda esposa de don Ramón, así lo revela a Kate:

> Yo sabía que Ramón necesitaba mi alma [...] He dado mi alma a Ramón y por él la he perdido [...]
> —¿Y el alma de Ramón?
> Está aquí... —repuso Teresa llevándose la mano al pecho.[122]

Los cultos prehispánicos no suplantan radicalmente el cristianismo en *La serpiente emplumada*. Explícitamente el texto habla de una necesidad de regresar al submundo las figuras cristianas para esperar su renovación. Los himnos que circulan por toda la novela revelan un sincretismo claro entre ambas esferas religiosas. Lo que importa es la necesidad de una dimensión salvífica dentro del proyecto histórico del presente. Kate lo ha anunciado desde el comienzo de la novela: "El bosque sólo espera una señal para surgir. Y surgirá cuando salga un hombre de entre los hombres para pronunciar la palabra mágica."[123] Para ella la historia de México de 1929 no ha conocido todavía "Redentor ni Salvador".[124] El discurso de Carlota, la primera esposa de don Ramón que no logra comunicarse con él plenamente, revela la coincidencia de objetivos entre él y Kate. También don Ramón piensa que: "Se necesita un nuevo Salvador para establecer una nueva comunión."[125]

Este sentido mesiánico del personaje indudablemente es de signo cristiano. Como Juan Preciado en el submundo, don Ramón siente a veces la tentación de negar el autosacrificio. A la pregunta de Kate: "—¿Vale la pena que se entregue usted como pasto a la multitud?", responde: "Así tiene que ser. El cambio debe producirse y un hombre ha de realizarlo. A veces no desearía ser yo el destinado a ello."[126]

Sin duda, la unión del alma y el cuerpo buscada por Kate desde el comienzo de la novela, se resuelve en *La serpiente emplumada* por el mestizaje, que es el objetivo en que se encarna la esperanza: "¡La esperanza! ¡La esperanza!... ¿Sería posible algún día hacer renacer la esperanza de aquellas almas oscuras, realizar la unión de las dos razas, punto de partida del mundo futuro?"[127]

También se reitera hacia el final de la novela, y en boca de Kate, que las relaciones sexuales del hombre y de la mujer es lo único que garantiza "la

---

[122] *Id.*, pp. 392-393.
[123] *Id.*, p. 82.
[124] *Id.*, p. 133.
[125] *Id.*, p. 161.
[126] *Id.*, p. 390.
[127] *Id.*, p. 399.

continuidad de la vida", aunque en la novela se presupone el intercambio de las almas, tal como lo explicó Teresa a Kate. En cambio, en Susana San Juan el discurso de la unión sexual está ligado a su búsqueda trascendente de la unión de los opuestos en sí misma, como se vio en el análisis. La unidad se alcanza además en la integración de los lazos de sangre y del espíritu, tanto a nivel individual como a nivel colectivo.

En una clara alusión a los dos últimos hijos muertos de *Jinetes hacia el mar* de Synge se vinculan *La serpiente emplumada* y *Pedro Páramo*. Así se afirma en la novela de Lawrence: "No es el jinete del caballo blanco ni el del caballo bayo. Más allá de todos los jinetes está el misterio de la estrella."[128] Como los hijos de Maurya, la madre de *Jinetes hacia el mar*, Miguel Páramo muere en su caballo y ronda por su tierra; pero Juan Preciado logra el salto cualitativo. Supera la muerte porque, como dice el texto de Lawrence, "el misterio de la estrella" lo trasciende.

Es precisamente esta dimensión divina del hombre lo que determina la integridad más alta. En *Pedro Páramo* el motivo de la estrella —"la estrella junto a la luna", cita del texto de Synge— es clave de la significación. Y lo es también en *La serpiente emplumada*, pues reiteradas veces se alude a ella en el texto. Rulfo logra marcar el símbolo y su importancia al colocarlo en el centro de la novela y del sentido, asociado al binomio madre-hijo de Dolores y Juan Preciado, y como manifestación del trasfondo sagrado.

En Lawrence la estrella es símbolo general y trascendente, pero también se encarna en don Ramón quien, como Juan Preciado, es el elegido para hacer posible la unión de los contrarios:

> Únicamente el hombre dotado de una estrella potente, de una gran chispa, puede unir sus fuerzas y crear una nueva unidad.

De este tipo era Ramón y a esto aspiraba su gran esfuerzo. Unir las fuerzas contrarias y ponerlas al unísono. En esto consiste la gran fuerza del hombre. Por ella se puede descubrir el dios que vive en él. No por otra cosa.[129]

Porque ha alcanzado este grado de desarrollo, don Ramón se homologa con Kate en sus rasgos característicos, como Juan Preciado se homologa a Susana San Juan. Todo indica que la escritura llama la atención al hecho de que es posible la superioridad en ambos mundos, aunque en el más primitivo se dé como excepcional, lo que en el mundo de Kate se manifiesta como rasgo general de la cultura europea.

Rulfo depura estos rasgos en su escritura hasta quedar con una síntesis

---

[128] *Id.*, p. 400.
[129] *Id.*, p. 401.

de una gran fuerza poética, debido a la economía de la expresión en el nivel del discurso, al mismo tiempo que se expande el sistema de connotaciones. El estilo se transforma en una escritura que evita el tono reflexivo y autoritario del enunciado, y la prepotencia del elegido.

Un cambio radical se da en la figura protagónica de Susana San Juan. Esta figura compleja, notable por su fuerza y dimensión simbólica, a diferencia de Kate, es "mujer del lugar": la tierra misma en su dimensión integral, llamada a recuperar su fuerza generadora. Deberá, sin embargo, como lo hará Juan Preciado, salir fuera para esperar su tiempo y regresar a liberar la historia.

¿Y en qué consiste la particularidad del punto de vista de Rulfo en términos de *La serpiente emplumada*? En la novela de Lawrence la focalización es menos marcada del lado de la degradación del espacio y del sistema de relaciones, que en *Pedro Páramo*. Si bien desde las primeras páginas de *La serpiente emplumada* se habla de la necesidad de renacer desde el centro de la historia y del hombre, y de oponer a la desesperanza y a la depresión, la esperanza y la fuerza del espíritu, la novela no logra el grado de concreción suficiente del mensaje en el mundo de ficción. En cambio, como hemos visto, la óptica de Rulfo se centra en la desesperanza y es ahí donde marca los indicios esperanzadores. Denuncia la *caída* del mundo y nos enseña a descubrir en ella la posibilidad de futuro y de un nuevo orden social. Contribuyen a este efecto, notablemente, la creación de la atmósfera y el trabajo sobre el lenguaje. Este último logra su dinamismo precisamente en la medida en que integra rasgos de la lengua coloquial, matizando y transformando el código general, sin violentarlo. No obstante es un enunciado plural, lleno de sutilezas significativas.

Pero además, como hemos visto, la escritura entra en un diálogo fertilizador con textos de otras culturas y los asume en el crisol de la propia identidad; incluso en las dimensiones más elementales del propio contexto histórico y étnico. El desplazamiento de Susana San Juan y Juan Preciado ("de adentro, afuera, y nuevamente adentro") orienta también el sentido de la escritura.

Los submundos

En la novela de Lawrence se espera la hora propicia para el renacimiento de los dioses prehispánicos, si bien Kate amplía esta voluntad de renacer a todos. Lo cierto es que no queda clara la línea divisoria entre la sacralidad de los personajes y su sentido humano. Don Ramón habla a veces como un ideólogo que cumple su plan de trabajo, y no como un hombre consagrado. Se diría más bien que vive una experiencia sincrética entre los rituales de la vida prehispánica y los cristianos, con una finalidad sociopolítica. Considero que en este retorno al mito de Lawrence no se describe una atmósfera propicia al misterio, salvo en las escenas de los hombres del fondo del lago.

En cambio, Rulfo logra crear esa atmósfera envolvente entre la realidad y el misterio que propicia la aparición de lo insólito y lo sagrado como algo natural. Los rituales de pasaje de la vida a la muerte, y los procesos de transformación de la tierra a la trascendencia, son verosímiles en el mundo de la novela. La escritura se mueve entonces con la fuerza de la verdad que tienen los relatos bíblicos o sagrados, como diría Auerbach. Guarda, además, un claro equilibrio entre la historia como un hecho concreto, cotidiano, y la historia con una dimensión universal.

Los hombres en el fondo del lago de Lawrence tampoco logran una definición clara. Por contraste, en el submundo de *Pedro Páramo* han quedado claramente deslindados los representantes de un nuevo modo de vivir. Son personajes de rasgos simbólicos con funciones diversas, como ya se mostró en el análisis.

En resumen, el submundo de Lawrence o su retorno al mito en la superficie de la historia no convence del todo. Rulfo, sin embargo, logra el efecto buscado. Integra una atmósfera simbólica y onírica que da verosimilitud a la escritura en función de su objetivo. Al mismo tiempo, tiene un carácter histórico más firme.

Una de las diferencias fundamentales de ambas visiones del mundo es que el texto de Lawrence neutraliza el pluralismo racial de México en una raza oscura (indígena) que se opone al blanco europeo (Kate). Esta neutralización de las contradicciones internas superficializa el texto y vuelve maniquea la oposición. Para Rulfo lo principal son las relaciones que emanan de una estructura de poder absoluto, más que un problema étnico. En ese orden más bien tendería a buscar la solución en el mestizo o en el criollo. Destaca también la necesidad de liberación del sector indígena en el pasaje del mercado mientras agoniza Susana San Juan. La liberación queda diferida al futuro, pero marca, por un lado, la necesidad de establecer un puente de relación, y por otro, las características ejemplares del grupo.

Sobre todo, no hay duda de que en el sincretismo religioso de *La serpiente emplumada* el elemento dominante es el mundo de creencias prehispánico, aunque no se comprende y, por tanto, no se objetiva con credibilidad. En *Pedro Páramo*, por contraste, los rasgos que se perfilan son básicamente cristianos, y logran, sin fisuras, la tensión del doble plano de los textos simbólicos que revelan la historia personal y colectiva. Revelarlas presupone mostrar el fondo sagrado, trascendente.

Al filo del agua

Entre *Al filo del agua* de Agustín Yáñez y la obra de Rulfo pueden marcarse múltiples relaciones (ya he apuntado algunas en el análisis de "Luvina", por ejemplo). Sin embargo, la diferencia del tratamiento y del sentido es mayor de lo que parecen sugerir algunos detalles de gran fuerza representativa, pero parcial.

Estoy de acuerdo con Manuel Durán en que Rulfo sintetiza en su escritura las tendencias aparentemente opuestas que le preceden en la historia de la literatura mexicana. Ambas tendencias se definen en el grupo de los Contemporáneos (vanguardistas herederos del simbolismo y del modernismo) y los narradores de la novela de la Revolución Mexicana de comienzos de siglo:

> Rulfo es decisivo para esta gran reconciliación. Poeta en prosa, sus páginas siempre toman en cuenta el sub-consciente de los personajes, el misterio de nuestra existencia en el cosmos, los mitos que expresan este misterio y la constante tragedia de expresarlo sólo a medias.[130]

También, según Durán, *Al filo del agua* de Agustín Yáñez es la novela que funciona como mediación entre estas corrientes anteriores y la escritura de Juan Rulfo. Esto es así, en gran medida, pero además es cierto que la perspectiva histórica diversa desde donde se enuncia es decisiva para establecer las diferencias entre ambas novelas, y que median también otros textos, como se ha demostrado en este capítulo.

Agustín Yáñez publica *Al filo del agua* en 1947, pero se coloca en el contexto histórico inmediatamente anterior a la Revolución, 1909,[131] y apenas menciona su inicio. Esto le permite omitir el juicio histórico sobre el proceso revolucionario. Tal como aparece, la novela sugiere la posibilidad de un cambio esperanzador al final.

Por el contrario, Juan Rulfo escribe *El Llano en llamas* en 1953 y *Pedro Páramo* en 1955, y asume al escribir la perspectiva amplia y privilegiada que tiene respecto del contexto anterior a la Revolución, la Revolución

---

[130] Manuel Durán, "Juan Rulfo y Mariano Azuela: ¿Sucesión o superación?", en *Cuadernos Hispanoamericanos*, ed. cit., pp. 217-218.

[131] A. Yáñez, *op. cit.*, p. 254.

misma y el periodo posrevolucionario. Su enunciado no está orientado tanto a entender el pasado, cuanto a profundizar en él para preparar el futuro. Simbólicamente la novela muestra un proceso progresivo de deterioro y exterminación en el presente, de donde la escritura espigará las raíces primarias necesarias al cambio. Se constituye así la rejilla ética con la cual se enjuiciará toda concreción histórica: los procesos liberadores del hombre y de la tierra que propicien la solidaridad y la unión entre los hombres del lugar, la posibilidad de la ilusión y la imaginación y la "resurrección de la carne", procesos todos que harán posible una vida social e individual perdurable.

Como suele hacer con otros textos, Rulfo incorpora pequeños indicios que apelan a un lector futuro para buscar en la obra aludida (técnica que asumirá más tarde José Emilio Pacheco en su novela *Morirás lejos*), pequeñas redes comunicantes que interrelacionan los textos y abren nuevos caminos de significación. Es el caso de los nombres, tan importantes en la obra de Rulfo en función del sentido. Así, varios de los que aparecen en *Al filo del agua* se repiten en la obra de Rulfo, con parecida función: el de *Anacleto*, asociado a un crimen; el de *Lucas*, testigo del pueblo y *Abundio*, sacerdote joven de ideas renovadoras. En el caso de las mujeres, la escritura denuncia las mujeres enlutadas como símbolo de esa sociedad decadente, pero también presenta el prototipo femenino que propicia los síntomas renovadores. Es el caso de Victoria, mujer ideal que viene de "fuera", como Susana San Juan tendrá que salir fuera para regresar. Ambas tienen el trazo de Kate, la protagonista de *La serpiente emplumada*, pero se diferencian de ella por su pertenencia a México. También se homologan María y Micaela como mujeres esencialmente libres ("La mujer que nadie podrá dominar").[132]

Entre la muerte y la vida, y más bien hacia la muerte, en *Al filo del agua* transcurre la historia de ese "pueblo de ánimas", p. 9; "pueblo de templadas voces", p. 11; "pueblo seco", p. 13. Pero también pueblo que celebra la vida en el ritual de sus fiestas (*id.*).

La óptica de Yáñez escudriña en los niveles psicológicos de un pueblo asociados a la inhibición del mundo instintivo y espontáneo de la naturaleza, sobre todo mediante los mecanismos de opresión de una práctica religiosa mal orientada (de ahí los conflictos y contradicciones que se marcan en la novela al enfrentarse los diversos puntos de vista de los sacerdotes que intervienen). Lo latente es la tentación del incesto colectivo que ronda en la atmósfera, manifestado en *deseos* y *miedos* innumerables:

---

[132] *Id.*, p. 366.

Los deseos, los ávidos deseos, los deseos pálidos y el miedo, los miedos, rechinan en las cerraduras de las puertas, en los goznes resecos de las ventanas [...]. En las noches de luna escapan miedos y deseos [...]. En las tardes cargadas de lluvia.[133]

La novela de Yáñez, además, está articulada como una polifonía de historias fragmentadas, monologantes, que en *Pedro Páramo* se sustituyen por setenta unidades menores y apretadas que conforman el tejido textual, técnica que utilizará años después Juan José Arreola en *La feria*.

Rulfo tensa y decanta lo esencial de este mundo que le es propicio a su objetivo de asumir la historia social y cultural del México contemporáneo, y liberarla. Para hacerlo, su escritura expande un mundo degradado que tiene como centro el incesto fraterno, lo cual corresponde a una etapa muy posterior a la de *Al filo del agua*. No se trata de la tensión producida por la represión del instinto, sino lo contrario, el resultado de la pérdida del límite y del orden. Por eso ya no es la fuerza del deseo sexual lo que satura el ambiente. El deseo sexual y el miedo se generalizan en murmullos incontenibles que pueblan el aire y el espacio ("me mataron los murmullos", dirá Juan Preciado en el submundo). La indiferenciación mayor del término amplía la virtualidad de su significación, como lo muestra la escritura de Arreola al consignar la gran confesión colectiva en su novela.

Desde el punto de vista de la Iglesia como centro de poder, represiva, la crisis del padre Rentería acusa en *Pedro Páramo* un divorcio entre la conciencia y la práctica permisiva y dócil a las arbitrariedades del poder absoluto. Iglesia, pues, límite, contradictoria, como ya lo planteaba también José Revueltas en *El luto humano*. La disyuntiva (asumir la historia o negarla) se presenta tácitamente a los representantes del poder sobre la comunidad en ese mundo. Pedro Páramo opta claramente en el texto por mediatizar la historia desde una posición que finalmente se revierte sobre sí mismo; Damiana, la cuidadora de ese mundo, le niega la entrada a la Revolución; el padre Rentería se vincula a ella, y sale de ese espacio condenado a la muerte.

Juan Rulfo busca en *Pedro Páramo* la síntesis entre naturaleza y cultura. De ahí la recuperación de la prohibición del incesto para hacer posible el nacimiento de un nuevo orden social y vital, a partir de una clara conciencia histórica. Su escritura no se detiene en la morosidad reiterativa —morbosa— de los ambientes y la conciencia culpable colectiva de *Al filo del agua*. En los cuentos de *El Llano en llamas*, más que lo subjetivo y personal, se busca la explicación histórica de fenómenos colectivos que son al mismo

---

[133] *Id.*, pp. 7-8.

tiempo personales. La óptica de Rulfo no es individualista. Cuando aparecen en su escritura rasgos psicoanalíticos estamos más bien cerca del inconsciente colectivo. Los personajes tienen la individualidad suficiente para mostrar el principio de significación que interesa comunicar; de ahí su carácter simbólico.

Hay un punto central de convergencia y de divergencia entre la visión del mundo que subyace a la novela de Yáñez y la de los relatos de Juan Rulfo, sobre todo de su novela *Pedro Páramo*. Ambos buscan reconstruir una voluntad de esperanza como los personajes mesiánicos de *La serpiente emplumada* de D. H. Lawrence. Yáñez lo manifiesta claramente en la descripción del conflicto de Marta y en el gesto cotidiano suyo:

> el de Marta es un mal impresivo, de oscura procedencia [...], parece miedo al pecado, por el pecado contra el Paráclito, cuya materia es la falta contra la virtud teologal de la Esperanza. En Marta no es desesperanza divina, sino humana.[134]

Por eso, simbólicamente y con una modalidad ritualista, todos los días acostumbra "levantarse mucho antes de las cuatro, tratar de distraerse, rezar, subir al campanario en espera del alba, en busca de la esperanza".[135]

Pero los auténticamente esperanzados son los que se deciden por una salida y una praxis liberadora (María, el padre Rentería, y de modo más complejo, Abundio en ambas novelas; Susana San Juan y Juan Preciado). Simbólicamente en la gran espera del submundo en *Pedro Páramo* se manifiesta plenamente la esperanza colectiva que ha sido posible por la mediación de la madre y la *ilusión* del hijo que sólo una experiencia de plenitud puede crear. Con Juan Preciado se legitima la historia como un principio integral que da trascendencia al quehacer del hombre.

[134] *Id.*, p. 304.
[135] *Id.*, p. 339.

IV. DE LA HISTORIA AL SENTIDO
Y "EL GALLO DE ORO"

> El mundo está inundado
> de gente
> como nosotros,
> de mucha gente como nosotros.
> Y alguien tiene que oírnos,
> alguien y algunos más, aunque les
> revienten o reboten nuestros gritos
>
> JUAN RULFO, *La fórmula secreta*

IDEA DE LA HISTORIA

LA OBRA de Juan Rulfo es una búsqueda amorosa, atenta, obsesiva, que las circunstancias suelen hacer angustiosa y hasta parecer contradictoria. Nuevo Colón,[1] busca el sentido último de la tierra que es México; la raíz que explica el quehacer del hombre y lo justifica. Estudiar la historia es para él

lo que arraiga al hombre a su tierra, es lo que hace que el hombre permanezca [...].

De ese conocimiento, dice, nacerá un hombre que

[1] Rulfo fue un apasionado lector de crónicas y cartas de relación. Su discurso utópico —que guía a Juan Preciado al Centro— es análogo al discurso de los viajes de Colón. Del navegante dice Carlos Pereyra, citado por Fernando Benítez en un hermoso libro de fotografías que seguramente conoció y gustó a Rulfo: "¿No se creía, además, cerca del Ganges, uno de los ríos que conducen al Paraíso Terrenal [...]? Colón, tan atento a los menores acontecimientos, no dejó de expresar que tenía esperanza grande de hallar hacia el poniente *una tierra muy poblada y muy más rica* que todas las conocidas hasta entonces" (*La ruta de Hernán Cortés*, fotografías de Héctor García; dibujos y diseño de Vicente Rojo, México, Fondo de Cultura Económica, 1950, p. 47). Destaco esta fuente, porque también en el índice el signo que representa el descubrimiento de México es, precisamente, una cruz dentro de un cuadrado, como el mandala del espacio que se marca en el Centro, a donde llega Juan Preciado para la liberación del incesto de la pareja adánica, pero sin la línea hacia la trascendencia. En el índice de Benítez se pasa del mito ⬜ (p. 13), al fracaso de la primera búsqueda 🔲 (p. 27), para llegar finalmente al "descubrimiento de México" ⊞ (p. 45).

se arraiga más, confía más en su trabajo y tiene conciencia del lugar donde vive y tiene el valor suficiente para saber defenderlo y poder trabajar con entusiasmo y con amor al lugar donde nació.[2]

Este sentido de la historia, ligado a la idea de un quehacer significativo, son para él los requisitos indispensables para la consolidación de la identidad individual y colectiva. Junto con el sentido de pertenencia, se despierta el carácter solidario. Hacer la Historia es, en buena medida, una lucha continua contra los procesos sociales que provocan el "despedazamiento" del hombre y de su entorno:

> Esa es la importancia de la historia y es necesario conocerla para poder sentir que se pertenece a una sociedad y que esa sociedad debe ser solidaria, debe crear una solidaridad, y esa solidaridad crear una integración.[3]

Porque así pensó y sintió el escritor, tuvo a bien educar su sensibilidad y su inteligencia (nuevo Juan Preciado) a observar, a caminar todos los repliegues de los caminos, a dominar la geografía y, sobre todo, a *oír* las voces y murmullos soterrados de su mundo.[4] Captar el hilo relacionante de lo disperso y fragmentado, en términos de su vocación de libertad, tuvo que haber sido tarea ardua para quien buscó siempre la sencillez difícil de lo esencial. Buscó, además, los cruces de caminos determinantes e iluminadores, porque siempre supo de la pluralidad de alternativas y de la dificultad de elección que supone la vida del hombre.[5]

En la historia individual y colectiva del México revolucionario y moderno, del mundo occidental de entreguerras y del neocolonialismo en nuestros

---

[2] Juan Rulfo, *Donde quedó nuestra historia. Hipótesis sobre historia regional*, 2ª ed. ampliada, Colima, Escuela de Arquitectura, 1986, p. 15. (Col. Rajuela, 2) [1ª ed., 1984].

[3] *Ibid.*, p. 23. Como se ha visto a lo largo del libro, la idea de "despedazamiento" individual y colectivo se repite frecuentemente en los textos de Rulfo. El deseo y la búsqueda de los personajes y del pueblo se orientarán en el sentido de la integración necesaria.

[4] El escritor fue un conocedor minucioso de los caminos de México y un viajero infatigable con motivo, incluso, de su trabajo. Escaló los "Cerros azules, rojizos y cenizos" que rodean el Llano Grande o Llano Páramo donde nació. *Cf.* José Miguel Romero de Solís, "El Llano Páramo", en Juan Rulfo, *id.*, p. 20.

[5] Los Encuentros se llama el punto donde se topan Abundio y Juan Preciado al comienzo de *Pedro Páramo*. Este sentido iluminador del cruce de caminos y orientaciones diversas se revela, sobre todo, en la culminación de la búsqueda de Juan Preciado al llegar al submundo de Comala. Sobre este punto, véase el final de este trabajo. De hecho, "El Llano Páramo está donde los caminos de Tonaya, Tuxcacuesco, Tolimán Zapotitlán, El Jazmín y San Gabriel se encuentran" (José Miguel Romero de Solís, *op. cit., id.*).

países, templó su óptica del "lado moridor", ya que éste parece ser el dominante en los "signos de los tiempos" que le tocó vivir. Lo extraordinario es la firmeza de su fe en la posibilidad de futuro, que contrapuntea siempre la visión sofocante del primer plano. De toda crisis, Rulfo prefigura una posibilidad de "ilusión".[6] Esta perspectiva histórica, profundamente dialéctica (lo cual se manifiesta en diversos estratos de la escritura, por ejemplo, en la estructura básica de *Pedro Páramo* y en las interrelaciones de los espacios en "Nos han dado la tierra" y en "Luvina"), implica negaciones radicales allí donde las condiciones de vida ciegan y ahogan los procesos de hominización liberadores. Pero la actitud ante el hombre es siempre de conmiseración, aun cuando deba condenar —como lo hace— definitivamente su praxis histórica (caso paradigmático es el de Pedro Páramo), y sobre todo, las razones estructurales que lo explican. Porque se funda en el sentido, y va a lo esencial, la escritura no busca los caminos del poder, sino para denunciarlos por sus efectos en la cotidianidad de las relaciones entre los hombres. No se trata de la historia de las grandes figuras o de una pretendida gran época nacional. Rulfo le toma el pulso a la historia a partir de los signos e indicios que trazan los hombres en su trayectoria diaria, en las "subidas y bajadas" que caracterizan, a un mismo tiempo, los caminos de la naturaleza y de la vida diaria del hombre en su totalidad. Son esas "figuraciones de la historia" las que la escritura privilegia y objetiva. Los gestos, el lenguaje —sobre todo los silencios—, y el entorno natural (geografía y paisaje) son elementos indiciales del sentido que está siempre más allá, si bien no como un principio abstracto (derivado o impuesto), sino en íntima y profunda interacción. Esta suerte de cotidianidad trascendida (lo menor significativo) que es el mundo de todos los relatos rulfianos, manifiesta su sentido de la historia y contribuye, sin duda, a concretar el principio de la particularidad sensible. El acto constituye uno de los aspectos fundamentales que da a los relatos dimensión universal y, en términos del lenguaje, su carácter sustantivo; su poeticidad.

Quien esté familiarizado con la palabra y la escritura de los evangelios, no se sorprenderá al descubrir el carácter parabólico de esta escritura, lo cual incide en el sentido de la historia.

---

[6] En la Segunda parte, capítulo II, se analizó que la vida del hombre en *Pedro Páramo* se orienta por el camino de la *ilusión* imaginativa (lo positivo, lo alto) como le ocurre a Juan Preciado (p. 7), o de la *desilusión* como Pedro Páramo en la caída de su mundo (p. 103). Rulfo utiliza el concepto de ilusión como una creencia motivada por el deseo, pero a diferencia de Freud, se relaciona con la realidad en la medida en que procede de una fuente superior de sentido que no se explica por la razón.

EL LECTOR DE CRÓNICAS Y DE OTROS TEXTOS HISTÓRICOS

Juan Rulfo fue un lector incansable de las crónicas del siglo XVI y de las crónicas fundadoras de la historiografía de su tierra natal de Jalisco, hecho que ya señalé. Buscó redescubrir en ellas a México desde su presente; recuperar desde el *ahora* histórico, las raíces hispánicas que se entreveraron con las indígenas para conformar el mestizaje de nuestros pueblos.[7] Rulfo lee a los cronistas de la gran aventura americana y se forma, a partir de ellos, una mentalidad alerta, no exenta de modelos, con el acicate de la empresa y del hallazgo del dinamismo interior, de los detalles significativos, y también con la riqueza de otros modelos que subyacen en las crónicas. Si bien estos últimos sesgan, en cierto sentido, la visión histórica de los textos, en el escritor contemporáneo actúan como dilatadores de la imaginación hacia otros modos de sentir, de ver y de captar el mundo. Las concepciones de la época sobre la naturaleza de esas tierras eran fabulosas, como lo eran las

> expectativas de Colón [...]. Algunas descripciones derivaban de los escritos de los autores griegos [...], y principalmente de las obras de Ptolomeo, Marino de Tiro, Aristóteles y Posidonio. Otras provenían de las obras científicas más recientes como el *Opus Majus* de Roger Bacon publicado en 1269. Y las demás se encontraban en los relatos de viajes como los de Oderico de Podernone, John Mandeville y, muy especialmente, los Marco Polo, que constituyeron, sin duda, la fuente principal de información sobre Asia para la gente de la época, así como el punto de referencia constante en la preparación y el desarrollo del proyecto de Colón.[8]

[7] Sobre este punto, *cf.* Juan Rulfo, *Donde quedó nuestra historia,* ed. cit., pp. 27-51. De sus lecturas comentó: "Me gustan las crónicas antiguas por lo que me enseñan y porque están escritas en un estilo muy sencillo, muy fresco, muy espontáneo. Es el estilo del XVI y del Siglo de Oro [...]. No se aprecia el arte de los cronistas y de los relatores [...] forma quizá lo más valioso de nuestra literatura antigua. He leído casi todas las crónicas de los frailes y de los viajeros, los epistolarios, las relaciones de la Nueva España. De ahí arranca lo que hoy se llama lo real maravilloso [...] conozco todo lo de Jalisco. Se reduce a Tello, a Frejes, a Mota Padilla, a Mota y Escobar para sólo hablar de los antiguos cronistas" (Fernando Benítez, "Conversaciones con Juan Rulfo", en *Sábado,* ed. cit., p. 64). Un año antes, 1979, había afirmado: "El hecho de que yo lea crónicas, tanto de la Conquista como crónica religiosa o de la Historia de México se debe a que además de que me enseñan Historia es un gran placer leer a estos hombres [...] sólo iban al registro de sucesos de lo que estaba sucediendo y lo hacían [...] con un lenguaje que se ha perdido en América" (Juan Cruz, "El silencio de Juan Rulfo", en *op. cit.*).

[8] Beatriz Pastor, *Discurso narrativo de la Conquista de América,* La Habana, Casa de las Américas, 1983, p. 26.

Busca al mismo tiempo, reconocer las culturas americanas, el hombre *otro* del discurso del descubrimiento y de la conquista, que para nosotros es lo más cercano, sobre todo en el sentido telúrico de nuestra identidad ("los hombres del lugar"), tan importante para Juan Rulfo. También la crónica le dio, a estos fines, modelos como el de Sahagún y otros cronistas regionales (los más cercanos a la experiencia histórica y, por tanto, hasta cierto punto marginales al discurso oficial del conquistador), que intentaron *describir* (con su propia óptica) lo distinto y ahora inmediato. Del conocimiento nacería la práctica liberadora como ocurre, en buena medida, con el discurso de Las Casas.

Pero, sobre todo, la sensibilidad del escritor contemporáneo —como tantos otros hoy— seguramente buscaba también en las crónicas la recuperación fertilizante de una mentalidad más sensible a lo novedoso, con capacidad de asombro y la certeza necesaria a toda búsqueda de un mundo deseable; de un mundo *otro*, esperanzador. Esta actitud se manifiesta claramente cuando el lector de crónicas que es Rulfo habla del lenguaje de sus relatos.[9]

Del mismo modo el autor, lector de la Biblia y de otros libros simbólicos —con la profundidad y naturalidad de una adhesión personal— manifiesta, como apunté antes, la fuerza parabólica de los signos y el carácter simbólico de las imágenes y figuraciones de su mundo narrativo. A esto se suma el oidor atento de las voces y sonidos de su entorno y el lector de otros textos de México y de otros ámbitos.

Todo ello fertiliza la imaginación capaz de "formar imágenes [...] que *cantan* la realidad [...]. Inventa la vida nueva, inventa el espíritu nuevo", como dice Bachelard, cuya obra también fertiliza el mundo rulfiano, por empatía y sugerencias de nuevos matices creativos.[10] Siempre con la presencia en contrapunto de la praxis censurable que es necesario abolir.

A esta fuerza cinética de la imaginación creadora se vincula el ritmo también en contrapunto, que manifiesta la visión dialéctica de la historia, característica de los relatos de Rulfo.

LOS LIBROS Y LA HISTORIA

Al finalizar la lectura que hice de *Pedro Páramo,* a partir de su estructura básica, vimos cómo en el doble plano —el del discurso y el de la escritura—

---

[9] *Cf.* n. 7.
[10] Gaston Bachelard, *El agua y los sueños. Ensayo sobre la imaginación de la materia,* trad. de Ida Vitale, México, Fondo de Cultura Económica, 1978, p. 31 [1ª ed. en francés, 1942].

se integra formalmente el texto en el símbolo de la cruz, en una pluralidad de significaciones que tienen, a su vez, una evidente base histórica, como se verá más adelante.

En un primer nivel, ligado con la historia, la cruz en su orden horizontal representa la historia del pueblo que debe ser trascendida. En el orden vertical, positivo, representa el sentido trascendente del hombre y de la Historia. El cruce de ambos permite la liberación de la tierra y, consecuentemente, del hombre que la habita.

La novela de *Pedro Páramo* se inicia precisamente con el encuentro de Abundio y de Juan Preciado en el presente de la historia. El espacio tiene carácter simbólico. Se llama el lugar de Los Encuentros y, en efecto, se topan y equiparan (suerte de mestizaje) el *mundo exterior* contrastante, y el *mundo interior* de Comala (Juan Preciado llega de Sayula —lugar próspero y vital— y ha nacido en Comala; Abundio vive en los altos de los cerros y es personaje de adentro de Comala, pp. 9-10). Se encuentran también el pasado con el presente de manera algo compleja. El pasado se recupera desde un presente en ruinas y el discurso ambivalente de la madre que habla de la visión paradisiaca de la tierra (paraíso perdido), pero también del abandono paterno. El recuerdo negativo del padre se refuerza con las palabras de Abundio que lo definen como: "un rencor vivo", en sí mismo y en la memoria de los demás. Encuentro también del arriba y del abajo (montes-submundo; cielo-tierra); y en el orden de los personajes, Juan y Abundio; Doloritas y Juan; Bartolomé y Susana).

En el nivel simbólico, el espacio representa el mandala de un ámbito telúrico trascendido, al lograrse la conjugación liberadora de los opuestos en la relación de Juan Preciado con la madre desde el submundo, y la muerte de Susana San Juan elevada, finalmente, a principio telúrico. Éste se representa en el jeroglífico circular de su cuerpo a la hora de la muerte.[11]

Hay, además, una relación evidente entre la figuración de la cruz y la relación muerte-vida. En el cruce de caminos, eje del mundo, se da la posibilidad de un segundo nacimiento del hijo y de la tierra (Susana San Juan). En el mundo del hijo, lo oculto por la superficie de muerte y desolación son las posibilidades de resurrección de la tierra y del pueblo. La escritura apela a la fuerza del espíritu, unida al sentido telúrico y de pertenencia, que Dolores ha cuidado de grabar en la sensibilidad del hijo.

La cruz es, pues, cruce de los opuestos y centro del mundo equivalente al árbol de la vida. Este hecho se asocia con la idea de la cama de otate "cubierta con costales que olían a orines" y la almohada como "jerga que envolvía pochote o una lana tan dura o tan sudada que se había endurecido

---

[11] *Cf.* Segunda parte, capítulo II.

como leño" (fragmento 33) de los hermanos incestuosos en el submundo, a donde llega Juan Preciado. Si en la superficie se ha desmoronado la piedra del poder absoluto que debe desaparecer (Pedro Páramo), en el submundo habrá de liberarse la situación degradante del incesto que ha prostituido el leño de la vida.

Este modo de recuperar el nivel simbólico del libro tiene su fundamento en la historia de la fundación del pueblo en documentos que van del siglo XVI al siglo XX que seguramente conoció Rulfo, así como también conocía la tradición oral de su fundación.

Parte de esta historia he podido recuperarla en los documentos que cita, y comenta mínimamente, Enrique Trujillo González, al que he aludido repetidas veces a lo largo de este libro.

Pedro Páramo comienza con una alusión al olor podrido de las saponarias, que es el nombre español para unas plantas de las que se produce jabón. Hábilmente el autor ha pasado a nivel implícito la alusión a Amula, la provincia donde se originaron los pobladores que fundaron San Gabriel, lugar que corresponde al escenario espacial y humano en que se sitúa la novela. La palabra hispánica, además, alude directamente al sentido. El texto colonial así define la provincia:

Esta dicha probincia se llama la probincia de AMOLE y no AMULA, porque los españoles tienen corrupto el vocablo. E que tienen el dicho nombre por una raíz que en élla ay que se llama así, que es con que lavan la ropa y desecha en el agua haze muy gran cantidad de espuma como xabón [...] y el parecer de la dicha rays que aquí fue trayda es como un *lirio del campo* y tiene una sepa como sebolla *con muchas rayces*, un *astil* que sale de élla *hazia el cielo* [...] y en el cabo dél echa *altas flores* que tienen la semilla como granos de mostaza y *de esta raíz uzan como de xabón* (p. 100).

"Lirio del campo", "hacia el cielo", limpieza, atributos todos que fácilmente podemos asociar a Susana San Juan tal y como nos la muestra la escritura. No hay duda que ella se confirma como el alma y origen de la tierra. Además, vimos en el Capítulo segundo de la Segunda parte que lo podrido en el lenguaje simbólico significa el renacimiento de una materia, después de la muerte y disgregación de la escoria.

Aludí anteriormente al testimonio de la historia oral que habla sobre el "señor preciado" (*Xiutetequtte*) derivado de unas piedras preciosas que apreciaban mucho, *xiute*, y de un señor que llamaban *Tequtte*. A juzgar por las declaraciones de los testigos indígenas,[12] el "Señor Preciado" reinó por se-

---

[12] Enrique Trujillo González, *op. cit.*, p. 103. En el único texto que se habla de los "amoles" es precisamente en "El Llano en llamas", el cuento central del libro, que se refiere

tenta y cinco años hasta que fue muerto y conquistado por Cazonsi. Los indígenas fueron reducidos a un pueblo muy pequeño hasta la conquista de los españoles. Este señor del origen bien pudo sugerir a Rulfo el apellido de Juan, con lo cual implícitamente lo liga al origen de la tierra, y sugiere un sincretismo que podemos relacionar también con el mestizaje característico del futuro.

Conviene destacar que estos pueblos del origen adoraban piedras y no formas vegetales:

> Dijeron por lengua de yntérprete que el pueblo donde están se llama Tuscaqüesco porque antiguamente estaban poblados media legua deste dicho pueblo [...] e que *allí tenían una piedra por ídolo en la qual adoraban*, y sobre dicha piedra se puso un tustle que quiere decir pájaro, y que de allí tomó el dicho pueblo el nombre de Tuscaqüesco, y esto lo declaran porque lo oyeron dezir a sus antepasados (*ibid.*, p. 107).

Pero además Tuzcacuexco (que es la grafía que usa Rulfo) es un río cerca del cual se encuentra el pueblo:

> El Padre Comisario [...] salió al amanecer del valle de Autlán, por una cuesta llena de muchas piedras; y subidas y bajadas otras muchas, y pasado otro arroyo que corre una legua más adelante, y andadas después otras dos, y pasado al cabo de éllas un río que llaman de Tuchcacuexco, en que se pescan buenos bagres y algunas truchas, llegó al mismo pueblo de Tuchcacuexco.[13]

Como parte de la misma guardianía estaba el pequeño poblado de San Pedro, con

> otro rio que lleva más agua y corre por entre piedras con más furia, [y] llámase el río de San Pedro, y péscanse en él vagres y truchas como en el de Tuchcacuexco, con el cual se junta allí cerca.[14]

Desde el punto de vista de esta historia del origen, Pedro Páramo es la piedra centro de su mundo, Comala, que niega la abundancia y fuerza de su agua. En los niveles simbólicos de la escritura, equivale a negar su principio

---

al proceso histórico revolucionario. La función de los amoles es positiva, y se vincula también a la *putrefacción* (*cf. supra*): "volvimos la cara para ver otra vez hacia arriba y miramos las ramas bajas de los amoles que nos daban tantita sombra./Olía a eso: a sombra recalentada por el sol. A amoles podridos" (p. 77).

[13] *Id.*, p. 115.

[14] *Id.*, p. 116.

materno; en los de la historia, niega la naturaleza de su tierra con su práctica histórica.

Aparte quedan aparentemente Bartolomé San Juan y Dolores Preciado. Bartolomé supone un conocimiento y dominio de la tierra como minero, lo cual podemos asociar a las piedras preciosas, y preciadas por el pueblo del origen. Sabemos por la historia que los españoles no las valoraban del mismo modo que el oro. Dolores es dueña también de la tierra, y está llamada a preparar el futuro propiciando el advenimiento del mundo del hijo. Ella responde a su misión desde el comienzo, aunque esto no implica un acto de conciencia explícito. Instintivamente casi, Dolores acepta su vida y prepara la de su hijo. Su nombre, más que con la historia del lugar, se vincula, como he señalado antes, con la vida del espíritu. Ella evoca la figura evangélica que el pueblo reconoce como la Dolorosa, a quien Jesús encomienda el futuro representado en Juan (el binomio madre-hijo).

Es evidente que la concepción misma del hombre y de su historia se asocia también con el origen de San Gabriel. La historia oral ha relacionado siempre el Santo Cristo de Amula, que todavía hoy se venera en la parroquia, y la desaparición del pueblo de Amula en 1576, con la fundación del pueblo.

La desaparición de Amula fue sobre todo producto de un temblor acaecido al parecer en 1574, pestes (principalmente la "pestilencia grande que empezó en 1575 y 'duró hasta los fines del 76'"), y la gran erupción del volcán de Colima en 1576.[15]

En "Nos han dado la tierra", cuento que origina El Llano en llamas, se narra el éxodo de un pueblo diezmado casi en su totalidad, en busca de un espacio vital, por una tierra inhóspita y árida que, irónicamente, les ha sido otorgada por el gobierno. No hay duda que el cuento se sitúa más bien en la historia contemporánea. Sin embargo, su carácter simbólico de rasgos míticos nos permite asociarlo también al éxodo del origen de la fundación del "pueblo".[16] Todo parece indicar que se trata de un sector del pueblo al que finalmente no se le ha hecho justicia. La idea del éxodo, del hombre como peregrino, se reitera en "Talpa" con rasgos culpígenos. A nivel individual (con proyección simbólica), la culpa motiva también la huida desesperada del padre en "¡Diles que no me maten!", cuento sobre el que volveré después.

Análogamente en la historia del origen, una vez desaparecido el pueblo de Amula, las pocas familias que quedaron se dispersaron en un éxodo que

---

[15] Id., p. 135.
[16] Recuérdese el comienzo del cuento, donde la única posibilidad de esperanza, después del éxodo, se especifica en el pueblo: "Uno ha creído a veces, en medio de este camino sin orillas, que nada habría después [...] Pero sí, hay algo. Hay un pueblo" (p. 15).

culmina con la fundación de algunos pueblos, entre ellos el de San Gabriel. (¿Cuatro como los hombres que restan en el relato de Rulfo?) Cuenta la tradición que estos primeros hombres llevaban el Cristo que veneraban desde hacía mucho tiempo en Amula. En el relato de Rulfo, Esteban lleva una gallina (símbolo también de la región)[17] y es el que queda a la orilla del pueblo. El autor parece haber reservado el símbolo de la cruz para la novela. Una vez más los cuentos se asocian a la inmediatez de la historia, y ejercitan la escritura para los niveles trascendentes de *Pedro Páramo*.

Al llegar al cruce de los caminos de Tuzcacuexco a Sayula y de Amula a Jiquilpan, las familias colocaron al Cristo debajo de un mezquite y se dice que, al no poder moverlo, fundaron allí el pueblo de San Gabriel.

Para poner el Cristo hicieron una iglesia de madera y tejas[18] y afirma la tradición que debajo del altar se mantiene el tronco del mezquite o árbol fundador.[19] Tanto la construcción de las iglesias de madera y teja, como sus ruinas, son decisivas en la caracterización del espacio sagrado de las transformaciones, en los cuentos ("Luvina"), en *Pedro Páramo* (el lugar donde se encuentran los hermanos en el submundo), y en el palenque de *El gallo de oro*.

No hay duda que la historia del lugar confirma nuestra lectura simbólica de la novela y de los cuentos. El espacio geográfico que describen los documentos corresponde exactamente al pueblo de Comala. Unos dicen que la región era un rancho; otros que eran tierras realengas propiedad de la corona española.

La historia parece indicar que primero se fundó el pueblo y luego una hacienda (¿La Media Luna?) que se llamó primero "Hacienda de San Gabriel", y luego "Nuestra Sra. de Guadalupe del Salto del Agua", con la cual "los indígenas jiquilpenses de aquella época tuvieron divergencia por

---

[17] Sobre la abundancia de las gallinas de Castilla en la región, véase por ejemplo, el Capítulo 27 de la *Relación breve y sumaria de la visita hecha por el Lic. D. Lorenzo Lebrón de Quiñones a las provincias de Colima, Amula y Zapotlán/Tuspa/Tamazula, 24 de octubre de 1551-septiembre de 1554*, en Enrique Trujillo González, *op. cit.*, p. 106. También en las pp. 110 y 114. La gallina se da como ofrenda en las fiestas del pueblo. Así ocurrió a la llegada del Padre Comisario Alonso Ponce a la provincia de Amula en febrero de 1587: "A la entrada tenían hecha una enramada, y en lo bajo otra, y a la salida otra, allá en lo alto, en la cual estaban los principales de un pueblo aguardando al Padre Comisario con un buen recebimiento y ofrenda de plátano y piñas y una gallina de la tierra", p. 116. Subyacen, invirtiendo el género (¿con un matiz paródico respecto al modelo universal?), los rasgos que la simbología general atribuye al *gallo* (en el cristianismo medieval: emblema de la vigilancia para dar primacía al espíritu, y de la resurrección; también símbolo de la actividad). *Cf.* Cirlot, *op. cit., s.v.*

[18] Enrique Trujillo González, *op, cit.*, p. 171.

[19] *Id.*, pp. 144-145.

cuestión de linderos entre el peñasco del picacho (La Bufa), el *cerro del Comal* y hasta cerca de las juntas de los ríos".[20]

Como se deduce de la cita anterior, el nombre de Comala, en efecto, geográficamente no tiene que asociarse en el texto con la ciudad próspera de Comala, a la que aludiría por negación, sino que está sugerido por el cerro del lugar. Rulfo añade la asociación ya conocida con las brasas y el comal donde se calientan normalmente las tortillas en México, que contribuyen a crear la atmósfera de canícula.

Todos estos aspectos están vinculados a la cruz del espacio, al Cristo y leño asociados al origen y al éxodo fundador. Además, hay otros múltiples elementos que podemos relacionar con hechos y tradiciones del lugar. Por ejemplo, aparte de los nombres de los personajes principales, son frecuentes en los documentos otros nombres y apellidos como el del propio autor, Juan Nepomuceno, que es un topónimo; Lucas, Sedano, Tanilo, Abundio, Pinzón, y los de personajes históricos citados en los cuentos como Pedro Zamora y Petronilo Flores, sobre los que volveré después. Ahora me limitaré a señalar otros puntos de contacto entre la historia regional y algunos de los cuentos.

"En la madrugada", que aparece después de "El Llano en llamas", y antes de "Talpa", precisamente se sitúa en San Gabriel y Rulfo ensaya en él rasgos de estilo, y la creación de la atmósfera. Lo más importante es que trata el problema del incesto (de tío y sobrina en este caso), con una madre imposibilitada físicamente para intervenir. El viejo Esteban azarosamente es víctima de las circunstancias y se ve envuelto en la muerte de don Justo, lo cual recuerdo un poco la situación de Abundio a la hora de la muerte de su padre. El viejo representa al pueblo, y cumple una función de testigo que permite asociarlo también con Esteban, el personaje de "Nos han dado la tierra" que se detiene a la orilla del pueblo con su gallina, mientras los demás siguen su camino. El párrafo final del cuento, paralelo al que lo inicia, prepara, sin duda, el ambiente que rodea la muerte de Susana San Juan, aunque en el cuento se refiere a la de don Justo que equivaldría a Pedro Páramo:

> Sobre San Gabriel estaba bajando otra vez la niebla. En los cerros azules brillaba todavía el sol. Una mancha de tierra cubría el pueblo. Después vino la oscuridad. Esa noche no encendieron las luces, de luto, pues don Justo era el dueño de la luz. Los perros aullaron hasta el amanecer. Los vidrios de colores de la iglesia estuvieron encendidos hasta el amanecer con la luz de los cirios, mientras velaban el cuerpo del difunto. Voces de mujeres cantaban en el semisueño de

[20] *Id.*, p. 144.

la noche: "Salgan, salgan, salgan, ánimas de penas" con voz de falsete. Y las campanas estuvieron doblando a muerto toda la noche, hasta el amanecer, hasta que fueron cortadas por el toque del alba (p. 61).

Una vez más, la ficción da las claves, al asociar a San Gabriel con núcleos de significación decisivos en *Pedro Páramo*.

Detrás de "El día del derrumbe", en cambio, están los múltiples terremotos que han asolado la región en la historia. Fue notable el acaecido un 25 de marzo de 1806 en el pueblo de Tuzcacuexco, con una duración de siete minutos, uno de los más fuertes durante el siglo XIX. Se registró el derrumbe de muchas casas y la ruina del templo y del curato.

Por lo general el mes de temblores era marzo. Rulfo sitúa la acción del terremoto en septiembre, hecho que permite unir fácilmente lo político (el 15 de septiembre de la Independencia de México), la fiesta y el fenómeno de la naturaleza que adquiere rasgos simbólicos. Tal vez se asocia también a las "Fiestas patrias de sangre y muerte" a las que alude un documento, y durante las cuales Pedro Zamora (recuérdese "El Llano en llamas") ataca al pueblo de San Gabriel.[21]

En "¡Diles que no me maten!", uno de los cuentos preferidos del autor, subyace la historia de un litigio por lindes de tierras y ganado, vinculado al origen del pueblo, y que también se puede relacionar con *Pedro Páramo*.

Cabe asociar este litigio con otro que aparece en un documento de la historia regional bajo el título: *Don José María Manzano y el despojo de terrenos pertenecientes a particulares y a varias comunidades indígenas*. La primera parte me parece más cercana a Pedro Páramo, aunque pudiera corresponder a los antecedentes de don Lupe Terreros el dueño de La Puerta de Piedra, asesinado por Juvencio debido a un problema del ganado y linderos de la tierra, en el cuento de Rulfo:

> José María Manzano, nacido de familia pobre en los alrededores de Telcampana, pasó la mayor parte de su vida en Zapotlán el Grande donde, a base de tenacidad contra lo adverso, logró superar su medio ambiente dejando atrás olvidados los días de privaciones.
>
> Contrajo nupcias con la hija de un ameritado general juarista y con ello tuvo opción de adquirir a precio irrisorio grandes terrenos puestos en venta por la denominada Ley de Manos Muertas [...] instaurada por Juárez: entre los que compró contáronse los del rancho del Jazmín, lugar que convirtió en flamantísima y próspera Hacienda.
>
> Con desmedida ambición logró extender su propiedad a costa de los vecinos, comprando algunas veces, y otras, las más, empleando argucias de mala ley para

---

[21] *Id.*, p. 275.

despojar a los legítimos dueños bajo amenazas o cohecho. Una de sus presuntas víctimas lo fue Dn. Jacinto Cortina, rico hacendado residente en Sayula.[22]

La segunda parte recuerda más a "¡Diles que no maten!":

En otra ocasión, sin previo aviso, el de El Jazmín ordenó que su ganado invadiera terrenos de Telcampana y a sus mozos, protegidos por gente armada, los puso a abrir vallados y a levantar mojoneras divisorias en donde a él se le antojaba.[23]

En la historia ambos rivales se enfrentan y aparentemente don Jacinto logra zanjar, en parte, la disputa apelando al problema de las familias.

Este asunto es nada más entre nosotros. Tanto sus hombres como los míos tienen mujer e hijos a quienes hacerles falta y no está bien que por un capricho de Ud. tengan que sacrificar sus vidas.[24]

De momento se separan tras una discusión, pero más tarde en una fiesta uno de los hombres de Manzano casi asesina a traición a don Jacinto y el saldo fue de dos muertos y varios heridos. El documento histórico se detiene aquí con la siguiente información: "La duda quedó siempre flotando: ¿en realidad Manzano fue el autor intelectual del frustrado crimen? ¡Nadie lo pudo saber!"[25]

El acaparamiento de tierras, el crimen del padre de Pedro Páramo, que también es en una fiesta, o el de don Lupe en el cuento aproximan los diversos discursos. También la referencia a la hacienda del Jazmín es textual en "El Llano en llamas": "Mientras en las faldas del volcán se estaban quedando los ranchos del Jazmín, otros bajábamos de repente sobre los destacamentos" (p. 88). Pero además Rulfo parece responder a la duda que queda en el recuerdo de la historia porque, en efecto, Juvencio mata a don Lupe. La venganza afecta a ambas familias, huérfanas a la postre, y culmina en el mundo de los hijos con la separación cada vez mayor, entre ellos, debido al crimen del origen. Es el problema de la orfandad y de la ausencia de la raíz paterna o materna que provoca la desolación y el desamparo en los textos de Rulfo, y motiva en los hijos la venganza y la culpa. En definitiva es un mundo patriarcal que carece de las bases necesarias para el proceso de individuación personal y colectivo. En *Pedro Páramo*

---

[22] *Id.*, p. 190.
[23] *Id.*, p. 191.
[24] *Id.*, *loc. cit.*
[25] *Id.*, *loc. cit.*

el problema escinde a Susana y a Pedro Páramo. Ella es el objeto del deseo de Pedro Páramo que él nunca podrá poseer ni comprender.

En la historia regional, Manzano despoja y quema las rancherías indígenas, quitándoles sus tierras.[26] Rulfo sintetiza el problema y lo limita a una lucha entre Juvencio y don Lupe (que son compadres), pero crea entre ellos una gran diferencia social, ya que Juvencio es pobre y don Lupe es rico propietario a quien se debe el *don* y el tratamiento de *señor*. Su hijo después será el general que venga la muerte de su padre y el hijo de Juvencio seguirá siendo un campesino. El problema sectorial, de clase, queda intacto o incluso, parece sugerir el texto, la brecha entre ellos es aún mayor.

El texto más ligado con la historia del lugar es posiblemente "El Llano en llamas" aunque desde diversos tipos de lecturas, sobre todo en profundidad, otros nos lleven a dimensiones de la situación histórica que este relato no pretende abordar. El estilo, lo he señalado antes, es el más cercano al de los textos de la Revolución y Rulfo lo colocó siempre en el centro del libro (en su forma básica de quince relatos). El autor explicita el nombre de personajes históricos como Pedro Zamora y Petronilo Flores:

> [Pedro Zamora] tal parece que estaba en connivencia con Francisco Villa, porque sus ataques eran muy parecidos [...] Anduvieron tras este rebelde infinidad de fuerzas federales [...]; pero el único jefe que pudo hacerle innumerables bajas fue el entonces coronel Agustín Olachea y también el Tte. Cor. Petronilo Flores.[27]

Sobre la obra de Rulfo escribe José Miguel Romero Solís:

> Estoy convencido. Juan Rulfo pudo escribir *El Llano en llamas* (1953) y *Pedro Páramo* (1955) [...] porque nació y vivió en las orillas o en el mismo fuego del Llano Grande, como allí le dicen, "El Llano Páramo".[28]

La geografía y la tradición oral relacionan los dos textos principales del autor y, por supuesto, el cuento. Enrique Trujillo González, al recoger las referencias históricas sobre las gavillas y los ataques de Pedro Zamora, también comenta que el cuento "El Llano en llamas" reproduce la violencia dolorosa de la entrada de Pedro Zamora y sus hombres al pueblo de San Gabriel el 15 de septiembre de 1913. Para el cronista fue éste el acto

---

[26] *Cf. id.*, pp. 193-194.

[27] *Id.*, p. 275.

[28] *José Miguel Romero de Solís, "El Llano Páramo", en Juan Rulfo, Donde quedó nuestra historia. Hipótesis sobre historia regional, ed. cit.,* p. 19.

vandálico más fuerte del cabecilla revolucionario.[29] Sin duda, es un suceso al que también alude el cuento de Rulfo, "El derrumbe".

Desde 1911 se sucedieron las gavillas en el pueblo de San Gabriel y las poblaciones vecinas. En diciembre de 1912, por ejemplo, un grupo de treinta y ocho hombres ataca dos veces la Hacienda de San Buenaventura, hecho que se consigna explícitamente en el cuento "El Llano en llamas".[30]

Victoriano Huerta asume la presidencia del país en febrero de 1913. Su nombramiento desata una serie de persecuciones y de crímenes. También en febrero empiezan a nivel regional, los ataques de Pedro Zamora a San Gabriel y otras poblaciones, según Trujillo González.[31]

Un año más tarde, el 3 de mayo de 1914 entraron los carrancistas a San Gabriel, poco después de la invasión norteamericana a Veracruz. El 28 de junio se inicia la primera Guerra Mundial.

El cuento "El Llano en llamas" implica una toma de posición compleja frente al proceso histórico de esos años difíciles, que suponen una fuerte crisis del alto liderato del país. En los Altos de Jalisco y otras partes del centro se da el movimiento de la Cristiada (1926-1929). Estructuralmente es un periodo de gran malestar en la zonas campesinas por la injusta distribución de la tierra. Los campesinos de los Altos rechazan una reforma agraria que, de acuerdo con Jean Meyer,

> era una reforma injusta, puesto que excluía a los verdaderos necesitados, los "peones acasillados"; rechazados porque hacía que pasaran bajo la dependencia de un nuevo patrono, mucho más poderoso que el antiguo, el Estado; detestada porque abría la caja de Pandora sobre el campo, bastante devastado ya por la guerra.
>
> Detestada ante todo por los pequeños propietarios, unos minifundistas tan pobres como los demás rurales, y que fueron con frecuencia las víctimas de la reforma agraria tal como se practicó antes de 1935, demagógica y no económica. Al respetar la hacienda, de alguna parte había que tomar la tierra; el pequeño propietario se encontraba sin defensa.[32]

El pueblo se fracciona. De un lado están los agraristas (el Gobierno); de otro, las gavillas dispersadas en la lucha y los cristeros, quienes formaron un grupo fuerte de indígenas que, en cierto modo, se separaron tanto de la iglesia institucionalizada como del Gobierno, y se movieron instigados por

[29] Enrique Trujillo González, *op. cit.*, p. 276.
[30] *Id.*, p. 263.
[31] *Id.*, p. 264.
[32] Jean Meyer, *La Cristiada*, trad. de Aurelio Garzón del Camino, t. 3, 5ª ed., México, Siglo XXI, 1981, p. 75.

una fuerte ideología religiosa. Ésta surgió de una formación sincrética, sostenida en su base por principios fundamentales cristianos. Sin embargo, tenían una conciencia estructural socioeconómica débil. La situación se prestó a la manipulación de los pequeños propietarios por parte de la oligarquía, para quienes "defender la religión era defender el principio de propiedad privada y, con ello, los cimientos socioeconómicos que sostienen a esta sociedad regional".[33] Claramente se rompe el equilibrio ecológico. El hombre pierde el acceso a la tierra que es su medio de producción, y lucha con los otros hombres por su posesión. La crisis afecta directamente la supervivencia.[34]

Es precisamente esta visión del problema la que predomina en "El Llano en llamas" de Juan Rulfo. El autor crea una ambigüedad de planos. La focalización subraya la dispersión y la lucha abierta, que muestran la falta de objetivos claros en todos los sectores. Más que determinar la situación de injusticia, parecen sobredeterminados por ella. Me parece importante subrayar, sin embargo, que Rulfo rescata finalmente la posibilidad de redención del hombre, en quien reside una fuerza interna suficiente para iniciar una toma de conciencia a favor de la vida. Para Rulfo esa toma de conciencia, según lo revela la escritura, depende en buena medida de la mujer quien mantiene una fe suficiente para garantizar el futuro, y actúa de acuerdo con ella. La madre sostiene un equilibrio entre la sensibilidad y la acción que salvaguarda al hijo, mientras el hombre del pasado inmediato y del presente suele ser una criatura escindida.

En *Pedro Páramo*, justo en los pasajes que narran la muerte de Susana San Juan, se pueden precisar algunos detalles constatables en los documentos históricos del pasado de San Gabriel. Uno es el de la lluvia persistente que precede a la muerte, a la que atribuí caracteres simbólicos en el análisis de la novela. Es posible que la memoria asocie a este momento la

> lluvia abundante y extraordinaria, a resultas de la cual los pueblos de Tuxcacuesco y San Juan de Amula [lugar de procedencia del pueblo fundador de San Gabriel] quedaron "casi destruidos", ya que muchísimos de sus habitantes perecieron víctimas de una epidemia de "calenturas y fiebres". Fue aquella terrible peste llamada "*Cólera Morbus*" o "Cólera grande" que se volvió a repetir en el año de 1850.[35]

[33] Andrés Fábregas, "Los Altos de Jalisco: características generales", en José Díaz y R. Rodríguez, *El movimiento cristero. Sociedad y conflicto en los Altos de Jalisco*, ed cit., p. 63.
[34] *Ibid.*, p. 103.
[35] Enrique Trujillo González, *op. cit.*, p. 186.

Otro detalle importante es la Feria anual al Señor de Amula, sin día ni mes fijo (aunque casi siempre se celebraba en el mes de enero). El ser movible, y por los rasgos con que la describe el historiador, bien puede asociarse a la feria que se va desarrollando al mismo tiempo que muere Susana San Juan. En la novela, el pueblo parece entender el sentido de liberación que tiene la muerte del personaje identificado con la tierra. Y en la historia probablemente la feria se asocia al renacimiento del pueblo a principios del siglo XIX.[36] Este segundo nacimiento de San Gabriel[37] va en contrapunto con el descenso de Tuzcacuesco, e implica el desplazamiento casi total de los indígenas, "Desplazados y relegados a segundo término por la advenediza sociedad blanca". Se marca el ritmo característico de *Pedro Páramo* (Susana asciende en la medida en que Pedro Páramo desciende y en *El gallo de oro* el mundo que representa el gallo dorado asciende, mientras muere la madre).

El sentido liberador de la muerte de Susana se revela un 8 de diciembre. Antes (Segunda parte, Capítulo segundo) relacioné la fecha con el sentido de pureza implícito en el nombre del personaje, y con el hecho de que San Gabriel fue declarado Villa Capital del Departamento en 1894, pues había subordinado a todas las demás poblaciones desde 1821. También, y en contraste con los rasgos positivos, señalé cómo el 8 de diciembre de 1934 (presente próximo a la enunciación), al pueblo de San Gabriel se le cambia el nombre a Ciudad Venustiano Carranza. Simbólicamente se sugiere la muerte del pueblo. El sentido trascendente de la muerte de Susana San Juan se marca en la escritura con los signos renovadores (el repique de campanas "al alba"; la fiesta popular; el sentido de infinito y fecundidad en el icono dinámico de su cuerpo circular, en posición fetal, como si se hundiera en la noche). Todo parece indicar que la muerte-vida de Susana conjura los signos de la desaparición del pueblo que está, como ella, llamado a resucitar. Sin embargo, en términos de los síntomas de muerte en el presente, estamos ya en el ámbito de *El gallo de oro*, como veremos más adelante.

Esta constante lucha entre la vida y la muerte que caracteriza la historia

---

[36] *Id.*, p. 205.

[37] El pueblo fue reducido a 313 habitantes indígenas en 1793. Aun antes de iniciarse el movimiento revolucionario que culminó en la Independencia de México, "muchas personas de Sayula, Zapotlán y otros lugares, principalmente 'españoles' que huían de la persecución [...] descubrieron en este pueblo el lugar propio para establecerse por su relativa tranquilidad: y al avecindarse dieron origen al 'segundo nacimiento' de San Gabriel. Lo propicia su posición estratégica entre Manzanillo y Sayula, en camino a Guadalajara, a través del Cerro Grande (*id.*, p. 232). Es decir que "Tuxcacuesco descendía en tanto que San Gabriel le ganaba terreno elevándose cada vez más" (*id.*, p. 233).

e invade la escritura de Rulfo, unida a la esperanza de un cambio en el mundo por venir, centra la atención de los textos en el mundo de los hijos de la tercera generación, hecho que he apuntado reiteradas veces a lo largo de este libro. Debajo de la muerte en la superficie, están las posibilidades de resurrección implícitas y contrapunteando el presente desolador. Éstas se concentran en la tierra y el pueblo. En todos los casos se apela a la fuerza del espíritu ligada al sentido de la tierra y de la pertenencia.

Rulfo llegó a expresar que le interesaba escribir más explícitamente sobre los hechos políticos que constituyen los síntomas, en la superficie, de la negación de una sociedad y un sistema de valores provenientes de una relación armónica y productiva del hombre y la naturaleza, y de los hombres entre sí. Estos valores los asoció siempre a los del Evangelio, factor que posiblemente le hizo ver con ilusión movimientos como el proceso de liberación nicaragüense y centroamericano, en general.

En términos de la historia de México vimos cómo al hablar de "Paso del Norte" el autor declaró que le interesaba escribir sobre estos temas que implicaban la presencia del imperialismo norteamericano en el país y, sobre todo, están sus guiones para cine donde claramente pasan a primer plano los problemas sociales y políticos. El objetivo alcanza gran intensidad poética en el siguiente pasaje de *La fórmula secreta*, publicado por primera vez en 1976:[38]

Alguien tendrá que oírnos.

Cuando dejemos de gruñir como avispas en
   enjambre,
o nos volvamos cola de remolino,
o cuando terminemos por escurrirnos sobre la tierra
como un relámpago de muertos,
entonces
tal vez llegue a todos el remedio.

Pienso que Rulfo intentaba precisamente escribir desde esta perspectiva vinculando, una vez más, la historia presente con la historia de la fundación en la Colonia. Así lo señaló más de una vez al hablar de una posible nueva novela (*La cordillera*). Por eso no quiero concluir este libro sin hacer un apunte sobre el sentido de la historia y *El gallo de oro*, texto que constituye una clara sátira política.

---

[38] Juan Rulfo, "La fórmula secreta", en *El gallo de oro y otros textos para cine*, México, Era, 1980, p. 123. De ahora en adelante, citaré el libro indicando sólo las páginas donde se encuentre el pasaje citado. Las cursivas son mías excepto cuando se indique lo contrario.

Se cumple lo que apuntaban los cuentos. En el tiempo del Hijo, después de su muerte, aguardan el segundo nacimiento en el mundo futuro: la tierra (con su fuerza generadora y dual); Juan Preciado (el que siente y comprende; el escogido por el amor) y Dorotea, suerte de criatura angélica menor que anunció toda su vida la llegada del hijo en la superficie de la tierra, y que es testigo de la historia.

Para lograrlo, Juan ha contado con una fe educada en la certeza de un origen solidario y productivo (modelo paradisiaco que particularizan las imágenes de las carretas pletóricas de los frutos de la tierra), resultado del trabajo del hombre y de la naturaleza pródiga, y en la captación sensible (aprende a ver y sobre todo a oír) de los signos esclarecedores del presente. Lo impulsa la fuerza de la *ilusión* (entendida como la certeza ligada a la esperanza, propia de la imaginación y del espíritu).

Como apunté al hablar de "Anacleto Morones", la escritura muestra también el contrapunto necesario de este movimiento liberador: la condena y destrucción total e irreversible del cacique de la Media Luna y de su mundo.

"EL GALLO DE ORO"

Publicado por primera vez en 1980, *El gallo de oro* pudo haberse escrito en seguida de *Pedro Páramo*, y seguramente antes de 1964.[39] Es un texto que —como bien lo ha señalado la crítica— sólo pretende ser un argumento para cine. Manifiesta, sin embargo, los rasgos dominantes de la escritura rulfiana en *Pedro Páramo* pero invierte su signo, y el nuevo sentido lo coloca en la línea de "Anacleto Morones" y de *El coronel no tiene quien le escriba* de Gabriel García Márquez.

En *Pedro Páramo* el sentido de la vida, su ritmo dominante, está marcado por el ascenso del mundo de Juan Preciado, hijo de Dolores (el amor y la solidaridad del espíritu entre los hombres: la orientación trascendente de la historia). Así Juan baja al submundo para unirse a *lo alto* y posibilita el futuro, y Pedro Páramo muere y desaparece, mientras Susana San Juan, hija

---

[39] Jorge Ayala Blanco afirma que *El gallo de oro* fue "presumiblemente escrito por Juan Rulfo para el productor Manuel Barbachano Ponce, poco después de la mejor etapa creativa de éste (la de *Raíces, Torero* y *Nazarín*), acaso a principios de los años sesentas [...]. Roberto Gavaldón acometió en 1964 una versión fílmica del mismo", en Juan Rulfo, *ibid.*, pp. 13-14. Más bien es probable que ya Rulfo lo hubiese escrito en 1958, a juzgar por una nota de Carlos Velo dirigida al escritor, fechada el 27 de noviembre de 1958, que pude leer en casa de la familia Rulfo, donde comenta el cineasta: "A ver cuándo platicamos del GALLO y de PÁRAMO. Barbachano está impaciente por comenzar las adaptaciones."

de Bartolomé San Juan, asciende y logra en sí misma la fuerza genésica de la unión de los contrarios. Es la tríada de Juan, ligada al origen de la tierra.

Podría esperarse que los valores ocultos, implícitos, de hominización y libertad pasaran al primer plano, sin que la historia perdiera, ni su calidad de proceso, ni su potencial de transformación. Se trataría de un mundo trascendido, pero sólo gracias a su enraizamiento en los hechos históricos.

Signos y símbolos asumirían nuevamente el predominio de una visión positiva —no obstante que siempre estaría presente el ritmo en contrapunto que para Rulfo constituye el ritmo de la historia y de la vida.

El gallo de oro invierte el proceso. Es el mundo al revés en el orden ético y social. El signo es evidente. En el ritual del pasaje de salvación de Susana niña en el pozo, se mostró que en la profundidad del tiempo histórico llamado a desaparecer, el oro corresponde a la muerte y a la desintegración, y pierde su sentido positivo. Por eso la inversión no sorprende en un orden regido por la mercantilización de los valores, y no por el espíritu.

Del mismo modo, *El gallo de oro*, símbolo característico de un mundo patriarcal, se opondrá radicalmente al mundo de la madre. Eso explica que, como dije antes, en la medida en que la madre muere, víctima del hambre, la pobreza y la falta de esperanza (p. 32), resucita y asciende el tiempo signado por el gallo de oro:

> Pero por ese tiempo murió su madre. Pareció ser como si hubiera cambiado su vida por la vida del "ala tuerta" como acabó llamándose el gallo dorado. Pues mientras éste iba revive y revive, la madre de Dionisio Pinzón se dobló hasta morir, enferma de miseria (p. 31).

De manera análoga a Pedro Páramo, Dionisio Pinzón debe cargar con el peso y el vacío de la orfandad (visualmente la imagen y el entorno son grotescos):

> La gente se rió de su extraña figura, mientras iba por mitad de la calle cargando sobre sus hombros una especie de jaula hecha con los tablones podridos de la puerta, y dentro de ella envuelto en un petate el cadáver de su madre (p. 32).

También se le niega la relación ideal de pareja y le toca irónicamente pregonar la fuga de "la muchachita que él hubiera querido hacer su mujer de no haber mediado la pobreza" (*id.*).

El resultado es el mismo: "un rencor vivo". Se adopta como respuesta la venganza y la dureza por el·camino del poder:

Se recostó en una *piedra* después de su fatigoso recorrido y allí, *la cara endurecida* y con *gesto rencoroso*, se juró a sí mismo que jamás él, ni ninguno de los suyos, volvería a pasar hambres (p. 33).

Como el Esteban de "Nos han dado la tierra", pero con la estructura psíquica de Pedro Páramo, Dionisio inicia el éxodo:

Se largó pa'nunca. Llevaba sólo un pequeño envoltorio de trapos, y bajo el brazo encogido, cobijándolo del aire y del frío, su gallo dorado. Y en aquel animalito echó a rodar su suerte yéndose por el mundo (*id.*).

Considero que *El gallo de oro* es una sátira con un punto de vista omnisciente —a diferencia de otros textos— y que asume plenamente la denuncia. Después de *Pedro Páramo* podemos adelantar que este mundo invertido, negador del tiempo de las transformaciones asociado a la madre, será un tiempo regido por una visión estática de la historia. Se limita a reproducir los modelos anteriores de relación, sin que se opere el cambio estructural necesario para generar una vida humana individual y colectiva liberada y enriquecedora. El carácter simbólico de los nombres muestra el sentido de los signos de los tiempos.

Ya el ambiente de la pelea de gallos marca la asociación con la esfera política. Se refiere al origen de nuestra historia, pues es una tradición arraigada en América desde la Colonia. Además, desde los griegos de la Antigüedad Clásica se ha reconocido el carácter cívico de esta actividad colectiva, ya que al Estado le interesaba "fomentar entre los jóvenes, en defensa de la patria, la emulación de los gallos, que luchan hasta morir y obtener victoria".[40] Es pues un espacio propicio para que se manifieste el sentido; de ahí que al describirlo se señalen rasgos que un lector atento de los otros libros de Rulfo asocia con el Centro, el lugar de las transformaciones, sólo que con orientación negativa.[41] Mientras el agro merma y muere, los sectores medios y los cabecillas libran una lucha metalizada por el poder, producto de los juegos de azar (ganancia o pérdida fácil y arbitraria) y la acumulación indebida de la riqueza, movimiento análogo al de finales de

[40] José Rogelio Álvarez (ed.), *Enciclopedia de México*, t. v. México, Enciclopedia de México, 1971, *s.v. gallos, peleas de.*

[41] P. ej., al describir el palenque de San Miguel del Milagro se dice: "Se aprovechaba para ésto el corral de una ladrillera levantándose un jacalón techado a medias de zacate [...]", p. 26. La descripción del espacio de la Iglesia en ruinas donde se cobija la madre en "Luvina", se hace de modo similar; también el espacio donde están los hermanos incestuosos en el submundo de Comala. El hecho, en la novela y en los cuentos, facilita el contacto con lo *alto.*

la Colonia con el predominio de San Gabriel sobre Tuzcacuesco y otros pueblos, después de su segundo nacimiento.

El carácter alegórico de vigilancia y resurrección que da primacía al espíritu, propio del símbolo solar y cristiano representado por el gallo, y el oro entendido como "todo lo superior propio del cuarto estado de la inteligencia divina", en los relatos anteriores se manifestaban como tales;[42] eran símbolos de *lo alto*. Ahora se convierten en símbolos negadores de la trascendencia y de la vida humana.

Bernarda, como eje de ese mundo, es la antípoda de la madre, asociada a una historia de liberación en la obra de Rulfo. Su personalidad no deja de ser ambigua. Mantiene, como mujer, una vocación de libertad que facilita las transformaciones y, de algún modo, sugiere que no se clausura del todo una posibilidad de cambio en el sentido positivo de su aspecto vital, su canto y su necesidad de libertad (*véase* más adelante). Sin embargo, su práctica histórica (como suele ocurrir con los personajes escindidos de Rulfo —el maestro en "Luvina"; Pedro Páramo mismo) se orienta hacia la acumulación de las riquezas destructivas. Es por eso "La Caponera", la que ceba a los gallos castrados en el encierro, el cerco. Ella acompaña a los hombres llamados a "gobernar" (Benavides, quien delega el poder en Pinzón; éste, a su vez, selecciona a Secundino Colmenero quien le sucede después de su muerte). Los indicios señalan que de todas las acepciones posibles de su nombre, no hay duda de que Bernarda representa "el gobierno del guerrero taimado".[43]

Pinzón, por su parte, sufre una transformación radical en el paso de la pobreza al poder, marcado por el estatismo progresivo. No obstante, de acuerdo con su nombre, Dionisio Pinzón se asociaría al mundo dionisiaco de las transformaciones, de la fiesta y del vino, aunque también al mundo de la pinza. Por un lado, olvida su raíz campesina (a la que pretende regresar ya muy tarde en la historia) y se envuelve cada vez más en la borrachera de la riqueza y del poder (él, que no bebe vino nunca, como se marca repetidas veces en el texto, casi siempre en contraste con Bernarda). Por otro, y no sin un dejo de humor, sabe "agarrar" cuidadosamente (su gobierno podría ser el Gobierno de la Pinza). Su acción responde, además, a un movimiento de pinza que inmoviliza y, en definitiva, cerca y mata a Bernarda (¿el grado de libertad posible?). Sin embargo ella se sucede en la hija Bernarda la Pinzona.

Los pinzones son también unos pájaros cuya variedad de especies per-

---

[42] *Cf.* J. E. Cirlot, *op, cit., s.v. gallo, oro.*
[43] *Cf.* Gutierre Tibón, *op. cit., s.v. Bernaldo, Bernardo-a.*

mitió a Darwin precisar el sentido de reiteración con variantes que subyace a una clase. Esta relación se asocia a la idea de seguimiento dentro del sistema a que se adhiere Dionisio Pinzón. El nombre connota también la idea del origen histórico, ya que los Pinzones fueron los capitanes compañeros de Colón en el descubrimiento de América.

Pero en la búsqueda de la riqueza significativa de Pinzón es necesario destacar que, tanto él como el gallo de oro con quien se identifica progresivamente en el relato, son impedidos físicamente. De un brazo él, de un ala el gallo dorado.

Esta última característica refuerza lo que he insinuado antes. La idea de la pinza no puede referirse a una habilidad física, sino a una conducta. Pinzón sabe elegir lo necesario para ganar la pelea. Y en el proceso de su caída, en el sentido ético, llegará a hacerlo sin consideraciones de otra índole que no sean la ganancia misma, ya que el hombre humilde y humano del origen se convierte "en un hombre fríamente calculador, seguro y confiado en el destino de su suerte" (pp. 62-63).

Éstos y otros múltiples indicios textuales me llevan a afirmar que *El gallo de oro* es una sátira política que alude principalmente a la institucionalización de la esfera política en México, después de la Revolución. Comienza con el gobierno de Venustiano Carranza (¿Lorenzo Benavides?); continúa con el de Álvaro Obregón (¿Dionisio Pinzón?), y sigue con el del general Plutarco Elías Calles (¿Secundino Colmenares?).[44] Pero, en un segundo término connota también la historia del origen, con lo cual se abre el texto a todo el proceso histórico de México.

Veamos un poco esa historia mexicana que evoca la escritura. En 1917 Venustiano Carranza asumió el poder para consolidar y dirigir la vida pública del país. Debió atender a los intereses de los sectores medios urbanos y rurales. Se busca la institucionalización del sistema político para después, a partir de 1940, buscar la reestructuración de la economía. El problema mayor era con el sector campesino —hecho importante para el mundo de las obras de Rulfo—, pues la Reforma agraria constituía la demanda más radical. Otras tareas difíciles eran la nacionalización del petróleo y la minería. Este último problema es también fundamental en *Pedro Páramo* donde se insiste, en todos sus estratos, que el eje de la nacionalidad está en la propiedad de la tierra y en su sentido último.

---

[44] Obregón era el Jefe Militar de mayor prestigio, pero acostumbraba premiar a los jefes obregonistas con ascensos y riquezas a base de operaciones de dudosa legalidad (el gobierno de *El gallo de oro*). Calles deriva su poder de su relación con Obregón y su capacidad para coordinar los intereses del nuevo grupo gobernante.

La derrota de Carranza es el 21 de mayo de 1920. Con graves problemas le suceden en el poder Álvaro Obregón y, más tarde, Calles, quienes deben sofocar varias rebeliones (Adolfo de la Huerta y Gonzalo Escobar; Francisco Serrano y Arnulfo R. Gómez).

Pero antes, en 1919, en un ambiente amenazante de intervención armada por parte de los Estados Unidos, Emiliano Zapata es asesinado en Chinameca, mientras se preparaba la sucesión presidencial un año después con Álvaro Obregón. En el nivel simbólico, la muerte de Zapata favorece el ascenso de Obregón. Es difícil evitar las asociaciones de este tipo al leer la descripción de la primera pelea del gallo dorado de Dionisio Pinzón. Incluso contribuye a establecer los nexos el hecho de que Dionisio no sabe con quién va a luchar (quién decidirá su suerte) pues los gallos están tapados. Con malicia, la escritura lo que indica es que el gallo de Dionisio es el "*Tapado*, pues así lo había exigido el retador" (p. 35). Es inevitable la asociación con el tapadismo institucionalizado en el Gobierno mexicano. Es decir, el ocultar la identidad del candidato a la presidencia de la República hasta el último momento.

Al describir la lucha, se percibe el punto de vista enaltecedor y dignificante para el gallo que sorpresivamente pierde la pelea, y que el lector identifica con Zapata:

> Dionisio consideró que se las iba a ver con un gallero ventajoso [...].
> Por fin soltaron un gallo retinto, casi negro, que comenzó a pasearse por el anillo luciendo su garbo, mirando hacia todos lados como toro salido del toril en busca del adversario.
> —¡Aa-tención! —proclamó el gritón—. ¡San Juan del Río contra San Miguel del Milagro! (pp. 35-36).[45]

Es evidente la popularidad del gallo retador: "Hasta él llegaban los gritos confusos de los que sólo apostaban al de San Juan del Río" (p. 36). Sin embargo, el resultado histórico es sorpresivo:

> No habían transcurrido tres minutos [¿tres años?] cuando una exclamación de desaliento cundió por todo el público. El gallo retinto yacía echado en el suelo, pataleando su agonía. El dorado lo había despachado en una forma limpia, casi inexplicable y aún sacudía sus alas y lanzaba un canto de desafío (p. 37).

[45] En la nota 34 —que debió ser 33— de mi artículo "Historia y sentido en la obra de Juan Rulfo", ed. cit., señalo que posiblemente se trata de San Miguel del Milagro en Tlaxcala, pueblo fundado hacia el año 100, que llegó a ser capital olmeca-xicallanca. De su importancia dan testimonio las famosas ruinas de Cacaxtla. Tlaxcala fue además el punto decisivo para que Cortés preparara la conquista de la ciudad de México, después de una serie de batallas.

La escritura bordea la ironía. El palenque del poder seguirá su curso. Y el que "arregló" la pelea comenta:

—Es que nunca me imaginé que don Fulano, con quien hice el compromiso, nos fuera a echar encima su gallo "capulín" que para decirte la sincera verdad era un asesino...
—Siempre lo guardaba pa'las peleas de San Marcos... Y siempre con él, enterito (p. 38).

Todo lector de *Pedro Páramo*, entiende ahora que Dionisio Pinzón representa el mundo de *San Miguel* del Milagro y el gallo perdedor, pero admirado por el pueblo, representa a *San Juan* del Río, como los mundos que también se oponen en *Pedro Páramo*.

Se entrevera además en la escritura el mundo de la mujer asociado al canto popular. También el enfrentamiento decisivo que subordina de momento a Dionisio y su gallo ganador, en el palenque de Aguascalientes, al "charro de figura imponente que lo miraba desde su elevada estatura" (p. 43, ¿Venustiano Carranza?). El oponente —y perdedor en la pelea— le propone a Dionisio la compra oculta de su gallo.

Es el pasaje de iniciación en la esfera de la alta política. La primera respuesta de Dionisio es todavía del lado de la vida. Su vulnerabilidad la descubre precisamente La Caponera:

Ella rió con una risa sonora [...]
—Se ve a leguas que usted no conoce de estos asuntos. Ya cuando tenga más colmillo sabrá que *en los gallos todo está permitido* (p. 45).

El "gallero famoso" se mantiene distante, mientras la intermediaria cerca a su presa. Muere su gallo y Dionisio Pinzón se entrega totalmente al azar y a Bernarda, su nuevo amuleto de la suerte. Por último, Dionisio se combina con Lorenzo Benavides (*cf*. p. 58).

En el ritual de iniciación las reglas del juego político se van aclarando para el candidato:[46]

Supo entonces que, en este negocio de los gallos no siempre gana el mejor ni el más valiente, sino que *ha pesar de las leyes*, los soltadores están llenos de mañas y preparados para *hacer trampa con gran disimulo* (p. 59).

---

[46] Hay incluso una alusión directa a la Convención de Aguascalientes, aunque ésta se celebró en 1914, es decir, antes del asesinato de Zapata: "Y al día siguiente había cerrado un trato que le iba a dar mucho que ganar sin arriesgar nada de su parte. Era una combinación semejante a la ofrecida en Aguascalientes, y que él no aceptó más que por honradez, por no estar familiarizado con los jugadores *a la alta escuela*" (p. 59).

No hay sorpresas en este juego a muerte previamente arreglado:

Ahora iba a pelear gallos de una misma percha; pero sabiendo de antemano en cuál de ellos estaba la ventaja. Eran todos gallos finos, altivos y ensoberbecidos, aunque para unos había sus otros. Todos jugarían en peleas de compromiso, seguras, y además, ganadas, si no en la raya, sí en el terreno de las apuestas (pp. 59-60).

Es evidente la fuerza casi hegemónica del poder central presidencial:

Lorenzo Benavides, al "pujar fuerte" obligaría a los que estaban atentos a lo que él hiciera para seguirlo, yendo a donde él iba o contra lo que él iba, pues nadie le discutía sus conocimientos en cuestión de gallos (p. 60).

Lo que sigue es el proceso acelerado de la caída moral y humana (pp. 64-65) de Dionisio, en la misma medida en que crece su poder económico. Se acelera también el paso a la psicología típica del político que lo imposibilita para reestablecer un contacto real con su origen, como le está vedado a Pedro Páramo entender el mundo de Susana San Juan o de sus múltiples víctimas: "En los pocos días que allí estuvo se notó el desprecio que sentía por el pueblo, comportándose como un sujeto atrabilario, además de fanfarrón" (p. 64).

Si en sus orígenes de pregonero, Dionisio había logrado un contacto vital con la alegría de su público (p. 25), ahora no le es posible rescatar ni siquiera esa empatía efímera de entonces:

Y quizá para rememorar sus no muy lejanos tiempos, aprovechó la hora del convite para colocarse al frente de todos; pero en forma muy distinta a como lo había hecho antes, ya que ahora iba al frente de los charros y de la música en una actitud que parecía como si él fuera a pagar todos los gastos del festejo (p. 64).

Sólo se comunica con el elegido como su sucesor, Secundino Colmenero. El sistema se reproduce nuevamente (pp. 64-65). Esta vez se anuncia la historia de la caída y la mujer no se hace presente, lo cual coincide con la idea repetida de Rulfo de asociar a la mujer con los periodos de posible transformación. El éxodo que se inicia se define como la negación de todo, y ambos irónicamente configuran una cruz que no está signada por la resurrección como en *Pedro Páramo*. Detrás —¿signo esperanzador?— una vez más, queda el pueblo al que podrá regresar la hija finalmente:

Los dos abandonaron San Miguel del Milagro. El pueblo todavía estaba de fiesta, de manera que entre repicar de campanas, y calles abandonadas con festones, los dos marcharon hacia la ausencia, llevando por delante la extraña figura que, *como una cruz*, formaba el ataúd y *el animal que lo cargaba* (p. 65).[47]

Se reintegra ahora la escritura al mundo de la mujer, que aguarda. Durante un tiempo Bernarda acompaña y observa el mundo en declive del poder. Es una suerte de madona irónica y algo degradada, pero mantiene un ámbito interior propio que la protege, aunque sin grandeza. Es el tiempo en que se juegan el poder, por última vez para ellos, Lorenzo Benavides y Dionisio Pinzón: *"Bernarda Cutiño los observaba, teniendo a su hija dormida sobre el regazo"* (p. 75).

A la mercantilización de lo sagrado (discurso omitido y subyacente en el texto) y de las relaciones sociales y familiares (propias de los dos libros anteriores) se añade la de la esfera política. Ambos, la mujer y el hombre, pierden su espacio de libertad y se enajenan de su centro (ella, la libertad misma, su naturaleza dinámica; él su tierra y su origen asociado al trabajo y a la vida, p. 57). Como Pedro Páramo, sufren un proceso de estatismo y de petrificación que en el nivel simbólico implica detener, encerrar el progreso moral (clara censura ética). El peligro continuo de la existencia se opone a la patria y a su objetivo trascendente.

Leído así, el relato matiza los procesos históricos con la concreción literaria característica de los textos rulfianos. Es, al mismo tiempo, fiel al discurso histórico[48] en su análisis de la esfera política y de su institucionalización. Después, como dije antes, se consolidará la economía. En este sentido las posibles proyecciones de los símbolos e indicios del relato son negativos. El lado luminoso de la novela de *Pedro Páramo* está siempre aludido y evocado como el contrapunto de la historia narrada. Por encima de la censura a un aspecto y momento de la historia, prevalece la visión contrapuntística que se deriva del ritmo característico de la vida y de la escritura en Juan Rulfo.

Si bien el hombre queda desposeído (Dionisio, Benavides), una vez más en el mundo rulfiano, no se clausuran totalmente las salidas para la historia.

---

[47] Es evidente el proceso de degradación que animaliza al personaje y termina por cosificarlo y darle muerte.

[48] *Cf.* p. ej. Bertha Ulloa, "La lucha armada (1911-1920)", en *Historia General de México*, t. IV, México, El Colegio de México, 1976, pp. 1-110 [sobre todo pp. 61 y ss.]. Lorenzo Meyer, "El primer tramo del camino", *ibid.*, pp. 113-199; y "La encrucijada", *id.*, pp. 203-283. Héctor Aguilar Camín, *Saldos de la Revolución*, México, Océano, 1984. Enrique Krauze, *El amor a la tierra. Emiliano Zapata*, México, Fondo de Cultura Económica, 1987, 129 pp. (Biografías del poder, 3).

Bernarda, La Caponera, no obstante su inmovilidad (provocada por la orientación de la historia en su presente, centrada en el mundo de Dionisio, pp. 79-80), no abandona el espacio, pero la escritura sugiere que mantiene un margen de libertad interior, al que aludí antes:

> Sentada en el mismo sillón, escondida apenas en la penumbra de la sala, parecía un símbolo más que un ser vivo. Pero era ella. Y su obligación era estar allí siempre. Aunque ahora llevara en el cuello un collar de perlas a cambio de las cuentas de colores, que destacaba sobre el fondo negro del vestido, y sus manos estuvieran irisadas de brillantes, *no estaba conforme. Nunca lo estuvo* (p. 78).

El pasaje casi obliga al lector a identificar a Bernarda con la Revolución. Como proceso no se clausura, ni puede clausurarse, aunque se nieguen momentos específicos de su concreción histórica. Por eso la hija —su proyección, con rasgos positivos del padre— provoca un cambio benéfico en la madre antes de morir (a pesar de que su mundo deba concluir); ella misma muestra síntomas de arrepentimiento que reconoce el lector de "Talpa" (*véase* la escena con la madre muerta, p. 99), y el narrador destaca e interpreta: "Ella, que mostraba una cara triste, compungida, como si no sólo sintiera aquellas muertes, sino el peso de su propia culpa" (p. 100).

Se verá cómo la canción popular —entreverada en diversos momentos de *El gallo de oro*— recupera al final algo de la función expresiva y liberadora que se anunció en *Pedro Páramo*. Aun debilitada la mujer a sus mínimas manifestaciones ("sumisa y consumida", p. 84; "piedra imán de la suerte", p. 85), el atisbo de un futuro liberado, una vez más, sólo se da en ella. Ya no cabe la fuerza genésica de Susana San Juan. Sin embargo, la lluvia "sin interrupción" que precede a la muerte de Bernarda, y que en Susana asociamos a la trascendencia y unión de los contrarios, análogamente se asocia ahora a la llegada del amanecer: "Muy cerca del amanecer cesó la lluvia. Lo anunciaron el canto de los gallos y el croar de las ranas en los anegados campos" (p. 93).

Mientras tanto, Pinzón concluye su juego (Bernarda ya ha muerto) con "su rostro tenso por el esfuerzo para conservar la serenidad [que] no reflejaba ni temor ni júbilo. Parecía de piedra" (*id.*). Se ha entregado a la pérdida desenfrenada de todo su patrimonio. En contrapunto, *"oyó una risa de muchacha. Era una risa sonora, alegre que parecía querer taladrar la noche"* (p. 94).

Sin embargo, el pasado angosta severamente la libertad del presente: "Cantaba como comenzó a cantar su madre allá en sus primeros tiempos, echando fuera en sus canciones todo el sentimiento de su desamparo" (p. 101).

La dinámica del proceso histórico para Rulfo implica la doble orientación de las imágenes. La liberación de la historia supone siempre un acto de negación, de purificación, que produzca un cambio desde el interior y no un simple desplazamiento espacial.[49] Sólo que en el ámbito de *El gallo de oro*, las salidas se angostan a niveles infrahumanos propicios para la sátira y la parodia del hombre y de los espacios degradados.

Se trata de la búsqueda difícil y angustiosa de un México integral, en los caminos significativos del presente que llevan la huella del pasado y forjan el porvenir. Sin embargo, pienso que la visión del mundo dominante, la del narrador oculto, contra toda desesperanza, se precisó en las palabras de Juan Preciado a Dorotea:

—Allá afuera debe estar variando el tiempo. Mi madre me decía que, en cuanto comenzaba a llover, todo se llenaba de luces y del olor verde de los retoños (p. 84).

Descubrir a México, desde la pasión y la angustia existenciales que no niegan la esperanza, supone llegar al cruce de caminos que explica el sentido de la tierra; el centro de la historia. Juan Preciado ha descubierto en el submundo, en el Centro, los cuatro puntos principales de la tierra propia que se abren a la dimensión universal y trascendente.

---

[49] Se reitera una vez más la presencia de la filosofía bergsoniana y de Bachelard en el mundo de Rulfo. Un texto breve, muy iluminador en este sentido, es "Filosofía cinemática y filosofía dinámica", en Gaston Bachelard, *El aire y los sueños. Ensayo sobre la imaginación del movimiento*, ed. cit., pp. 312-313 (Col. Breviarios, 139).

V. UN COMENTARIO FINAL

> Las obras literarias no están fuera de las culturas sino que
> las coronan y en la medida en que estas culturas son
> invenciones seculares y multitudinarias hacen del escritor
> un productor que trabaja con las obras de innumerables
> hombres. Un compilador, hubiera dicho Roa Bastos. El
> genial tejedor, en el vasto taller histórico de la sociedad
> americana.
>
> Ángel Rama, *Transculturación narrativa en América La-*
> *tina*, 1982

La lectura crítica de los textos confirma que en la historia de los estilos, *Pedro Páramo* y, en general, la obra de Juan Rulfo, se inscribe dentro de la visión del mundo y de la historia que corresponde al *estilo bíblico* según Erich Auerbach,[1] con modificaciones y transformaciones debidas a los nuevos contenidos y formas. Si bien el autor de *Mimesis* no matiza peculiaridades genéricas dentro del estilo bíblico, el modelo más próximo a los textos de Rulfo es el de la parábola, como ya lo indiqué en el capítulo II de la Segunda parte de este libro.[2]

Muchos de los relatos ("Nos han dado la tierra", "Macario", "No oyes ladrar los perros", "Talpa", "Luvina"), y sobre todo la novela, conforman un sentido universalista de la historia en la medida en que se da en ellos un trasfondo que informa la discursividad, bien porque el suceder discursivo lo revela gradualmente, proyectándolo, bien porque lo niega con una práctica histórica enajenante. El contrapunto continuo entre ese nivel tras-

---

[1] Las características generales del estilo bíblico son: *a*) La presencia de un "trasfondo", de una verdad oculta trascendente que se muestra de manera gradual en la historia y necesita interpretación. Confiere perspectiva y profundidad a los textos. *b*) Los personajes son evolutivos; provienen de una historia pasada y recuerdan la promesa de Dios; se mueven entre la rebeldía desesperada y la esperanza. *c*) La escritura plasma las múltiples capas de la conciencia y el conflicto que puede surgir entre ellas. *d*) Todo detalle es significativo y sugerente. *e*) El trasfondo implica una interacción con la historia que obliga a continuas modificaciones interpretativas. *f*) Los relatos son fragmentarios. Entran dentro de una conección histórico-universal que le da una fuerte cohesión vertical. Cada figura actualiza un momento de ese enlace. *g*) La humillación (lo bajo) y la exaltación (lo alto) se implican en el fondo; se integran lo sublime y lo cotidiano (*Cf.* Erich Auerbach, "La cicatriz de Ulises", en *op. cit.*, pp. 9-30).

[2] *Cf.* nota 39 de ese capítulo.

cendente y la cotidianidad de los sucesos que caracterizan la escritura, apela siempre al lector y exige interpretación.

En el mundo de Rulfo ese trasfondo se manifiesta en una visión cristiana que subyace a los textos. Ésta determina la tensión prevaleciente entre la visión desesperanzada de la historia y la esperanza en una posibilidad de futuro. Al comienzo de la novela, la escritura distingue finalmente lo que determina, en última instancia, la acción de Juan Preciado para cumplir con su misión. No son las palabras de rencor de la madre, sino los "sueños", "las ilusiones", "la esperanza" que se le crea en torno a ese mundo, lo que finalmente lo impulsa a ir. Sin embargo, sí lo sostiene el enunciado utópico materno que funciona como el discurso inmediato de la promesa, en contrapunto con el presente desolador. El texto muestra además una oposición continua entre los símbolos de la caída y los que se refieren a una visión de lo alto.

Pero no se trata del discurso autoritario del Antiguo Testamento en que centra Auerbach su interpretación del estilo bíblico. La obra de Rulfo remite al Nuevo Testamento; busca en la historia específica y cotidiana del hombre los signos liberadores que no ocupan el primer plano de la escritura, porque los relatos destacan lo que es necesario abolir para que pueda crearse la posibilidad de futuro, implícita en la complejidad dialéctica de los símbolos.

El contrapunto entre ambos niveles determina el sentido. La vida del hombre, su quehacer histórico, se define en ese juego que mantiene el ritmo ascendente o descendente, pero siempre a partir del contraste de los opuestos. Los cuentos y la novela recorren así el registro que va desde el dinamismo próximo a la tensión plena, por paridad de los contrarios, que logra finalmente Susana San Juan; la parodia y la sátira cuando la tensión se resuelve hacia la negación máxima ("Anacleto Morones", *El gallo de oro*), o el equilibrio de los opuestos que sugiere la actitud armónica de Juan Preciado.

La visión cristiana del mundo coloca la obra de Rulfo en una tradición de ruptura, lo cual le confiere modernidad. Frente al modelo clásico helénico, el cristianismo creó un nuevo estilo en la medida en que subrayó una visión del mundo que integra lo sublime y lo cotidiano y menor. De ahí que lo dominante en esa escritura, tan cercana al pensamiento mítico, no sean los grandes héroes de la tradición clásica. Como lo ha mostrado el análisis, Rulfo acude a las formas más primitivas del mito y despoja a sus personajes de toda solemnidad o grandeza exterior. Menos que "héroes medios", por lo general, sus criaturas son profundamente humanas y carentes (Dorotea, Abundio), aunque pueden llegar a alcanzar, por los caminos del símbolo, niveles altos de significación. Habría que distinguir la figura compleja y contradictoria de Susana San Juan en quien se revela, como en ningún otro personaje, el sentido de lo trascendente. Pero aún en este caso no hay que olvidar que representa el principio telúrico y con ello encarna las contradicciones de la vida misma: la razón y la sensibilidad; la carne y el espíritu; la pasión y la gracia; la fuerza genésica y la muerte.

En *Pedro Páramo* el estilo es fragmentado y, no obstante, los fragmentos son portadores de sentido en sí mismos y en tanto partes de la totalidad de la escritura, como es característico del estilo bíblico. Es el eje vertical, el trasfondo, el que da sentido a la fragmentación de la historia. Rulfo ha querido revelar esta conciencia de lo alto, no como un derivado de la interpretación, sino en la materialidad misma de la estructura novelesca (recuérdese que la organización textual conforma el modelo de la cruz y la orientación trascendente necesaria a la historia, y que el principio rector de lo bajo a lo alto determina el ritmo y la escritura). El texto parte del modelo bíblico, pero cincela y trabaja, superándolo, y transformándolo con elementos escriturales de la novela contemporánea.

El hecho de que el trasfondo de la obra de Rulfo sea la interpretación cristiana del mundo y no el Antiguo Testamento, fundamenta también la denuncia que se hace del poder absoluto y su efecto sobre la historia. El Nuevo Testamento, con su ideario de servicio, de solidaridad comunitaria; de síntesis de los opuestos en función del dinamismo del amor y de la libertad; de la historia como el lugar donde se revela el Reino de Dios en la dialéctica de los opuestos y, sobre todo, la posibilidad de resurrección, de superación de la muerte, se opone ineludiblemente a un poder que pretende concentrar todo el quehacer histórico en sí mismo. Como principio rector el poder absoluto está condenado a desaparecer por su carácter ahistórico y deshumanizante (de ahí el hieratismo y finalmente la pulverización de Pedro Páramo). Lo sustituye el mundo del Hijo. El hombre nuevo que representa Juan Preciado *oye, ve* y *recuerda* los valores positivos que lo sustentan, y que podrán hacer germinar el futuro. Su actitud es de búsqueda (no obstante los signos desesperanzados). Finalmente, acoge amoroso la historia y revela la didáctica de las voces (enseña a oír a Dorotea el enunciado de Susana San Juan), en su situación de espera.

Son, pues, modernas la forma y la óptica de la novela que paradójicamente surge, en parte por su inmersión en el modelo fundador. La perspectiva dominante, como en los cuentos, no rebasa el mundo de sus personajes. El autor, en tanto punto de vista poderoso, se disminuye al máximo. El sentido brota de los intersticios de las historias, del quehacer de los personajes, de la dimensión simbólica de la escritura y de las figuras. Más que la condena al hombre individual y contradictorio, se manifiesta —como dije antes— el orden que es necesario destruir para que se puedan dar los procesos históricos liberadores.

Vista la historia desde el poder absoluto, el tiempo deviene cíclico y reiterativo. El nuevo tiempo deberá trascender el eterno retorno (liberación del incesto fundante) e instaurar una escatología "de múltiples conversiones posibles hasta el infinito", característica de una concepción cristiana del mundo.

Esta visión universalista de la historia, centrada en la interpretación cristiana del Nuevo Testamento, tiene que pasar por la liberación de todo sistema opresor histórico. Desde otro punto de vista, es lo que he llamado la ética humanista de Juan Rulfo.

Con diferencias y variaciones, el trasfondo cristiano está presente en la obra de autores mexicanos cercanos a Rulfo; muy especialmente en José Revueltas, Agustín Yáñez, Mauricio Magdaleno y su coterráneo Juan José Arreola. No obstante considero que la visión del mundo de Rulfo es quizás la más indisolublemente vinculada a la evangélica y, por tanto, al estilo bíblico, parabólico, que le corresponde.

SINCRETISMO E HISTORICIDAD DE LAS FORMAS

Como he señalado, las historias particulares que constituyen la obra de Juan Rulfo apuntan siempre a un segundo nivel de significación, sin que la escritura acceda nunca a una forma relatante, abstracta, que ponga en juego un sistema de ideas, como es el caso de José Revueltas y de Mauricio Magdaleno. En este sentido es que predomina el estilo parabólico, basado en historias de la cotidianidad, y fraguado con figuraciones sensibles que propician la narración.

Otro componente estructurante de la visión del mundo dominante en los textos de Rulfo es el sincretismo. Si los mitos clásicos aludidos a veces en los textos (menos de los que la crítica suele señalar), al cernirse en el modelo cristiano se nos muestran en sus formas más próximas a una cotidianidad menor (Adonis, Andrómeda, Dionisios, Telémaco), el texto selecciona también elementos constitutivos de la visión del mundo prehispánico que refuerzan el punto de vista privilegiado por la escritura, pero no prevalecen sobre él.

Así, el discurso de tradición bíblica exige una víctima cuyo sacrificio instale la posibilidad de resurrección; de la creación del nuevo orden necesario. Desde este principio rector, el texto sugiere también la cosmogonía prehispánica. En ella cada era histórica (sol) termina con un cataclismo. No se repite la historia. El nuevo ciclo va originando formas mejores en un proceso en espiral característico de una concepción dialéctica de la historia. Para estas culturas la creación de los nuevos hombres se fundaría "a partir de los despojos mortales de los seres humanos de épocas anteriores".[3] Es decir, que la concepción del mundo prehispánica admite la destrucción de un mundo como paso a otro nuevo y no como aniquilación. Por eso los indígenas "esperan" el nuevo tiempo de su ¿liberación? en *Pedro Páramo*, y su huella refuerza en la raza mestiza la posibilidad de esperanza, a pesar de los signos funestos, y aun por encima de ellos. En cambio, en el mundo de Pedro Páramo rige una espiral de muertes, después del asesinato del padre, producto de la violencia y del crimen fraterno que niega los procesos de purificación y de hominización buscados.

En este sentido, aun la versión más desacralizada e incluso satírica de la historia en la obra rulfiana —que censura los procesos de mercantilización en las instituciones clave de la organización social, la Iglesia y la política (*véase* "Talpa", "Anacleto Morones" y *El gallo de oro*)—, no clausura totalmente el futuro, aunque subraya sus contradicciones y su "lado moridor". El hombre insiste en su búsqueda; la hija sale a la libertad de los caminos y, sobre todo, en *El gallo de oro* rescata el elemento más vital del pasado censurado (la vitalidad del canto popular), sin que la visión del mundo sea maniquea o neutralice las contradicciones del sistema. Los signos esperanzadores —como en el discurso bíblico— no aparecen dominando la escena. Su revelación es paulatina en el proceso histórico que el hombre vive en el presente, a partir de la angustia existencial y del deseo.

Este regreso fertilizante a formas primitivas de la organización social y a los mitos del origen, se hace eco de una tendencia de la literatura que Ángel Rama señala para toda Hispanoamérica, sobre todo a partir de los treinta, y que en México se presenta de manera especialmente significativa.

Sin embargo, hay que decir que Rulfo no pretende —como en el caso de Arguedas y de la literatura indigenista en general— rescatar las concreciones específicas del modo de pensar prehispánico. En la búsqueda de la génesis del presente, la escritura —acorde con declaraciones del escritor— se retrotrae más bien a las crónicas; al choque cultural de la Colonia. Es decir, parte, sin duda, de una aceptación mestiza de nuestro destino histórico con toda la complejidad de las contradicciones culturales, étnicas y sociales que ello conlleva. Dentro de ese contexto queda enmarcado el problema

---

[3] *Cf.* Luis Villoro, *Los grandes momentos del indigenismo en México*, México, El Colegio de México, 1950, p. 19.

indígena que reclama solución, pero que en modo alguno supone Rulfo que sea la base central de la respuesta histórica nacional o hispanoamericana.

Coincido con pensadores como Cassirer, Frazer, Jung, Mircea Eliade y Lévi-Strauss —tan determinantes en la historia del pensamiento y la cultura hispanoamericana del presente siglo—[4] en la idea del mito como un discurso que no se opone al de la historia. Antes bien, desde una perspectiva simbólica, el mito puede iluminar aspectos fundamentales de los procesos históricos con una riqueza y diversidad que no logran comunicar otros discursos centrados en la racionalidad lineal de los enunciados. Esto es sobre todo cierto en el caso de la literatura. En la contraportada de su libro *El negro que hizo esperar los ángeles*, afirma Gabriel García Márquez:

La realidad también se compone de los mitos y las leyendas; son la vida cotidiana de la gente, intervienen en sus triunfos y derrotas.[5]

Basado en la misma concepción de las relaciones entre mito e historia, Ángel Rama piensa que la vuelta a formas del pensamiento mítico y simbólico en Hispanoamérica no responde a una búsqueda externa de nuevos elementos representativos. La Europa de entreguerras e Hispanoamérica en busca de su expresión y de la independencia de los viejos modelos literarios y culturales, coinciden en la necesidad de un cambio capaz de responder a una historia contradictoria, diversa, fragmentada, que rebasa los moldes del discurso racional, positivista, dominante en muchas manifestaciones de la llamada escritura "realista" en nuestros países.

Dentro de esta línea de pensamiento, el nuevo discurso literario y cultural rescata como su centro una concepción antropológica de la cultura que se manifiesta en múltiples modalidades. El común denominador es el rescate de dimensiones del quehacer humano y del conocimiento que habían estado supeditadas por una filosofía positivista, apegada a los hechos, que dominó prácticamente en nuestras sociedades, tanto la producción literaria, como el pensamiento crítico y teórico.

En el caso de Rulfo —como en el de Asturias, Carpentier, García Márquez, Fuentes, Roa Bastos y otros— es claro que, si bien están expuestos

---

[4] La importancia de estas figuras en la formación intelectual de las nuevas generaciones en México y en Hispanoamérica se denota en la circulación de sus obras traducidas al español, sobre todo por el Fondo de Cultura Económica. Ángel Rama lo apunta respecto a la obra de Dilthey, cuando comenta la influencia del pensamiento alemán en nuestras universidades (*op. cit.*, p. 51). Sin duda ésta ha sido la experiencia de las generaciones lectoras a partir de los cuarenta.

[5] Gabriel García Márquez, *El negro que hizo esperar los ángeles*, Argentina, Alfil, 1972 (Narradores Latinoamericanos).

a la literatura de vanguardia y de experimentación como la novela del lenguaje en el caso de Roa Bastos, adoptan las nuevas formas, conforme al reto particular de sus nuevas sociedades. El problema del sentido, lejos de diferirse, se convierte en el eje de la escritura que, no obstante, se abre en el afán totalizador, polifacético y dinámico del discurso hispanoamericano.

Lo externo se incorpora de manera fertilizante a la tradición cultural que, a su vez, se revitaliza creativamente. Por eso en *Pedro Páramo* los caminos liberadores llevan de adentro, afuera y otra vez adentro (Susana San Juan, Juan Preciado), de tal modo que sea posible la creación de nuevas alternativas de vida y la desaparición del poder opresor monolítico:

> Los artistas que no se limitan a una composición sincrética por mera suma de aportes de una y otra cultura [...] entienden que la incorporación de elementos de procedencia externa debe llevar conjuntamente a una rearticulación global de la escritura cultural apelando a nuevas focalizaciones dentro de ella.
> Para llevarlo a cabo es necesaria una reinmersión en las fuentes primigenias.[6]

Específicamente la obra de Juan Rulfo es, de hecho, una de las expresiones más altas del afán de la literatura hispanoamericana por garantizar su autonomía cultural e histórica. Por un lado responde al interés internacionalista que ha movido a nuestros países a relacionarse con otras literaturas extranjeras occidentales que no son sólo la española, lo cual refuerza la voluntad de emancipación cultural, sobre todo en el periodo de independencia.[7] Esto ha sido evidente en el trazado que he hecho de las transformaciones de otros textos en los de Rulfo, en los tres últimos capítulos de este libro y, de manera esporádica, en diversos momentos de la lectura crítica. Conscientemente el autor buscó superar las limitaciones de una enseñanza oficial basada, casi exclusivamente, en textos españoles, no siempre representativos de la mejor literatura hispánica.

Por otro lado, a este afán universalista lo equilibra la tendencia —también hispanoamericana— a buscar la representatividad de la literatura. Esto corresponde a la inquietud nacionalista y de proyección social que parece exigirse a las letras hispanoamericanas desde la época prehispánica, la Colonia y hasta nuestros días,[8] y que también se liga con la búsqueda de su autonomía como discurso del Nuevo Mundo.

---

[6] Ángel Rama, *op. cit.*, p. 31.

[7] En la Colonia se va al clasicismo o a Italia. A partir de la independencia, son importantes Francia e Inglaterra y posteriormente la literatura norteamericana. El proceso no deja de ser contradictorio, en tanto se trata de las grandes metrópolis, con los riesgos de dependencia que eso implica (Ángel Rama, *op. cit.*, p. 11).

[8] En la literatura náhuatl el poeta y su obra (representación pictórica y canto) forman la

La originalidad de la literatura de Rulfo, como la de nuestra América, reside en buena medida en esa capacidad de integrar de manera novedosa los diversos discursos del exterior en el crisol de la subjetividad que se nutre, a su vez, de las raíces propias de nuestras culturas. Es decir, que el escritor y su obra están íntimamente ligados a la cultura y al contexto sociohistórico. En este sentido Rulfo sería, en términos de Ángel Rama, uno de los grandes transculturadores del ámbito hispanoamericano y universal, en la medida en que se adhiere a la tradición secular de su cultura.

Juan Rulfo asume su tiempo de manera integral, en el ritmo que marca el paso de la muerte a la vida. Como en los textos de Dunsany y el Ramuz de *Derboranza*,[9] entre el desamparo, el silencio del páramo y la nada, surgen los indicios esperanzadores que el texto concentra sobre todo en el mundo sonoro de la naturaleza y del hombre.[10] Ya en "Luvina" señalé cómo "la sonoridad empieza a surgir en medio [del] registro visual del mundo" desolado, apenas como ruido que deviene rumor e impulsa a la respuesta activa (oír y actuar conforme a la didáctica de los sonidos y, finalmente, de la voz). También está presente el polo vital contrastante ("sonido del río", "rumor del aire", "gritos de los niños", p. 111). En *Pedro Páramo* es evidente el pasaje de la muerte ("pueblo sin ruidos", p. 12), a la posibilidad

tradición y guía al pueblo para que éste se adueñe de su realidad: "Los que están mirando/los que cuentan/[...]/Ellos nos llevan, nos guían,/nos dicen al camino" (*Libros de los coloquios, apud* Luis Villoro, *op. cit.*, pp. 64-65). Esta función histórica y social de la literatura se prolonga en toda Hispanoamérica con especial énfasis a partir de la Revolución Mexicana. Así lo afirma Jean Franco: "En los últimos 50 años el arte latinoamericano se ha caracterizado por su intensa preocupación social. La literatura —y aun la pintura y la música— ha desempeñado un papel social, y el artista ha actuado como guía, maestro y conciencia de su país" (*La cultura moderna en América Latina*, México, Grijalbo, 1985, p. 15 [1ª ed. inglesa, 1983]).

[9] Para la interpretación de este pasaje, *cf.* el capítulo II, pp. 118-183, de este volumen.

[10] Claude Couffon considera que lo fundamental de la frase de Rulfo, "su sortilegio", es la imagen sonora ("El arte de Juan Rulfo", en Casa de las Américas, ed., *Recopilación de textos sobre Juan Rulfo*, La Habana, Casa de las Américas, 1969, p. 149). Da varios ejemplos y culmina con el pasaje paradigmático de "Luvina", en el espacio de la madre en la iglesia en ruinas, que comienza con "Era como un aletear de murciélagos en la oscuridad" (p. 117). *Cf.* también la interpretación del cuento en el capítulo I, pp. 71-117, de la Segunda parte de este libro. Recientemente Fabienne Bradu publicó un cuaderno, *Ecos de Páramo*, que privilegia el mundo sonoro de la novela de Rulfo. Aunque no siempre coincido con sus interpretaciones sobre la obra, sin duda acierta cuando afirma: "El mundo que nos restituye Rulfo se le ha entrado por los oídos, tiempo atrás de la escritura; se han almacenado en él voces, ruidos, murmullos, quejidos e historias. Su obra es, en suma, una realidad recordada por su oído interior" (México, Fondo de Cultura Económica, 1989, p. 67. Cuadernos de *La Gaceta*, 55). Habría que añadir que la sonoridad en el mundo de Juan Rulfo está siempre contrapunteada por el silencio.

de una nueva vida que se anuncia en apretada síntesis en el fragmento 29: "Ruido, Voces, Rumores, Canciones lejanas" (p. 60). Por el momento, sin embargo, estamos en un Centro lleno de ecos, murmullos y voces de ánimas en pena, que corresponde al centro de la escritura. Después, se dará la liberación de la historia hacia un orden social y cultural superior (anulación del incesto en el plano simbólico). Para lograrlo, se pasa por la inmersión en el "espacio oral infinito de la voz de la madre". Sonoridad y sentido[11] se identifican, en contrapunto con el silencio. En la medida en que el mundo de Pedro Páramo se destruye, se prepara la llegada del mundo de Juan. De ese tiempo por venir, se alcanzan a oír, desde el submundo, pasos y la lluvia (elemento purificador decisivo en la novela).[12] Juan Preciado asume el discurso de la madre como propio (incluso ya no aparece en cursivas), porque ya hay lugar para la esperanza:

> —Allá afuera debe estar variando el tiempo. Mi madre me decía que, en cuanto comenzaba a llover, todo se llenaba de luces y de olor verde de los retoños [...] (p. 84).

Ya he asociado esta presencia de los signos de vida que indican las posibilidades de resurrección, entre los signos dominantes del páramo y la desesperanza, con una visión cristiana y con algunas nociones de la estética de Bachelard. Sin duda, además, hay trazos evidentes de la atmósfera creada por C. F. Ramuz en *Derboranza*:

> Serafín [...] sintió aumentar en torno algo completamente inhumano, y, a la larga, insoportable: el silencio. El silencio de la alta montaña, el silencio de aquellos desiertos de hombres, donde el hombre sólo aparece temporalmente: entonces, por poco silencioso que casualmente se esté, si se aguza al oído sólo se oye que no se oye nada. Es como si nada existiera en ninguna parte, desde nosotros hasta el otro extremo del mundo, desde nosotros hasta el fondo del cielo. Sólo la nada, el vacío, la perfección del vacío; una cesación total del ser, como si el mundo no hubiese sido creado aún, o no lo fuera a ser ya; como si se estuviera antes del principio del mundo o bien después de su fin [...]
> Afortunadamente, el fuego vuelve a crepitar, o cae una gota de agua, o un poco de viento se arrastra por el tejado. El menor ruido es como un ruido inmenso. La gota cae retumbando. La rama mordida por la llama, cruje como un disparo de fusil. El roce del viento llena por sí solo la capacidad del espacio.

---

[11] *Cf.* capítulo II, pp. 118-183, de la Segunda parte de este volumen.
[12] *Cf.* los fragmentos 37 y 38.

Toda clase de ruiditos se hacen grandes y se repiten. Uno resucita porque ellos viven.[13]

Jorge Ruffinelli reconoce esta interrelación de silencio (inhumanidad, la muerte) y sonido (lo humano, la vida) en el mundo novelístico de Ramuz. No obstante, si bien registra ciertas dicotomías de este tipo en *Pedro Páramo*, no percibe las que ya destaqué, porque para él en la novela de Juan Rulfo "el silencio de la muerte" sólo está lleno de "ruidos específicos, propios de la muerte", ya que es una atmósfera en que "domina Thanatos".[14]

Este contrapunto de la muerte a la vida, se proyecta también en el ritmo espacial y temporal (de abajo, arriba; de adentro, afuera; del presente y pasado que manifiestan las tendencias del futuro), e informan el devenir de la escritura. Así, en su obra, el discurso histórico va del origen (las crónicas regionales) hasta el presente de la enunciación (los años cincuenta); el literario se extiende de la narrativa nacional (Azuela, Reyes, Revueltas, Yáñez, Magdaleno, Villaurrutia) a la hispanoamericana (Asturias), la europea (Ramuz, Dunsany, Synge, D. H. Lawrence) y la norteamericana (Capote); el religioso, desde el mundo de creencias prehispánicas hasta el pensamiento cristiano y otras manifestaciones menores de sincretismo "espiritual" (la brujería, por ejemplo).

Al incorporar estos discursos, el escritor reúne las tendencias principales de la literatura de su tiempo y crea sus textos con el novedoso tejido de sus formaciones escriturales. En el caso de la cultura y del pensamiento mexicanos en particular, Rulfo criba las tendencias modernizantes pasadas por el tamiz de lo nacional. Lo hace, en buena medida, a partir de la ruptura que supone la generación de los ateneístas a comienzos del siglo, y precisamente como parte de la urgente necesidad de transformación social imperante en el país, que finalmente estalla en el movimiento revolucionario de 1910. Ya

---

[13] C. F. Ramuz, *Derboranza*, con xilografías de E. C. Ricart, trad. de Carlos Ventura, Barcelona, Juventud, 1947, pp. 14-15.

[14] Jorge Ruffinelli, "*Pedro Páramo y Derborence*: realidad fantástica y discurso social", en *Texto Crítico* (Universidad Veracruzana), VI, núms. 16-17 (1980), pp. 76-79. El crítico niega la presencia de elementos reconciliadores en *Pedro Páramo* y reconoce en *Derboranza* tres que determinan la sobrevivencia: "agua, aire, alimento". Si bien Rulfo no explica causalmente los hechos como Ramuz, es evidente que los tres elementos se reiteran en *Pedro Páramo* asociados simbólicamente a *la vida*. El agua (lluvia, mar) se identifica con el sentido telúrico de Susana San Juan. El aire, elemento activo masculino, representa el hálito vital (la palabra), la creación, ámbito de procesos vitales. En la novela de Rulfo se aligera y cobra su dinamismo cuando se relaciona con la vida; adquiere pesantez y se oscurece cuando se manifiesta lo oscuro y la muerte. La abundancia de los productos de la tierra (el alimento) caracteriza la utopía recuperable que representa el enunciado de Dolores Preciado.

se habían dado antes síntomas de ruptura con los moldes anquilosados del positivismo durante la dictadura de Porfirio Díaz, en las tendencias modernizadoras que contrarrestan la escritura del siglo XIX.

Sin embargo, se produce una escisión que es necesario destacar. Los intelectuales que formaron la generación del Ateneo (Alfonso Reyes, Martín Luis Guzmán, Pedro Henríquez Ureña, Julio Torri, Enrique González Martínez, Rafael López, Roberto Argüelles Bringas, Eduardo Colín, Joaquín Méndez Rivas, Antonio Mediz Bolio, Rafael Cabrera, Alfonso Cravioto, Carlos González Peña, Isidro Fabela, Manuel de la Parra, Mariano Silva y Aceves; el antropólogo Antonio Caso; los arquitectos Jesús T. Acevedo y Federico Mariscal; los pintores Diego Rivera, Roberto Montenegro, Ramos Martínez y los músicos Manuel M. Ponce y Julián Carrillo) perciben la urgencia de romper con el reduccionismo de la filosofía de Comte, Stuart Mill y Spencer, a la que contraponen las ideas de Schopenhauer, Nietzsche, Boutroux, Bergson y el eticismo de Rodó. A la filosofía de lo permanente y de los hechos, oponen la del cambio perpetuo y el deseo de renovación. Hay que reconocer en ellos la defensa del humanismo; el afecto por lo popular y el interés por la educación que sostiene después el proyecto educativo de José Vasconcelos. Este último pretende conjugar lo nacional —con especial preocupación por los pobres e indígenas— y lo universal, sobre todo en el orden del pensamiento y la cultura.[15]

No hay duda, por ejemplo, que la escritura de Rulfo delata la huella de un texto como *Visión de Anáhuac* de Alfonso Reyes,[16] sobre todo en la técnica contrapuntística entre el discurso de la utopía y el del presente histórico, determinado por una situación política y social compleja (1915), vivida como una experiencia desoladora. La escritura de Reyes se genera precisamente en el momento de tensión entre la idealización de un orden social anterior (mundo prehispánico) y el hecho de la conquista (1519). La figuración del paraíso perdido, propia del enunciado materno en la novela de Rulfo, ejerce la función del plano discursivo que describe la región de Anáhuac en el ensayo de Reyes. La abundancia se manifiesta en la espléndida descripción del mercado que leemos en *Visión de Anáhuac*, análoga a la de las carretas pletóricas de los productos de la tierra en *Pedro Páramo*,

---

[15] *Cf.* Leopoldo Zea, "La nueva generación y el positivismo", en *El positivismo en México. Nacimiento, apogeo y decadencia*, México, Fondo de Cultura Económica, 1975, pp. 441-448 [1ª ed., t. 1:1943; t. 2:1944].

[16] Alfonso Reyes, *Visión de Anáhuac*, en *Obras completas de... II: Visión de Anáhuac, Las vísperas de España, Calendario*, México, Fondo de Cultura Económica, 1956, pp. 9-34. Sobre la relación con *Pedro Páramo, cf.* mi artículo "El discurso omitido en *Visión de Anáhuac*", en *Nueva Revista de Filología Hispánica*, XXXVII (1989), núm. 1, pp. 465-479.

y otras descripciones que modelan la visión enaltecedora del pasado que entra en contrapunto con la figuración del presente.

Además, es claro que el texto de Reyes —como es característico de su generación— privilegia el plano que representa la vida del espíritu, en la medida en que antepone la descripción del templo a las del mercado y la economía que son las que privilegia la Segunda Carta de Cortés (1520), modelo en que se funda el ensayo. Conviene también recordar el ensayo de Martín Luis Guzmán, *La querella de México*,[17] escrito el mismo año de 1915 con un mismo ideario que *Visión de Anáhuac*.

Sin embargo, es necesario reiterar que Rulfo escribe en los cincuenta con una conciencia crítica histórica que rebasa naturalmente los límites de la conciencia posible de la generación ateneísta. Su discurso está más claramente enraizado en el proceso histórico de que parte, y dentro de una perspectiva más amplia. De hecho, el movimiento renovador en el orden del espíritu, que inicia la generación del Ateneo, no llega a influir decisivamente en la Revolución.

Para Jean Franco el movimiento revolucionario cuestiona las contradicciones del grupo, pues constituyen una burguesía "detenida en su ascenso y frustrada en su ambición de vida moderna".[18] El fenómeno parece ser más complejo. Ya Enrique Krauze y Carlos Monsiváis[19] han señalado además las contradicciones de la generación de 1915, que sigue a la del Ateneo. No obstante su formación inicial espiritualista (Bergson, Boutroux), sus integrantes desarrollan el culto a la técnica y al cientificismo, y dirigen su actividad principalmente a la creación de instituciones, lo cual puede identificarse como un rasgo neopositivista de la generación. Pero más importante aún es el análisis y la interpretación que ha hecho Arnaldo Córdova sobre la ideología de la Revolución Mexicana. Córdova ha cuestionado en su raíz el juicio reiterado de que la Revolución careció de una ideología definida. Si bien es cierto que no puede hablarse de una filosofía sistemática de la Revolución, su análisis parece confirmar el hecho de que

[17] En este texto, Martín Luis Guzmán señala que "el problema que México no acierta a resolver es un problema de naturaleza principalmente espiritual". Y añade: "Nuestro desorden económico, grande como es, no influye sino en segundo término, y persistirá en tanto que persista el mismo ambiente espiritual" (*La querella de México*, Madrid, Imprenta Clásica Española, 1915. p. 8).

[18] Jean Franco, *op. cit.*, p. 321.

[19] *Cf.* Enrique Krauze, "Cuatro estaciones de la cultura mexicana. La generación de 1915 (nacidos entre 1891-1905): fundación y autoconocimiento", en *Caras de la historia*, Joaquín Mortiz, México, 1983, pp. 130-131. Carlos Monsiváis, "El sacrificio intelectual", en "Notas sobre la cultura mexicana en el siglo XX", *Historia general de México*, t. IV, ed. cit., pp. 342-344.

ésta se llevó a cabo a partir de la propia filosofía positivista que preconizaban intelectuales como Andrés Molina Enríquez, Luis Cabrera, Pastor Rouaix, Salvador Alvarado, Antonio Manero, José Diego Fernández, José Cobarrubias, Fernando González Roa, Roque Estrada, Félix F. Palavicini, Carlos Trejo, Lerdo de Tejada y otros.

Todos ellos se integran al proceso revolucionario, que propugnaba la idea de un "Estado de gobierno fuerte y la de un desarrollo material del país concebido en términos de simple crecimiento económico".[20] Facilitan la adopción del positivismo como "concepción del mundo y de la historia" y como método para resolver los problemas nacionales.[21]

Esta nueva versión histórica explicaría, por lo menos en parte, el desencanto total de todos los escritores frente al movimiento revolucionario. Particularmente en el caso de Rulfo (y aun sin tomar en cuenta las grandes diferencias regionales de la Revolución —la principal de las cuales motiva la Cristiada precisamente en la zona de los Altos de Jalisco donde se centra la anécdota de los relatos rulfianos—) el hecho es fundamental para explicar lo que denuncia su escritura.

En el presente de la enunciación Rulfo denunciará en *El gallo de oro* la mercantilización de la esfera política ya institucionalizada.[22] Es decir, denuncia el estatismo de un sistema dedicado parcialmente al acaparamiento ilícito de la riqueza, que se asienta en tácticas censurables para mantener el poder. Es el momento, además, de la consolidación económica. Simbólicamente el mundo de la madre —propicio a las transformaciones fincadas en las raíces telúricas y nacionales, desaparece en la medida en que se adueña de la historia la concepción del mundo del "gallo de oro". Los cambios, las batallas por el poder, no suponen una transformación estructural liberadora. La escritura salva un espacio para la esperanza en los restos de libertad interior que subyacen en el hieratismo final de La Caponera (¿la Revolución?), de donde parte su hija en un gesto último esperanzador.

No sorprende, entonces, que los textos de Rulfo retomen en el fondo la polémica ateneísta. Sin pretender reducir la proyección simbólica de su escritura, conviene explicar esta dimensión histórica en términos de la filosofía de acción que presupone.

---

[20] Arnaldo Córdova, "¿Espiritualismo o positivismo? La filosofía de la Revolución Mexicana", en *La revolución y el Estado en México*, México, Era, 1989, p. 134. (Col. Problemas de México.) El texto se presentó originalmente como ponencia en el Coloquio Nacional de Filosofía celebrado en Morelia, Michoacán, del 4 al 9 de agosto de 1975.

[21] *Ibid., id.* Otro factor que contribuyó a la adopción del positivismo fue el hecho de que, después de la muerte de Madero, se desarrolló una política de masas sin un "juego político democrático", situación análoga a la de los modelos europeo y estadunidense.

[22] *Cf.* el análisis de este texto en el capítulo II de la Segunda parte de este libro.

El punto de vista que subyace a la escritura de Juan Rulfo privilegia una serie de componentes ideológicos. El *oír*, el *ver*, el *saber* y el *hacer* se destacan como atributos que deben guiar la formación del hombre (Juan Preciado). Éste unirá el sentimiento y la sensibilidad a la racionalidad; el espíritu a la acción. Sin embargo, a diferencia de los ateneístas, se matiza el criterio de la libertad. Más cercano al planteamiento ético de Rodó que exige una orientación de la voluntad y de la libertad, el texto de Rulfo no propugna una libertad azarosa que proceda, sin finalidad, de la "exuberancia de la fuerza creadora" (principio que en cierto modo parodia Abundio, cuya libertad se reemplaza por la carencia extrema de los satisfactores vitales, hasta que su acción —impelido por una fuerza superior— se dirige precisamente contra el centro del poder opresor).

En una vuelta a ciertos rasgos creativos románticos se privilegian la imaginación, la ilusión y el sueño, a los que debe acompañar la voluntad que hace posible el ejercicio de la praxis. A la materia inamovible (Pedro Páramo), se opone la fuerza vital de la tierra, capaz de generar las transformaciones necesarias (Susana San Juan) y la vida del amor y del espíritu, de donde podrá surgir el nuevo tiempo.

El centro vital generador de la historia es el ritmo que supone el descenso de la materia y el ascenso del espíritu. Rulfo se opone al positivismo, pero también al irracionalismo extremo. Al orden monolítico le sigue un orden creativo, móvil, que pasa por la filosofía bergsoniana, mediado a veces por ciertas notas del vasconcelismo.

Si la materia baja y se destruye, mientras la vida asciende, pueden también descender o ascender los grupos sociales, y es posible el cambio y la movilidad social. Esto coincide puntualmente con la teoría que los ateneístas —consciente o inconscientemente— aportaban para justificar el cambio político o social anhelado por los mexicanos. Lo que no cambia es *el impulso vital* (como los "derrepentes" que condicionan la acción en el mundo de Juan Preciado).[23]

Al oponerse al despedazamiento que caracteriza a la sociedad y al hombre de su momento, Rulfo hace propia también la finalidad de la generación de 1915 de "construir el país", darle forma, como ha señalado Carlos Monsiváis.[24]

El acento en lo nacional busca integrar lo despedazado y reintegrar a México a la tradición hispanoamericana y universal, ahondando en las raíces de lo popular. Se busca la liberación de la cultura y la ruptura con los

---

[23] *Cf.* Leopoldo Zea, *op. cit.*, p. 453.
[24] Carlos Monsiváis, *op. cit.*, p. 342.

moldes anquilosados del positivismo y de un sociologismo contenidista que se repite en México en la narrativa social de los treinta. Ésta, en buena medida, reproduce los modelos narrativos del siglo XIX, con los nuevos mensajes sociales.

La escritura de Rulfo abre nuevas alternativas de expresión al asumir plenamente la dimensión popular de su lengua y de su historia. Sin explicarlo, el autor pone en acto un lenguaje que sintetiza lo entrañablemente particular — regional— con la dimensión amplia y universal que suponen la cultura y la lengua hispánicas. Al mismo tiempo, se adueña de la producción literaria —sobre todo narrativa— también de ciertas dimensiones de los Contemporáneos en México y de otros ámbitos occidentales, como ya vimos en el Capítulo III. Contaba, para esto último, con buenas traducciones que circulaban en España y México —como las de *Revista de Occidente*, en las que aparecen, por ejemplo, las obras de Synge y de Dunsany— lo cual lo pone en contacto con un español abierto a las nuevas dimensiones literarias. El hecho es importante, e incide sobre su estilo incluso en pormenores significativos.

Por estos caminos, Juan Rulfo logra una literatura que da cuenta de la relación compleja del hombre y de la naturaleza; reinterpreta el mundo a partir de un sentido antropocéntrico que orienta su proyecto histórico y literario. Sin duda éste se centra en una búsqueda consciente de la génesis de los procesos históricos de su tiempo y su contexto. Procura descubrir los signos liberadores del hombre frente a los efectos de toda estructura y discurso de poder que frene los procesos de hominización y la posibilidad de un proyecto de vida social, solidario y trascendente. Por eso su escritura se sumerge en el origen último del despedazamiento social del sistema de relaciones imperante; en sus efectos en la vida cotidiana de los hombres, y en el sentido de su quehacer histórico.

BIBLIOGRAFÍA

TEXTOS DE JUAN RULFO

JUAN RULFO, "La vida no es muy seria en sus cosas", en *América*, 30 de junio de 1945.

___ ,"Nos han dado la tierra", en *Pan*, julio de 1945. También en *América*, 31 de agosto de 1945.

___ , Informe a Margaret Shedd, directora del Centro Mexicano de Escritores, 15 de enero de 1953, Archivo del Centro Mexicano de Escritores.

___ , Informe al Centro Mexicano de Escritores, septiembre de 1953, Archivo del Centro Mexicano de Escritores.

___ , *El Llano en llamas y otros cuentos*, 2a. ed., México, Fondo de Cultura Económica, 1955 [1a. ed., 1953].

___ , *El Llano en llamas*, edición especial, revisada por..., ilustr. de Juan Pablo Rulfo, México, Fondo de Cultura Económica, 1980 (Col. Tezontle). Incluye además: "El día del derrumbe" y "La herencia de Matilde Arcángel".

___ , *Pedro Páramo*, 2a. ed., revisada por el autor, México, Fondo de Cultura Económica, 1981 (Col. Popular, 58) [1a. ed., 1955].

___ , *Obra completa. El Llano en llamas. Pedro Páramo. Otros textos*, ed., pról. y cron. de Jorge Ruffinelli, Venezuela, Biblioteca Ayacucho, 1977 (Biblioteca Ayacucho, XIII).

___ , *Pedro Páramo, El Llano en llamas*, ed. y pról. de Felipe Garrido, México, Promexa, 1979.

___ , *Antología personal*, ed. y pról. de Jorge Ruffinelli, México, Nueva Imagen, 1980. Con nuevo pról. de Jorge Ruffinelli, se reeditó en México, Era, 1988.

___ , *El gallo de oro y otros textos para cine*, pról. y notas de Jorge Ayala Blanco, México, Era, 1980.

Instituto Nacional de Bellas Artes (ed.), *Juan Rulfo. Homenaje Nacional*, México, Instituto Nacional de Bellas Artes/Secretaría de Educación Pública, 1980 [colección de 100 fotografías del autor; artículos sobre su obra y entrevistas].

Rulfo, Juan, *Pedro Páramo*, ed. y pról. de José Carlos González Boixo, Madrid, Cátedra, 1984 (Letras Hispánicas, 189).

___ , *Donde quedó nuestra historia. Hipótesis sobre historia regional*, 2a.

ed. ampliada, Colima, Escuela de Arquitectura, 1986 (Col. Rajuela, 2) [1a. ed., 1984].

Rulfo, Juan, *Obras*, pról. de... y de Jaime García Terrés, México, Fondo de Cultura Económica, 1987 (Col. Letras Mexicanas).

__ , "A manera de presentación", en *La Jornada Semanal*, suplemento cultural de *La Jornada*, núm. 121 (1987).

__ , *Toda la obra*, coord. por Claude Fell, UNESCO-CSIC (España)/Ministerio de Relaciones Exteriores (Argentina)/ CnPg (Brasil)/Presidencia de la República (Colombia)/CNCA (México), Madrid, 1991 (Archivos, 17).

ENTREVISTAS

Ascanio, María Helena (ed.), "Juan Rulfo examina su narrativa", en *Escritura* (Venezuela), núm. 2 (1976).

Beccassino, Ángel, "Juan Rulfo", en *Magazin Dominical*, suplemento cultural de *El Espectador* (Colombia), 11 de agosto de 1985.

Benítez, Fernando, "Conversaciones con Juan Rulfo", en *Sábado*, suplemento cultural de *Unomásuno*, núm. 142 (1980). También en *Juan Rulfo. Homenaje Nacional*, México, Instituto Nacional de Bellas Artes/Secretaría de Educación Pública, 1980.

Bolaños, Gerardo, "Juan Rulfo dice que 'realmente es una miseria lo que ha publicado'", *El Sol de México*, 27 de febrero de 1975.

Canedo Belmonte, Mónica, *et al.*, "Monólogo del insumiso. 'Hace tiempo que estoy muerto', dice Juan Rulfo", en *Comunicación* (Ciencias de la Comunidad, Universidad Nacional Autónoma de México), I, núm. 1 (1980).

Cervera, Juan, "Entrevista con Juan Rulfo", en *La Gaceta*, Fondo de Cultura Económica, XV, núm. 8 (1968).

Cruz, Juan, "El silencio de Juan Rulfo", en el suplemento cultural de *Últimas Noticias* (Caracas), 16 de septiembre de 1979; también en "Juan Rulfo desde Las Palmas", en *Thesis* (Universidad Nacional Autónoma de México), núm. 5 (1980).

Estrada, Eduardo, "No la incendié, simplemente tiré a la basura mi novela *La cordillera*", en *Excélsior*, entrevista con Juan Rulfo en Venecia, 13 de junio de 1978.

González Bermejo, Ernesto, "No se puede hablar de literatura mexicana, ésta es parte de lo que se escribe en América Latina: Rulfo" (París, Jornadas de Cultura Mexicana, 20 de junio de 1981), en *Unomásuno*, 21 de junio de 1981.

González Bermejo, Ernesto, "La literatura, una mentira que dice la verdad", Primera parte, en "La cultura al día", *Excélsior*, 11 de enero de 1986. También en Alejandro Sandoval *et al.*, *"Los murmullos"*, *Antología periodística en torno a la muerte de Juan Rulfo*, México, Delegación Cuauhtémoc, 1986.

González, Juan E., "Entrevista con Juan Rulfo", en *Sábado*, suplemento cultural de *Unomásuno*, núm. 98 (1979). También en *Revista de Occidente* núm. 9, Madrid, 1981.

"Mesa redonda", en *Diorama de la Cultura*, suplemento cultural de *Excélsior*, 28 de junio de 1981 [Juan Rulfo, Juan José Arreola, Héctor Azar].

Montenegro, Manuel Roberto, "Juan Rulfo de carne y alma", en *Diorama de la Cultura*, suplemento cultural de *Excélsior*, 3 de octubre de 1976.

Morales, Carlos, "1975: Entrevista a Juan Rulfo" (Costa Rica), en *El Búho*, suplemento cultural de *Excélsior*, 19 de enero de 1975. También en Alejandro Sandoval *et al.*, *"Los murmullos"*. *Antología periodística en torno a la muerte de Juan Rulfo*, México, Delegación Cuauhtémoc, 1986.

Nepomuceno, Eric, "Conversaciones con un gigante silencioso", en *Sábado*, suplemento cultural de *Unomásuno*, 19 de junio de 1983.

Pacheco, José Emilio, "Juan Rulfo en 1959", *México en la Cultura*, suplemento cultural de *Novedades*, 20 de julio de 1959.

Parra, Ernesto, "Juan Rulfo, retrato de un ex-novelista", en *El viejo Topo* (Barcelona), núm. 39 (1979).

Ponce, Armando, "Juan Rulfo: 'Mi generación no me comprendió'", en *Proceso*, núm. 204 (1980). También en varios, *Rulfo en "Proceso"*, México, revista *Proceso*, 1981 [con algunos cambios menores].

Poniatowska, Elena, "¡Ay vida, no me mereces! Juan Rulfo, tú pon cara de disimulo", en *Juan Rulfo. Homenaje Nacional*, ed. cit., México, Instituto Nacional de Bellas Artes/Secretaría de Educación Pública, 1980.

Reyes Razo, Miguel, "Juan Rulfo: 'He vuelto a escribir'", en *El Universal*, 11 de febrero de 1977.

Roffé, Reina, "Juan Rulfo: Autobiografía armada", en *Latinoamericana* (Argentina), 1 (1972), núm. 1. Con un breve prólogo y bibliografía, se publicó también en Editorial Montesinos, Barcelona, 1992.

Rulfo, Juan, "Cómo escribí *Pedro Páramo*", en *Domingo*, suplemento cultural de *El Nuevo Día*, Puerto Rico, 21 de abril de 1985. También como "*Pedro Páramo*, treinta años después", en *Libros de México*, núm. 1, 1985; *El Día*, 10 de enero de 1986; Alejandro Sandoval *et al.*, *"Los murmullos"*. *Antología periodística en torno a la muerte de Juan Rulfo*, México, Delegación Cuauhtémoc, 1986.

___ [declaraciones al diario *Liberation* de París], en *La Jornada*, 8 de enero de 1985.

Rulfo, Juan, "El desafío de la creación", en *Revista de la Universidad de México*, octubre-noviembre de 1980. Transcripción de una plática suya en el ciclo El desafío de la creación, Escuela de Diseño de la Universidad Nacional Autónoma de México, 18 de noviembre de 1979. Participaron Arturo Azuela, Eraclio Zepeda y Florencio Sánchez Cámara.

___ , "El desafío de la creación", en *Unomásuno*, 19 de octubre de 1979.

___ , "Juan Rulfo concede —¡por fin!— una entrevista", en *Revista de la Semana, El Universal*, 6 de diciembre de 1970.

___ , "La literatura latinoamericana es universal cuando es auténtica", en *El Día*, 24 de octubre de 1982.

___ [recuadro], en *La Gaceta, Nueva Época*, Fondo de Cultura Económica, núm. 190 (1986).

___ , "Una última mirada", en *Suplemento Dominical, El Mundo* (Puerto Rico), 23 de marzo de 1986.

Sandoval, Alejandro, *et al.*, *"Los murmullos"*, *Antología periodística en torno a la muerte de Juan Rulfo*, México, Delegación Cuauhtémoc, 1986.

Sommers, Joseph, "Juan Rulfo. Entrevista", en *Hispamérica*, II (1973), núms. 4, 5. También como "Los muertos no tienen tiempo ni espacio", en *La Cultura en México*, suplemento cultural de *Siempre!*, núm. 601 (1973).

Vázquez, Enrique, "Una entrevista con Juan Rulfo", en *Somos* (Buenos Aires), 24 de diciembre de 1976.

LIBROS Y ARTÍCULOS

Aguilar Camín, Héctor, *Saldos de la Revolución*, México, Océano, 1984.

Álvarez, José Rogelio (ed.), *Enciclopedia de México*, t. V, México, Enciclopedia de México, 1971.

Arreola, Juan José, *La feria*, México, Mortiz, 1963.

___ , "¿Te acuerdas de Rulfo, Juan José Arreola?", en *Proceso*, 27 de enero de 1986.

Asturias, Miguel Ángel, *El Señor Presidente*, Buenos Aires, Losada, 1952.

Auerbach, Erich, *Mimesis. La representación de la realidad en la literatura occidental*, trad. de I. Villanueva y E. Ímaz, México, Fondo de Cultura Económica, 1950.

Azuela, Mariano, *Los de abajo*, en *Obras completas*, t. 1, 1a. reimpresión. México, Fondo de Cultura Económica, 1976 [1a. ed., 1915].

Bachelard, Gaston, *El aire y los sueños. Ensayo sobre la imaginación del movimiento*, trad. de Ernestina de Champurcin, México, Fondo de Cultura Económica, 1958 [1a. ed., 1943].

Bachelard, Gaston, *El agua y los sueños. Ensayo sobre la imaginación de la materia*, trad. de Ida Vitale, México, Fondo de Cultura Económica, 1978 [1a. ed. en francés, 1942].

__ , *La poética de la ensoñación*, trad. de Ida Vitale, México, Fondo de Cultura Económica, 1982 (Col. Breviarios, 330) [1a. ed., 1960].

Beguin, Albert, *El alma romántica y el sueño*, trad. de Mario Monteforte Toledo, revisada por Antonio y Margit Alatorre, México, Fondo de Cultura Económica, 1954 [1a. ed., 1939].

Benítez, Fernando, *La ruta de Hernán Cortés*, fotografías de Héctor García; dibujos y diseño de Vicente Rojo, México, Fondo de Cultura Económica, 1950.

Bergson, Henri, *La risa. Ensayo sobre la significación de lo cómico*, Buenos Aires, Losada, 1939 [1a. ed., 1924].

Block de Behar, Lisa, *Una retórica del silencio. Funciones del lector y los procedimientos de la lectura literaria*, México, Siglo XXI, 1984.

Bradu, Fabienne, *Ecos de Páramo*, México, Fondo de Cultura Económica, 1989 (Cuadernos de *La Gaceta*, 55).

Capote, Truman, *Otras voces, otros ámbitos*, trad. de Floreal Mazía, 2a. ed., Buenos Aires, Sudamericana, 1967 (Col. Horizonte) [1a. ed. en español, 1950].

Castellanos, Rosario, *Oficio de tinieblas*, México, Joaquín Mortiz, 1962.

Cassirer, Ernst, *El mito del Estado*, México, Fondo de Cultura Económica, 1946.

Castillo Grajeda, José del, *Compendio de la vida y virtudes de la venerable Catarina de San Juan*, México, Ediciones Xóchitl, 1946 (Biblioteca Mexicana de Libros Raros y Curiosos, 2) [1a. ed., 1692].

Centro de Investigaciones Literarias (ed.), *Recopilación de textos sobre Juan Rulfo*, La Habana, Casa de las Américas, 1969.

Cirlot, José Eduardo, *Diccionario de los símbolos*, 6a. ed., Barcelona, Labor, 1985.

Córdova, Arnaldo, *La revolución y el Estado en México*, México, Era, 1989 (Col. Problemas de México).

Couffon, Claude, "El arte de Juan Rulfo", en Casa de las Américas, ed., *Recopilación de textos sobre Juan Rulfo*, La Habana, Casa de las Américas, 1960 (Valoración Múltiple).

Díaz, José, y Román Rodríguez, *El movimiento cristero. Sociedad y conflicto en los Altos de Jalisco*, estudio introductorio de Andrés Fábregas, México, Centro de Investigaciones Sociales/Instituto Nacional de Antropología e Historia, Nueva Imagen, 1979.

Dunsany, Lord (Edward John Moreton Drax Plunkett), *Cuentos de un soñador*, Madrid, Revista de Occidente, 1924.

___ , *El país de Yann*, ed. y pról. de J. L. Borges, Madrid, Siruela, 1986.

___ , *La montaña eterna*, trad. de Raquel W. de Ortiz, Buenos Aires, Futuro, 1945.

Durán, Manuel, "Juan Rulfo y Mariano Azuela: ¿Sucesión o superación?", en *Cuadernos Hispanoamericanos*, núms. 421-423 (1985).

___ , "La obra de Rulfo vista a través de Mircea Eliade", en *INTI. Revista de Literatura Hispánica*, núms. 13-14 (1981).

Eliade, Mircea, *Tratado de historia de las religiones*, pról. de Georges Dumézil, trad. de Tomás Segovia, México, Era, 1972 [1a. ed. en francés, 1964].

Foucault, Michel, *¿Qué es un autor?*, trad. de Corina Iturbe, Tlaxcala, Universidad Autónoma de Tlaxcala, 1985 (Col. Textos Mínimos) [1a. ed., 1969].

Frazer, James George, *El folklore en el Antiguo Testamento*, México, Fondo de Cultura Económica, 1981 [1a. ed., 1907-1918].

___ , *La rama dorada. Magia y religión*, trad. de Elizabeth y Tadeo Campuzano, México, Fondo de Cultura Económica, 1944 [1a. ed., 1922].

Freeman, George Ronald, *Paradise and fall in Rulfo's "Pedro Páramo"*, Cuernavaca, CIDOC, 1970.

Frenk, Mariana, "Pedro Páramo", en *Revista Universidad de México*, XV, núm. 11 (1961).

Fuentes, Carlos, *Los días enmascarados*, 1954.

___ , "Pedro Páramo", en *L'esprit des lettres* (Rhone), 6 (nov.-dic. de 1955), trad. de Joseph Sommers, en *id.*, ed., *La narrativa de Juan Rulfo. Interpretaciones críticas*, México, Secretaría de Educación Pública, 1974.

___ , *Aura*, México, Era, 1962.

___ , "Mugido, muerte y misterio: el mito de Rulfo", en *Revista Iberoamericana*, núms. 116-117 (1981).

García Márquez, Gabriel, *El coronel no tiene quien le escriba*, México, Era, 1961.

___ , *Cien años de soledad*, Buenos Aires, Sudamericana, 1967.

___ , *El negro que hizo esperar los ángeles*, Argentina, Alfil, 1972 (Narradores Latinoamericanos).

___ , *El general en su laberinto*, Bogotá, La oveja negra, 1989.

Garrido, Juan S., *Historia de la música popular en México*, 2a. ed. corregida y aumentada, México, Extemporáneos, 1981.

Gómez Gleason, María Teresa, "Juan Rulfo y el mundo de su próxima novela *La cordillera*", en Centro de Investigaciones Literarias, Casa de las Américas (ed.), *Recopilación de textos sobre Juan Rulfo*, La Habana, Casa de las Américas, 1969.

González Boixo, José Carlos, *Claves narrativas de Juan Rulfo*, 2a. ed. rev., España, Universidad de León, 1983.

Gutiérrez Vega, Hugo, "Las palabras, los murmullos, el silencio", en *La Cultura en México*, suplemento cultural de *Siempre!*, núm. 1709 (1986).

Guzmán, Martín Luis, *La querella de México*, Madrid, Imprenta Clásica Española, 1915.

Harss, Luis, "Juan Rulfo, o La pena sin nombre", en Centro de Investigaciones Literarias (ed.), *Recopilación de textos sobre Juan Rulfo*, La Habana, Casa de las Américas, 1969.

Irby, James East, *La influencia de Faulkner en cuatro narradores hispanoamericanos: Lino Novás Calvo; Juan Carlos Onetti; José Revueltas y Juan Rulfo*, tesis doctoral, México, Universidad Nacional Autónoma de México, 1956.

Jáen, Didier T., "Escritura lírica de *Pedro Páramo*", en *Revista Hispánica Moderna*, XXXIII (1967), núms. 3-4.

Jiménez de Báez, Yvette, "Destrucción de los mitos, ¿posibilidad de la Historia? *El Llano en llamas* de Juan Rulfo", en *Actas del IX Congreso de la Asociación Internacional de Hispanistas* (Berlín, 1986), ed. de Sebastian Neumesteir, Vervuert Verlag. Francfort del Meno, 1989. Versión ampliada, en *La Torre. Revista de la Universidad de Puerto Rico, Nueva Época*, II (1988), núm. 5 [separata].

__ , "Juan Rulfo. Del cuento a la novela", ponencia presentada en *I Coloquio Nacional de Literatura Mexicana*, Facultad de Filosofía y Letras, Universidad Nacional Autónoma de México (17-19 de febrero de 1988) [versión breve].

__ , "Juan Rulfo, Del páramo a la esperanza. Estructura y sentido", en *Nueva Revista de Filología Hispánica*, XXXVI, núm. 1 (1988) [separata].

__ , *Juan Rulfo. "De la escritura al sentido"*, *Revista Iberoamericana*, núms. 148-149 (1989) [separata].

__ , Diana Morán y Edith Negrín, *Ficción e Historia. La narrativa de José Emilio Pacheco*, El Colegio de México, 1979.

__ , "El discurso omitido en *Visión de Anáhuac*", en *Nueva Revista de Filología Hispánica*, XXXVII, núm. 1 (1989).

__ , "Historia y sentido en la obra de Juan Rulfo", en *Juan Rulfo. Toda la obra*, ed. cit.

Koch, Rudolph, *Book of Signs*, Nueva York, Dover Publications, 1930.

Krauze, Enrique, *Caras de la historia*, México, Mortiz, 1983.

__ , *El amor a la tierra. Emiliano Zapata*, México, Fondo de Cultura Económica, 1987 (Biografías del poder, 3).

Lawrence, D. H., *La serpiente emplumada*, 3a. ed. en español, Buenos Aires, Losada, 1951 [1a. ed., 1926; en español, 1940].

Leal, Luis, "La estructura de *Pedro Páramo*", en *Anuario de Letras* (México), núm. 4 (1964).

Lévi-Strauss, Claude, *Las estructuras elementales del parentesco*, México, Planeta-Artemisa, 1985.

Magdaleno, Mauricio, *El resplandor*, México, Espasa-Calpe, 1950 [1a. ed., 1936].

Mancisidor, José (ed.), *Cuentos Mexicanos de Autores Contemporáneos*, t. 1, México, Nueva España (Col. Atenea).

Martínez, José Luis (ed.), *Eos. (1943). Pan (1945-1946)*, presentación de *Eos*: Juan José Arreola; de *Pan*: Antonio Alatorre, México, Fondo de Cultura Económica, 1985 (Revistas Literarias Mexicanas Modernas).

Martínez, Pilar, "Juan Rulfo, indigenista", en *Ínsula*, núm. 478 (1986).

Martini, Carlos María, *¿Por qué Jesús hablaba en parábolas?*, trad. de Justiniano Beltrán, Bogotá, Paulinas, 1986.

Mathalía, Sonia L., "Contigüidad de los textos: Juan Rulfo-Malcolm Lowry", en *Cuadernos Hispanoamericanos*, núms. 421-423 (1985).

Meyer, Jean, *La Cristiada*, trad. de Aurelio Garzón del Camino, t. 3, México, Siglo XXI, 1974.

__ , *id.*, t. 1, 7a. ed., México, Siglo XXI, 1980.

Meyer, Lorenzo, "El primer tramo del camino" y "La encrucijada", en *Historia general de México*, t. IV, México, El Colegio de México, 1976.

Millington Synge, John, *Jinetes hacia el mar*, trad. de Juan Ramón Jiménez y Zenobia Camprubí de Jiménez, Madrid, Imprenta Fortanet, 1920 (Col. El Jirasol y la Espada, 1).

Monsiváis, Carlos, "Notas sobre la cultura mexicana en el siglo XX", en *Historia general de México*, t. IV, México, El Colegio de México, 1976.

Nueva biblia española. Edición latinoamericana, ed. y trad. de Luis Alonso Schökel y Juan Mateos, Madrid, Cristiandad, 1976.

Pacheco, José Emilio, *Morirás lejos*, 2a. ed. revisada, México, Mortiz, 1977 [1a. ed., 1967].

__ , sobre Jorge Ruffinelli (ed.), Juan Rulfo, *Obras completas* (Biblioteca Ayacucho, Caracas, 1977); en *Proceso*, núm. 59 (1977).

Peralta, Violeta, y Liliana Befumo Boschi, *Rulfo. La soledad creadora*, Fernando García Cambeiro, Buenos Aires, 1975.

Peterson, Roger Tory y Edward L. Chalif, *A field guide to Mexican birds*, Boston, Houghton Mifflin, 1980.

Poot Herrera, Sara, *El proyecto literario de Juan José Arreola. Un giro en espiral*, tesis doctoral, México, El Colegio de México, 1986. Publicado también por la Universidad de Guadalajara, Jalisco, 1992.

Rama, Ángel, *Transculturación narrativa en América Latina*, México, Siglo XXI, 1981.

___ , "Una primera lectura de 'No oyes ladrar los perros' de "Juan Rulfo", en *Revista Universidad de México*, núm. 12 (1975).

Ramuz, C. F., *Derboranza*, con xilografías de E. C. Ricart, trad. de Carlos Ventura, Barcelona, Ed. Juventud, 1947.

___ , *Juan-Lucas. Drama de la Montaña*, trad. de Ramón Carnicer Blanco, Barcelona, Juventud, 1953.

Revueltas, José, *Dios en la tierra*, México, Era, 1979 [1a. ed., 1944].

___ , *El luto humano*, México, Era, 1980 (Obras completas, 2) [1a. ed., 1943].

Reyes, Alfonso, *Diario* (1911-1930), pról. de Alicia Reyes y de Alfonso Reyes Mota, Guanajuato, Universidad de Guanajuato, 1969.

___ , *Visión de Anáhuac*, en *Obras completas de ...II: Visión de Anáhuac, Las vísperas de España, calendario*, México, Fondo de Cultura Económica, 1956.

Ruffinelli, Jorge, "*Pedro Páramo y Derborence:* realidad fantástica y discurso social", en *Texto Crítico* (Universidad Veracruzana), VI, núms. 16-17 (1980).

Ruiz, Ramón Eduardo, "Misioneros del siglo XX", en *México 1920-1950. El reto de la pobreza y del analfabetismo*, México, Fondo de Cultura Económica, 1977 [1a. ed., 1963].

Tibón, Gutierre, *Diccionario etimológico comparado de nombres propios de personas*, México, Fondo de Cultura Económica, 1986 [1a. ed., UTHEA, 1956].

Trujillo González, Enrique, *San Gabriel y su historia a través del tiempo*, Jalisco, Talleres Kerigma, 1976.

Ulloa, Bertha, "La lucha armada (1911-1920)", *en Historia general de México*, t. IV, México, El Colegio de México, 1976.

Uslar Pietri, Arturo, *Treinta hombres y sus sombras*, Buenos Aires, Losada, 1949.

Vázquez, Héctor, *Del incesto en psicoanálisis y en antropología*, México, Fondo de Cultura Económica, 1986 (Col. Breviarios, 421).

Villaurrutia, Xavier, *Dama de corazones (1925-1926)*, en Guillermo Sheridan (ed.), *Homenaje a los contemporáneos. Monólogos en espiral*, México, Instituto Nacional de Bellas Artes, Cultura/Secretaría de Educación Pública, 1982 [1a. ed., 1925-1926].

Villoro, Luis, *Los grandes momentos del indigenismo en México*, México, El Colegio de México, 1950.

Yáñez, Agustín, *Al filo del agua*, México, Universidad Nacional Autónoma de México, 1947.

Zea, Leopoldo, *El positivismo en México. Nacimiento, apogeo y decadencia*, México, Fondo de Cultura Económica, 1975 [1a. ed., t. 1: 1943; t. 2: 1944].

ÍNDICE DE FOTOGRAFÍAS

1. *Autorretrato*, Nevado de Toluca, *ca.* 1950. *Cf.* también núm. 15. Se publicó como cartel del homenaje *Juan Rulfo. Un mosaico crítico*, Secretaría de Educación Pública, Relaciones Exteriores, Universidad Nacional Autónoma de México y el Instituto Nacional de Bellas Artes, 2-6 de febrero de 1987, en el Palacio de Minería. Se reprodujo como tal en la portada del libro de Edmundo Valadés *et al.*, *Juan Rulfo. Un mosaico crítico*, Universidad Nacional Autónoma de México, Universidad de Guadalajara, Instituto Nacional de Bellas Artes, México, 1988.
2. *Pueblo peregrino, ca.* 1950.
3. *Mundo de la madre y del hijo*, 1960. *Cf.* también núm. 7.
4. *Camino "llano" del Popocatépetl, ca.* 1950.
5. *Sed de vida, ca.* 1960. Fotografía fija de una película.
6. *Peña de Bernal en Hidalgo*, 1964. La fotografía fue tomada durante la filmación de *El gallo de oro*, y publicada en *Juan Rulfo. Homenaje Nacional*, Instituto Nacional de Bellas Artes-Secretaría de Educación Pública, México, 1980, núm. 9.
7. *Mujeres enlutadas*, 1960. Así lo indica Juan Rulfo al reverso de la fotografía.
8. *La cascada y el río entre los árboles, ca.* 1950.
9. * *En las afueras de Acapulco, ca.* 1976.
10. * *Hacia la laguna de Necaxa en Puebla*, 1973.
11. *Nevado de Toluca, ca.* 1950. Publicada en *Juan Rulfo. Homenaje Nacional*, ed. cit., núm. 17. Se observan las lagunas del Sol y de la Luna.
12. *Puerta al submundo, ca.* 1950. Publicada en Juan Rulfo, "Fotografías", Ediciones del Norte, *Inframundo: El México de Juan Rulfo*, J. Rulfo y Ediciones del Norte, 1983, sin número.
13. *El correo del lugar.* De la serie: *Nada de esto es un sueño, ca.* 1950. Presentada en *150 años de fotografía*, Consejo Mexicano de Fotografía, 1989, núm. 16. Se hizo tarjeta postal.
14. *Ausencia de los bienes de la tierra, ca.* 1950.

NOTA: Todas las fotografías son de Juan Rulfo, excepto las que aparecen con asterisco (núms. 9, 10 y 17), que son del fotógrafo José Báez Esponda.

ÍNDICE GENERAL

Este libro se terminó de imprimir y encuadernar en el mes de junio de 1994 en los talleres de Encuadernación Progreso, S. A. de C. V. (IEPSA), Calz. de San Lorenzo, 244; 09830 México, D. F. Se tiraron 2 000 ejemplares.